郭台辉 李钧鹏 编著

历史社会学的技艺

（增订本）

商务印书馆
The Commercial Press

增订本序言

社会学家对历史的关注由来已久。且不说孟德斯鸠、托克维尔等近代学者从未将历史分析与社会研究分离开来,至少在现代社会学的奠基人马克思和韦伯那里,对于社会现象的深入分析都必须借助于动态的、历史的视角。即使是对历史关注相对较少的涂尔干,其社会学研究仍然以宏观历史变迁为隐含背景。在很大程度上,社会学在诞生之初的使命就是理解和解释历史变迁。但情况很快发生了变化。随着实证主义成为席卷社会科学的主流思潮,西方社会学家开始致力于剥离历史情境、寻求普遍规律,将对历史变迁的探寻工作拱手交给历史学家,社会学成为一门去历史脉络化的学科。

如托马斯·库恩所说,常规科学在发展过程中会不可避免地遇到难以处理的困难,如果这些问题积重难返,危机状态就将到来,最终引发科学革命,以新的范式取代旧的范式。在 20 世纪 60 年代之后,结构功能主义和现代化理论难以为席卷西方社会的民权运动以及二战后风起云涌的全球殖民地独立运动提供洞见,历史社会学正是在这一背景下重新兴起,各种马克思主义和冲突理论启发一批有强烈现实关怀的年轻学者写就了一批传世之作。到了 80 年代,受后现代主义思潮影响的新一代学者不再将自己对社会现实的批判与马克思主义自动挂钩,而是从多种思想资源中汲取养分。更重要的是,他们开始对上一代历史社会学家的结构主义取向产生了强烈的不满,更加强调文化、策略、情感、身份认同、能动性、盖然性(contingency)等因素在历史变迁中的作用。有得必有失,在表面繁荣的背后,在理论越来越深奥、方法越来越复杂的同时,不少西方学者开始哀叹,历史社会学正变得日益碎片化,关注的问题越来越小,失去了曾有的历史敏锐感和现实关怀。

在中国，历史社会学有着不一样的轨迹。无论荀子等古代思想家的学说能否算是中国社会学的起源，我们至少在其中是找不到系统的历史论述的。反观历史学，则在中国有着源远流长的历史，诞生了一大批特色鲜明的不朽之作。令人遗憾的是，从 20 世纪初中国正式建立社会学这门学科开始，在很长时期内，灿若繁星的中国史学名著并未进入社会学家的视野。在那个颠簸流离的战乱年代，中国社会学家更感兴趣的是以社会调查寻求经世济民之道，而非看似远离现实的历史研究。

中国社会学在"文革"后的重建和发展无疑是一段值得大书特书的历史，但在相当长一段时间内，社会学和历史学并无多少交集。从 80 年代到 90 年代，曾有一些历史社会学专著和教材被翻译过来，但并未激起大的浪花。21 世纪初，上海人民出版社曾出版一套选目精良的"社会与历史译丛"，可算国内首次对西方社会学的成体系译介。历史社会学在中国真正起飞，大概是近十年的事。这十年来，中文学界产生了一批相当有分量的历史社会学著作和论文，各大高校纷纷开设历史社会学课程，社会学家和历史学家开始有了实质性对话，一些学校设立了相关的研究中心，以历史社会学为主题的学术会议越来越多，中国社会学会也有了历史社会学专业委员会。更令人欣慰的是，越来越多的年轻学子开始投身于历史社会学研究。假以时日，受过严格训练的他们将成为中国历史社会学的顶梁柱。

就学术背景来说，我是在美国系统接受的历史社会学训练。我出国前学习人口经济学，刚去美国时也打算以人口学为研究领域，但很快就在自发阅读过程中对历史社会学产生了兴趣，最终转学到哥伦比亚大学跟随查尔斯·蒂利攻读博士。虽然蒂利教授于 2008 年仙逝，但我对历史社会学的兴趣却从未减退，在学分早已选够的情况下修读了多门相关课程，并系统研了这一领域的重要成果。2019 年正式回国任教时，我就把历史社会学作为自己的主要研究方向。然而，回国两年，我也观察到了一些未曾预料的现象。最令人困惑的是，历史社会学界似乎出现了两股极端的取向：一边熟练运用各种史料，却视至少发展了上百年的社会学理论与方法为花拳绣腿；一边则视西方学术为正统，对本土学术资源不屑一顾，甚至不承认另一边是历史社会学。在我看来，当下的中国历史社会学需要的不是划界，而是相互学习。如果连社会学界内部都水火不容，那又如何期待社会学和历史学的深度交融呢？

从开始读博到现在，我一直以学习的心态看待历史社会学的不同研究取向。在美国读博时，我大量阅读了历史社会学和史学理论的著作，并学习了质性比较分析、社会网络分析、过程追踪、仿真模拟等研究方法。我非常不赞同那种将这些理论和方法扣上"西方学说"的帽子并闭关自守的做法，因为不仅研究方法无中西之分，而且这些研究所用到的理论与概念本身就是在互相区分、互相批判中得到深化的。我始终认为，本土化研究不是通过口号喊出来的，而是在中西参照、深刻批判的基础上，在具体的研究中一点一滴做出来的。这两年来，我一方面继续致力于对国外优秀成果的学习和译介，写过几篇论文，主编了几套译丛，带领学生大量阅读国外经典与前沿；另一方面也在反思自己在学术训练上的短板，从第一天起就反复提醒自己做"接地气"的研究。包括我在内，无论是历史脉络还是田野实践，我们这些在国外拿到博士学位的"海归"们确实对本土的学术资源了解得太少了。我也认识到，一味追求理论上的复杂和技术上的精细，而忽略了对历史时代的把握和对研究对象的最基本的事实认识，那么写出来的东西必然是昙花一现的文字游戏。斯考切波曾在美国社会学会学术年会上批评新生代历史社会学者喜欢坐而论道，却连基本的史实都没搞清楚，我对此深以为然。在一篇悼念傅高义的文章中，我也谈到了"老式"社会学不可取代的价值。总之，我认为，在眼下这个阶段，中国的历史社会学人仍应该虚心学习，向国外优秀成果学习，向中国的历史传统学习，也向不同研究取向的学者学习。

郭台辉教授和我因历史社会学而结缘，这部访谈录正是我们的一份小小的作业。2011年秋季，尚在哥伦比亚大学攻读博士学位的我收到素昧平生的郭教授的电邮。他说自己刚到纽约大学访学，打算今后以历史社会学为方向（当时我们都未想到历史社会学在中国会有如此之阵势），读过我在《读书》上的一篇小文，希望我能加入他的美国历史社会学家访谈项目。我立刻答应，并在接下来近一年的时间里和郭教授深入交流多次，郭教授做的不少访谈前前后后也都有我的参与。我答应承担约一半的访谈任务，且有出英文版的计划，可是由于我的懒散，加之后来博士论文写作的压力，不仅英文版至今未见天日，承诺了的访谈也只做了三份。如今看着眼前的访谈稿，我当然对郭教授有无限的愧疚，但也对它们最终能以眼前的形式问世而感到欣喜。这些访谈虽然有些年头，但如今读起来并未有丝毫的过时，因为其中的思想火花和碰撞正是当下的中国历史社会学界所需要的。在设计每一份访谈大纲时，郭教授和我都认真研读了受访者的著作和论文。在整理成文时（感谢许松影和魏来同学的协助），一个接一个问题读下来，我再一次深感我们需要补课的地方实在太多了。这部访谈录的内容可以说相当"硬核"：无论是解释和解读之争、归纳和演绎之分，还是因果机制、关键时点，相关内容读起来都不容易，而且对读者的知识背景有一定要求。但这些都是历史社会学在理论与方法上最重要也最前沿的问题，如果要在这一领域深耕，要跟国外优秀成果有深入的对话，我们就必须迎难而上。这是我们对自己的要求，也是我们对年青一代历史社会学人的期盼。

李钧鹏

2021 年 7 月 29 日于武昌南湖之滨

增订本说明

本书是增订再版，初版名为《历史社会学的技艺：名家访谈录》，由天津人民出版社于 2018 年出版。本书之所以修订，理由有三。

一是受关注程度。初版印数为 3000 册，一年内售罄，说明本书已经得到学术界的关注，尤其受到史学与社会科学相关专业的学生及青年学者欢迎。该书出版之后，15 位受访者都获得样书，他们也给本书以高度评价。国际社会学期刊 *International Sociology Review*（2019 年第 34 卷第 2 期）还刊发书评，这是该刊自创刊以来在目录中首次直接采用中文标题。

二是存在的问题。学术同仁出于善意与良知，在网络上给本书细心指出了一些问题，收集起来，主要体现在两方面：其一是书名、人名的错漏和前后不一致，排版也不够完美。这是因为，本书的整理过程时间跨度很长，信息量也很大，受出版时间所限，留给编辑的校对时间不够充裕。这个问题在本次修订过程中将集中解决。其二是关于本书的发问方式、对话质量与水平问题，但本次修订版继续保持不变。这是因为，本访谈是笔者刚涉入历史社会学领域时推进并完成的，有些问题可能比较幼稚，对名家的作品与思想把握得不够通透，但这恰恰可能更有利于入门学生和学者的理解。有些问题是笔者对不同的名家多次追问的结果，比如语言与史料，对于读者来说可能是不应该的重复，对于有些名家来说也可能不是问题，但对于从事历史社会学研究的后来者来说，这是需要思考的基本问题，而不同的研究者对同一研究主题却有着不同的态度。有些问题可能是笔者当时正在思考的学术或非学术问题，在现在看来已经过时了，在修订版中有必要继续保持访谈的时空"烙印"。还有一些可能不是问题，而是笔者妄加评论名家著作的某些观点，存在一定程度的任意发挥，目的是激发起名家的表达欲望。这对于正式访谈来说可能有点啰唆，但的确是笔者当初阅读文献时的真实想法。

三是篇幅增加。增订本除了重新修改和润色导论和全文的文字表述之外，还添加了好友李钧鹏教授的三个访谈稿和一篇导言。李钧鹏教授对推动本访谈项目给予过细致入微的支持。本来，我们对历史社会学领域的世界级名家有一个更宏大的访谈计划，但由于各方面的原因未能付诸实践，只好让手头已有的内容先面世。李钧鹏教授为本书撰写导言，为理解历史社会学提供了一个当代西方学术史的整体感，他所访谈的三位学者斯坦梅兹（George Steinmetz）、奇瑟（Edgar Kiser）、马洪尼（James Mahoney）是当今历史社会学领域当之无愧的知名学者，他们对历史社会学的方法论领域有着创造性的贡献并在该领域占据着不可替代的地位。三个访谈稿为本书增色不少，有利于中国读者理解西方历史社会学的当前趋势。

此外，增订本为了更突出历史社会学的核心主题，并对应另一部姊妹篇作品《历史社会学的力量》，经多方交流之后采用《历史社会学的技艺》为书名，省去了初版的副书名。

郭台辉

2020 年 3 月 9 日

内容提要

社会科学转向历史是一股学术潮流，在当代世界不断发酵，以历史社会学为典范，催生出诸多跨学科研究，推动了社会科学与历史研究之间的持续沟通和对话。沃勒斯坦、迈克尔·曼、西德尼·塔罗等历史社会科学家享有盛名，都是国际学术界的"参天大树"，如果把他们放在一起，则可谓"深山老林"。他们立足于个性化的学术成长道路和研究领域，毕生致力于推动社会科学的历史转向，奉献出丰硕的研究成果，但也时刻面临着来自不同学科与知识领域的严峻挑战。

本书经两位中国学者的整体规划，精心挑选英美世界 18 位原创性强、知名度高的历史社会科学家，主要采取面对面的、半结构化的英语交流方式，围绕方法论讨论的一个核心问题：社会科学为何以及如何认真对待历史？将面临哪些争论？本书一共 18 章，相当于对此问题的 18 种答案。每一章呈现一位学者的学术成长史，具体由三部分组成：其一，回顾各自独特的学术背景、师承关系与学缘经络、研究轨迹与知识结构，了解其历史倾向的具体形成过程；其二，以扎实而具体的文献资料为讨论基础，反思社会科学转向历史的传统与现状，探讨几十年来该学术运动所引发的诸多理论与方法论问题；其三，他们在各自耕耘的几个研究领域如何具体推动社会科学转向历史，并展示历史转向运动的历时性与共时性差异。

本书是汉语学界首次以学术访谈的方式，重审跨越半个世纪以来西方社会科学转向历史的学术运动历程，涉及两代学者及其对关键作品的评价，主题与方法的覆盖面很广，包括传统与现代、革命与反叛、民主与专制、资本主义与世界体系、精英冲突与阶级形成、现代国家形成、帝国与殖民、民族与种族、现代性与后现代性、激进与保守、性别与家庭、身份与认同、结构与网络、宏观与微观等等。无论是方法还是主题，本书对从事社会科学与历史学以及相关跨学科研究的中国学生与学者均有重要的参考价值。

目 录

历史社会学家的访谈信息列表

历史社会学名家	供职机构	研究领域	访谈时间、地点及方式
伊曼纽尔·沃勒斯坦 (Immanuel Wallerstein)	耶鲁大学 社会学系	世界体系、 社会科学方法论	2012 年 5 月 13 日，耶鲁大学，沃勒斯坦办公室，面对面
彼得·伯克 (Peter Burke)	剑桥大学 历史系	社会史、 新文化史	2014 年 12 月，邮件
西德尼·塔罗 (Sidney Tarrow)	康奈尔大学 政府系	抗争政治	2012 年 3 月 17 日，康奈尔大学，咖啡厅，面对面
迈克尔·曼 (Michael Mann)	加州大学洛杉矶分校社会学系	社会权力、 民族国家、民主	2011 年 12 月 20 日，纽约大学，酒店房间，面对面
克雷格·卡尔霍恩 (Craig Calhoun)	伦敦政治 经济学院	社会运动、认同、 世界主义	2012 年 5 月 4 日，纽约大学，卡尔霍恩办公室，面对面
金世杰 (Jack Goldstone)	乔治·梅森大学 公共政策研究院	革命、民主、 人口问题	2012 年 2 月 3 日，电话
理查德·拉克曼 (Richard Lachmann)	纽约州立大学 社会学系	资本主义、 精英冲突	2012 年 3 月 7 日，纽约州立大学，拉克曼家里，面对面
彼得·比尔曼 (Peter Bearman)	哥伦比亚大学 社会学系	社会网络分析	2011 年 11 月 12 日，哥伦比亚大学，比尔曼办公室，面对面
杰夫·古德温 (Jeff Goodwin)	纽约大学 社会学系	革命、恐怖 主义、社会运动	2011 年 10 月 23 日，纽约大学，古德温办公室，面对面

续表

历史社会学名家	供职机构	研究领域	访谈时间、地点及方式
凯伦·巴基 (Karen Barkey)	加州大学伯克利分校社会学系	帝国、国家、社会网络	2011 年 11 月 7 日，哥伦比亚大学，巴基办公室，面对面
朱莉娅·亚当斯 (Julia Adams)	耶鲁大学社会学系	家族式国家	2012 年 5 月 13 日，耶鲁大学，亚当斯办公室，面对面
池上英子 (Eiko Ikegami)	纽约新学院大学社会学系	社会网络分析、日本研究、身份认同	2013 年 12 月 12 日，广州中山大学，酒吧，面对面
裴宜理 (Elizabeth Perry)	哈佛大学政府系	革命、社会抗争、中国研究	2012 年 6 月 12 日，哈佛大学，裴宜理办公室，面对面
托马斯·埃特曼 (Thomas Ertman)	纽约大学社会学系	欧洲国家建设	2012 年 8 月 1 日，纽约大学，埃特曼办公室，面对面
菲利普·戈尔斯基 (Philip Gorski)	耶鲁大学社会学系	宗教与国家	2012 年 5 月 13 日，耶鲁大学，戈尔斯基办公室，面对面
乔治·斯坦梅兹 (George Steinmetz)	密歇根大学社会学系	国际社会学、社会学史、帝国、殖民主义	2013 年 8 月 11 日，纽约沃里克酒店
艾德加·奇瑟 (Edgar Kiser)	华盛顿大学社会学系	社会理论、战争、国家建设	2013 年 8 月 11 日，纽约沃里克酒店，咖啡厅，面对面；2013 年 11 月 6 日，电话
詹姆斯·马洪尼 (James Mahoney)	西北大学社会学系与政治学系	拉美发展、殖民主义、方法论	2013 年 12 月 13 日，电话

导　言

　　"历史研究是一切社会科学的基础"，这一命题至少可以在如下三个层面表达历史学与社会科学之间的关联。其一，现在与未来以过去为基础，人类活动与自然现象一样，都有历史渐变或突变的变迁过程，所创造的观念、制度、行为习惯也是在历史过程中形成的。因此，无论哪个学科都须重视历史研究，并置之于前学科地位。其二，社会科学以"一切"的复数形式出现。"社会科学"既可以相对于"自然科学"而言，作为单数、整体和一般意义上的 social science，但按照现代学科分类，又是政治学、经济学、社会学等学科的部分加总，即复数的 social sciences。"社会科学"作为一个整体而诞生，并与历史研究相结合。但现代社会科学的学科建制丧失历史意识，其内部的各学科之间、外部与自然科学和人文科学之间，无不充满冲突与争议，却无不配合现代国家的权力渗透及其对人们日常生活各领域的支配。其三，社会科学的各学科独立建制，与历史研究时有关联，但已是政治、经济、社会生活等已经分割为不同侧面的历史，历史学与社会科学之间的关联是碎片化的，而不是整体的。从此，人类生活领域与知识体系也难以回到整体，难以从整体来认识与把握人类的生活世界。

　　在社会科学与历史研究的关联过程中，有的社会科学家模仿历史学家，重视语言，收集和整理一手材料，理解独特的社会变迁；也有的只偏爱历史数据，应用社会科学方法对二手材料再分析，目的是提炼理论与概念，或者发现决定性的机制与因果关系。同时，一部分历史学家对社会科学表示宽容与接纳，也主动运用其理论、概念、方法或模型，目的是更好地理解历史现象与过程。那么，如何理解社会科学与历史学之间的选择性亲和关系？不同的社会科学家们如何具体对待历史呢，抑或他们的历史意识有何差异？历史倾向的社会科学家与社会科学倾向的历史学家之间有何差异？历史学与社会科学是否可能以及在何种程度上可以相互理解与融合呢？历史学与社会科学之间的跨学科研究必然涉及这些问题。

本书主要关注有历史倾向的社会科学家，展示他们对上述问题的回答及其具体实践。本书以半结构化的、面对面的学术交流方式，与18位世界顶级历史社会科学家逐个进行交流，其中以历史社会学家居多，主要围绕理论、方法与具体议题几个方面的问题，尤其是对方法论的核心争论及前沿研究展开深入探讨。本书的目的有二：其一是展示中国本土学者对历史社会学的认知与困惑，这既是学术问题，又是探讨当今西方、中国与全球之问题层级结构的知识基础；其二是直接呈现当今世界关注的诸多重大问题，西方历史社会科学家由此反思历史学与社会科学的关系问题，表达焦虑、洞见与期待。这部著作内容丰富，信息量大，覆盖历史社会学学术史的几乎所有经典人物及其著作与学术论争。其可能的学术价值在于，着重反思19世纪以来历史学与社会科学相结合的基本面向，揭示西方社会科学与历史学的内在危机及其所引发的各种学术争论。这有利于中国学术界重视历史研究与社会科学之间的联系，扩大时空相结合的大视野认知，对百余年来西方历史社会学的整体得失有更清醒的认识，为推进历史社会科学在中国的发展并展开国际对话夯实基础。

一、 历史社会学何为？

本书取名为《历史社会学的技艺》，主要有两方面的考虑。

其一是关于"历史社会学"。在西方社会科学转向历史的学术运动过程中，社会学相对于社会科学的其他三个学科来说最为积极，发展出广为流传的"历史社会学"，其知识的合法性基础可以追溯到18—19世纪的经典社会学传统。尽管诸如查尔斯·蒂利等人抱怨这个表述，更不赞同使之成为社会学的一个分支领域，但"历史社会学"的表述却通行至今，成为社会科学转向历史或者历史社会科学中的标签。当然，本书在标题上采信"历史社会学"，但在内容上并不局限于社会学，而是更广泛地包括社会科学的所有分支学科。如果用"名"与"实"的关系来表达，本书之实是转向历史的社会科学研究，却以一种权宜的方式，冠之以众所周知但不一定很适合的"历史社会学"之名，而没有用更适合的"历史社会科学"来表达。

其二是关于"技艺"。"技艺"是指一种具有较高难度的专门技能。本书试图以此表达一种对历史社会科学家们的敬仰，同时也充分表明社会科学转向历史的困难。他们不仅需要掌握主流社会科学的一般规范，旨在以历史的独特性挑战社会科学的普遍法则，或者提炼社会科学概念来理解独特历史过程；同时，由于文献材料与证据源于不可反复、不可检验的历史，他们需要熟悉相关主题的几乎所有历史作品，甄别、借鉴与吸收已有的历史研究成果。同时，为了更有说服力与可信度，他们不得不与史料派的历史学家一样，亲自投身于历史档案，搜集并解读一手史料。简言之，历史社会科学的研究需要难度非常高的研究技能，需要权衡实用主义社会科学的"非历史性"、史料的"历史性"以及史观的"反历史性"之间的分歧，尽可能满足不同学科的研究规范，并得到超越学科成见的广泛认可。

下面就对"历史性""非历史性""反历史性"及其之间的关系做一番阐释，进而表达社会科学转向历史的自我定位与艰辛。

一般认为，自德国史学家兰克把历史学作为一门职业以来，历史学家的基本工作是搜索、收集、甄别一手史料，包括与历史事件经历者或目击者直接关联的档案文件、各种记录与数据等，严格考证其真伪，详细而系统地整理，突出时间顺序的"历史性"，并以"讲故事"的叙事方式表达出来。但是，好的历史研究并不止于"剪刀加糨糊"（柯林伍德语），而是首先回答史料选择标准的前学科问题与史料整理意义的后学科问题。选择标准的原则大致表现为三点：追溯当下社会问题或成就的历史起源与过程，用以批判、颂扬或者怀旧；从历史事件或变迁中总结出不变法则，暗示或明示当前困境的化解与未来道路的选择；用新的史料、新的视角或先进的技术手段来反驳、修正或颠覆已有认知，为历史事件发展出新的认知、概念或理论。显然，历史研究的这些志向充满

"非历史性"的实用主义色彩，是为了有效回答史学家所处时代的公共议题，化解公共焦虑，或者为当下时代寻找与建构历史的合法性。

然而，如果历史研究完全囿于"经世致用"的目的，就难以成为人类知识的重要来源，必然不是诸如亚里士多德、但丁、笛卡尔等先哲们所认可的独立学科。历史研究之所以成为一门科学，就在于它"究天人之际，通古今之变"的恒久使命和"反历史性"假设，认为人类活动所能体验的历史事件、所能把握的历史过程背后存在一个神秘的"上帝之手"（兰克语）。历史研究的终极目的是，探索并找到那个不以人的意志为转移的普遍历史规律，以此本质性范畴来引导人类迈向普遍真理的康庄大道。历史研究的这种先验假设在西方世界的基督教神学体系中表现得最为显著，认为世界历史是上帝为尘世的人类创造的，展示从堕落到拯救的一副完整画卷。"科学革命"逼退了上帝，但现代各种学说或主义相互冲突与倾轧，竞相夺取上帝的宝座与话语权。这带给人们美好愿景与无限追求，但在 20 世纪却成为诸多荒谬的历史闹剧，酿造出惨绝人寰的历史悲剧。简言之，不同的历史研究在不同程度上侧重于策略的"历史性"、认知上的"非历史性"以及先验假设上的"反历史性"。

社会科学与历史学在 19 世纪前期几乎是同一时间兴起，也意味着二者开始分道扬镳。德国史学家兰克隐藏了普遍历史的唯心主义假设，主张历史与哲学的方法论二分，专修政治史，强调研究过程的客观实在性，发展出作为学科的历史学。"兰克学派"成为历史研究的主流与样板。社会科学孵化于法国大革命，成长于后革命时代的社会动荡与危机。法兰西人文科学院的自由派抵制工人运动的激进与贵族政治的保守，提倡无关乎历史研究的社会科学，致力于化解贫困、犯罪、卫生、司法和经济等问题，成为政府决策的科学依据。从此，在研究策略与实用目的上，历史学的"历史性"与社会科学的"无历史感"之间开始分化。当然，在知识论层面，作为经验哲学的社会科学被称为社会学。这得益于孔德继往开来的实证主义哲学，历史意识依然浓厚，但历史研究丧失独立性，而是要服务于探索人类社会的因果关系和不变法则。显然，历史研究与社会学在先验假设上存在冲突。

从此，历史学与社会学的具体研究在对待历史研究方面招致各种争论，逐渐形成几种范式，一直影响到其在整个 20 世纪的发展。概括起来，争论主要是围绕历史研究的"历史性""非历史性""反历史性"三个层面展开。在"历史性"层面，考古学家抵制兰克的唯官方文本立场，重视非文本和非官方的史料及其背后的立体结构和类型学分析，而法国历史学家，如库朗热与西米昂倾向于社会学，他们认为不能过于沉迷于文献考证，也不能停留于事实描述。这两种倾向接近孟德斯鸠—孔德—涂尔干的古典社会学传统，关注历史的结构性和普遍性问题及其因果关系的类型分析。

"非历史性"层面体现为批判兰克的唯政治史倾向。到 19 世纪后期，兰克的传统史学遭到来自法律史、经济史、文化史、社会史等"新史学"领域的挑战，但"新史学"运动背后的动力是社会科学内部的学科分化与对峙。19 世纪末的社会学似乎包括"新""旧"两个范畴。"旧"范畴是指在普遍意义上研究人类所有活动领域；"新"范畴是在特定意义上研究人类活动的非市场与非政治领域，这恰恰是受学科分化建制影响最小的领域。在"反历史性"层面，19 世纪后期整体转向为"进步论""发展主义""西方中心主义""现代化"，这在 20 世纪后期兴起"后现代"思潮之前似乎都是主流的先验假设。当然，在主流之外还有尼采、斯宾格勒等思辨历史哲学家对进步史观的批判。

由此，"历史社会学"既是反对学科分化建制的武器，又是坚持维持 19 世纪社会科学的历史意识传统，从而成为社会科学家坚持历史研究的重要阵地。但到 19 与 20 世纪之交，历史社会学发展出阐释与解释两种研究范式。阐释型是以韦伯为代表的"社会科学的历史化"，在于提炼或运用社会科学概念与方法，理解和阐释独特的历史过程与现象；解释型是以涂尔干为代表的"历史的社会科学化"，试图在纷繁复杂的史料中发现不变的"社会事实"、因果法则与本质规律，由此解释、分析并预测普遍的历史过程。从其在 20 世纪的延续来看，前期是法国成就了"年鉴学派"，在二战后的几十年里，英国掀起讨论资本主义起源的热潮，德国深入反思现代化道路，美国在跨学科浪潮中催生出作为学科的历史社会学。它们都是在这两种范式和"现代化"预设的基础上发展起来的，所不同的只是现实关怀、主题侧重和问题关注。

二、 谁是名家?

本书所采信的"历史社会学"是广义上的,包括所有倾向于在具体历史背景下关注社会变迁的社会科学家。在学科分化之后,主要参与的学科不仅是社会学与历史学,还有政治学、经济学、人类学、考古学、人口学、地理学、民俗学等,如今,甚至人文、艺术、自然科学都加入其中。其所涉及的问题触及人类生活的全部领域,一大批历史社会科学家创造出一系列经典著作,使历史社会学成为人类知识生产的重要途径,是当代知识界抵制社会科学"退回当下"(埃利亚斯语)的最锐利武器。当然,从某种意义上来说,当前诸多转向历史的人文社会科学研究已经开始使"历史社会学"这个表述不能再承受其内容之重。

然而,战后西方国家的社会政治重建,亟待社会科学的精确化与操作化,使社会科学与历史研究渐行渐远。随着世界经济、政治与学术的重心转移到美国,社会科学的数据操作化与主流理论的概念抽象化程度尤为显著。当然,20 世纪 60 年代西方世界频发学生、妇女、黑人与反战的社会运动,这使一大批激进的年轻社会科学家有机会抵制主流研究,反对学科分化和无历史意识。社会学家对社会问题最为敏锐,最主动转向历史研究,由此率先催生出狭义上的"历史社会学"。同时,英国经济史、美国社会史、德法的批判理论、马克思主义历史学也使部分历史学家主动寻求社会科学的支持,把概念、理论、方法与数理模型作为历史研究的解释工具,以"新史学"的名义提倡复数形式的"历史社会科学"。此后,社会科学与历史学在形式上出现从未有过的亲密,成为六七十年代兴盛跨学科的动力与资源。

较之于德、法、英等早发国家的社会科学而言,美国社会科学的学科分化程度最严重,最缺乏历史意识。但反讽的是,其转向历史的制度化和组织化程度却最高,集中表现为作为社会学子学科的"历史社会学"。历史社会学在 60 年代的美国兴起,完全得益于一批被边缘化、反主流倾向的社会学家和历史学家,比如艾森斯塔德、本迪克斯、李普塞特、汤普森、巴林顿·摩尔、沃勒斯坦、查尔斯·蒂利等。他们转向历史，专注于革命、社会冲突与变迁、工业化、阶级形成、国家形成、民主化、资本主义起源与变迁、官僚制等，开创宏观比较历史分析的新潮流。换言之，历史社会学成为一场知识运动，起初是作为批判主流社会学的武器，共同抵制帕森斯主导的系统论与功能论社会学。

80 年代初，"历史社会学"发展出以宏观-比较-历史作为基本特点的研究策略，正式作为社会学的子学科和专门的学术领域，并加以制度化。比如成立"历史社会学分会"（1981 年），设立专项学术奖，创办期刊，开办相关的学术平台、论坛与研讨班，开设相关课程，招收和培养该领域的研究生。历史社会学高密度的组织化建制彰显了社会学的历史意识，但也隐藏作为批判的武器于鞘囊中，成为与其他子学科并肩的研究领域，宽容了社会学其他领域的无历史意识。与此同时，主流的经济学与政治科学主动把历史研究的传统资源拱手让给社会学，越来越青睐数理统计模型和理性选择理论，陶醉于追求所谓客观规律与价值中立。就这样，社会科学的历史意识一度为"历史社会学"占为己有。

历史社会学作为美国社会学的一个子学科和研究领域，经过两代人的努力和几十年的发展，已经培养出一大批年轻的历史社会学家，产生的成果在社会科学与历史学界都颇有影响。六七十年代的"反叛一代"多数已经作古，至少也年过古稀，而八九十年代嗷嗷待哺的"幼兽"如今成为"山大王"。他们通过数十年的个体化或集团化经营，把出道时开辟的研究领域不断拓展，如今成为一个个显赫的学术团队和活跃的学术领域。尤其是在有着历史社会学优良传统的几个重镇，比如哈佛大学、加州大学、哥伦比亚大学、密歇根大学、耶鲁大学等，至今依然发挥重要作用。美国社会科学越来越量化和模型化以至于僵化，而历史社会学无疑是活跃美国社会科学的一剂良药。虽然较之于其他更为"美国化"的研究领域而言，从事历史社会学的群体依然不大，但所有嫁接历史与社会科学的跨学科学者都被视为历史社会学家，他们充分发挥"比较历史分析"策略和"历史制度主义"视角，将之运用到社会科学的所有领域，产生显著的效果。此外，他们同时在几个相关学科与专业里担任教职，联合培养学生，从事合作研究，是繁荣跨学科和整合学术团队的重要力量。

欧洲的历史社会学传统主要是由史学家继承和发扬的，而且学科分化并不明显，不存在以学科化冠名的历史社会学。但美国的历史社会学经过几十年的发展，大致存在三个阶段的明显变化，即六七十年代普遍作为批判的武器（本质论），八九十年代作为子学科的领域（特殊论），千禧年之后，以比较历史分析、叙事分析、过程分析、时间序列分析等研究方法的形式（工具论），与定量/定性的传统手段结合，广泛应用到社会科学研究和历史研究，使历史学与社会科学之间呈现多样化的结合。这三个阶段也有大致相对应的主流分析范式，即结构主义、文化主义、网络主义；在分析层次上也大致呈现出宏观、中观到微观的变化。在"反历史"的假设上也有变化，六七十年代是追求一致的"现代化理论"和"西方中心主义"，但在 80 年代受到后现代主义和后结构主义的哲学思潮影响之后，90 年代之后的历史社会学研究开始关注主体、叙事、小空间、帝国/殖民、身份、女性等追忆传统、差异化和多样性的主题。但到 21 世纪之后，尤其是西方发达国家连续遭遇恐怖袭击和金融危机之后，宏观的政治经济大问题似乎又重新受到重视。明显的新主题是帝国与帝国主义，而分析单位从民族国家转移到社会网络，尤其是跨越政治国家边界的跨国网络和非行政管理标准的地方文化网络。

那么，在这些阶段性的变化中，是哪些人在发挥引领学术运动的重要作用呢？他们有何贡献？笔者就此问题曾做过充分的"功课"，包括以各种方式咨询数十名历史社会学领域的学者与学生，大量阅读引用率高的相关文献，查阅相关资料，尤其重视学者的学术训练、学术成就、学术评价、学生培养与获奖情况，等等，在此基础上形成一个历史社会学家群体的简易名单（如下）。据此，我们大致能勾勒出美国历史社会学在过去三四十年来的发展脉络。当然，不在此列的历史社会学者也非常有名，著作的引用率很高，比如约翰·马尔科夫（John Markoff）及其《封建制的废除》（*The Abolition of Feudalism*），奥兰多·帕特森（Orlando Patterson）及其《奴隶制度与社会死亡》（*Slavery and Social Death*），安东尼·马克（Anthony Mark）及其《制造种族与民族》（*Making Race and Nation: A Comparison of South Africa, the United States, and Brazil*）。他们不被考虑，是笔者的精力和经费不足以及本书的篇幅有限所致，而入名单者则是考察历史社会学学术史不可绕过的人物。按年龄降序排列，历史社会学传统存在明显的代际传承，我们可以策略性地把他们划为三代：

第一代学者的贡献是作为抵制功能主义社会学的主要旗手，促成了以比较历史分析为标志的历史社会学。他们分别是小威廉·休厄尔（William Sewell，1909—2001 年，芝加哥大学）、巴林顿·摩尔（Barrington Moore，1913—2005 年，哈佛大学）、查尔斯·蒂利（Charles Tilly，1929—2008 年，哥伦比亚大学）、沃勒斯坦（Immanuel Wallerstein，1930—2019 年，耶鲁大学）、西德尼·塔罗（Sidney Tarrow，1938 年生，康奈尔大学）、迈克尔·曼（Michael Mann，1943 年生，加州大学洛杉矶分校）、西达·斯考切波（Theda Scokpol，1947 年生，哈佛大学）。除了前四位已离世，其他三位依然健在，思想活跃，并且继续守护历史社会学这个"林地"。当然，有几股力量同时批判帕森斯的功能主义，并汇集在一起，助力历史社会学的兴盛。除了巴林顿·摩尔在宏观层面的比较历史分析之外，还有柯林斯（Randall Collins，1941 年生）在中观层面的社会冲突理论，霍曼斯（George Homans，1910—1989 年）在微观层面的行为与关系分析，而沃勒斯坦的世界体系属于超宏观层面。哈里森·怀特（Harrison White，1930 年生）从霍曼斯的行为与关系分析中发展出社会网络分析，引爆"哈佛革命"，并发展出"关系社会学的纽约学派"，但他不是在主题上而是在方法论上深刻影响到后来的历史社会学家，比较有代表性的是查尔斯·蒂利、彼得·比尔曼（Peter Bearman）、罗杰·古尔德（Roger Gould），他们的社会网络分析为历史社会学向微观关系层面与语言维度的发展做出了巨大贡献。

第二代以"50 后"与"60 后"为主。其中，"50 后"学者都是 20 世纪 80 年代历史社会学成为社会学子学科之后的第一批受益者和亲历者，接受过严格的专业培养与学术训练。他们在各自领域有着拓展性的卓越贡献，如今成为历史社会学领域的领军人物和各自研究机构的资深教授。他们分别是安德鲁·阿伯特（Andrew Abbott，1948 年生，芝加哥大学）、萨默斯（Margaret Somers，1949 年生，密歇根大学）、卡尔霍恩（Craig Calhoun，1952 年生，访谈时供职于纽约大学，后来转入伦敦政治经济学院）、金世杰（Jack A. Goldstone，又译戈德斯通，1953

年生，乔治·梅森大学）、朱莉娅·亚当斯（Julia P. Adams，1953 年生，耶鲁大学）、赵鼎新（1953 年生，芝加哥大学）、彼得·比尔曼（1956 年生，哥伦比亚大学）、理查德·拉克曼（Richard Lachmann，1956—2021，纽约州立大学奥尔巴尼分校）、布鲁巴克（Rogers Brubaker，1956 年生，加州大学洛杉矶分校）、斯坦梅兹（George Steinmetz，1957 年生，密歇根大学）、古德温（Jeff Goodwin，1958 年生，纽约大学）、奇瑟（Edgar Vance Kiser，1958 年生，华盛顿大学）、凯伦·巴基（Karen Barkey，1959 年生，访谈时供职于哥伦比亚大学，后来加盟加州大学伯克利分校社会学系）、池上英子（Eiko Ikegami，1957 年生，纽约新学院大学）。当然，中国问题研究的专家，如裴宜理（Elizabeth J. Perry，1948 年生，哈佛大学）也属于此梯队。还有"60 后"学者，比如托马斯·埃特曼（Thomas Ertman，1961 年生，纽约大学）、罗杰·古尔德（1962—2002 年，耶鲁大学）、戈尔斯基（Philip Gorski，1967 年生，耶鲁大学）、詹姆斯·马洪尼（James Mahoney，1968 年生，西北大学）等等。他们都是在 90 年代之后获得博士学位，直接受益于第一代历史社会学家的栽培。

历史社会学的第三代学者正在崭露头角，主要由"70 后"与"80 后"的新锐组成，比如艾萨克·里德（Isaac Reed，弗吉尼亚大学）、赛贝尔·福克斯（Cybelle Fox）和迪伦·赖利（Dylan Riley，加州大学伯克利分校）、艾米丽·埃里克森（Emily Erikson，耶鲁大学）等等。这个群体的规模很大，只是在学科上并不是仅仅集中在社会学，而是以比较历史分析、历史制度主义、网络分析、时间系列分析、事件分析等新范式，结合政治学、经济学、人类学等其他社会科学，甚至是人文科学和自然科学知识进行跨学科研究。他们的知识来源更加丰富，视野更加开阔。他们在学术界最活跃，在方法论的发展方面很有创造力，只是在成就与影响力上还没有第二代学者那么显著。本书的篇幅有限，他们并没有被纳入选择视野。

三、　如何对话？

本书的直接目的，是了解美国的历史社会学家们在关注什么问题，研究什么主题，用什么方法，对历史社会学的历史形成及其最近三四十年的发展历程有何反思与争议。笔者大量阅读历史社会学的著作，联系到该领域的名家，以学术交流的形式，让他们现身说法，讲述他们自己的学术故事，反思性地评述这个领域的历史、现状与未来。经过杰夫·古德温、朱莉娅·亚当斯、理查德·拉克曼三位教授的精心挑选和一致推荐，最终确定如下访谈名单：其中，第一代学者的代表有 4 人，分别是伊曼纽尔·沃勒斯坦、西德尼·塔罗、迈克尔·曼，此外还有剑桥大学的新史学家彼得·伯克（Peter Burke）；第二代学者的代表有 11 人，分别是克雷格·卡尔霍恩、金世杰、朱莉娅·亚当斯、彼得·比尔曼、理查德·拉克曼、杰夫·古德温、凯伦·巴基、池上英子、裴宜理、托马斯·埃特曼与菲利普·戈尔斯基。

本书起底于访谈项目，是受访者确定访谈时间和地点，笔者把访谈的问题提前发给受访者，以便他们能有充分的心理准备和思考时间接受访谈。在问题设计方面，笔者根据历史社会学的基本问题与不同受访者在其各自学术生涯中的具体研究，编辑出 20 个左右的问题，分为几大部分。第一部分是学术背景，包括受访者的学术传承、学术轨迹与影响来源，旨在追踪历史社会学家的个人传记、学术倾向、学术关系网络与知识结构的形成。第二部分是历史社会学的基本问题，旨在了解历史社会学家对历史社会学仍然持久争议的理论与方法的基本见解以及对批评者的具体回应，包括理论与历史、演绎与归纳、解释与阐释、比较与机制、宏观与微观、定性与定量、传统与现代、理性选择与文化认同、作为专业领域的与作为方法视角的历史社会学等等。第三部分是研究主题，针对不同的受访者所研究的几个相关领域，分为三个板块。这部分内容关注他们在具体研究中如何运用历史社会学的基本立场与倾向。这基本涵盖了历史社会学研究的所有议题，如精英冲突与阶级形成、国家形成与构建、民主与专制、现代与前现代、革命与反叛、资本主义与世界体系、帝国与殖民、民族主义、现代性与后现代主义、世界主义与地方主义、女性主义、结构主义与社会网络分析、身份与认同等等。结尾的问题试图了解受访者对自己在历史社会学界的贡献与自我定位，以及正在从事的项目与未来设想，以此表达历史社会学议题、理论与方法的未来探索方向。

历史社会学家擅长运用宏观比较方法、长波段时间与大跨度空间，进行国别或区域甚至世界整体的研究，特别关注世界格局的变迁、地区经济政治与社会的结构转型、诸文明的相容与排斥、国家力量的历时性对比等宏大问题。当然，中国问题必然是所有受访者与来自中国的访谈者之间探讨的一个重要话题。而且，让绝大多数受访者尤其关切的，是改革开放三四十年后的当代中国在政治体制上的独特以及在经济上的崛起。这为本书有意无意地增加了一个有意思的学术问题：美国的社会科学家如何历史地看待当代中国的新变化及其对世界的影响？他们的回应呈现多元化，但均普遍看好中国的前景及其对世界和平的积极作用。

每个历史社会学家都有自己独特的学术训练与成长路径，对历史社会学有不同的理解与实践。但他们之所以能在几十年的辛勤耕耘中取得一番学术成就，得到同行的高度认可，就在于不断追求青年时代的梦想、呵护内心的宁静，保持清醒的社会观察与学术批判，不断超越自我，在历史脉络中理解和回应当前的社会问题。当然，历史社会学家们对历史社会学自身存在的根本问题及其在发展过程中出现的各种争议，有自己的独到判断和反思。这不仅构成历史社会学领域斑驳的图景，而且，跨学科研究及其持久的学术争论，无疑是拯救社会科学危机的一剂良药。本书接下来按照策略的"历史性"、认知的"非历史性"和预设的"反历史性"三个层面，概括他们对历史社会学研究的基本态度，由此展示历史研究与社会科学之间的选择性亲和关系，以及社会科学转向历史所存在的问题及争论。

其一是"历史性"的语言与史料问题。社会科学家在转向历史时，遇到的最大问题是难以得到主流历史学家的认可，其主要原因有二：历史学家最重视一手史料的搜索、收集与甄别，而社会科学家更倾向于重新分析二手史料；与此相关的是，重视一手史料必然涉及语言、语义与语境问题，背后是必然关联到思想、文化、历史、观念等更为复杂的因素。巴林顿·摩尔指出：语言的丰富与精准是做一流比较与历史分析的前提条件。但这在所访谈的历史社会学名家中呈现两个极点。

一个极点是高度重视一手材料及其语言书写，一切据于自己参与收集的档案材料来分析，比如凯伦·巴基、池上英子、埃特曼、戈尔斯基、裴宜理等。凯伦·巴基的母语是法语与土耳其语，又能阅读奥斯曼语、阿拉伯语、波斯语历史文献，工作语言是英语，后来又与来自德国、俄国、奥地利等中东欧国家的学生合作。她的奥斯曼帝国研究完全是据于一手的档案文献，对亚欧诸帝国及其关系的历史有独到的把握，推翻了帝国研究领域许多已有的观点。池上英子的母语是日语，长期做近代日本研究，用日本作为案例来挑战和颠覆西方学者既有的理论。裴宜理虽然不是中国人，但精通汉语，与中国许多本土学者保持着深厚的友情，并长期进行紧密的交往与合作。她们三人都认为，掌握语言是做历史研究的第一要务，很抵制那些只看二手文献的历史社会学家。凯伦·巴基强烈批判金世杰的《早期现代世界的革命与反抗》，而裴宜理也指责不懂汉语的斯考切波出版的那本名著《国家与社会革命》。

迈克尔·曼、金世杰与比尔曼代表另一个极点。他们不喜欢收集一手档案文献，但高度重视历史学家们已经找到的历史数据，大量使用二手文献，并以不同的角度和问题意识来重新分析这些历史数据，展示长时段背后的"普遍命题"。迈克尔·曼的《社会权力的来源》并不在乎一手材料和语言问题，他只关注四种社会权力在人类历史长河中的变迁。金世杰比较17—18世纪北回归线上的五个帝国，他花了很大篇幅辩解，认为自己虽然完全不懂日语、汉语、奥斯曼语，且大量使用二手资料，但经得起史学家的挑战。比尔曼的博士论文研究近代英国贵族，所用的历史数据完全来自一个历史学家之手。他坦言，自己擅长于数据分析，不愿意花大量时间去收集一手文献，而分析问题和提炼解释模式是历史社会学家不同于历史学家的最大区别。

当然，在这两极之间还有一个调和与平衡的观点。伯克、塔罗与拉克曼等人认为，重视语言和一手史料与否，取决于历史社会学家关注的问题和策略。定性的个案分析，尤其是历史事件研究、情感、文化、价值、意义等主题，必然是语言与史料优先；比较和定量分析，而且是关注大规模、大结构、长时段宏观社会变迁的比较和定量分析，需要综合各领域历史学家的智慧，比较诸多历史学家的前期研究，必然无法顾及语言和一手史料问题。

其二是"非历史性"的视角、概念、理论问题。如果说对待"历史性"问题有三种态度，那么在"非历史性"问题上的差异就大得多，而这恰恰是历史社会学家们主要的创新之处。我们可以在两方面来理解其间差异。第一，历史是社会科学的意识和本质，还是发现规律和寻找解释的方法与工具？或者二者是跨学科真正融合的领域？侧重于本质、领域或方法，这是历史社会学争论的一个核心议题。查尔斯·蒂利、沃勒斯坦、伯克等老一代学者都推崇历史学家斯廷奇科姆（Arthur Stinch-combe）提出的一个经典命题："人们不是运用理论来研究历史，而是用历史来发展理论。"在他们看来，历史是社会科学的基础与本质，历史社会学并不是一个跨学科领域，更不能把历史社会学作为方法，沦为社会科学的工具。重视语言与一手史料的历史社会学家都坚守这个立场。由此也不难理解，托马斯·埃特曼高度重视一手文献，受业于斯考切波，却与之保持思想与立场的距离。

不同的是，卡尔霍恩、拉克曼、亚当斯、戈尔斯基、比尔曼等人把历史社会学视为一个跨学科领域，并作为社会学学科建制的子学科，认为其独特的任务是，在历史现象中发现命题或者用某种视角来阐释历史，以启示当下社会问题。他们立足于历史社会学作为学科的新传统，从政治、经济、家庭、宗教、社会关系等层面切入历史过程，对历史现象和问题提供新的解释。在这方面，斯考切波对历史社会学的学科化建制做出了实际的贡献，她把历史社会学传统带入政治学和美国本土研究之后，发展出比较历史分析、历史制度主义等视角。显然，历史转向成为刺激政治科学的活力，但这已远离历史社会学的早期传统。

第二，历史社会学主导范式出现了宏观—结构、中观—文化、微观—网络的分化。宏观结构论是老一代历史社会学家所推崇的，比如沃勒斯坦的资本主义世界体系，迈克尔·曼的社会权力来源，塔罗的抗争政治，他们都突出了政治、经济、军事、革命、国家这些宏观主题，也得到了第二代部分学者的继承，比如金世杰的革命，拉克曼的资本主义，凯伦·巴基的帝国和宗教，埃特曼的近代欧洲国家构建；但有一批学者倾向于中观—文化领域，比如亚当斯的家庭与性别研究，池上英子的近代日本象征网络研究，戈尔斯基的宗教研究，裴宜理的中国革命研究，等等。但在 21 世纪，由从哈里森·怀特到查尔斯·蒂利发展出来的社会网络分析成为主流范式，几乎可以用来分析所有主题，最为直接地影响到了比尔曼、塔罗、凯伦·巴基、池上英子。比尔曼的贡献在于发展历史社会学的微观层次，研究社会关系、象征符号与意义网络，这与"新史学"的彼得·伯克不谋而合。西德尼·塔罗后来也关注中观层次的比较与机制研究。他们均不喜欢宏大的、比较的结构研究，而是关注宏观结构的微观反应与起源。

其三是"反历史"的理论预设问题。20 世纪七八十年代成名的历史社会学家们都深谙马克思、韦伯、涂尔干的经典社会理论，试图以简化历史的方式，寻找总体、普遍的结构或概念，以此为理解历史事件轨迹提供"金钥匙"，其背后的历史假设是以"进步论"和"西方中心主义"为基础的"现代化理论"。沃勒斯坦、迈克尔·曼、彼得·伯克、金世杰、拉克曼、比尔曼、亚当斯、埃特曼等人的早期著作存在这种倾向。但到了 90 年代，这一切都发生了变化，更强调差异性、多样性，似乎出现逆现代化、多元现代性或者后现代的史学观念。人们开始更多关注文化、地方性知识、社会性别、宗教、象征、记忆、小空间与小群体等等，强调多重作用力与多重视角如何整体影响到历史轨迹的变化。这方面的典型是，凯伦·巴基提倡帝国收缩，池上英子用日本案例来抵制西方既定的普遍理论，戈尔斯基强调教会构建与国家构建的同一关系。查尔斯·蒂利本人越来越关注差异，他的《强制、资本和欧洲国家》就是讨论欧洲社会的不同轨迹。蒂利在学术生涯后半期，基本上也就是他人生的最后 15—20 年，更多关注产生后果多元化的小规模社会进程，这催生出很多新的历史社会学研究成果。

但这带来的消极后果是历史社会学的美国化、原子化、碎片化、空洞化，导致历史社会学在 20 世纪 90 年代后期陷入低潮，带来方法论上的诸多争论。比如金世杰、戈尔斯基、池上英子、亚当斯等人都参与过关于归纳与演绎、经验与规范、理性与情感等几组紧张关系的争论。方法论之争的背后实际上是历史观念或者假设的不同。但随着 21 世纪出现的美国"9·11"事件、英国"7·7"事件以及 2008 年的金融危机，大问题、大空间结构、长时段的大历史变迁似乎重新回到历史社会学关注的中心地带，宏观的政治与经济问题再次受到重视。凯伦·巴基的《差异的帝国》、拉克曼的《不由自主的资产阶级》，以及迈克尔·曼的《社会权力的来源》（三、四卷）、《不连贯的帝国》与《民主的阴暗面》等，都是21世纪历史社会学领域的代表作，更不用说沃勒斯坦的世界体系一直受到学术界的重视。在沃勒斯坦看来，资本主义世界体系的整体危机与知识论的危机同出一源，提出要反思启蒙运动以来的知识论。21世纪的知识论更需要整合历史、社会科学、自然科学的知识生产，重新把社会科学各学科整合起来，把历史社会科学整体融合在一起。

当然，追溯美国历史社会学的学术史，不得不提到两个人——查尔斯·蒂利与西达·斯考切波。二人属于转向历史的社会科学"这个房子里的两头巨象"，无论如何都绕不过去。本书的访谈对象中，有四位是斯考切波直接指导的博士，即金世杰、古德温、凯伦·巴基、埃特曼。虽然没有访谈查尔斯·蒂利指导的博士，但无人不明确指出直接受到他的影响。然而，二人对历史社会学的影响方式是不同的，大致表现在几个方面。

其一，几十年来，斯考切波主要立足于历史社会学的大本营哈佛大学（还有五年时间在芝加哥大学），而查尔斯·蒂利则"周游列国"，在几个大学都是通过工作坊和科研团队的方式影响无数学生与年轻教师。

其二，斯考切波直接继承巴林顿·摩尔的衣钵（被摩尔视为"最好的学生"），把20世纪六七十年代的比较历史分析发展成为社会学的子学科，实现历史社会学的组织化建制。查尔斯·蒂利却抵制这种学科化建制的趋势，始终把历史研究作为社会科学的本质，思考社会变迁的大结构、大历史、大问题。

其三，斯考切波在20世纪90年代之后转入政治学系，关注美国本土政治制度和社会福利政策的历史变迁，推崇"把国家带回来""历史制度主义""比较历史分析"的视角与方法。这使她成为美国政治学界的重量级人物，成就了她作为社会学家和政治学家的双重学术身份。查尔斯·蒂利则始终立足于社会运动-抗争政治主题，驻守历史社会学领域，虽然其学术人生的关注焦点有所转移：从早年《旺代》（Vendée）的结构，过渡到七八十年代重视政治过程，90年代开始转向关系，21

世纪走向机制。但这个过程无不受到哈里森·怀特的网络分析的影响，也从来不失历史学家的身份（据说，蒂利是极少能为主流历史学家们认可的社会科学家）。

笔者没有与这些人当面交流，这不免是本书的遗憾。其中，查尔斯·蒂利在本访谈项目开展的三年前就去世了，而斯考切波却"放鸽子"。她在邮件中曾经答应与笔者见面，也收到了笔者设计的 20 个问题，并通过她的秘书约定了见面时间与地点。但当笔者专程奔赴哈佛大学之后，就在临近约定时间的前几个小时，才收到她婉拒的邮件。当然，通过此二人所影响到的第二代历史社会学家们的口述，我们大致也能刻画出二者为人处世的个性以及对历史社会科学的杰出贡献。

第一章　世界体系分析与历史社会科学

——耶鲁大学伊曼纽尔·沃勒斯坦

伊曼纽尔·沃勒斯坦

郭台辉与伊曼纽尔·沃勒斯坦合影

沃勒斯坦（Immanuel Wallerstein，1930—2019 年）是美国社会学家、历史学家、国际经济学家和政治学家，"世界体系理论"的主要代表人物和当代社会科学多学科综合研究的倡导者。2000 年，他以高票当选为美国 20 世纪最伟大的社会学家，成为当今最具创见的科学家之一。其三卷本的鸿篇巨著《现代世界体系》把整个现代世界作为分析单位，考察全球资本主义几百年来的兴衰变迁及其与世界各国或区域经济、政治、文化之间的相互关系，积极推动了当代经济学、历史学与政治学等学科前沿领域的发展。在此基础上，他鞭辟入里地反思社会科学方法论的元认识论根源，批判 19 世纪社会科学兴起以来所依赖的"发展主义"和"进化论"形而上学假设，揭示现代学科建制、专业知识分割体系与现代国家意识形态之间的根本关系，为现代科学知识的生产和再生产提供新的历史视野。

沃勒斯坦于 2019 年 8 月 31 日驾鹤西去，享年 89 岁。在 2012 年接受笔者的访谈时，处于耄耋之年的沃勒斯坦虽有点耳背，但依然身体健朗，思维敏捷，笔耕不辍。沃勒斯坦认为自己有三个相互关联的研究领域：一是世界资本主义作为一种历史体系的形成与变迁；二是当今世界结构性危机的构成与后果；三是知识体系在世界资本主义体系中如何演变成结构性危机。他经常奔走于世界各地的学术研讨会，为当今世界的资本主义危机的出路探索各种可能性，并诊断区域经济与政治的发展对世界经济政治的局部性或结构性影响。

沃勒斯坦教授每天的议程排得满满当当，给笔者回复的几次电子邮件都说"very very busy"，与笔者见面交流的具体时间一直难以落实。所幸，2012 年 6 月，耶鲁大学社会学系的系主任朱莉娅·亚当斯教授提供热诚的帮助，给笔者安排一个学术工作坊的点评任务，并认为，只有这样才可能见到沃勒斯坦。即使如此，亚当斯教授也反复叮嘱我，工作坊将邀请他出席，但结束后就要赶紧跟随他，否则又逮不到了。就这样，我终于有幸见到行色匆匆的沃勒斯坦，并且在他办公室交谈了 40 分钟。交流的内容集中在他当前高度关注的两个主题，即世界体系分析和历史社会科学。沃勒斯坦对百年来现代知识体系的建制与发展极为不满，对世界资本主义的危机与未来深表担忧，对中国崛起及其对世界发展的贡献给予积极评价。

一、元认识论

郭台辉：我经常告诉我的学生，您倡导的世界体系理论可以说是现代社会科学认识论的元理论之一；您是历史上最伟大的社会思想家之一，可以跻身类似于哲学史上的柏拉图、奥古斯丁和康德之列。您如何概括性地评价您自己一生的学术成就？

沃勒斯坦：您的比较是一种客套的溢美之词。当然，我不想讨论这些比较，但可以讲一下你所称我的认识论是元理论这个问题。然而，在开始之前，我先申明一下，我的研究不叫"世界体系理论"，而是"世界体系分析"。我写过一篇很长篇幅的文章，专门讨论为何不是一种理论，即《世界体系分析法的发展历程，或者为何不能成为一种理论》。[①]虽然别人称之为一种理论，但我不是。

不错，世界体系分析是据于一种元认识论的立场。我一直认为我的研究有三个领域：其一是阐释资本主义世界经济作为一个历史体系的历史演变过程；其二是探讨我视之为当今世界的一种结构性危机；其三我称之为一种知识体系，分析知识体系在资本主义世界体系中是如何演变的以及为何如今处于危机中。我认为，认识论议题对于所有的讨论都非常关键。在《世界体系分析》[②]的第一章，我已经解释了处理认识论问题为何很重要。我合作完成的一本书叫作《开放社会科学》[③]，已经翻译成三种中文版本，分别在香港、北京和台湾出版。我还写过许多关于认识论的文章，并且现在仍在思考这方面的问题。我相信，我们如今使用

---

① 参见 Immanuel Wallerstein, "The Itinerary of World-Systems Analysis, or How to Resist Becoming A Theory", in J. Berger & M. Zelditch (eds.), *New Directions in Contemporary Sociological Theory*, New Jersey: Rownman & Littlefield Press, 2002；重印版参见 Immanuel Wallerstein, *The Uncertainties of Knowledge*, Philadelphia: Temple University Press, 2004；中文版参见伊曼纽尔·沃勒斯坦：《知识的不确定性》，王昺等译，山东大学出版社 2006 年版，第 6 章。

② Immanuel Wallerstein, *World-Systems Analysis: An Introduction*, Durham: Duke University Press, 2004.

③ Immanuel Wallerstein, *Open the Social Sciences: Report of the Gulbenkian Commission on the Restructuring of the Social Sciences*, Palo Alto: Stanford University Press, 1996；中文版参见伊曼纽尔·沃勒斯坦等：《开放社会科学：重建社会科学报告书》，刘锋译，生活·读书·新知三联书店 1997 年版。

的知识结构源于过去几百年的启蒙运动，是资本主义世界经济的产物。然而，如今的知识论陷入危机中，是因为资本主义世界处于危机中，二者是互为因果地关联在一起。资本主义体系的整体危机在认识论的危机中反映出来。我希望，我对这个主题的关注将对学术界的讨论有一定影响。

郭台辉：如果我对您的研究理解正确的话，您的世界体系分析也部分来源于马克思主义，是吗？

沃勒斯坦：是的，的确是源于马克思主义，但又不仅限于此。如果你问我"是否同意社会主义是从资本主义向共产主义的过渡阶段？"这个问题，我的答案就是否定的。卡尔·马克思在任何时候都没有说过，存在一个通向共产主义的社会主义阶段。你可以回去看看他自己写的东西。从马克思本人的观点来看，资本主义之后就是共产主义。有关过渡阶段的所有观点都是在俄国革命之后发明的，以此作为评判一种既不是共产主义但又是他们所追求的体制。人们都可以创造他们自己想要的东西。但这并不是马克思主义，至少不是马克思的观点。

所以，我认为，社会主义不是从资本主义到共产主义的过渡阶段，也不是与资本主义截然相反的一种体制。相反，我们称之为社会主义的体制，包括在苏联、东欧、越南、古巴和其他国家建立的社会主义，是追求一种经济撤退的模式，是从世界资本主义经济进程中的临时撤退。其目的是在世界经济的体制框架内强化其民族的政治经济地位。因此，无论从何种意义上来说，它们根本就不是社会主义者，更不是共产主义者。它们只是以另一种模式参与资本主义世界经济的竞争罢了。我的观点是，至少自从19世纪中叶以来，整个世界以及世界上的所有国家都是资本主义世界经济的一部分，直到今天，依然是资本主义世界经济的一部分。

二、 中国崛起与世界体系

郭台辉：在共产党领导下的当代中国正在这个世界体系中崛起，但

在过去 20 年也面临越来越多的社会与政治问题。国内的社会矛盾是否会影响到中国在世界体系中的崛起？

沃勒斯坦：这些问题非常重要。是的，在过去二三十年里，中国的经济、政治和文化实力方面在世界体系中的确已经成功崛起。它不是成功崛起的唯一一个国家，却是以一种给人印象深刻的方式做到这一点的国家。现在中国大陆出现越来越多的社会、政治问题，这并不奇怪啊！因为，就像资本主义世界体系内的其他国家一样，经济的增长必然同时带来国内的两极分化。毫无疑问，中国人口的 50%—70%，甚至多达 80% 还处于社会的下层，他们都可能比 30 年前过得更糟糕。境况真正变好的只有上层的 20%—30%。这些人真正比 20 世纪 80 年代好过多了。但是，还有许多其他的普通老百姓过得比以前更糟糕。当然，这种贫富的两极分化拉大，必然导致很大的社会冲突，在任何时代和国家都一样的。

在我看来，中国共产党，或者在北京领导全国人民的党中央，担心好不容易统一的中国再次面临解体的危机。这种解体在中国历史 5000 年里发生过很多次。如今，他们担心的是国家政权的瓦解，也正在竭尽所能确保不出现这种可能性。当然，他们已经做得的确很成功，共产党在国内的政治局面获得了优先地位，把整个国家的政治和经济牢固地联系在一起。因此，我们不能仅仅通过对部分地区的特殊政策来理解中国共产党的领导。

中国共产党的伟大成就在于，1921 年创立时只是一个地下的、秘密的小团体，短短二十几年的时间，在 1949 年就可以把晚清瓦解时分崩离析的绝大部分疆土重新整合在一起，并且维持至今七十余年之久。在这二十几年里，这个国家的不同领域有着相对独立性，但共产党却可以重新把差异巨大的广大地区扭结在一起。这的确是一个了不起的成就，而且他们想坚守这种成就。我完全理解这一点。

那么，国内的社会、政治问题是否会影响中国在世界体系中的位置呢？我的回答是肯定的。在对待少数民族方面，如果中国不能延续长期有效的、充满智慧的民族政策，其国内的政治矛盾将必然持续。当然，这并不仅仅是中国独有的问题，世界上绝大多数国家都存在这样的问题。世界上几乎每个国家在民族政策上都是"雅各宾派",换言之,都是尽力迫使每个国民进入一个单一的政治心理模式,并且通过一个国家政权创立一个单一的民族。当然,几百年的历史证明,没有一个国家能够完全成功地做到这一点,而继续这样做就将产生负面效果,当今处于全球价值观的转型时代,尤其如此。有些国家开始认识到这一点,而中国并没有充分意识到。如果中国的高层领导这样做的话,他们担心中国会崩溃。我认为,如果中国共产党放开观念与制度上的管制,并不会导致国家崩溃,土耳其也不可能因放开管制而崩溃,世界上许多国家都没有。民族政策在美国也同样是一个问题,这可以解释英语作为单一语言的运动的兴起,还可以从中知道对待社会弱势群体的糟糕态度。所以,这并不仅仅是中国独有的问题,只是说中国也的确面临这个问题。

郭台辉:中国的崛起是否以及如何改变当今世界体系的结构呢?

沃勒斯坦:这与前面是一个完全不同的问题,当然,相互之间有所影响。几百年来,美国与西欧都是资本原始积累的"蓄水池",但如今已经破旧不堪了,几十年来开始出现一个相对衰落的趋势。新"蓄水池"的兴起在现代世界体系的历史上是非常正常的事情。以前出现过很多次,现在正处于再一次出现的时刻。如今,我们提到新兴权力的兴起,尤其是"金砖国家"(BRIC),即巴西、俄罗斯、印度与中国,以及更次一级的南非。无论如何,所有这些新兴的地区都是以国家集群的形式出现,但并不是唯一的几股力量,因为我们还可以加上土耳其、印度尼西亚、伊朗和其他一些国家。称之为新兴国家,意味着它们实力的增强是运用各种不同的经济增长策略,而且,它们是在美国和西欧并没有明显增长的时期实现了快速增长。这必然改变世界体系的当前地缘政治结构,但并不能根本改变世界体系的深层结构。

真正的大问题在于,世界体系处于一个结构性危机中。就像此前多次出现的危机一样,并不在于谁处于这个结构的上层、中层和下层,也不在于哪些国家简单地重新结盟,因为我们无法完成地理学转向的进程。中国与印度都在迅速崛起,但存在的问题是,并不能解决世界体系深层次的结构性问题,恰恰相反,加剧了它的结构性危机。之所以如此，是据于一个很简单的原因。500 年来，资本主义世界经济之所以能够成功运转，是因为它能够把剩余价值从诸多国家和地区转移到少数几个国家，达到系统性的、结构性的平衡。那少数几个国家从未出现过结构性问题，充其量只是利润分配的小问题。在这些国家，许多处于上层的人们有良好的生存空间，如果继续转移有意义的剩余价值，甚至中层的人们也会过得不错。但现在正产生的问题是，中国和印度把如此众多的人口添加到分享全球剩余价值的行列中来。这意味着，全球的剩余价值正在为更大规模的人口所瓜分，换言之，原来只是为那些少数人所分享的剩余价值已经急剧减少，从而导致资本主义世界体系的结构性危机越来越糟糕，而不是越来越好。进而言之，我认为，这些新兴国家并不可能有能力长期维持其目前的经济增长率，相反，我们已经看到的一些信号是，中国和印度的增长速度正在放缓。我预计，新兴国家的经济增长速度将进一步减退。

在未来的几十年，中国将变得非常强大。但是世界体系存在的结构性问题并不可能因中国的强大而减少。中国的强大的确是值得中国人民热烈庆贺的。他们何尝不应该庆贺呢？中国正在做其他国家以前已经做过的事情，正在从世界体系中丰收果实。当然，真正庆贺中国崛起的人首先是那些正过着好日子的人，首先是那些被城市化的中产阶级和一小部分非常富裕的人。而一些生活压力巨大或地处边远的人，其幸福指数仍有待进一步提高。说到底，对于中国飞快的经济增长，分享果实的那些中国人很幸福，而做出牺牲的那些却很难过。

三、　知识的不确定性

郭台辉：根据您对知识和社会科学的批判性反思，我们正处于一个基于知识不确定性的不确定世界中。如果可能的话，我们如何才能重建本体性的安全、信任和自信呢？

沃勒斯坦：毫无办法！简言之，如今根本就不存在本体性安全、信任和自信的东西。虽然很多学者都在努力构建本体性的安全感，但这都是徒劳，为读者提供一种幻觉和安眠药。这个世界现在是一个不确定的世界，以后也将永远如此。问题在于，我们如何才能与不确定性的状况共处，而不是去如何创造确定性。根本就不存在诸如确定性的东西，未来也不可能存在。在这里，我只要你去参考一下普里戈金（Ilya Prigogine，1917—2013 年)[①] 的著作，他非常详细地解释了确定性为何不是一个真实的概念。这就是为什么我冠名是书为"知识的不确定性"。

郭台辉：您是一位非常罕见的社会科学家，成功构建起自己独特的认识论、宏观分析范式与方法论。对于憧憬未来的年轻一代历史社会学家而言，如何创建属于自己的理论或方法，您有何建议？或者研究者应该如何推进既有的研究？

沃勒斯坦：我真不知道如何回答这个问题。在学术研究的工作中，人们应该做他们自己感到舒坦的东西，不同的人对做不同的事情有着不同的舒坦感受。我想对年轻人说的是，所有学者都应该尝试去理解深藏在他们所从事的研究背后的认识论问题，这是不可忽视的。但紧接着，有些人喜欢关注大问题，有些人喜欢做适中的问题，有些人想关注他们自认为是小的问题。每个人都认真、小心、持久地扎根其中。在我看来，所有这些研究活动都同样是有用的，只要他们首先看到了认识论的问题，并且尽可能使自己的研究转化成一个富有社会意义的总体框架。我认为，一个人不可能制定规则去做他们不想做的东西，因为每个人都有让自己感到舒坦的东西去做。学术界应该让所有学者都感到舒适和满意。所以，我不会把人们往一个方向推进，但我主张，每个学者对自己和别人所研究的东西都应该有某种理解水平。个人而言，我们似乎一直想追求一幅巨大的图画。我可以把这种宏大理想的梦想追溯到我的青少年时期，所以，我跟随我自己的步伐和道路，而其他人也走他们自己的路。

郭台辉：什么动力可以让今天的知识分子重新关注人与社会、人与

---

① 伊利亚·普里戈金，比利时物理化学家和理论物理学家，著述颇丰，中译本的论著有：《从存在到演化：自然科学中的时间及复杂性》，曾庆宏等译，北京大学出版社 2005 年版；《从混沌到有序：人与自然的新对话》，曾庆宏、沈小峰译，上海译文出版社 1987 年版；《确定性的终结：时间、混沌与新自然法则》，湛敏译，上海科技教育出版社 2009 年版。

自然之间的和谐与统一呢，就像 19 世纪之前的那些知识分子一样？

　　沃勒斯坦：这是最有挑战的问题。在知识结构中始终存在两股力量的斗争，一些人想维持自然科学与社会科学这两种文化分离的观念，一些人要求克服认识论的人为分割。在世界体系作为一个整体的分析范式中，我们也正在进行这样一场斗争。有些人想朝一个方向拉大分化的距离，另一些人想朝另一个方向推进整合，我称之为"达沃斯精神"（the spirit of Davos）与"阿雷格里精神"（the spirit of Porto Alegre）两股力量的较量。① 但是你也可以给它们取你喜欢的名字。我无法预测这两股力量谁可以占上风，或者说在知识结构体系中，还存在另一种整体性的力量。实际上两股力量是彼此关联的。解决其中一种力量的问题就需要解决另一种力量的问题。我们能做什么呢？我们只是努力推销自己的观点而不是其他人的观点。这就是我现在所能做的。

---

　　① 达沃斯与阿雷格里分别是瑞士的小镇和巴西的港口。达沃斯以举行诸多有关经济全球化与新自由主义的学术会议即"世界经济论坛"（达沃斯论坛）与西方发达国家的首脑会议而著称；阿雷格里则以举行反经济全球化和反新自由主义的"世界社会论坛"而成名。之所以选择巴西的阿雷格里，在沃勒斯坦看来有两点理由：其一，这里地处代表发展中国家的南半球；其二，这里是巴西左翼政党的大本营。

第二章　跨学科研究及方法论问题

——剑桥大学彼得·伯克

彼得·伯克

彼得·伯克（Peter Burke，1937 年生）系剑桥大学文化史教授，他注重观察和研究当代史学界的新动向，尤其关注历史学与社会科学的互动关系。他的主要著作包括《文艺复兴时期的历史意识》（*The Renaissance Sense of the Past*，1969 年）、《意大利文艺复兴时期的文化与社会》（*The Italian Renaissance: Culture and Society in Italy*，1972 年）、《欧洲近代早期的大众文化》（*Popular Culture in Early Modern Europe*，1978 年）、《社会学与历史学》（*Sociology and History*，1980 年）、《蒙田》（*Montaigne*，1981 年）、《文艺复兴》（*The Renaissance*，1987 年）、《法国史学革命：年鉴学派，1929—1989 年》（*The French Historical Revolution: The Annales School, 1929-1989*，1990 年）、《历史学与社会理论》（*History and Social Theory*，1992 年）、《制造路易十四》（*The Fabrication of Louis XIV*，1992 年）、《会议的艺术》（*The Art of Conversation*，1993 年）、《文化史的风景》（*Varieties of Cultural History*，1997 年）等。

彼得·伯克教授是历史学家，却是史学界最有意识吸收和运用社会科学概念、理论与方法的著名学者之一。笔者在本项目发起之初就把他纳入访谈的范围，但一直没有找到合适的机会和方式。笔者获得"中英博士生联合培养"的国家留学基金资助，于 2014 年 2—5 月，赴英国开放大学访学。期间结识河南大学杨松涛副教授，他无意中谈到想去拜见伯克教授，而中国社会科学院的舒建军老师也想约伯克写一篇关于新文化史的笔谈。这样，笔者开始打算把访谈伯克教授的想法付诸实施。但鉴于伯克教授年龄太大，不便于见面，后来就由松涛兄通过邮件，顺便问他是否愿意接受本项目的交流。没想到他很高兴地答应下来，并希望笔者把编辑好的问题通过电子邮箱发给他。等了大概两个月，收到了伯克教授的回复。虽然这种笔谈方式有所限制，不如面谈方式那样可以充分展开观点，但省却了诸多周折与劳务成本。以下是伯克教授对史学与社会科学关系诸问题的回答，可谓真知灼见，值得我们后辈深思与品味。

一、　历史学与社会科学

郭台辉：自从 20 世纪六七十年代开始，您就一直关注社会史与文化史，并成为其中的领军人物。新社会史和新文化史作为一场学术运动，主要是抵制 19 世纪由德国洪堡与兰克首创的主流史学范式。正是从 20 世纪 70 年代开始，正统的兰克史学逐渐成为多元的史学，推动了历史研究的发展。因此，我想向您请教一个问题，我们如何可能从多元的历史学研究中获得可靠的客观知识或者事实？在史学研究中是否存在一种牢不可破的现象学基础？

伯克：在我看来，正统的、主流的兰克史学从来都是一种幻觉，往往是西方中心论与种族中心论的虚构，根本没有意识到人类观念与活动的多样性，无论个体还是集体层面的人类，都从来不是单一的。同样，我认为客观史学也是一种错误的追求，正如查尔斯·比尔德（Charles Beard）称之为"贵族梦幻"。① 另一方面，在过去几十年里，史学界已经集体发展出几种批判方法，这让正统的兰克史学观完全抛弃了一些对过去的错误阐释，戳穿了许多谎言（比如对大屠杀的否认）。

郭台辉：作为文化史学家，您能否评估一下倾向于长波段结构变迁的宏观史学的优劣之处？

伯克：我认为，宏观史学在经济史与社会史方面做得最好，可以大规模运用清晰的定量方法来测量结构变迁。即便如此，我认为纯粹的宏观社会史是相当"空洞的"，无法理解人类经历的结构变迁。我认为，宏观方法对于文化史应该有着积极作用，但其作用不如在社会史中明显，而社会史与文化史结合起来，可以对微观史学发挥更大的作用。

---

① Charles A. Beard, "That Noble Dream", *The American Historical Review*, Vol. 41, No. 1 (Oct., 1935), pp. 74-87.

郭台辉：几十年来，比较历史分析成为历史社会学的主流范式，在美国尤其如此，但一直以来也遭到诸多非议。那么，从您的新史学来看，比较历史分析如何可能运用自变量在不同的文化背景之间进行比较？

伯克：这个问题要根据不同形式的历史比较研究来回答。当我研究有关 17 世纪威尼斯和阿姆斯特丹两个城市的政治精英时[①]，我可以统计并比较它们相关的财富，至少是在公开征收的赋税方面，其精确性是完全合情合理的。相应地，跨文化的比较研究也容易得出令人信服的结论。但当我试图讨论并比较它们的教育、宗教信仰或者价值时，我就被迫更为主观或者凭印象，只好从精英群体那种受过良好教育的人来推测，把他们假定为更大社会群体的代表。所以无法一概而论。所以，主题和问题决定了研究方法的选择，哪种方法更适合研究和解决什么问题，而不是相反，更不存在方法之间的优劣。

郭台辉：您似乎并不赞同把历史学视为科学，是吗？那我们如何才能理解历史学与社会科学之间的关系？您是如何理解社会理论与历史学之间的关系呢？

伯克：历史学是不是一门科学，这取决于你如何理解"科学"。在 19 世纪前期开始就有一个普遍认识，认为自然科学可以为所有历史与社会研究提供绝佳的模式与方法。从此之后，"社会科学"（social science）这个表述就开始存在。今天，我与绝大多数历史学家一样，认为我们不应该也没有必要竭力去模仿物理学家和生物学家。实际上，从事学术研究的行当也不存在某种唯一的"科学方法"，因为天文学家与化学家存在完全不一样的思维方式，他们运用截然不同的研究策略。我用德语来回答这个问题更准确。在德语中，历史学并不是"自然科学"（Naturwissenschaft），但确实是一门"科学"（Wissenschaft）。因为它是一种系统研究，已经发展出某种明确的研究程序与规则，诸如对史料来源的

---

① Peter Burke, *Venice and Amsterdam: A Study of Seventeenth-Century Elites*, Cambridge: Polity Press, 1994；中文版参见彼得·伯克：《威尼斯与阿姆斯特丹：十七世纪城市精英研究》，刘君译，商务印书馆 2014 年版。

批判性考察，尽管历史学家们对过去各个不同方面的东西都充满兴趣，比如政治事件、社会结构、文化符号等等，使得这些规则在不断发生变化，但对史料来源的考据与证伪还是一致坚持的。

无论如何，从"硬科学"（hard science）意义上来说，政治学、社会学、人类学都不是科学，但这并不严重影响从事这些学科研究的学者与历史学家之间的创造性联系。历史学家可以借助社会科学家创造的概念、理论与方法，而社会科学家也可以从历史学家那里了解到长波段发生的各种变化。由于历史学与社会科学相互作用的影响，我们有时候很难判断某本书是由历史社会学家写的还是由社会历史学家写的。当我出版《意大利文艺复兴时期的文化与社会》① 一书时，有些人评论时就认为我是一名社会学家。

郭台辉：有些一流的社会学家，诸如查尔斯·蒂利与沃勒斯坦不太喜欢"历史社会学"这个表述，也抵制把社会科学的历史转向列入社会学的子学科，转而呼吁一种"历史社会科学"，希望与历史学界所表述的"社会科学的史学"完全融合。您能评估一下这种前景的可能性吗？

伯克：我认为，蒂利与沃勒斯坦关注大结构的历史变迁，对西方社会与经济变迁的研究做出过非常有价值的贡献。我希望有人能继续超越他们的研究，不论所受的训练是历史学还是社会学，或是其他社会科学。但除了他们关注的社会史与经济史之外，历史研究还应该有许多其他的主题与方法，尤其是关注微观层面、人类体验、文化等等方面。这与他们研究的宏观长波段大结构变迁是互补的。只有当这些方法-主题与蒂利—沃勒斯坦模式融合在一起时，我认为，这时候的"历史社会科学"才真正等同于"社会科学的史学"。

郭台辉：我与社会学家迈克尔·曼交流过，他是在 20 世纪 80 年代早期从英国迁到美国的，对历史社会学研究在英美的差异有体验。我问过他一个问题："历史社会学在美国与在英国有何主要的差异？"他认

---

① 　Peter Burke, *The Italian Renaissance: Culture and Society in Italy*, Cambridge: Polity Press, 1972.

为，这个主题领域在美国表现得非常突出与活跃，但在英国几乎不存在这个说法，所以，美国的历史社会学比欧洲的健康得多。您如何评价他的观点？

伯克：我相当同意迈克尔·曼的观点。如今很难想象在英国大学或研究所工作的学者能出版一部不错的历史社会学作品，当然，在某种意义上来说，曼自己的著作可以说是英国人在这个领域的贡献。问题在于如何解释这种英美之间的差异。在20世纪50年代，诺贝特·埃利亚斯（Norbert Elias）为英国训练过许多转向历史的年轻的社会学家，他还严肃批评过那些他称之为"回避历史"的研究。[①] 但只有少数学科和少数人能够认真对待并接受他这个批评，比如斯蒂芬·门内尔（Stephen Mennell)[②]，但他也与曼一样，都是在海外谋教职，在爱尔兰的都柏林大学担任社会学教授，而不是在英国本土。

二、归纳与演绎之间

郭台辉：**20世纪90年代在美国学术界出现过一场方法论之争，主要是历史社会学家们之间争论归纳与演绎的差异及其相统一的可能性问题。作为一名历史学家，您是如何理解这种争论，如何解决他们的争端呢？**

伯克：我们所有人都同时需要这两种方法，即使不同学科和不同文化在二者之间取得平衡的方式存在很大差异。史学家们更倾向于光谱的经验主义一端，英语国家的学者与普通大众也是如此。所以，要在英国训练成为史学家，就等于必须忍受双重的经验主义，同时还非常不相信社会科学的理论与方法。我认为这场方法论的争论至今也没有解决，至少不可能永久性地化解争端，但我所希望的是一种糅合与折中的方式，

---

① Norbert Elias, "The Retreat of Sociologists into the Present", *Theory, Culture and Society*, Vol. 4, No. 2 (Jun. 1987), pp. 223-247.

② 史蒂芬·门内尔，都柏林大学教授，创办都柏林大学出版社，主编18卷本的《诺贝特·埃利亚斯文选》(*Collected Works of Norbert Elias*)。埃利亚斯的影响在门内尔的典型著作中完整体现出来：《所有饮食行为：从中世纪至今英格兰与法国的饮食》(*All Manners of Food: Eating and Taste in England and France from the Middle Ages to the Present*, 1985年）和《美国的文明进程》(*The American Civilizing Process*, 2007年）。

避免走向两个极端，允许存在个性化的差异，而不是对任何人灌输或者强迫某种千篇一律的模式。

郭台辉：倾向于历史的社会科学家通常关注解释，而倾向于社会科学的历史学家更关注阐释或者叙事。我们年青一代的学者如何可能在解释与阐释之间寻找到某种平衡点？

伯克：我们所有人都需要尝试解释与阐释，虽然不同的学者据于不同的考虑而对二者之间的平衡有不同的理解。实际上，我们也应该根据自己已经选择的主题、方法或理论来体现出自己的独特性，而不必过多考虑是否达到某种平衡。

郭台辉：随着 20 世纪 70 年代兴起的跨学科浪潮，有人进一步主张后学科时代的来临，也有人呼吁进入无学科划分的时代。他们似乎在反思通过系、专业或者学科来划分的知识生产传统。您如何看待这些反思？我们是否能找到一种方式，尽可能整合历史学、社会科学、人文科学，甚至自然科学，为推进人类福祉与和平提供更完整的知识生产？

伯克：这个问题很不错，我的观点可能与众不同。像不同的文化及其语言一样，每一个学科都包含特定的视野和独特的洞察力。假如你所提出的雄心变成现实的话，能够把不同的学科整合在一起，使之成为某一个学科，那么，许多视野和洞察力就消失殆尽了。因此，对于那些在某个学科得到训练的学者来说，不是去整合更多的学科，更重要、更可行的方法是开放视野，广泛阅读与思考，从外部获得灵感与想法，以此用来并转化服务于他们自己的目的。至于"后学科"时代，对我来说，这似乎是一个新学科复制与再生产的时代，提高专业化，以此作为一种手段来处理与日俱增的信息量，用来解决与日俱增的私人生活问题和公共生活问题。

第三章　抗争政治与比较机制

——康奈尔大学西德尼·塔罗

西德尼·塔罗

郭台辉与西德尼·塔罗合影

西德尼·塔罗（Sidney Tarrow，1938年生），康奈尔大学政治学与社会学教授，研究领域集中在社会运动、集体行动、政党、比较政治学与政治社会学。塔罗教授早年接受政治学训练，一生都从事抗争政治研究，博士论文关注意大利地方史的共产党和农民阶级研究，对共产主义运动的研究深受葛兰西思想的影响。他曾执教于美国好几所知名大学，在耶鲁大学担任助教时结识查尔斯·蒂利，从此，二人结下终身的学术情缘，并且一直并肩行走于政治学、社会学与历史学等多学科之间。

西德尼·塔罗与查尔斯·蒂利、道格·麦克亚当（Doug McAdam）三人强强联手。20多年来，他们长期合作诸多论著，共同主持社会运动的研讨班，共同倡导抗争政治的主题，推进社会网络与比较机制的研究方法，成为当今世界社会抗争领域中最有影响、最有创造力的学术团队。三人能够长期合作，在于他们都对社会运动有着共同的学术旨趣，倾向于公开交流与争论，宽容与接纳差异，推崇跨学科研究的问题意识，共同抵制以往没有历史维度且高度美国化的社会运动研究。同时，三人的合作高度互补：年龄相差有十岁之余；研究的专长分别在意大利、法国、美国三个不同的国家；分别倾向于中观、宏观与微观的机制分析；写作速度也不一样，蒂利最快，麦克亚当最慢，塔罗居其中；麦克亚当喜欢构建，蒂利喜欢批判，而塔罗则擅于运用。因此，三人组合可以产生诸多高质量且得到同行认可的研究成果，培养出许多如今或叱咤风云或崭露头角的学者，如此完美契合的学术团队在当今社会科学界传为佳话。至于三人的亲密合作关系，查尔斯·蒂利有一个很形象的比喻：麦克亚当一直想建一座桥，蒂利尽力想炸掉这座桥，而塔罗却就站在桥上。

在抗争政治研究领域，西德尼·塔罗可谓查尔斯·蒂利去世之后最有代表性的人物。他虽已过古稀之年，早已没有教学任务在身，但身体依然健朗，思想永无休止，充满活力，笔耕不辍。他的成名作《运动中的力量》以及合作的《斗争的动力》已有中文版，引用率很高，为研究中国社会抗争问题的学者耳熟能详。据此，笔者于2012年4月专程赴康奈尔大学所在小镇——美丽的伊萨卡（Ithaca），与西德尼·塔罗教授面对面交流了两个小时。在访谈中，西德尼·塔罗对21世纪社会科学的最大担忧是过度专业化。同时，他对别人的误解做出了澄清，对各种批评进行了明确回应，对从事社会抗争研究的中国学者提出了富有见地的建议。

　　还需要补充一点。当时，联系好的几位访谈对象都集中在 4 月份见面，笔者的阅读速度有限，无法短时间深入了解他们的研究成果并提出有意义的问题。但是，只有在整体把握其研究成果之后，才能针对性地提出高质量的访谈问题，并引起被访者的兴趣与重视。迫于无奈，我只好请李钧鹏博士帮忙设计、整理并编辑访谈塔罗教授的所有问题。钧鹏博士当时在哥伦比亚大学社会学系攻读博士学位，是查尔斯·蒂利的嫡亲弟子（只是在蒂利去世之后才转给其他人指导），长期关注塔罗等人的抗争政治研究。如下所有问题看似简练，但都非常精辟而有力，得到塔罗教授本人的认可。当然，由于我对西德尼·塔罗教授的著述了解不够，在当面交谈中无法随时增加问题，引导他展开讨论。

一、背景

郭台辉：据了解，您在雪城大学（Syracuse University）读的本科，专业是美国研究，那时候您学习过政治学和社会学的课程吗？

塔罗：1960 年我毕业于雪城大学，本科专业是美国研究，没有选修过任何社会学的课程。我的确修过政治学的课程，但只是美国政治。所以，我是从事美国政治的研究。那时候比较研究并不流行，我也并不了解比较研究，而我在比较研究方面的经历来自本科时在意大利学习的那一个学期。那时，我在意大利还只是一个学生，但开始对比较研究充满兴趣。随后我申请去了哥伦比亚大学，学习了一年。在 1961 年，我的硕士学位论文就是《公法与治理》。

郭台辉：您在哥伦比亚大学时好像是参加过一个"公法与政府"的研究项目，这是更偏向于法律还是政治学呢？

塔罗：这个问题不错。这个项目既是法律的，也包括政治学，因为我的硕士论文是关于美国高级法院审判劳工权利的案例，尤其是关注工人的劳动时间问题，所以，那时候开始，我对社会运动充满兴趣，但都是从法律的角度来研究的，而不是政治学或社会学。

郭台辉：在《回归结构主义者的承认》①一文中您提到杜鲁门 (David B. Truman)。您所指的"回归结构主义者"是什么意思？杜鲁门是您在哥伦比亚大学时期的硕士导师吗？他对您产生什么影响？

塔罗：我的回答是肯定的。我的确是受到杜鲁门教授的很大影响，他那时候是哥伦比亚大学政治科学系的系主任，学术与管理方面的事业都正处于上升期，极力推崇政治多元主义，把利益集团视为政府政策制定过程的重要力量。他之所以对我产生影响，是因为他那部最重要的著

---

① Sidney Tarrow, "Confessions of a Recovering Structuralist", *European Political Science*, Vol. 5, No. 1 (2006), pp. 7-20.

作《政治过程：政治利益与公共舆论》。① 实际上，这本书所研究的不是政府，而是利益集团。他并没有提到太多有关社会运动的方面，因为他的兴趣是在政治过程上。这就是为何我对政治过程有兴趣。所以，他对我的政治过程研究有很多启发。

至于我提到的"回归结构主义者"，那是与马克思主义有关。1961年，我申请去加州大学伯克利分校攻读博士学位，就像 20 世纪 60 年代许多学生是马克思主义者一样，我也是一个马克思主义者，但并非马克思列宁主义者，而是欧洲意义上的，或者更准确地来说是葛兰西意义上的马克思主义者。所以，我当然就是结构主义者，因为所有的马克思主义者都是结构主义者。

当我再次返回意大利去做博士论文研究时，我很感兴趣的问题是农民如何转变成为共产主义者。因此，我开始研究共产党和农民阶层，而且，我进一步感兴趣的问题是：共产党组织的发展为何在意大利南部不够成功，而在北部却能够成功？那时候，在亚洲各国，如中国、印度尼西亚、越南，共产党组织正在吸收农民阶层。我还感到新奇的问题是：意大利的共产党为何在获得农民的支持方面却不成功？显然，要回答这些问题，就必须充分运用比较分析和历史研究，并且是在历史比较的视野下才能回答。这些问题合起来，就形成了我的博士论文和第一本书②所关注的问题意识。当然，农民阶层是一个结构性的范畴，所以，我就以一个结构主义者身份，开始我的学术生涯。实际上，那个时代开始的年轻学者大多都是结构主义者，高度关注的是结构，而不是行动过程。

郭台辉：为何您的博士论文选择做意大利的地方史呢？

塔罗：是的，我的确聚焦于西欧，但我对比较历史研究充满兴趣，

---

① David B. Truman, *The Governmental Process*, New York: Alfred A. Knopf, 1951；中文版参见 D. B. 杜鲁门：《政治过程：政治利益与公共舆论》，陈尧译，天津人民出版社 2005 年版。

② Sidney Tarrow, *Peasant Communism in Southern Italy*, New Haven: Yale University Press, 1967.

这就形成了我的第二本书《在中心与边缘之间》。① 我去意大利研究共产党与农民阶层时，我所遇到的每一个人，包括马克思主义者和非马克思主义者，都告诉我说："你不看历史就不可能理解这些问题。"因此，在着手博士论文的经验研究之前，我所阅读的都是历史文献，包括回溯到18—19世纪，追溯到现代意大利国家的形成。这就是为什么我成为一个历史社会学家。并且，从那时起，我已经成为一个倾向于历史社会学或者与之相联系的政治学家。实际上，我的兴趣更多是在政治社会学，而不是纯粹的政治科学领域。我现在就职于政治学系，但这个事实纯属意外。我以前更多时候是待在社会学系或者历史系，我在学术界的朋友也很多是出身社会学和历史学的。

郭台辉：您在伯克利分校攻读博士时参加过抗争活动吗？

塔罗：是的，我在伯克利时正好赶上自由演说运动高涨的时期。在这个越战的岁月里，学生们都抵制战争，我与其他许多学生一样也反对战争。在伯克利的时候，我们是发动占领运动的最重要力量之一，包括占领伯克利分校的行政大楼，大批警察到场待命，并且逮捕了许多学生，引发了很多冲突。但是，那时候我正在写博士论文，而且很想尽快完成手头的写作，所以对运动并不显得很积极，虽然内心高度关注这场运动。我为完成博士论文急得团团转，目的是为了在耶鲁大学谋得第一份工作，那是1965年的事情。

郭台辉：您当时在加州大学伯克利分校与谁一起学习过呢？

塔罗：我在伯克利是与李普塞特和本迪克斯一起学习的，他们俩后来都是非常有名的政治学家和社会学家。还有国际关系研究的厄恩斯特·哈斯（Ernst Bernard Haas）和比较政治发展的阿普特（David Ernest Apter），后者成为普林斯顿大学社会学家玛利·列维（Marion Levy Jr.）的学生，基本上不是一位欧洲学研究者，而是出道于结构功

---

① Sidney Tarrow, *Between Center and Periphery: Grassroots Politicians in Italy and France*, New Haven: Yale University Press, 1977.

能主义学派的理论家，而且，与我一样，长期供职于社会学系，但退休之后到了政治学系。

郭台辉：从整个学术生涯来看，您觉得，谁是对您的学术兴趣与追求影响最大的人？

塔罗：两个人。第一个是安东尼奥·葛兰西，这是一位意大利的马克思主义者和意大利共产党的创始人。他对我的研究有着最重要的历史影响。另一位是查尔斯·蒂利，你知道，他是在方法论和理论上对我的抗争政治研究影响最大的。对于蒂利，我想多说几句。我在研究生阶段还不认识他，直到去耶鲁大学做助教时才遇到他，那时候他是来做一个关于法国大革命的讲座，而且刚刚出版他的博士论文《旺代》（1964年），声名鹊起。那也是我第一次见到他。但我真正受他的影响是20世纪六七十年代，我开始做一段有关意大利抗争史的时间系列分析，是从蒂利那里学到的如何做事件分析。

郭台辉：蒂利、道格·麦克亚当和您结成了社会科学界最有名的学术伙伴关系。你们三人是如何走到一起的呢？如何进行团队合作呢？你们的研究存在一些主要的差异吗？

塔罗：我们三人走到一起，是因为一个消极的理由。我们都对美国的社会运动研究现状不满，因为已有的研究没有历史意识，又太过于局限于美国本土。当然，最重要的是因为太局限于社会运动的组织本身，而不关注引发运动的类型、起源、后果和过程机制。我们想关注抗争政治的所有类型，包括社会运动和抗争行动的长时期和不同类型，比如革命、民族主义和民主化。社会运动研究的美国同行们只是太过狭隘地注重社会运动本身。正如你所料，只有当三个独立的人在一起工作时，这个合作伙伴才开始发挥作用，我们有着相互补充的个性特点。其一，我们三人属于三代人，蒂利比我大十来岁，麦克亚当又比我小十来岁；其二，蒂利的经历更多是关于法国历史，我更多是在意大利的历史，麦克亚当更集中于美国本土，所以我们的研究经历不同；其三，我们还有非常不同的写作习惯，蒂利写得非常快，麦克亚当写得很慢，我比较适中；其四，我们对每一章和下一章之间关系的草稿争论很多；其五，我们都比较欣赏对方的人格，彼此也尊重对方的观点，但我们的写作手法迥然不同。有关我们三人的特征，蒂利过去常常会开玩笑地说一个有意思的比喻：麦克亚当一直想建一座桥，蒂利尽力想炸掉这座桥，而我却就站在桥上。

的确，我们对于机制及其分类都有着浓厚的兴趣，但三人在认识论层面却对此有着基本的差异。但是，蒂利对机制的想法是非常广泛的，麦克亚当的想法是非常狭隘和纯粹的，而我的介于其中。蒂利认为麦克亚当太过于痴迷于他所谓的认知机制。对于认知机制，我认为是要经过人们的大脑才可能形成。所以，我不知道你是否熟悉那本由彼得·赫德斯乔姆（Peter Hedström）和理查德·斯威德伯格（Richard Swedberg）主编的《社会机制》。① 如果你读了那本书，你就会发现，他们完全着迷于心理层面的认知机制，而我们三人都抛弃那种被视为太过狭隘的理解，但蒂利完全排斥心理认知机制，而麦克亚当对此却更为同情，而我比较适中，不排斥也不同情。你知道，我们三人都有着独立的想法和独到的见解，但我们可以合作完成诸如《斗争的动力》一类的著作。② 我认为，作为一名政治学家，你的著作应该为其他领域的学者所阅读和推荐，尤其是历史社会学家们。

郭台辉：作为一名政治学家，您的著述不仅受到政治学领域的人关注，而且得到许多社会学家们的传颂，因此你同时受聘于政治学系与社会学系。您觉得在政治学与社会学这两个学科之间有何不同吗？与您在一起更多的是社会学家还是政治学家呢？

塔罗：我成为一名政治学者的时间正好是政治学与社会学彼此走得非常近的时候，尤其是在比较政治这个交叉领域。我在受学术训练时阅读了许多社会学家们的著作，比如马克思、托克维尔、韦伯、帕森斯、

---

① Peter Hedström, Richard Swedberg (eds.), *Social Mechanisms: An Analytical Approach to Social Theory*, New York: Cambridge University Press, 1998.

② Doug McAdam, Sidney Tarrow, Charles Tilly, *Dynamics of Contention*, New York: Cambridge University Press, 2001；中文版参见道格·麦克亚当、西德尼·塔罗、查尔斯·蒂利：《斗争的动力》，李义中、屈平译，译林出版社2006年版。

爱德华·希尔斯（Edward Shils）。这些社会学家与理论家的著作我都详细阅读过。社会学家也要读一些政治学的著作。然而，如今这一切发生了变化。政治学家越来越受经济学而不是社会学的影响，尤其是微观经济学。所以，如果说我的研究影响更多的是在社会学领域而不是政治学领域，那是因为政治学家们的兴趣已经从社会学领域转移到经济学领域。

实际上，我写过相关的文章，诸如《使社会科学超时空地发挥作用》[1] 和《在政治学中跨越定量与定性的分野》[2]。目的是想尽力说服政治学家们，希望他们更多关注社会学。但是，非常遗憾，政治学这个领域越来越强调经济学中心论，理性选择理论对政治学的影响远远大于对社会学的影响。所幸的是，在过去 5—10 年里，政治学对社会运动的兴趣越来越浓。长期以来，政治学家们很少读我的著作。实际上，当政治学家们想到蒂利时，他们都没有想到过抗争政治，他们只想到国家构建，所以，查尔斯·蒂利被理解为国家构建的理论家。就像《利维坦的诞生》[3] 的作者托马斯·埃特曼被理解为受过政治学正规训练一样，在社会学领域，查尔斯·蒂利被视为抗争政治领域的一名理论家。

二、 抗争政治

郭台辉：在抗争政治的主题中，您的研究时常被人批评为所谓的"结构偏好"。您对诸如此类的批评有何基本的回应？更具体而言，在您看来，如何把人类的行动机制理论化更为适当呢，比如文化、情感和传记？这些方面是否都应该全部归类到"政治机会结构"这个箩筐中？

---

① Sidney Tarrow, "Making Social Science Work Across Time and Space: A Critical Reflection on Robert Putnam's *Making Democracy Work*", *American Political Science Review*, Vol. 90, No. 2 (1996), pp. 389-397.

② Sidney Tarrow, "Bridging the Quantitative-Qualitative Divide in Political Science", *American Political Science Review*, Vol. 89, No. 2 (1995), pp. 471-474.

③ Thomas Ertman, *Birth of the Leviathan: Building States and Regimes in Medieval and Early Modern Europe*, New York: Cambridge University Press, 1997；中文版参见托马斯·埃特曼：《利维坦的诞生：中世纪及现代早期欧洲的国家与政权建设》，郭台辉译，上海人民出版社 2010 年版。

塔罗：是的，这是因为他们不能理解，尤其是杰夫·古德温（Jeff Goodwin）与詹姆斯·贾斯珀（James Jasper），他们写了一篇文章，批评我、麦克亚当和蒂利三人的观点①，他们想到的只有旧的结构主义，并没有看过我们的《斗争的动力》。他们总是想到 20 世纪八九十年代学术界对政治机会结构的研究。就在他们发表批评我们观点的文章时，《斗争的动力》一书早就出版了，只可惜他们没有看到，或者有意忽视。因为这对他们的批评是不利的，只有忽视我们这本书，他们才可能批评我们为旧的结构主义。现在，就我而言，他们对旧结构主义的定位是对的，他们的许多批评也是不错。但我们自认为早已经超越了旧结构主义的限制，换言之，他们的批评过时了。

我们认为，我们现在对抗争的关注更多是过程，但他们并没有理解这一点。如果他们的确理解到这一点，那么他们肯定是选择性忽视了，否则就写不出来文章。我认为古德温已经理解了我们的研究，而他的合作伙伴可能还不足以理解，这是因为，如果你看古德温的论著，就可以发现，他非常接近于我们的观点，但他的合作者却并非如此。所以，在这里，我的回答是：批评我具有结构偏好的许多观点都没错，尤其是旧结构主义的方法，但我早已不再停留在他们所批评的层面上。我们写《斗争的动力》这本书的目标是，通过政治过程的系统研究，把结构与机制关联在一起。

郭台辉：对于"社会运动"的定义，有些年轻学者采用的概念比您与蒂利所界定的更具有包容性，他们把"社会运动"的概念拓展到政治与国家领域之外，并且把"政治机会"的结构模式运用到诸如家庭教育运动、新宗教运动、反合作运动等主题。您如何看待这个研究趋势？

塔罗：在《抗争政治》②一书中，我们有一章是关于社会运动的概念讨论。我们把社会运动视为抗争政治的一部分。现在，这些年轻学者

---

① Jeff Goodwin, James Jasper, "Caught in A Winding, Snarling Vine: The Structural Bias of Political Process Theory", *Sociological Forum*, Vol. 14, No. 1 (1999), pp. 27-54.

② Charles Tilly, Sidney Tarrow, *Contentious Politics*, Boulder, CO.: Paradigm Publishers, 2007.

所做的工作正是更为广泛地运用社会运动概念。我们认为，社会运动是抗争政治中的一个独特部分，所以我们想深入研究，但的确是作为诸多抗争政治的一种形式。所以，当你看古德温那本论革命的著作①时，你就肯定会认为，革命与其说是一种社会运动，倒不如说是抗争政治的一种不同形式。我们认为，如果有些年轻学者只是不断延伸和强化社会运动的概念，这不会有任何意义的。

郭台辉：《斗争的动力》一书的出版是一个备受关注的事件，但也招致不少批评。十年之后，您如何评价那本著作的成就？该著作在哪些方面影响到后来的学术研究？

塔罗：我建议你应该去看看《动员》（*Mobilization：An International Quarterly*）杂志在 2011 年发行的那一期专刊，因为在那里我们已经尽力回答了那个问题。那是美国在社会运动研究领域最重要的杂志，如果不知道这个杂志，就无法研究美国的社会运动。在这一期里，麦克亚当与我们合作了一篇理论性的文章②，探讨了这本书的意义与问题。然后，同期还发表六篇经验性的文章，是其他学者运用《斗争的动力》所阐释的方法写成的。我们也还有一期专刊，是探讨社会运动的方法论。③

郭台辉：自从《斗争的动力》出版以来，蒂利、麦克亚当与您的工作已经演变成为一系列的相关研究，非常不同于你们三人原创性形成的政治过程模式。如果贴一个标签来概括您近来的研究的话，您是继续使用"政治过程理论"还是"政治机会理论"呢？

塔罗："政治机会"是一个变量，不是一个理论。理论是我们称之为"政治过程方法"的东西。"政治机会"是我们已经发展出的诸多变

---

① Jeff Goodwin, *No Other Way Out: States and Revolutionary Movements, 1945-1991*, New York: Cambridge University Press, 2001.

② Doug McAdam, Sidney Tarrow, "Introduction: Dynamics of Contention Ten Years On", *Mobilization: An International Quarterly*, Vol.16, No.1 (2011), pp.1-10.

③ "Symposium on McAdam, Tarrow and Tilly's 'Measuring Mechanisms of Contention'", *Qualitative Sociology*, Vol.31, No.4 (2008).

量的其中之一，我们以此来研究抗争政治的条件与过程。所以，我继续以不同的形式来使用这个概念。最近，这个理论还运用到与麦克亚当合作的一篇关于选举与社会运动的文章①中。这篇文章对于我们非常重要，因为它把"斗争动力"课题的方法应用到选举与运动之间的关系上。

三、　比较机制

郭台辉：在过去十年里，"社会机制"成为社会科学中的一个时髦概念。您在《斗争的动力》中所指的"机制"与许多其他人所运用的是同一个意思吗？

塔罗：的确，这个问题非常重要。为了理解我们的观点，你就不得不看看彼得·赫德斯乔姆和理查德·斯威德伯格的那本《社会机制》，而我们的理论是对他们研究框架的一种替代。我们把他们研究机制的基本方法叫作"认知机制"。我们更感兴趣的是"环境机制"和"关系机制"，而不是心理学上的情感和认知机制。我认为，我们用这个概念比其他社会学家所使用的更为广泛。我们倾向于从马克思的意义和方法论上来使用这个概念。比如，对于马克思而言，剥削是一种机制，而财产占有也是一种机制。同样，那些概念比社会学当前流行的用法更为广泛。

郭台辉：您如何看待围绕普遍理论与社会科学之间的持久争论？具体而言，您的研究是更倾向于演绎的立场还是归纳的立场？

塔罗：什么是"普遍理论"？我认为你可能是指追求普遍解释力的法则，这并不是我的研究和关注点，或者说我的研究并没有在这个知识传统中。您最好把我所倾向的研究传统置于一个中层理论中。所以，如果我受到了一种影响的话，那就是社会学家默顿（Robert Merton）的。中层理论就是我最感到舒适的理论，因为它是以演绎与归纳方法相结合

---

① Doug McAdam, Sidney Tarrow, "Ballots and Barricades: On the Reciprocal Relationship Between Elections and Social Movements", *Perspectives on Politics*, Vol. 8, No. 2 (2010), pp. 529-542.

为基础的。比如，塔尔科特·帕森斯（Talcott Parsons）可能是一位纯粹的演绎理论家，他追求具有普遍解释力的法则。帕森斯的研究已经不受欢迎了，因为没有人可能把他的理论与任何具体的社会现象联系起来。此后，存在另一个极端存在各种各样非常狭隘的、更为经验的理论模式，比如理性选择理论。我的方法是介于纯抽象的理论与完全经验归纳的理论之间。

我认为，我们需要把演绎与归纳方法结合在一起。这就是为什么我认为比较研究非常有必要。因为理论常常是在某个特殊的场景中发展出来的，如果你在另一个不同的场景中看问题，这个理论就无效了。这里有两种方法，一种是认为理论没有什么作用，把它扔到一边；另一种是思考，"这种比较分析如何影响到理论的修正与推进"。我运用比较研究的范式，其作用就在于修正已有理论，并拓展理论的边界。比较研究对于理论构建与理论检验都非常重要。

郭台辉：您在本质上是从事比较研究的，而且一直推崇配对比较分析（paired comparison analysis）。您是否认为比较是得出理论结论的前提条件？对于那些只熟悉单个社会或个案的学者而言，您有何建议？他们如何才能做令人信服的案例分析？

塔罗：不，我把配对比较分析看作诸多方法的一种。如果你读过我有关方法论的文章，就会发现我更相信多角度的测量，也就是说，运用不同方法论的研究策略研究同一个问题，从而可以使一个观点更为客观，可以推而论之。比较是一种方法，但还有其他许多方法。最好的比较研究就是对发生在一个国家内部的事件的研究。我的第一本书是比较意大利南部与北部的。罗伯特·帕特南（Robert Putnam）那本让他名声大噪的《使民主运转起来》[①] 也是比较南部与北部的意大利。凯伊（Vladimer Key）对美国政党政治做出了最好的历史讨论，他详细比较了不同州之间的政治结构运行方式。所以，比较研究并不必然置于国家与

---

① Robert Putnam, *Making Democracy Work: Civic Traditions in Modern Italy*, Princeton, NJ.: Princeton University Press, 1993；中文版参见罗伯特·帕特南：《使民主运转起来：现代意大利的公民传统》，王列、赖海榕译，江西人民出版社2001年版。

国家之间，我们可以在不同时期、不同区域以及不同类型的抗争之间做比较研究。此外，裴宜理（Elizabeth Perry）在现代中国的反叛与革命之间做比较研究[1]，她把这两种行动视为不同的理论范畴，然后进行二者的比较，效果非常出色。我认为，那是一部非常重要的著作。还有一个中国研究领域很重要的学者就是欧博文（Kevin O'Brien），因为他把政治过程分析运用到中国的社会抗争，诸如《中国的大众抗争》。[2]

我想给完全聚焦于单一社会的学者一个忠告。他们需要了解其他社会的情况，并且把那个正在研究的社会问题置于特定的场景中，尤其是把不同的社会问题置于比较的场景中。所以，我在经验上从来不研究英国和德国的抗争政治，但那些国家对我在理论上的思考非常重要。所以，我通过二手研究的资料，阅读大量的相关文献。或许，在这个时候，并不是一定要档案资料、第一手调查资料和原始文献，二手参考资料也是很有必要的。因为每个人都只能集中于一个国家或一段时期，而且又不得不做比较研究。至于什么案例更有帮助，或者更有说服力，我认为，复制性研究是最好的办法。换言之，其他学者可以复制你的研究，并且找到相似的结果，那就是证明你的理论是正确的最好的证据。

郭台辉：有人说语言对于比较研究很重要，另一些人又说并不是很重要。您对此的态度呢？

塔罗：对于像我这种做定性研究的人来说，语言肯定很重要，但对于从事大规模数据的、定量的、比较研究的学者来说，语言并不是很重要。许多学者可以不需要在语言方面下功夫，就可以对大量案例做统计分析，做出很杰出的研究。我尊重这样的研究，但这并不是我喜欢的方式。

郭台辉：在您看来，社会科学家在 21 世纪面临的最大挑战是什么？

---

① Elizabeth Perry, *Rebels and Revolutionaries in North China, 1845-1945*, Stanford: Stanford University Press, 1980；中文版参见裴宜理：《华北的叛乱者与革命者，1845—1945》，池子华、刘平译，商务印书馆 2007 年版。

② Kevin O'Brien (ed.), *Popular Protest in China*, Cambridge, MA.: Harvard University Press, 2008.

塔罗：其中一个危险是过于专业化。如今，这个问题远比 20 年前危险得多。人们现在变得太专业化了。这种危险来源于学者过于集中关注一种数据或一种方法。比如说，研究选举的学者只运用调查的数据，他们并没有做选举的历史分析，而研究美国总统选举的学者忽视来自地方选举的证据。所以，我们已经变得过于专业化，这是社会科学最大的危险。

四、　建议

郭台辉：年轻学者如何才能做出更好的研究，对于这个问题，您有何建议？对于那些研究抗争政治充满希望的年轻学者，您有何建议？

塔罗：刚才我提到，蒂利写得更快，麦克亚当更慢，我处于其中。我给年轻学者的唯一建议是多写。无论是写得快还是慢，你都得多写，在同一个主题上花的时间越多，你就写得越好。当然，你不得不写很多次，并且整理自己的研究。然而，对于中国学者和学生，我很难给出建议。因为你们可以做的各种经验研究存在很多限制。我从来没有遇到过这种问题，我一直都是研究西方世界。使许多西方学者难以置信的是，你们在限制性条件很多的情况下如何做出优秀的经验研究。我对中国学者最好的忠告是，如果你们想做抗争政治的研究，就要尽力做更多的比较研究。因为当你越来越关注比较分析，就可以了解其他学者在其他国家所做的相关课题，他们就会教你如何处理你所遇到的问题。但是，我还是很难对中国学者提出建议，你们的确遇到很多外部的困难和挑战。长期的教育又使外部的困难转化为对内在观念的制约。

比如，当我的著作《运动中的力量》①　在中国大陆出版时，部分内容被编辑全部删除了。所以，当我得知被删除时，我的第一反应是很气愤，就想要他们从出版社和书店撤下来，不允许再发行这个被删减的版本。接着，我要一个研究中国政治的同行（指欧博文）帮忙办理此事

---

①　Sidney Tarrow, *Power in Movement: Social Movements and Contentious Politics*, New York: Cambridge University Press, 1998；中文版参见西德尼·塔罗：《运动中的力量：社会运动与斗争政治》，吴庆宏译，译林出版社 2005 年版。

时，他告诉我说："你这本书是应该在中国出版的，这非常重要，也说明中国社会与政治都在走向开放和进步，要是十年前，这种书是完全不可能出版的。"他说，这本书能在中国出版，即使没有这一部分，也是很重要的学术著作。我认为他是对的。我们不能期待一个社会立即完全改变过去的一切，变化得慢慢来。所以，我同意这本书在中国大陆继续出版，即使被删减了也无所谓。哈哈！

　　所以，我认为，对于致力于抗争政治研究的中国学者和学生，他们应该多研究其他国家和地区，同时也等待中国变得越来越便于经验研究。当然，对于中国学生来说，现在的社会政治状况比过去好很多了，我也寄以高度的期待，中国不久就能加入到国际社会的抗争政治研究这个大家庭来。我认为，越来越多的中国学生和老师走出国门，能够开阔心胸和眼界，找到尽可能多的资料、理论与方法，随心所欲地交流中国以及世界地区的其他抗争运动。

第四章　社会权力与民族国家

——加州大学洛杉矶分校迈克尔·曼

迈克尔·曼

郭台辉与迈克尔·曼合影

迈克尔·曼（Michael Mann，1943 年生）是加州大学洛杉矶分校社会学系教授。1963 年迈克尔·曼本科毕业于牛津大学的现代历史专业，一年之后获得公共外交与社会管理专业的硕士学位，随后几年在牛津大学和剑桥大学做研究助理。1971 年迈克尔·曼获得牛津大学的社会学博士学位。1987 年之后转道美国，在加州大学洛杉矶分校任职至今。其研究集中在权力、民主、国家、帝国等领域，约翰·霍尔（John Hall）称之为"我们时代的马克斯·韦伯"。迈克尔·曼每一部作品的出版都引起学术界很大关注，获得很高的学术荣誉，并被译成多国文字。1986 年出版的《社会权力的来源》（*The Sources of Social Power*）第一卷获得两个奖项，即美国社会学会"杰出学术著作奖"（1988 年）和欧洲社会科学最佳著作奖即"雅马尔费奖"（Amalfi Prize，1988 年）。2003 年出版的《不连贯的帝国》于 2004 年获得政治学最佳著作奖，即"弗里德里希·艾伯特基金会奖"（Friedrich Ebert Stiftung Prize）。2005 年出版的《民主的阴暗面》于 2006 年获得美国比较历史社会学最佳著作奖，即"巴林顿·摩尔图书奖"。当然，最让迈克尔·曼教授誉满全球的，是他那贯通历史时间与世界空间的四卷本《社会权力的来源》。

迈克尔·曼毕其一生从事长时段、大规模的宏观社会变迁研究，对历史与理论的关系和历史社会学的问题有很深感悟。在他看来，概念化的社会学理论与证伪史料的历史研究始终存在一种紧张关系，而从事宏观研究的历史社会科学家只能在二者之间不断游走。迈克尔·曼具有英美双重国籍，对两国历史社会学的发展有较好的比较视野。他认为，尽管美国的社会学研究多关注微小问题，缺乏宏观的历史意识，但与宏观历史研究在英国社会学中几乎销声匿迹相比较而言，美国因为有查尔斯·蒂利、柯林斯、沃勒斯坦等一流的历史社会学家，还是发展得更好。

本项目能访谈到迈克尔·曼教授，也纯属巧合。2011 年 12 月 20 日，纽约大学公共知识研究院（IPK）与社会学系联合举办一场高端的学术研讨会，题为"资本主义有未来吗?"（Does Capitalism Have A Future?），而沃勒斯坦、迈克尔·曼、柯林斯等几位社会学界的老前辈应邀出席。笔者在主办方的召集人克雷格·卡尔霍恩教授帮助下，联系到从太平洋西岸飞来的迈克尔·曼教授，并约定于 12 月 21 日上午 7 点，在他下榻的华盛顿广场酒店房间，进行一个半小时的专题交流，之后他就匆匆赶赴机场。以下为访谈的整体内容。

一、背景

郭台辉：您是在英国接受的学术训练并开始您的学术生涯，哪些人对您的影响比较大呢？

曼：我认为没有哪一个人或几个人对我产生巨大的影响，虽然自从我早期的学术生涯以来就从不同人的经验中学到很多。我是从在牛津大学读本科时就开始对历史感兴趣，然后，我接受社会工作专业的训练，并且在此期间我对社会学的一些主题充满兴趣。那时候，我深受核裁军运动的影响，因为这个事件使我认识到，军事权力的问题并不能化约为政治权力或经济权力的问题，超级大国之间的地缘政治冲突的确需要独立于生产模式的解释。从此，我逐渐发展自己的研究思路。我起初是一名非常重视经验研究的社会学家，博士论文是研究工厂，在剑桥大学的博士后经历也是研究这个主题。我到埃塞克斯大学第一次参加工作时，负责教授社会学理论。在刚开始的第一周，我很认真地按照一般的教学方案进行备课和教学。但之后我逐渐把三方面的东西结合在一起：社会学理论、我对经验社会学的兴趣以及我对历史的追捧。所以，我认为，我的学术生涯很大程度上是自我发展起来的。

郭台辉：您是 1987 年转到加州大学洛杉矶分校任教的，是吧？这个新的环境如何影响到您的研究以及表达观点的方式？是什么动力使您决定从英国转到美国呢？

曼：我之所以来到美国，是因为英国所有的大学越来越承受来自撒切尔政府的财政压力。英国学术界的同仁花了很多时间来写各种报告，除了搞好研究和教学之外，还要做许多其他毫无兴趣的事情，所以，能从那种环境中摆脱出来，我感到非常欣慰。我记得，我们一家人来美国，恰好是在 2 月份，那时候的伦敦非常寒冷，阴雨潮湿，每天大雾笼罩，心情很不好。我们当初只是想在加州大学访学一年，作为旅游。没想到加州大学洛杉矶分校愿意给我们夫妇俩都提供令人满意的教职，所以我们就一直待到现在。这个大学非常友好，也很慷慨，设备非常完善，图书馆的资料很齐全，所以我从来就没有想过有回伦敦的必要。作为一个外来人，待在另一个国家是非常有意思的。在这里，语言上非常便利，没有任何障碍，所以，你可以理解所发生的一切，但这个国家的文化与英国又很不一样。我认为，这方面对我的研究也有所刺激，使我很容易发现美国存在的诸多问题。同时，我对美国政治与文化的独特性产生某种依恋与好奇，而对美国又保持某种距离与独立。

二、 理论与方法

郭台辉：如果回到 1978 年，历史学家阿瑟·斯廷奇科姆有一句非常有名的话，"人们不是运用理论来研究历史，而是用历史来发展理论"①，以此来警告当时正在从事历史社会学的年轻人。30 多年之后，历史学家是否遵照或依然拒绝这种宣言，历史社会学家能否解决在历史与社会理论之间徘徊的困境？

曼：我们不能解决社会学理论与历史之间的矛盾，二者始终保持某种紧张关系。我个人一直在理论与经验数据之间曲折前行。我认为，我们从事的学术研究总是始于一些困惑和假设。我们无法以一种完全开放的心态和全新的空白来理解历史。既然我们以某种观念来理解历史，那么，当你查阅历史材料并且考察它们在多大程度上遵循你原有不完全概念化的东西时，就这样，你逐渐在理论与历史之间的游走中得到提高。但是，我认为，既然社会学在本质上是从研究社会变迁时开始，如果你是一位宏观社会学家的话，你所关注的必然就是长波段的历史变迁，至少是时间跨度很大的。这样，历史社会学对于社会学理论来说是非常必要的。当然，古典的社会学家们，如马克思、韦伯、涂尔干，他们的理论基础是建立在社会之间的差异、不同时代的差异或者历史的连续性上。

---

① Arthur Stinchcombe, *Theoretical Methods in Social History*, New York: Academic Press, 1978, p.1.

郭台辉：与欧洲相比较而言，美国社会学似乎已经高度专业化，或者甚至碎片化。比如，美国社会学会的分支就有 **50** 多个。我们如何看待美国社会学的内部分化与特色呢？您如何评价欧美社会学之间的差异？

曼：欧美社会学之间最大的差异就在于美国社会学的规模大得多，所以，它特别支持许多专业化的细致分工。在我来到美国社会学这个学术圈以来，专业化分工确实发展很快，但我认为，这在欧洲也同样如此，英国也一样。所以，我不认为这一点上有什么根本的差异。当然，这个学科的确已经过度专业化了，而且，美国社会学界并没有很多人能同时做理论研究，或者做宏观大结构的研究，或者历史比较研究。但是，考虑到美国社会学的规模，我们就能发现，靠这个学科谋生的人非常多，因为还有更多的学者正在关注当代美国社会面临的微小问题，或者说，美国大多数的社会学者都在做一些微不足道的工作。他们对历史社会学的宏大问题毫无关注，也毫无兴趣。

郭台辉：更具体来说，历史社会学作为社会学的一个完全制度化的分支，几十年来在英国与美国都有发展。而您先后参与到这两个发展过程之中，因此在比较两种历史社会学传统与路径方面很有发言权。那么，请您比较一下英美历史社会学在问题意识、主题与研究方法方面的差异。

曼：我觉得，历史社会学如今在美国比在英国、法国、德国都更发达，已经产生了明显的两代人。我那一代的人常常阅读李普塞特、丹尼尔·贝尔、巴林顿·摩尔和其他人的著作，所以出现历史社会学传统的繁荣时期，尤其是在美国。我并不完全确信为何英国在宏观社会学方面也同时出现许多学者，比如安东尼·吉登斯和我自己。在美国出现诸如西达·斯考切波、兰德尔·柯林斯、沃勒斯坦和查尔斯·蒂利，这些宏观社会学家都非常出色，但他们多少都是依赖于前一代人的培养。接着，美国现在又出现许多年轻一代的宏观社会学家，只是他们并不完全倾向于关注那些诸如我自己和沃勒斯坦关注的宏大主题，而是研究更为具体的议题。所以，在美国，宏观研究的主题和领域是处于一种非常好的发展状态中，相反，这些宏大的议题在英国社会学界已经基本上销声匿迹。所以，我认为宏观社会学在美国比在欧洲更为发达。

郭台辉：有些人在方法论上对您的研究提出批评，认为您是一位没有比较研究和微观分析的宏观历史社会学家。对此您如何回应？

曼：是的，宏观社会学面临一种特殊的难题。在真正的宏观层面，并没有多少可以比较的个案来讨论全球资本主义扩张、西方民主制度形成等早期和独特的发展路径。所以，如果你思考资本主义的发展，马上就想到西欧和日本，似乎就没有其他案例来研究资本主义的自主发展过程，日本的案例是对西方扩张的一种反映。所以，并没有很多可以比较的案例，导致系统的比较研究存在很多限制。在 20 世纪仅出现两次世界大战，我们可以比较两次战争，但与其他并没有那么惨烈的战争进行比较的话，又显得很困难。革命也是如此。在《社会权力的来源》第三卷①中我已经尝试过做革命的比较历史分析。但一直受到很大限制的是，案例的样本量非常少，而且这些个案之间并没有互斥性和独立性。

实际上，20 世纪存在一种革命传统，所以，俄国的布尔什维克革命对中国革命的发展产生很大影响。相应地，中国革命对朝鲜、越南和其他地方的革命也产生影响。革命者与反革命者都会对过去进行反思，并且以此来满足他们自己想要的东西，结果，任何的比较分析都必须处理历史时间的问题。当然，在一个面临类似问题的多重国家体制下，你可以对诸多个案做更多的比较研究，比如，在分析福利国家方面。但是，这种分析对于许多主题方面根本是不可能的。所以，我的确是在我能做到的地方做比较分析。但除此之外，我就会把理论与历史叙事结合起来分析。

的确，我不太关注微观分析，因为我不可能同时处理一切事情。但我敢说，当我的研究主题进入到 20 世纪之后，更多的细节问题就开始变得非常有意义了。我也更加意识到，一些有着特殊权力的群体或个人做出微观决策，但对于历史事件的宏观进展有着关键意义。所以，对于长

---

① Michael Mann, *The Sources of Social Power: Volume 3, Global Empires and Revolution, 1890-1945*, New York: Cambridge University Press, 2012；中文版参见迈克尔·曼：《社会权力的来源》第 3 卷，郭台辉等译，上海人民出版社 2015 年版。

波段的历史进程来说，存在诸多深层结构的倾向，但也发展出诸多分岔的道路。他们选择的是这条道路而不是另一条道路，正是由于权力持有者在非常时期做出微观决策的结果，整个历史就选择了不同的发展道路。在这种情况下，我们就应该更为细致地研究其微观决策的历史过程。

郭台辉：宏观的社会学家在哪些方面不同于区域研究、国际问题研究和比较政治研究的学者呢？

曼：我认为，首先，宏观的社会学比其他领域的学者更倾向于有一个宽阔的理论意识。区域研究者们关注的问题往往更为具体；国际问题和比较政治的专家的确有他们自己的理论，但他们局限于利益、政治或国际关系的狭小主题与领域。当然，具体而言，我从社会权力四种来源之间的关系中发展出一种宏大理论。所以，我的宏观社会学非常充分地运用到各种历史研究的文献资料中，但我所做的工作更为广泛，在理论上更有启发。

三、社会权力

郭台辉：正如在《权力的解剖》① 一书中所提到的，您的意识形态权力概念似乎比其他概念招来更多的批评。同样，我也想提一个与意识形态权力相关的问题。在您看来，意识形态权力具有社会空间的扩散性，在道德或习俗上具有永恒性，但必须融入组织网络形式中来才能发挥作用。在一个既定的国家里，意识形态作为一种权力类型是否可以表现为一种单独的形式，还是多种形式同时存在？与其他三种社会权力的来源相比较，意识形态权力的中心与动力在哪里？与国家的自主性相比较而言，意识形态权力是否可以单独发挥作用，还是依赖于其他载体？

---

① John Hall, Ralph Schroeder, *An Anatomy of Power: Social Theory of Michael Mann*, New York: Cambridge University Press, 2006.

曼：社会权力的所有来源都各有特色。在某些方面，它们彼此非常不一样。比如，有些国家在某方面可以把既定领土范围内的社会关系制度化，那么它们的来源就存在非政治的特征。换言之，正如涂尔干所言，一旦出现国家，它就成为社会出现的一种特征，就有其自身发展的逻辑，也就有它自己独特的权力形式。意识形态更像这种理论类型，但我认为，主要的意识形态运动都试图解决来自经济、军事、政治权力关系中出现的困境。在某种程度上，意识形态是衍生性的权力，取决于社会在其他权力领域产生的问题。但是，一旦出现意识形态，它就必然立即出现强有力的自主性与独特性。

比如说，法西斯主义完全出现于第一次世界大战之前，但那场战争产生了巨大影响，导致了社会发展的军事化模式，而战后危机也非常惨烈。所以，既定的几种意识形态，尤其是制度化的意识形态都似乎没法发挥作用。所以就出现了法西斯主义，并且展示出一种行之有效的社会发展蓝图和模式，尤其是在解决阶级冲突方面，所以在德国被选择成为国家意识形态。但是，一旦被人民选择为意识形态，它当然就是人民对世界形成的一种强有力的意识形态构想，卷入到具有侵略性的战争中，成为一种极端的民族主义和种族主义的世界观，但后者却不是德国人投票选举出来的。所以，法西斯主义的意识形态成为对世界造成深远影响的动力。

同样，虽然共产主义在细节上有着非常不一样的解释，但在20世纪同样是一种强有力的意识形态。人民登上历史舞台，其观念表现为，彻底转变的社会在事实上是相对明显的。当主流意识形态实现这一点面临的困难时，大多数人们又想继续保持他们原来的生活方式与观念，共产主义者就面临两难决策，即是转向一种更为渐进主义的、妥协的改革导向，还是迫使所有人服从这些变化。斯大林选择了强制。所以，这些意识形态有着相当大的影响力。

20世纪是一个意识形态异常凸显的世纪。宗教出现衰落，虽然非常参差不齐。宗教在中东当然始终非常重要，在美国也同样如此。但20世纪的主要意识形态却是表现为世俗的形式。

郭台辉：在正统的社会主义体制中，意识形态权力曾经是现代社会中极为独特的，包含并整合了各种不同的意识形态因素，比如共产主义、反帝国主义、反封建主义、反殖民主义、反资本主义、民族主义等等。那么，在后冷战时期，转型时期的政治权力，一方面，不得不部分坚持这种意识形态权力的某些遗产，才能维持其历史和民族的合法性；另一方面，又需要消除一些不合时宜的因素，才能获得其开放市场经济所创造奇迹的绩效合法性。意识形态权力的这种困境并没有解决。那么您如何评价意识形态权力在当代中国的遗产、当前状况和未来？

曼：当出现一个政党国家的时候，它就要维持其意识形态的合法性。当共产主义政体衡量经济增长方面的进步时，其意识形态就从其未来的乌托邦蓝图转变过来了。所以，变得惊人的是其经济绩效，尤其是与美国的关系。实际上，苏联与美国的差距直到20世纪70年代才停止。随着苏联失败，差距又一次越拉越大，他们才意识到自己非常愚蠢，因为赶超美国没有任何希望，也没有任何意义。他们就丧失其意识形态的信仰，这反过来进一步导致苏联的崩溃。

中国的情况不一样，由于经济改革的成功，出现的一种感觉是"我们现在正在刺激经济增长，国家更加繁荣富强"。我认为，那才是共产党和社会主义中国的合法性来源。换言之，意识形态已经替代为经济绩效。由于改革开放的国家宏观规划、削弱计划经济之后的市场导向，社会的快速运转逐渐摆脱国家的控制，这才是真正的主要张力所在。合法化的意识形态变得越来越空洞。但是，合法性继续延续，只要政党国家能够提供经济增长和社会秩序。在中国历史已过去的20世纪里，人们对于当前的社会政治秩序赋予了很高的价值与期待，因为中国人在此前的历史时期经历了相当大的社会、政治无序状态，甚至国内战争。

郭台辉：作为一种官方的意识形态权力，马克思主义在中国是如何发挥作用的？

曼：是的，马克思主义是官方的意识形态权力，但每一个国家都有其陈词滥调的话语修辞。在美国就是自由主义，美国人不断谈论自由，但它当然不是一种完整的真理。美国人在很多方面并不自由。所以，官方的修辞术不符合组织社会的方式，这并不奇怪。我不是研究当代中国问题的专家，所以，我不知道有多少社会精英和其他阶层的人们真正服膺马克思主义。马克思主义在西方曾作为一种乐观主义的意识形态，但现在已经几乎销声匿迹，但悲观主义的马克思主义如今依然存续，依然有其影响力。也就是说，资产阶级支配着这个世界，新自由主义正变得越来越强有力，没有一个独立的工人阶级组织或运动来与之分庭抗礼，所以说它是一种悲观主义。比如说，沃勒斯坦预言资本主义的崩溃，但他对随之而来的世界却不敢大胆描绘，而是非常警惕。他已经对工人阶级运动丧失信念，也对马克思主义本身失去信心。

四、 民族国家

郭台辉：20 世纪 90 年代以来，民族主义似乎在全球高涨起来，有些与 19 世纪的情形一样，是以民族国家的名义继续捍卫国家利益，并且得到国家意识形态权力的支持，但越来越多的少数族群想分离出多民族的既定主权国家，试图创造属于他们自己民族的新国家。您怎么评价当前的民族主义浪潮？您是否认为在既有的多民族国家中会出现越来越多的民族分裂主义？

曼：首先，我对 20 世纪的民族主义有一种稍微不太正统的看法。侵略成性的民族主义比人们所想的少得多，民族主义对许多战争并不承担责任。当然，德国与日本形式的民族主义是导致第二次世界大战的重要因素，但民族主义在大多数时候都是一种民族认同感。这表现为对于其他国家稍微有点负面的看法，拿其他国家来开玩笑，支持自己的足球队，等等。大多数民族认同感都是无害处的。现在，国家之间发动战争的频率越来越低，依然在制造战争的国家只有美国。民族主义现在非常稳定，对世界并没有特别的威胁。但是，最大的例外在于，民族国家仍在建设中，并且对于这个民族真正属于谁这个问题仍有争议。所以，在那些政府能力很弱的国家里，不同的群体就可能以独立民族的名义，要求享有国家的所有权，从而把控制能力本来很弱的国家搞得四分五裂。现在，我认为，实际上，世界战争的格局已经稳定下来了，再也不会增加和扩散，反而是逐渐减少。

所以，我把族群之间的战争视为一种世界范围的浪潮。现在，比较明显的是仍有一些分裂主义运动，或者一些分裂主义运动还可能成功。但是，在多族群的国家里，比如印度尼西亚、印度和俄罗斯也不可能发生大规模的族群战争。在印度的东北部出现小规模的分裂主义运动，但印度尼西亚的分裂主义却荡然无存。但这还是要取决于独立运动的起因和维持其运动的动力机制。但是，这种族群分裂主义的问题是当今世界的主要问题，解决办法是建立一个强大的合法的国家政权。

郭台辉：根据您在《不连贯的帝国》①**一书中的观点，美国是当今世界仅存的一个全球帝国，但它也即将衰弱。那么，这种衰落体现在哪些方面？随着美国的衰弱，这个世界是可能更稳定，还是相反呢？有可能出现新的全球帝国，还是代之以区域性的权力格局？**

曼：美国仍然保留两种重要的权力形式。一是军事权力，这在世界上是所向披靡的。虽然过去十年的军事部署并不是很成功，但美国还是可以通过军事权力来威胁几乎所有国家。美国保留的第二种权力形式是经济权力。虽然相对于欧洲、日本、中国和印度来说，美国的经济出现衰退，但其美元依然作为世界流通的货币，这意味着对于世界其他国家来说，美元是最安全的储备货币，所以人们把积蓄都尽可能兑换成美元。同时，许多国家尽力吸引国际投资商，表明他们自己的货币储蓄是稳定的，并且把大量的货币兑换成美元，以表明其稳定性。所以，世界上许多国家都借钱给美国，相应也为美国军事权力部分承担有效的成本。但这种情况不可能无限期地维持下去。国际货币基金组织已经预计，美元将在 2020—2025 年期间停止成为世界的储备货币。到那时，美国的衰落就真正变得有实质性意义了，因为如果美国不再有储备货币，人们就不可能不成比例地借钱给它，美国自身必然要在财政上维持其军事。他们可能不会这样做，所以，美国的军事权力也会相对衰落。简言之，现在，美国依然拥有世界上最强大的军事实力，但这不可能永远维

_____

① Michael Mann, *Incoherent Empire*, Brooklyn, NY.: Verso, 2003.

持下去。

那么，取而代之的是什么呢？没有别的了，世界上再也没有哪个国家能像美国那样支配着这个世界。如果中国与日本能够解决他们的分歧，并且让整个东亚地区联合起来，倒是有可能成为支配世界的新生力量，但这看来是完全不可能的。所以，将来是在美国与西欧之间的一种多边权力结构，而正在崛起的中国和印度也是非常重要的力量。21世纪还有一大批中等力量的国家正在发展。当然，我们所不知道的是生态灾难，这是根据气候科学家们的预测而摆在我们面前的大问题。如果中国、印度和其他国家按照目前的发展速度推动工业化，再加上西方国家的高耗能，这将可能增加温室效应和污染气体的大量排放。其结果可能是，在本世纪的后半叶带来世界灾难。如果全世界到某个时候采取联合行动，那么，可以想象的结果是，增强了多边合作的制度，对气候变迁产生了国际公约。这必然使世界更加和平、合作与安全。

另一方面，如果我们没有这样做，世界各国在环境方面退回到自己的领土国家边界内，只是保护自己，而不管世界的其他地区和人们，那么，这必然造成我们每个人都可以想象得到的最悲观结果。换言之，我认为，社会发展总是不确定的，总是有很多可能的选择。这种梦魇式的选择可能产生历史上曾经历过的最严重战争，虽然我们的确不可能预测到战争的爆发。

郭台辉：在您与约翰·霍尔（John Hall）在《21世纪的权力》[1] 的对话中，您似乎把中国在世界崛起的作用视为一股不确定的独立力量，影响到国际秩序与格局的稳定，尤其是与欧美的现代外交策略相比较而言，它与非洲国家的外交关系非常独特。您如何评价中国与美国、欧洲、非洲及其亚洲邻国的新型国际关系？而中国有着超大的人口规模、多民族国家、共产党领导的体制以及独特的意识形态权力，二者之间似乎有着某种关系。您怎么看待这个宏观现象？

曼：这个问题相当复杂。首先，中国与非洲的新型外交关系的确是

---

① Michael Mann, *Power in the 21st Century: Conversations with John Hall*, Cambridge: Polity Press, 2011.

一种后帝国主义的发展，是第二次世界大战之后殖民主义垮台所催生起来的。因为现代高科技武器的毁灭性危害，如果一种扩张性权力诉诸征服领土的话，就要导致自取灭亡。所以，中国对外关系的扩展走出了一条与西方帝国主义和殖民主义完全不同的道路，其主要目的是获取非洲原材料，其手段是和平的。与 1949 年以来的"不结盟"外交政策相一致，中国对非洲国家的政治结构毫无支配的意图，也不灌输任何意识形态的权力，因此，对非洲任何一个国家的政治与文化来说都是无害的，因此得到非洲各国的欢迎。在有效处理好与非洲的各种关系，并完美实现自己的发展意愿方面，中国是非常成功的。中国对非洲的扩展是可以提高政府能力和人们生活水平的，因此是具体的、看得见的。相反，美国和欧洲却以施加压力和发号施令的方式对待非洲国家，虽然这种方式往往可以为非洲国家其他的行动策略所削弱或抵消。但是，我认为，中非关系的友好状态不是中国与西方国家在外交关系上的本质差异所致，而是 21 世纪世界格局发展的外部条件的结果。

对于中国本身而言，没有人知道将会发生什么。中国不但有大规模的经济发展，而且还有着越来越明显的不平等，这种不平衡的发展结构将有着深远意义。政党国家已经意识到这个问题，也正极力去纠正和调整发展思路，但是它无法控制经济发展的总体进程。所以，中国已经出现相当多的社会反抗，没有人知道这种状况是否能够得到控制。我希望，中国政府能够做出让步，把更多的资源转移到国内消费，并且，尽力引入更为积极的税收政策。但显然，这条发展道路是比较坎坷的、不容易做到的。

郭台辉：金世杰（Jack Goldstone，又译杰克·戈德斯通）在 1995 年就预测中国在 15 年之后将崩溃，但我采访他的时候用有点嘲讽的口吻说他当时的预测过于简单时，他也承认，那时的预测的确是比较冒险，还有很多因素没有考虑进去。但他继续主张，从目前的情况来看，中国在 15—20 年间将崩溃。他的预测的唯一依据是中国人口规模，认为当前形势不可能支撑那么多人。您怎么看这个问题？

曼：我完全不赞同他的看法，主要是因为他过于夸大了人口压力的作用。的确，我们很容易看到，中国存在很多社会问题，有时甚至会以集体运动的形式体现出来。但是，我们很难把这些集体行动视为一种国内战争形式，或者转化为国内战争，因为中国文化和生活方式的相对同质性，所以，我们很难想象中国会分裂为几个不同的国家。一般来说，革命或者崩溃都要卷入战争。如果不是各种战争摧毁沙皇俄国和民国时期的中国政府的主要力量，他们都可能延续统治。没有战争，他们就可能逐渐找到化解劳工与农民运动的策略，并且把中产阶层融入混合的民主或专制体制中。所以，我认为，中国的未来是不可能出现分裂性和颠覆性的战争的。这个国家将保持某种威权，但可能发展出更为法治、在劳动关系上更为妥协、更有代表性的制度，但共产党必然保持其稳定的政治支配地位。

五、 民主

郭台辉：在《民主的阴暗面》^① 一书中，您关注族群清洗，而不是民主与族群屠杀的因果机制。民主的这些负面效应对族群屠杀起到辅助性而不是决定性作用，是吗？至于就民主而言，现代社会的这些负面效应在古希腊却似乎被称赞为美德，诸如直接的、积极的、纯粹的、无限的，但是，在现代拥有大规模人口和大范围领土的民族国家中这些特征完全成为无效的负面。您怎么评价民主的价值？另外，您的社会权力模型似乎可以完全与多元民主相融合，您如何评价资本主义与自由民主之间的联系？在这个资本全球化时代，我们是否处于民主化的最后阶段，或者正如福山所说，是历史的终结？社会主义的民主是不是现代民主的一种形式，或是反民主的实践？

曼：是的，《民主的阴暗面》这本书是关于民主化的问题，而稳定的民主体制一般来说是没有族群战争的，产生一个单一政党支配的政治体制完全是可能的，由这个政党来统领和包容诸多差异、多元的群体。日本是一个例子。在整个二战之后的这一段时期，自由民主党占有统治

---

① Michael Mann, *The Dark Side of Democracy: Explaining Ethnic Cleansing*, New York: Cambridge University Press, 2005.

地位，但在这个执政党内部又分化为几个政治派别，所以他们的政策往往是妥协的结果。所以，单一政党执政的政治体制完全是可能的、可行的，但需要政党本身在内部是多元的，这样才不会走向专制集权，制度运行与决策才可能科学有效。但这一点又很难做到，因为单一政党体制更容易走向一种领袖继承制的结构类型。而自由民主的好处就在于，如果政府是非大众性的或无代表性的，它就可能被取代。

所以，我认为，多党竞争的民主有其重要的优势。但如今的政党民主没有一个是理想的，因为民主的理想是小规模的城邦国家。我们现在所讨论的都是代议制民主，存在代表与民众这两个不同的层面。虽然这绝不是理想的，但对立的观点与意见的确可以非常有效地表达出来，然后通过政党的更替而引入改革。在大萧条时期，虽然德国是唯一的例外，但所有的民主体制都通过选举来产生政府，并以此来解决社会问题，这些国家并没有出现很大的社会抗争问题。但是，不成功的威权政体非常脆弱。所以，单一统治但多派结构的政党一旦制度化，就最可能走向政治与社会稳定。但问题在于，如何走向那一步，如何从单一政党走向多元政党。

郭台辉： 自从 20 世纪 90 年代以来公民身份研究在西方世界得以复兴，在您的社会权力模型中，您也非常关注现代公民身份及其运用，比如把它视为统治阶级的一种"统治策略"[①]，您能重述一下公民身份的一般概念吗？公民身份与民主之间有何关系？现代公民身份的发展得以构建是满足了民族构建与国家形成的需要，但是现代公民身份在这个全球化时代如何改变其含义与作用？T. 马歇尔的公民身份理论把公民身份的发展视为民事、政治与社会权利的演变[②]，但常常遭受诟病的是，他的历史叙事完全是据于英格兰的经验。公民身份的首要构成要素优先于其

---

① Michael Mann, "Ruling Class Strategies and Citizenship", *Sociology*, Vol. 21, No. 3 (1987), pp. 339-354；另见 Michael Mann, "Ruling Class Strategies and Citizenship", in Martin Bulmer, Anthony M. Rees (eds.), *Citizenship Today: The Contemporary Relevance of T. H. Marshall*, London: Press of University College London, 1996, Chapter 7；中文版参见迈克尔·曼：《统治阶级的策略与公民身份》，郭台辉译，载马歇尔、吉登斯等：《公民身份与社会阶级》，郭忠华、刘训练编，江苏人民出版社 2008 年版，第 260—283 页。

② T. H. Marshall, *Citizenship and Social Class, and Other Essays*, New York: Cambridge University Press, 1950.

认同、义务与责任吗？他的公民身份模式可以普遍化到其他国家吗？还是仅仅作为一个例外？在不同的民族国家存在不同的公民身份模式吗？

曼：我认为马歇尔的模式在区分公民身份权利的三种类型上非常有用，虽然他探索从民事的到政治的再到社会的公民身份演变进程只对英格兰有效，而对其他许多国家来说没有作用。但是，我认为"真正的民主"概念的确包括他所说的三种权利类型，尤其是他引入社会公民身份的概念。所以，民事的公民身份是法治、法律面前人人平等、集会与结社自由等等；政治公民身份是一种代议制政府，而社会公民身份是一种公民在一个国家范围内参与社会经济生活的权利。他提到，20 世纪是社会公民身份的世纪。我认为这种权利对于西方世界来说是如此。但在1945 年之后的时期出现社会公民身份的巩固，意味着民族国家发展得更为团结，认同度更强，所出现的情况使这些权利逐渐获得了保障。

然而，这并不是一个平行发展的过程。妇女往往是在男人之后获得政治公民身份，而共产主义的体制则对其发展出强大的社会公民身份引以为豪，但民事与政治的公民身份在这种体制内又相对较少。所以，我认为，大规模的民众抗争都是指向权利。在西方许多国家，这些对公民权利的争取已经逐渐停滞，只是在美国和英国这些国家里在一两个方面出现倒转。这种情况到底怎么发展还不明朗。相反，在发展中的许多国家里，政治民主正在缓慢匍匐前进，虽然经常出现一些虚假的形式，而社会公民身份的权利在许多国家也有所提高。所以，对马歇尔模式的必要修正是，英国历史并不是西方的历史，西方的历史并不是其他世界必须延续和仿照的历史。

六、结论

郭台辉：约翰·霍尔把您称作"我们时代的马克斯·韦伯"[①]。您自己如何评价您对历史社会学的贡献？在完成《社会权力的来源》三卷本

---

① John Hall, "Introduction", in Michael Mann, *Power in the 21st Century: Conversations with John Hall*, Cambridge: Polity Press, 2011.

之后，您未来的研究计划是什么？

　　曼：好的。我不知道如何对自己的学术贡献做出合理评价，但其他人应该可以。我认为，我的主要贡献在于引入社会权力的四种来源。无论批评家认为是有四种或三种或两种来源，但必须把你的观点不是仅仅置于社会科学非此即彼的单向度套路之中，即经济决定论或者理想主义和文化转向。因此，我重新把战争、军事主义与国家一起引入讨论。实际上，我已经写完了《社会权力的来源》四卷本，第三卷的手稿非常长，只好把它一分为二，已经刚刚出版发行了。[①] 我知道第一、二卷已经早有了中文版。[②] 你肯定知道，我的第二卷只写到 1914 年，而且只讨论西方发达国家，那么，第三卷是从 1914 年之前开始写的，大篇幅讨论三个帝国，即英国、美国和日本，直到 1945 年二战结束，第四卷就写到了现在。我正在考虑是否应该写第五卷，这可能涉及更多普遍性和理论性的东西，但我还没有最后决定。

---

　　① Michael Mann, *The Sources of Social Power: Volume 3, Global Empires and Revolution, 1890-1945*, New York: Cambridge University Press, 2012; Michael Mann, *The Sources of Social Power: Volume 4, Globalizations, 1945-2011*, New York: Cambridge University Press, 2013; 中文版参见迈克尔·曼：《社会权力的来源》第 3 卷，郭台辉等译，上海人民出版社 2015 年版；迈克尔·曼：《社会权力的来源》第 4 卷，郭忠华等译，上海人民出版社 2016 年版。

　　② 迈克尔·曼：《社会权力的来源》第 1 卷，刘北成、李少军译，上海人民出版社 2007 年版；迈克尔·曼：《社会权力的来源》第 2 卷，陈海宏等译，上海人民出版社 2007 年版。

第五章　民族主义、世界主义、激进主义

——伦敦政治经济学院克雷格·卡尔霍恩

克雷格·卡尔霍恩

郭台辉与克雷格·卡尔霍恩合影

克雷格·卡尔霍恩（Craig Calhoun，1952 年生）出生于美国伊利诺伊州华茨卡市，1980 年在牛津大学获得博士学位，曾任纽约大学社会学系教授、公共知识研究所所长，2012 年 9 月被聘为伦敦政治经济学院院长。他从事比较历史社会学理论研究，主要集中在集体行动和社会变革上，擅长把社会、政治、文化因素结合起来解释由激进主义推动的历史变迁，关注世界各地的社会政治变迁，尤其是民族主义、世界主义与激进主义问题。卡尔霍恩的代表性著作有《阶级斗争：工业革命时期大众激进主义的社会基础》（1982 年）、《社会学》（1989/1994/1997 年）、《非神非皇帝：中国学生的民主抗争》（1994 年）、《批判的社会理论：文化、历史与差异的挑战》（1995 年）、《民族主义》（1997 年）、《民族有作用：公民身份、团结与世界主义梦想》（2007 年）、《世界主义与归属：从欧洲整合到全球的希望与恐惧》（2007 年）、《激进主义的根源：传统、公共领域与 19 世纪早期的社会运动》（2011 年）等等。此外，他还主编了20 多部著作，数十年来以年均四篇论文的速度发表了 100 多篇论文，在学术界颇有影响。

卡尔霍恩早期在诸多知名大学接受学术训练，有着开阔的研究视野，从美国的哥伦比亚大学和南加州大学，再从英国的曼彻斯特大学到牛津大学，接受历史学、人类学与社会学的跨学科训练。不仅如此，他活跃于各种学术的组织网络中，组织许多学术活动，领导各种学术共同体，在西方社会科学界颇有声誉。卡尔霍恩成为沟通欧美社会科学研究的桥梁，而且，他在恰逢"历史拐点"时访问中国，对中国政治有着独特的体验、观察与研究。他对英美历史社会学的发展和变迁有着很深刻的体会，认为任何社会科学都应该有历史眼光、历史思维和历史意识，任何历史研究都应该有理论提炼，而不仅仅是搜集一手文献。在这个意义上，历史社会学恰恰是抵制和批判正统社会学的"武器"。因此，他与查尔斯·蒂利一致，反对把历史社会学作为社会学的分支领域。

2011—2012 年间，笔者有幸旁听卡尔霍恩教授的研究生课程"社会理论"，也有机会与之进行多次面对面交流。2012 年 4 月，笔者与卡尔霍恩教授在他纽约大学的办公室，就历史社会学以及他个人的研究领域，进行了长达两个小时的专题交流。恰巧，那时候他刚刚收到伦敦政治经济学院发来的院长聘任书，因此，他开始构想其对大学管理和学术规划的宏伟蓝图。

一、背景

郭台辉：您的受教育背景与学术生涯是在美国与英国之间迂回流动的，在学术界一直非常活跃。这些年来，您与世界各地许多杰出的社会科学家建立了友好的私人关系网络。您能谈谈您的学术轨迹吗？您是如何成功维持那么多学术联系，同时又保持那么高产的研究成果的？

卡尔霍恩：我的学术关系网络主要是在美国，也有一部分在英国与欧洲大陆。部分原因在于，我许多不同的研究主题和研究方法与每一个地方的学者的关注有着亲和力。比如，认真看待比较与历史的理论问题，这使我与英国及欧洲大陆的学术圈建立联系。我一直在思考，美国社会学与许多其他国家的社会学一样，太过于局限于自身内部的研究。如果我们能够从多重视角考察不同的国家，比如英国、法国、中国以及其他地方，或者看待同一个问题的不同方面，就最好不过了。我早年在历史学、人类学与社会理论接受训练的学术生涯中，就确立了社会理论和历史社会学之间的各种联系，而今，二者已经真正发展成为两个领域。但我更有意识地在历史与社会学之间、社会学与哲学之间建立跨学科的联系，还把文化、心理等各方面都关联在一起。而且，研究对象在本质上就是相互联系的，只不过在 19 世纪之后，学科分化太严重，学科之间隔阂太深，以致不能相互沟通。我们现在要有意识地弥补这种缺憾。

所以，于我而言，民族、文化、宗教、知识之间从来就不是区分事物的首要标准。当然，我的研究有时候关注社会运动多一点，有时候关注社会理论多一点，或者，不同阶段侧重于不同问题，我主要的研究特色是，穿梭于不同学科知识之间，综合运用不同的研究方法。我可能不断变换研究主题，主要是因为社会大众常常质疑不同的问题。这是影响我重点关注与选择某个主题的关键，这样也促使我这个社会学家思考不同的外界事物。

二、理论与方法

郭台辉：克雷格先生，我注意到，无论在原则上还是在方法上，历史学与社会学一直有着密切的联系。一方面，古典社会学家如马克思、韦伯、涂尔干等对历史问题有着深刻的研究，并且在历史学界产生了广泛影响；另一方面，历史学家诸如年鉴学派也充分吸收社会科学的诸多理论来理解历史。具体来说，历史学与社会学在第二次世界大战之后有着更加明确的合作，由此出现了历史社会学，甚至进一步扩大到所有社会科学，即所谓"历史社会科学"。然而，无论是作为一门学科还是一种方法，历史社会学都不断受到来自正统史学与主流社会学的批判，在 20 世纪 90 年代还出现了文化与语言的转向。在美国，历史社会学内部也掀起了一股方法论之争的浪潮，诸多少壮派学者都参与其中，您也是这场争论的主要参与者。在《历史社会学中的解释》①一文中，您特别指出，历史社会学家之间关于方法论的争论，主要体现在归纳与演绎之间的分割上。现在，十几年过去了，演绎论与归纳论之间是吵得更加不可开交呢，还是彼此相互融合并找到了一种解决办法呢？

卡尔霍恩：这个问题提得很好。坦率地说，两者都不是。因为争论已经不那么炽热了，两派都变得心平气和了。但是，这是通过对其他方面的关注来简单替代的。所以，不是找到了解决争论的办法，而是仅仅转移到其他议题上。现在大多数人都认为，自己可以同时既做归纳研究又做演绎研究，并非只走某一种研究路径。所以，对于十年前发生的那场归纳与演绎的争论，我只能在此总结道：我们可以同时学习"归纳"与"演绎"两种方法，而不应该过分夸大两者之间的对立。

---

① Craig Calhoun, "Explanation in Historical Sociology: Narrative, General Theory, and Historically Specific Theory", *American Journal of Sociology*, Vol. 104, No. 3 (1998), pp. 846-871.

郭台辉：然而，在这种争论平息的背后，我认为存在更大的问题。在 20 世纪 80 年代初期，经过哈佛大学的巴林顿·摩尔（Barrington Moore）与其弟子斯考切波（Theda Skocpol）等人的努力，在美国社会学界兴起的"比较历史分析"转而成为社会学这个庞杂学科的一个子领域，而且在学科建制上既完备又独特。在您看来，究竟是这个领域所包括的广泛主题不同于社会学其他子领域的具体主题，还是因为它试图结合"比较"与"历史"两种研究方法？据我观察，许多人进入比较历史社会学领域是为了学习一个具体的主题，但结果是，历史社会学家们似乎对彼此的方法和理论并不了解，也没有兴趣。您又是如何看待这种奇怪的现象呢？

卡尔霍恩：这个问题非常有价值。历史社会学是历史学与社会科学结合起来的一种方法与领域，学术界这股相互结合的运动成为历史社会学在 20 世纪七八十年代复兴的一个主要构成部分。而且，历史社会学显得非常有活力，让许多领域都统一起来。然而，如今它已经不再那么显赫了，仅仅作为许多学科关注的一个子领域而存在，诸如历史社会学、历史人类学、社会史、文化史等，但这并不是在一种潮流和运动意义上来关注的。所以，我可以说，历史社会学如今被所有这些领域所理解和接受，似乎历史与社会学的关联是理所当然的。但是，历史社会学已经不再是让各种知识走到一起来的兴奋中心了，其内在异质性越来越大，所以就出现比较研究的诸多不同议题。而且，历史社会学已经不总是历史的，而是更被当作社会科学的一种具体研究方法。所以，斯考切波及其学生们主张一种做比较的具体方法，不管是历史的，还是当代的，都运用约翰·密尔（John Mill）及其比较差异与共性的观点来指导研究，等等。他们的研究议题更多是比较方法的社会科学。对于历史社会学家和更为普遍的历史社会科学家来说，目前都类似于斯考切波这种做法。

当然，历史社会学也被视为理解社会变迁的一种理论研究。我认为，历史社会科学和历史社会学普遍存在一种相当强烈的理论关注。这种出发点受到马克思、韦伯以及其他一些人的很大影响。这一点在历史社会学界从来就没有人发表不同观点，而是一直都这样认为。所以，我们之所以能够理解查尔斯·蒂利所谓的"大结构，大过程，大比较"[①]，就在于他的研究试图以不同的方式来看待这个世界。他的研究不仅仅是一种用于比较的方法，而且是一种思维方式，比如，历史社会学家运用他的研究，可以比较城市、家庭、印刷工业或者自动化工业。换言之，他的研究告诉我们，如果不理解变迁的长波段模式，就将错过很多东西。我认为，这在历史社会学中仍然处于最为核心的位置。你从迈克尔·曼、沃勒斯坦以及其他许多历史社会学家的著作中都可以看到这一点。

非常有意义的是，历史社会学紧密关系到两个问题，即所关注的社会处于何种状态、它在过去是如何变迁的。历史社会学应该与社会理论紧紧联系在一起，应该带入到"你如何理解当今大变迁"这个问题中来。比如，当今资本主义以及现代世界体系发生了何种变化，这与金融危机、与中国以及其他国家的快速崛起有什么关系？如果没有历史的视角，你就无法理解这一点。如果没有一种历史的视角，规范的、正统的社会学就可能对事情做出错误的判断。这就是查尔斯·蒂利这一部分历史社会学名家所追求的。社会学需要历史，在某种意义上，需要一种开阔的国际视野和纵深的历史视野，但不一定一直要用正式的比较方法。比如，确切来说，沃勒斯坦的世界体系研究并不是严格意义上的比较社会学，即使他的研究非常具有国际和全球视野。

郭台辉：您似乎非常不满意历史社会学作为美国社会学会的一个分支的地位，而是想提出，它应该成为反对主流社会学的一种武器。这对于历史社会学家来说，是否可能建立一种普遍理论和标准的方法呢，是否有必要更为制度化地把社会科学与历史关联起来？

卡尔霍恩：我认为，把社会科学与历史研究关联起来是非常重要的，但是关键在于如何把理论研究与历史研究的议程结合起来。我们必须同时做理论与历史，不是没有理论分析而仅仅描述历史现象，但又不是只有简单的一个普遍抽象理论。相反，普遍的理论问题必须是从不同的视角来透视和争论，尤其要经得起历史证据的检验。所以，30 年前在

---

① Charles Tilly, *Big Structures, Large Processes, Huge Comparisons*, New York: Sage, 1984.

马克思主义者与韦伯主义者之间关于阶级的争论，这并不仅仅是立场不一致，而是一场真正富有理论、历史与现实价值的争论，因为这场争论让人们可以做更深入的研究，可以同时从这两个方面来理解同一个事物。

同样，我认为，当功能主义社会学家塔尔科特·帕森斯处于支配地位时，这一点似乎没有任何帮助和作用。我们的研究目的不但是建立一个抽象的普遍理论，而且要发现更好的方式，来解决新的问题，增加新的想法。我们可以从不同的理论阵营中看到不同的启示，这意味着彼此之间要有争论。所以，我们现在看到的形势比1996年我写那篇文章时要更好。那时候的历史社会学正好处于一个低落时期，而现在就好很多了。在一些年青一代的研究者中，他们开始有意识地把历史与理论建立各种联系，这是非常丰富的、有深远意义的，比如充分利用布迪厄、福柯、沃勒斯坦和其他思想家的理论来理解宏观或微观的历史过程。这是一种非常好的代际更新和学术传承。

20世纪70年代是一个高峰，很多宏大理论与宏观历史有意识地结合在一起来讨论，但90年代又衰弱下来，形成一个低谷。如今，历史社会学又开始有所回归。每当人们努力去理解社会中的一些新鲜事物时，都会在研究上出现一个更新和复兴。我的研究也一直受到社会新鲜事物的鼓舞与引导。比如说，在历史研究领域兴起一股新的国际与世界历史研究的潮流。而此前的历史研究都是通过民族化的历史研究组合起来的，比如中国历史、印度历史、英国历史、美国历史等等。在这些不同的地方与区域史之间似乎看不到一种相互关联的整体模式，不仅没有比较，而且似乎没有联系。现在，对"联系"和"比较"的重视在历史领域中已经出现了真正的改善。比如，在最近20年里，许多帝国问题的新研究，比如长距离贸易模式、世界体系、城市史等，既探讨"帝国"模式及其带来的各种影响，又把不同地区的人们都关联在一起。所以，我个人的研究的确受到这种新历史研究的极大鼓舞，我希望越来越多的社会学家们重视与历史的联系。

郭台辉：您对过去几十年来的历史社会学发展勾勒出了一个简单而

清晰的脉络，而且您对当前的发展还是比较乐观的。我还想进一步追问，史学与社会科学的结合，在德国是由史学界首先发起的，在法国也得到了史学家的推崇与运用，但从来没有像美国这样，把历史社会学作为一个学科和专业来对待。所以，您是否能比较一下历史社会学在美国、英国和欧洲大陆的制度化程度？

卡尔霍恩：我认为，比较历史社会学的制度化程度是最明显的，但作为社会学专业分工中的子领域是要付出某种代价的。相较而言，德国的情况是最好的，他们重视历史的深度与社会理论的背景的作用。所以，这就是一个悖论。在美国，所谓的历史社会学这个更新的研究领域，成为美国社会学会的比较历史社会学分会，这可以视为制度化的承认，但美国绝大多数社会学家们的历史知识与历史感都很薄弱。美国人普遍不研究历史背景，也非常不重视联系理论。所以，在德国不存在诸如历史社会学这种非常专业化和具体的学术分工，制度化程度也不强，但他们所有的社会学家都有很广博的历史知识基础，而"历史社会科学"首先是历史学家提出来的，有意识地吸收社会科学的理论与概念。

法国与英国介于美国与德国之间。与美国相比较，英国在制度化程度方面显得相对更弱，但与历史学科有着更紧密的联系。有些人已经意识到了这一点，比如迈克尔·曼，他是长期在美国社会学系任教的英国人。在法国，虽然有不少的社会学家是在做历史研究（包括诸如布迪厄这样的早年很少关注历史的著名人物），但法国根本就不存在制度化的历史社会学。实际上，在20世纪80年代，有人批评过布迪厄，认为他没有做过很强的历史阐释。但差不多在整个90年代，他在这方面的工作投入很多。直到去世之前，他已经撰写了许多非常重要的历史社会学著作。所以，法国的历史社会学并不是一个独立的领域，而是社会科学更大范围讨论的一部分。也有人像布鲁诺·拉图尔（Bruno Latour）[1]一样，并不是一名历史社会学家，但他做了很多历史研究，以此作为他更为普遍的社会学研究的一部分。

---

① 布鲁诺·拉图尔是法国科学哲学与科学知识社会学家，他与布鲁尔（David Bloor）、柯林斯（Harry Collins）等人共同创立并发展了科学知识社会学，他们的理论对传统的科学哲学思想进行了尖锐的批判，同时促成了哲学与社会科学相互联系的一种新方式。

郭台辉：您更喜欢欧洲大陆的史学理论与社会理论的关联方式，这种关联并不是用制度化来承认的，而是学者的一种主动意识。是这样吧？但这种关联不同于实证史学与社会科学之间的结合。当然，我们也可以认为这两种关联是互补的，因为社会科学具体的技术手段与方法需要社会理论的指导。您似乎对后一种结合不太感兴趣。我觉得，"历史社会理论"与"历史社会学"可以冠之以"历史社会科学"之名，使得史学理论与社会理论之间得以交织，而实证史学与实证社会科学也可以相互借鉴。是这样吗？我们知道，社会学出身的查尔斯·蒂利在美国学术界较早提倡"历史社会科学"，而且以身作则，在这两方面都做得非常好，是少数能得到史学界公认的学者之一，是真正能打通史学与社会科学壁垒的学者。他50年来一直关注同一个主题，即社会运动或后来提倡的"抗争政治"，集中于同一个区域即以法国地方社会为焦点的西欧，对历史社会学的发展做出了杰出贡献。您已经为"社会科学史学会"专门创立了一个查尔斯·蒂利奖①，还对查尔斯·蒂利及其在社会运动的同行们做过一个综合评价②。您是否能具体谈谈他们在方法论上对社会科学的贡献？

卡尔霍恩：谢谢你的补充。我的确很少搜集第一手史料，也很少运用社会科学具体的技术手段，只是在社会理论层面尽力关联史学理论。这是个人的学术训练与兴趣使然。查尔斯·蒂利是一位非常优秀的历史学家，也是一位非常杰出的社会学家，他把社会学的研究方法运用到解决历史问题之中。他既做历史研究，也做定量分析，还利用官方文件与报刊，发展出一整套方法来分析"抗争"以及其他事件的频率，从而得到一个拓扑结构的发展过程。他与他合作研究的团队拓展了历史研究与社会科学研究的视野，使人们既能够看到特定事件如集体行动发生的过程、模式和历史，也能在某种程度上看到如国家长时段的形成模式和转型过程。所以，他可以跻身于20世纪后半叶以来最伟大的社会科学家和

---

① Craig Calhoun, "Welcoming Remarks", *Social Science History*, Vol. 34, No. 3 (Fall, 2010).

② Craig Calhoun, Andreas Koller, "Charles Tilly's Interdisciplinary Influence", *Swiss Political Science Review*, Vol. 15, No. 2 (2009), pp. 333-339.

历史学家行列。

当然，在整合文化研究视角方面他并没有做很多工作，虽然他在去世之前的几年，偶尔尝试整合行动中心的视角，但也是非常结构性的研究。由于他的研究是一种结构性的研究，所以，他在结构主义层面的成就非常显著，在研究具体事件的方法论方面做出了巨大贡献，对历史社会科学有巨大影响，但他的影响主要是在社会运动方面。其实，他也写过非常卓越的著作如《强制、资本和欧洲国家》①来考察上千年的社会变迁过程，但在大规模社会变迁研究方面并没有太多的追随者。

相反，他的追随者只是研究非常具体的社会运动及其动力机制，这在主题与视野上显然狭隘了许多。究其原因，一部分可以归结为追随者缺乏历史研究的基本训练，局限于社会学范围所付出的代价；另外一部分则是一般人很难做到宏观大结构与微观小区域、长波段历史与具体事件紧紧地关联在一起。所以，他是学术界的一个奇迹。他与西德尼·塔罗、道格·麦克亚当在斯坦福大学高等研究中心组织的研讨会，是在学术制度上的最重要创新。在那里，他们把许多优秀的学生吸引到一起，而不在乎谁是真正的导师。他们的研究特色在于，分析那些独特的、彼此分割的、小规模的社会抗争与运动事件，不管这些事件是历史的还是现实的、是美国的还是世界其他地方的。他们甚至对整个研究领域重新设计，使之成为大家都非常熟悉的领域，只是这些具体的抗争分析并没有与蒂利回答的宏观历史问题关联起来。比如威廉·休厄尔（William Sewell），他是一位非常优秀的历史学家，尤其对文化和行动充满兴趣，但也与蒂利一样着迷于长波段的历史变迁。所以，这就存在两个蒂利或者一个蒂利的两面性。社会学的大多数学生与学者都只追捧或延续蒂利的一个方面，而忽视他的另一面。

郭台辉：您在 1993 年曾经为哈里森·怀特的《认同与控制》（*Identity and Control*）写过一篇很有见地的书评，并对他提出批评。您觉得

---

① Charles Tilly, *Coercion, Capital, and European States, AD 990-1992*, [S. l.]: Wiley-Blackwell, 1990；中文版参见查尔斯·蒂利：《强制、资本和欧洲国家：公元990—1992年》，魏洪钟译，上海人民出版社2007年版。

您的批评对他该书的第二版依然有效吗?① 这样一本雄心勃勃的著作是否能够长期影响到社会学这个学科的发展，您有什么看法?

　　卡尔霍恩：我对他那本书的评论是想尽力表明，有些东西是非常精彩的，但从来就不存在一种非常成功的普遍理论。这与您后半部分提出的问题相关。我认为，对社会学这个学科有着长期影响的，很大程度上不是非常具有普遍解释力的理论阐释，虽然有时候它们可能有效。在绝大多数情况下，人们能够用来做经验分析的概念与工具更有用。对于《认同与控制》这本书，我说了一些话，类似于"怀特对这个问题的表达：好像他特别想成为帕森斯，但他应该更想成为默顿"。默顿对社会学家做研究的方式有着更大的影响。帕森斯更倾向于提供一个非常普遍的理论，无论你喜欢还是不喜欢，他的影响都是非常显著的。但是，对那些只做自己的研究的社会学家们来说，帕森斯并没有提供与默顿同样多的帮助。

　　所以，我的观点是，《认同与控制》并不是一个普遍综合的理论，做得也并不是很成功，它在那个层次上并不是很有作用，这是一种负面的评价。但是，它包括许多局部和片面的理论和概念，诸如怀特把网络关系归类为认同的动力。这对于我们理解社会关系是极为有价值的，而且已经产生了巨大影响。我一直认为，这本书对社会科学有着相当大的影响。但是，怀特这本经典最大的影响不在于综合，而是在于对社会学进程的特定部分有着深邃的洞察力。它所产生影响的方式是，许多研究人员能够充分利用网络分析，并且尤其喜欢他那部分关于网络是如何组织起来的思想。所以，他的影响看起来更像罗伯特·默顿的影响，即所谓"中层"。中层理论的观点是指在几个不同子领域都能有效运转的理论，但那些都只是局部的理论，并不能包揽社会一切事物。对于默顿来说，一个例子就是"参照群体"的理论。我们可以看到"参照群体"在教育中起到作用，也可以看到在军队或者在社会运动中发挥作用。怀特和其他关注"机制"和"变迁"观念的人都做了大致相似的研究。怀特

---

　　①　Harrison White, *Identity and Control: How Social Formations Emerge*, Princeton, NJ.: Princeton University Press, 2008.

指出，网络是不同于范畴的一种思维方式，适用于不同的研究领域。

"网络"与"关系"分析可以有助于我们澄清一些想法和概念。他的理论并不适合于社会的完整图画，也不仅仅是不断延续的事物，但他的理论的确非常有用。他的理论得益于一个名叫齐格弗里德·纳德尔（Siegfried Nadel）[①] 的人类学家，而怀特将之运用到社会学中，为我们提供了一个非常清晰的形式。我认为这是他非常有价值的贡献。我想尽力重申其贡献对于社会科学的重要性。我认为网络分析并不是一种理论，而且根本就不是什么理论，而是一种视角和方法论。对于我们如何做那些常常被误导的社会学研究，网络分析是非常重要的观点。所以，如果你说"哦，网络分析就像卢曼（Niklas Luhmann）的系统分析"，其实，它们并不是同样的思想。如果你说它很像帕森斯的结构主义，那么，它们也不是同一的观念。系统分析与结构主义都是关于一切事物的分析以及万事万物是如何彼此联系的，但哈里森·怀特却是在探寻一种事物中的独特部分，并且考察它们是如何运转的，这是一种非常不同的视角。

怀特是我最喜欢的社会学家之一。但是，把他的网络分析视为一种理论，这是误导性的理解。当然，这种误导并不是偶然事件，因为它反映了社会学思考事物运转时在宏大理论方面如何具有优先性。赖特·米尔斯（C. Wright Mills）是 60 年前哥伦比亚大学的著名社会学家，他在宏大理论与抽象的经验主义之间做了区分，他说，这两方面都是误导人的，一边是帕森斯的巨幅画像，然后另一边是许多调查研究，而我们需要的恰恰处于其中。我完全同意这一点，而且，我认为怀特属于中间类型的中层理论，虽然有时候他也宣称自己在做宏大理论。

---

　　① 齐格弗里德·纳德尔（1903—1956 年），与马林诺夫斯基同时代的英国社会人类学家，认为社会制度不是对社会行为的规范体系，而是个体行动的模式化实践与结果，致力于把社会学、社会人类学与心理学置于关系网络分析的统一理论框架。

三、 作为世界问题的民族主义

郭台辉：在讨论历史社会学的基本问题之后，我们现在把话题转到您的具体研究领域。从您 1980 年的博士论文《共同体、阶级与集体行动：英格兰工业化时期的大众抗争与工人阶级的激进主义理论》，到第一本著作《阶级斗争问题》[①]，再到 2012 年出版的《激进主义的根源》[②]，可以看出，您 30 多年来一直都在从事激进主义的历史社会学研究。不仅如此，据说您在大学时代还是罢课与反战运动的激进先锋，您的激进主义是否包括蒂利他们所讨论的抗争政治？

卡尔霍恩：我在青年时代的确比较激进，喜欢参与各种抗争运动。这些经历对我后来的理论与历史研究提供了一种实践的经验基础。但学术研究上的激进主义毕竟不同于实践中的社会运动，更需要理性与思考，更少激进与冲动。"激进主义"是一个相对的概念，是相对于社会的主流观念与行动而言的，因此，它是变动的，不能单独界定，需要在社会变迁过程中不断转换内涵与主题。我的博士论文关注 19 世纪的阶级斗争，但自从 20 世纪 90 年代以来，激进主义在全球范围内主要已表现为民族主义。因此，我最近 20 多年来主要是关注民族主义问题。同时，随着全球化进程的加剧，世界主义也是激进主义的一种新形式，由此把共同体与社会团结问题带出来了，这也成为我关注的主题。

我不认为激进主义包括抗争政治的所有内容。有些抗争政治并非激进的，而是改良主义的。人们或许有很多主张，但不一定喜欢激进主义关注的宏大变迁，而是关心小问题。所以，抗争政治只有一小部分关于实质上的激进转型。我想尽力做出区分的是：在一个体制中，抗争政治的哪一部分提出了激烈变迁的可能性，如革命、

---

① Craig Calhoun, *The Question of Class Struggle: Social Foundations of Popular Radicalism During the Industrial Revolution*, Chicago: University of Chicago Press, 1982.

② Craig Calhoun, *The Roots of Radicalism: Tradition, the Public Sphere, and Early Nineteenth-Century Social Movements*, Chicago: University of Chicago Press, 2012.

经济的彻底变革或其他更深层次的东西。因为，绝大多数的抗争政治都属于改良主义的范畴。更深层的历史分析有利于克服研究者的一些偏见。比如，为了理解当今的局势，我们需要理解宗教。为什么我们有时候会产生激进的宗教运动，如果我们只是从 20 世纪或者只是从启蒙运动开始思考这个问题，那么，我们就会忽略以下事实：宗教有着漫长的历史，宗教有时候是相对保守的，有时候又是相当激进的。当然，我深入关注的还不是宗教运动的激进主义，而是民族主义。

郭台辉：因此，您对激进主义的主要研究定位在民族主义研究，这也是您对社会理论的主要贡献之一。我们可以理解您从工人阶级运动研究到民族主义研究之间的跳跃，因此您是把二者都置于激进主义的框架下来理解。那么，您是如何对民族主义这个主题感兴趣的呢？为何从 20 世纪 80 年代作为激进主义的工人阶级运动转入到 90 年代的民族主义呢？内在动力是什么？您的主要观点是什么？

卡尔霍恩：我对民族主义感兴趣，与 20 世纪 90 年代在东欧、苏联以及世界其他地方发生的历史变化有关。许多人把这种变化仅仅阐释为全球化，认为世界到处都在发生同样的变化，我们所有人都彼此联系在一起。这种观点在我看来是错误的。如果我们不是以那么强烈的意识形态立场来观察这个世界，就可以看到：只要存在新的全球化与新的联系，就会有更多的冲突；对于具体国家来说，就会产生强烈的民族观念。以中国为例，自 20 世纪 90 年代以后的 20 多年里，中国的民族观念一直都非常强烈。自那时起，并不是中国不再具有一种中华民族的强烈意识了，而是开始向外看了，开始以不同的方式发展自身并加强对外联系了。同时，中国人有一种强烈的民族自强规划，非常急切地想跻身于世界强国之林。在其他地方，如俄罗斯，也同样存在这种情形。所以，仅仅以"全球化"为视角，就可能得出错误的判断，无法了解民族在全球化时代为何发挥作用。

所以，这是驱使我研究这个议题的原因，我原只想到非常重要的一点是，考察这个世界正在发生什么，以及社会学家们忽视或错过了什么。我先后写过两本论述民族主义的著作。在第一本书①中，我所表达的观点是，我们需要把各种民族主义联系起来，包括极端民族主义与日常生活的民族主义。那些讨论民族主义的文学作品是会误导人的，因为它只关注侵略性的民族主义，其基础是"我的国家一定比你的国家要更好"，这必然导向冲突。其实，民族主义的基础是民族的观念，这可以是积极的，因为民族主义可以对民族和民族主权有着建设性的作用，并不完全与侵略或挑战其他民族相关联。民族国家体系的世界都是取决于民族主义维系的民族这种真正组织。所以，我认为，民族主义不仅仅有过度的危险模式，它也是我们思考这个世界的日常生活方式。

我还想以中国为例。中国在历史上出现过一次转型，时间是在19世纪末20世纪初，主要表现为从思考中国历史观念中的帝国到思考中华民族的转变。中华民族意味着什么呢？意味着包括所有中国人。这并不是一个等级结构的概念，而是包容所有人。在民国与共和国时期，大多数情况下都可被称为所谓的民族主义。国民党与共产党属受不同意识形态引导的政治党派，但两者都是民族主义的政党。共产党的优势之一是对整个中华民族更具有包容性。从此，中国人开始以一种新的方式把中国视为一个民族。在整个20世纪和当前的21世纪，中国在绝大多数人心目中被视为一个最基本的民族单位，而不再是一个帝国或者皇帝的臣民。所以，民族主义在很多方面有着非常正面的积极作用。

第二本书②是把案例做得更有多样性。第一本书的一小部分扩充为第二本书的大部分，具体说来，全球化实际上有时候使民族变得更有作用了，或者用新的方式来表达，民族并不能发挥作用的那种观点是仅仅从全球合作和全球精英来透视的特殊情况，但对于世界上绝大多数的普通人来说，民族是相对有作用的。两本书之间存在差异。第一本书里一个关于民族主义的主要观点是我称之为福柯意义上的"话语形成"，这就像地图一样，是一种思考和讨论世界的方式，在那范围内，有一点点讨论到全球化的议题；第二本书主要是关于全球化议题，是从前一本书

① Craig Calhoun, *Nationalism*, Buckingham: University of Minnesota Press, 1997.
② Craig Calhoun, *Nations Matter: Citizenship, Solidarity, and the Cosmopolitan Dream*, London: Routledge, 2007.

的一小点拓展开来的。

郭台辉：我认为，您至少有两个观点比较新颖。全球化是诱导民族主义兴起的一个外部因素，但不是决定性变量；民族主义并不都是侵略性的，而是有着积极的日常模式。然而，侵略性还是积极性，是一个相对概念，关系到从谁来看谁的民族主义。比如日本近代兴起的民族主义后来扩展为帝国主义，对他们自己来说依然是积极的，但对于东亚其他国家来说就是一场灾难。您是如何理解当前的民族主义观念，在既有的多民族国家里民族分裂主义的动力何在？

卡尔霍恩：民族主义、宗教与族群每一个都可以是整合与分裂的基础。我的观点是，历史上一直存在联合与分离的阶段，在小民族与大民族的逻辑之间没有本质的差别。所以，族群、领土与宗教都可以用来划分民族单位。如果缅甸的穆斯林信徒用宗教进行民族划分，他们也可以这样做。但是，在其他一些地方，穆斯林认为："我们必须克服独立民族国家的分割，需要更多的整合与团结。"所以，每一种意识形态都可以是分裂主义的，也可以是相互整合的，这取决于政治环境，还有赖于主流民族如何对待少数民族。如果主流民族虐待或者不尊重少数民族，他们就更有可能产生更为分裂主义的民族主义运动。

分裂的最典型案例是苏联垮台，这个国家有很多少数族群的民族群体，他们极力试图获得某种独立的国家认同。有一些情况更好些，有些更糟糕些，有些带有惨烈的战争，但更多的情况是混合在一起。但是，这并不是因为小规模的民族国家的情况更好，而是因为每一个少数族群都有遭受挫折的人们，他们认为自己在一个更大结构中无法与别人一起过上体面生活，他们想在一个更小规模的政治结构中过日子。

所以，你不得不把人们干事业（商业或职业生涯或大学老师）的理想融入一个更大规模的结构中，把诸如语言一样的东西联系起来。应该明白，语言不但是一种整合认同的工具，而且是认同本身的一部分。因此，如果人们得知为了另一个语言的流通而要自己放弃母语，这就必然造成一种伤害。人们在日常生活的社会交往中非常痛苦，非常沮丧，就必然转向反抗行动。同时，有时候父母可能认为孩子学习某种语言非常有意义，因为他们可以获得更好的教育和工作。所以，这取决于环境与地域，不同情况有不同的答案，但没有标准答案。

郭台辉：从你前面列举的有关中国的民族主义与族群问题，就知道您对当代中国问题有比较独特的研究，更不用说您对中国 20 世纪后期进行过深入考察。考虑到前面您谈过中国的民族主义问题，那么我们在这里就甄别几个容易混淆的概念作为补充吧。您如何区分民族（nation）、种族（race）与族群（ethnicity）三个概念？因为这三个词进入中文语境中就很难区分了。您又是如何划分民族、种族与族群三种范畴的？

卡尔霍恩：种族（race）是三者中的另类，我认为，准确来说三者在运用时是不应该相互转换的，但三者的确是彼此相互关联的。用汉语来说也当然是一样的。在 19 世纪晚期的中国，三者的联系更为紧密，但种族概念更多的是舶来品，通过种族来思考并不是传统中国人的思维，而是来源于西方，转道日本传入中国。日本人当时恰恰是用种族概念来对待中国。我认为，中国在传统历史上并不是用种族观念来思考的，但却成为理解"认同"的新思维与新方式的一部分。但是，种族与种族主义总是联系在一起，从来就不存在一种"中性"的种族，而且，总是关系到人们如何把其他人归类到某个种族的范畴中。所以，我们是否可以说所有非洲人都是一个种族呢？世界上最高的和最矮的人都在非洲，他们彼此之间的差异看起来非常大，难道我们没有注意到他们是属于不同群体吗？

中国自身曾经所做的一个重要的种族区分，就是尽力把汉民族作为一个种族意义上的不同群体，区别于其他各种群体。这个问题相当复杂，因为帝国的历史非常漫长，相联系的两方面还在于群体同质化的意识形态以及与其他群体相对立。所以，从来没有一种种族观念不是从对立面建立起来的，也不存在这样一种意识形态。当然，对于民族主义与族群来说也的确如此。族群（ethnicity）指向群体划分的文化模式。所以，比方说，如果我们提到汉族人，这是一个种族吗，或者这是一种生物学上的差异吗，或者是使用语言与文化来区分这些人的吗？答案可能是，每一种都有一点，但更可能是文化与语言，不同的群体在其他情境下都是一样的东西。所以，民族主义与族群是一种语言、文化与政治概念。

民族仅仅通过把文化与国家和政治关联起来才能转换成现代形式。但是，你可以把种族整合起来。种族是一种构建起来的观念，一旦整合，它就成为一种思考种族的认同。这种认同的扩展无一例外地与欧洲对世界的殖民化联系在一起，是欧洲人看待世界上其他非欧洲人的方式。所以，欧洲人是如何对亚洲人进行种族划分的？比如说欧洲人构建和想象的蒙古人种（Mongoloid），把蒙古人视为理想而典型的亚洲人，但中国人从来不说蒙古人是典型的亚洲人，蒙古人是不同于中国汉族人的北方民族。所以，你就从中有了这种观念：对于我这个局外人来说，所有这些亚洲人都长成一个样子，难道他们都是蒙古人吗？对于亚洲人来说，他们并不是一样的，因为你会立即说，汉族人与来自北方的蒙古人在长相和风俗等方面有着巨大差异。这些区分是欧洲对世界范围的殖民主义留下的遗产。显然，欧洲人并没有导致亚洲人在生理上的差异，但他们却对生理上的差异进行分类。一个刚开始而另一个就结束了。

我们可能会说，"哦，存在亚洲人种、蒙古人种、中国人种"，我们还可能说，"所有中国人都是一个人种"或者"中国有 56 个不同的人种"。中国政府的确不愿意这样说，因为它只想让大家认为我们所有人在一起很团结，都是中国人。政府对此很谨慎，是据于两个理由。部分原因在于，它知道，在某些方面以及在某种外部情况下，这被看作一个问题，它不想被理解为消极的种族主义。但同时还因为，在中国内部，政府和其他的人们非常重视统一，因为在中国历史上就一直存在对分裂的担心，认为中国本质上就是一个统一体，分裂是一种灾难。

换言之，人们总是习惯把分裂与不统一看作一种灾难。所以，即使政府有一种少数民族的观念，人类学家们在大学里研究少数民族，但他们都一致强调把每个人都视为中华儿女。政府就要尽力显得有包容性，但并不是总能完美地做到这一点，虽然要尽力做好。这是一个非常难缠的观念，因为种族意识形态的客观基础是生理上的差异，但社会关系和政治国家面临的现实问题是，虽然有生理上的差异，但又不能完全根据客观的标准作为划分差异的界限。这远比我说的复杂得多。

四、世界主义

郭台辉：显然这里就涉及族群认同这个复杂问题。族群、宗教与语言既是一种导致民族国家分裂的力量，也是促进社会团结的力量，这就必然涉及外部国际环境、内部制度设计与教育政策。但我们作为活生生的个体既生活在地方族群、宗教中，并运用地方语言来交流，又无法摆脱超越地方认同的民族认同和国家认同，但二者之间又无时不存在张力。换言之，我们是生活在一个多层认同的复杂结构中。那么，如何处理好个体认同、地方族群认同与民族国家认同这种多层的结构性关系，或者是个体、社会与国家的认同关系？您与罗格斯·布鲁巴克（Rogers Brubaker）对于民族认同有过一次对话①，您似乎不太同意他对认同问题的判断。您与布鲁巴克有何主要分歧？从那篇文章发表之后，您的观点是否有所变化？

卡尔霍恩：我们两个人的立场都是变化的。罗格斯·布鲁巴克一直以来都是我的好朋友，所以我们之间并没有很深的对立。他说："你为什么要写这篇文章呢？我们并没有什么不一致的啊！"但我认为我与他之间存在分歧，只是他不同意罢了。这种分歧表现在，他坚持认为个人有优先权，个体认同对社会认同有优先权，所以我们应该讨论差异性认同。然而，我认为，不应该只讨论认同本身，因为这里存在张力与问题。的确，许多人在讨论认同时都非常混乱，但我认为要摆脱这种混乱是相当困难的。我们应该明白，甄别差异不但是个体主观的选择，而且是人们在社会层面常常展示和经历才能获得的。所以，你不能简单地做出选择，并说："哦，我认同自己是瑞典人。"因为你不得不获得瑞典的护照和签证，这需要整个过程。所以，在我看来，人们构建自己的认同，关系到来自外部的强大制度压力，这不仅仅是个体主观选择的结

---

① Craig Calhoun, "The Variability of Belonging: A Reply to Rogers Brubaker", *Ethnicities*, Vol. 3, No. 4 (2003), pp. 558-568；布鲁巴克的观点参见 Rogers Brubaker, "Ethnicity without Groups", *Archives Européènes Desociologie*, Vol. 43, No. 2 (2002), pp. 163-189；布鲁巴克对此批评还有一篇回应性文章，参见 Rogers Brubaker, "Neither Individualism nor 'Groupism': A Reply to Craig Calhoun", *Ethnicities*, Vol. 3, No. 4 (2003), pp. 553-557。

果。在某个方面我认为，我们是在讨论两个不同的进路。布鲁巴克与酷皮尔（Frederick Cooper）写了一篇题为《超越"认同"》（Beyond 'Identity'）^① 的论文，后者正好也是我的好朋友和合作者。他们认为人们太过于关注群体，但我认为他们的判断有问题。因为人们不是以一种正确的方式关注群体，但群体是非常重要的，我们不应该说个体是第一位的，个体与群体结合在一起。

美国一位著名的社会学家查尔斯·库利（Charles Cooley）有一句经典的社会学名言说得好："自我与社会是孪生的。"换言之，个体与社会是同时到来的，你不能先有自我然后有社会，你唯有在社会背景下才成为个体的人，唯有受制于父母、文化以及语言才能成就个体。语言是最强有力的例子。人们在获得语言之前不可能成为完整的个体，他们唯有在语言环境下成长并成为他们自己。所以，在我看来，我们不得不认为，个体与社会每一方面都是平等地影响另一方面，并不存在谁先谁后的问题。在某种程度上我们是在尽力解决不同的问题。布鲁巴克非常关注少数族群。当他们发展出一种强烈的群体认同与团结时，当人们只是做出他们自己的个人决定时，他们就可能迁移到城市并且做不同的事情。我认为，这是一个很重要的问题，而且许多意识形态的鼓吹者都说，群体是客观的，诸如种族一样。所以，布鲁巴克真正感兴趣的是，个体如何获得自由并摆脱群体的束缚，如何拥有不同的想法。我能明白他为何把群体视为一个困难，即使我认为当我们认真对待群体时存在许多偶然因素。因为个体摆脱束缚，外部人仍然把他们看为某个群体的成员，并且依然说："哦，你是那个群体的人。"换言之，他们不可能完全摆脱某种群体的身份。

郭台辉：在我看来，您与布鲁巴克的差异其实不大，与其说是一种争论，还不如说是一种互补关系，只是各有不同的侧重，或者关注不同层次的问题。您强调个体与群体的共生共存，是一种普遍性的问题，而他侧重于个体如何摆脱群体属性，显然，这种问题意识来自全球化带来

的移民浪潮。在这里，你们俩有一个共同的问题意识，那就是全球化带来的个体在世界范围内的流动，这种流动给个体带来不同于民族认同的世界主义想象。因此，我并不是很赞同您在前面提到的全球化进程是一种外部因素，而是与个体的自由追求有着内在关联，由此在世界主义与民族主义之间就在个体的认同层面存在一种竞争性的张力。这也就是为什么近年来世界主义得到知识分子的高度关注。在您看来，世界主义是一种现实、神话，还是知识分子的一种幻觉？

卡尔霍恩：你列举的所有这些因素都有。世界主义既是一种现实，也是一种神话，还是一种幻觉。问题在于我们只有一个世界，我们为这个世界尽力提出各种不同的观点。我们已经遇到很多全球性问题，比如气候、金融、战争等，我们需要全球合作。所以，这里提出的一个理由是我们如何进行全球合作。世界主义表明的观点是，如果人们把自己想象为世界公民，并且把世界设想为一个整体，我们就必然会思考更多的全球合作。如果存在一种强势的全球合作形式，那就是以人权为基础，并且对于所有人都平等，我们就应该把每个人都视为可以适合这种普遍主义的模式。在某种意义上来说，这也是一种世界公民身份的感知，因为人权本不是民族的权利，也不是种族的群体权利，它们是把世界作为一个整体的权利。所以，在那些意义上看来，这就是世界主义的来源。

我之所以说世界主义只有一部分是现实，原因在于，世界主义对于把自己视为世界公民的人来说是非常平等的，这部分人是人数很少的全球精英，他们有能力周游世界，并不是一辈子待在山村里没有多少机会外出的普通人。所以，我们一定要把世界主义分为少数精英的现实与大多数人追求的理想。而且，我们要问的问题是：谁能拥有更多的世界主义呢，谁更倾向于差异化的事物？首先，现实是不平等的。其次，正如我在《民族有用》一书中所说的那样，目前的现实是，人们依然生活在民族共同体中。所以，我们往往有一个错误的判断，总是认为倾向于世界主义立场的少数精英正在控制着世界。

虽然我们可以说这个世界越来越相互联系，但也产生不同的影响。其中一个影响是，相互联系的世界产生伊斯兰运动、基督教福音派运动以及佛教慈善组织，每一种都是全球性的，并且是整个世界的联系，但它们彼此都有很大差异。所以，全球化所出现的真正过程产生了各种把人们关联在一起的多层认同，虽然这些认同不是同时需要或所有人都需要的或同时出现的。在这种意义上，我认为世界主义是一种幻觉或一种神话，因为它只是把整个世界想象成为世界主义，民族国家似乎在消失，我们只有一个世界体系。但我们仍然需要更为复杂的划分。

郭台辉：您非常关注各种形式的社会团结。在这个全球化和个体化的社会里，世界主义是一种提升社会团结的好途径吗？

卡尔霍恩：世界主义是一种提升一类团结形式的方式。我以前区分过好几种不同的团结：民族团结、共同体团结和地方团结。世界主义的神话部分就是一种新的团结形式，因为它本身就似乎想取代所有其他的团结形式，我认为，世界主义是一种很重要的团结，如果我们像乌尔里希·贝克（Ulrich Beck）一样，认为全世界都存在环境问题，我们所有人都需要理解我们正共同面临这些问题。这就是世界团结的观念基础。但是，这并不仅仅是一种团结，团结往往是通过更多地方团结来强化的，我们不得不寻求让多种团结形式共存的途径。

郭台辉：您提到过，哈贝马斯（Jürgen Habermas）的世界主义概念是在欧洲一体化进程中主张一种新的政治认同和社会团结。美国社会理论家对世界主义也是持这样一种理解吗？美国与欧洲的社会理论家对于如何讨论世界主义方面有何共性与差异？

卡尔霍恩：首先，美国有一部与众不同的宪法。许多美国的理论家们也赞同哈贝马斯的一般观点，认为我们所需要的是一种法律体制和基本程序，可以把我们的生活组织在一起。但这并不是依赖于文化以及他所说的"浓厚的认同"，而是要一种更为抽象的程序。许多美国人也相信这一点。宪政爱国主义的观点的确不是他的原创，但他用这个观点来讨论欧洲人应该如何忠诚于把他们的生活组织起来的程序，而不是忠诚于族群认同和民族认同。我的看法是，我们需要一种更为动态的历史模式，甚至在美国宪法中也是如此。宪法的确不仅仅是一系列程序，它也是人们团结起来的一种真实历史事件，人们以此加入并构成这个国家。

这大大强化的一种观念是，人们能够继续参与，能够形成这个国家，也能够改变它，可以自由迁徙，我们需要那种在历史上更为动态的概念。他的概念太过于抽象和程序主义。

五、 结论

郭台辉：您担任纽约大学社会科学研究院的主席十来年之久，并提倡公共社会学，那么社会学与公共事务之间的边界是什么？

卡尔霍恩：我的主张是二者没有边界。社会学家做的科学研究是非常严谨的，以学术的方式参与那些公共事务，并且从所有角度来看待，而不是以一种偏狭的方式或者仅仅从某一个侧面来看待社会问题。所以，如果您仅仅只是提出一种观点，试图让所有人都应该从我的角度来看问题，那么，这就不是社会学。但是，如果你说"让我们看看事情是如何进展的"，并由此把知识带入公共争议中，那么，这就是公共社会学所要做的事情。

郭台辉：您不久将成为伦敦政治经济学院（LSE）的院长，您有何打算？您是否能够继续坚持您的研究？如果继续做研究，您有何研究规划？

卡尔霍恩：我的确希望我能继续我的研究。我有一些计划想进一步研究共同体、公共领域、世界主义、归属等问题。但是，当然我不知道是否有时间。我们将拭目以待。我最大的目标是更新并强化伦敦政治经济学院的研究方式，作为一种不同寻常的全球机构进行教学。伦敦政治经济学院是最成功的全球性大学，可以把全世界最优秀的人才都吸收到一起。我想提升跨学科的联系，不仅仅是社会学、经济学和政治学，而且还提升学科之间的关联度。我想提升我们在区域方面所做的开拓性工作，比如亚洲（包括南亚和东亚）、非洲等等。通过区域性的合作真正地把全世界联系起来，而不仅仅局限于对全球化的普遍研究。这些是我希望能达到的最大目标。

第六章　人口、革命、国家崩溃

——乔治·梅森大学金世杰

金世杰

金世杰（Jack Goldstone，又译杰克·戈德斯通，1953 年生），美国知名社会学家、政治学家，其研究领域集中在全球与比较历史、政治冲突、革命与社会运动、民主化、国家构建、人口安全、比较经济发展。金世杰为乔治·梅森大学公共政策研究中心主任，此前供职于美国加州大学戴维斯分校社会学系。他出身贫寒，但聪明过人，在哈佛大学接受十年的学术训练，1981 年获得社会学博士学位。他的博士论文指导老师是西达·斯考切波，但学术视野有全球的宏观与长时段历史的纵深，学术与政治抱负高远。他独撰或主编了 13 本著作，发表了 140 多篇文章，其中有 7 篇文章获得比较历史社会学、政治社会学、社会理论、集体行为与社会运动等学会评选的最佳论文奖。金世杰在人口与长时期社会变革的领域处于领头羊地位，可谓"革命研究的第一人"。

金世杰的学术贡献很大，主要集中在三点。其一，使金世杰名声大噪的是他的博士论文和第一本著作，即《早期现代世界的革命与反抗》，书中详细描述了全球人口增长的历史规律，创造性地解释了全球人口增长与政治革命之间的因果关系。该书获得美国社会学会和历史学会的最佳著作奖。其二，在此基础上，他把人口规模作为近代世界主要帝国兴衰的自变量，由此跻身世界史研究领域"加州学派"的核心成员，抵制东西方文明在 18 世纪分岔的标准解释。其三，开创性地关注政治人口学，研究地方性、区域性和全球性人口变化趋势，聚焦人口变化对国际安全和民族政治的影响。这也成就其为 20 世纪 90 年代以来美国政府的智囊团成员，专注全球人口结构变化与民主化战略问题。当然，他的研究旨趣过于宏观，高度结构主义化，过于数量模式化，有些论断过于简单，招致不少批评，引起学术界的热议和争论。但他数十年集中研究政治人口学和全球性的革命与反叛，产生斐然的成就，值得敬佩。

自从 2012 年初笔者与金世杰建立联系以来，他对本访谈项目就表现出非同寻常的关注与热情，并给予大力支持，令人倍感亲切。金世杰为了节省笔者来回奔波的费用，建议我以电话录音的方式进行访谈。由于通信设备出现故障，导致第一次访谈的录音失败，但

他不厌其烦，愿意再进行一次电话访谈，并且对访谈录音稿进行了
详细的修订和更正。此后，他还不断关心笔者的系列访谈项目，并
建议以英文版出版，认为这个项目对西方年青一代的历史社会学者
也同样有帮助。

一、背景

郭台辉：在斯蒂芬·桑德尔森（Stephen K. Sanderson）主编的《革命》①一书中，我看到过您的个人简历。您出身于一个没有接受过正规教育的家庭，您父母年轻时还在中国生活过一段时间。但您却在哈佛大学接受了十年的教育，而且是一名非常优秀的学生。您的博士论文和第一本书让您名声大噪。您是否把您的研究与声誉追溯到您的家庭背景和个人经历？

金世杰：首先，我是在加利福尼亚长大的，那时候的父辈们没有接受过正规教育是很正常的。第二次世界大战时期的加利福尼亚人满为患，世界各国的难民都从那里登陆美国，并且主要是经商谋生。除非父辈是医生、律师和工程师，否则我这一代的绝大多数人都没有机会接受高等教育，而那几个职业的后代可能只占 10%—20%。仅仅在 20 世纪五六十年代，美国的高等教育才有很大的发展。所以，我认为，我的身世是很正常的，父母上过大学的小孩非常少。我对上大学非常有兴趣，仅仅是因为我在高中时期的数学和科学两个科目非常优秀，我继续选择就读于加州科技大学，打算成为一名科学家。而且，当我还是大学新生时，我就参与到研究武器和环境的科研团队中。我不仅对科学本身感兴趣，而且对政策研究也兴趣盎然，这是想知道环境和武器政策为何如此远离科学研究的初衷。政策后果常常不是科学家本来发明的结果，与当今全球变暖非常相似。

但是，我越来越感兴趣的是，政府做出的决策为何看起来如此非理性，同时也对政治、政策与经济问题感兴趣。这就使我不想再从事科学专业的学习。然后，我申请去哈佛大学学习，并打算成为一名律师，因为做律师似乎是关注政策的最好方式，大多数做政策的人都是律师出身。但是，我在哈佛大学时就开始对历史感兴趣，因为我从历史阅读中

---

① Stephen K. Sanderson (ed.), *Revolutions: A Worldwide Introduction to Political and Social Change*, Boulder, CO.: Paradigm, 2010.

发现政府为何做出许多糟糕的决策。这也许不是新问题，或许在历史上也是很正常的。即使是作为一名本科生，我也有兴趣去理解革命。之所以把革命研究选择为终生研究的主题，是因为这可以知道政府犯下许多错误以至于他们丢失了政权。这是我几十年来学术研究和知识兴趣的基本轨迹。

郭台辉：在《早期现代世界的革命与反抗》一书中，您深深感谢艾森斯塔德（S. Eisenstadt）、霍曼斯、凯菲茨（Nathan Keyfitz）以及斯考切波这几位学者，您把这几个差异很大的人组合成一个需要感谢的群体，这很有意思。他们每个人分别如何影响您的研究？

金世杰：那时候我还在研究生院，影响我最大的人是艾森斯塔德教授，他似乎知道历史上发生的一切事情，而且出版了好几本历史帝国的著作。当时他使我非常震惊。我的一部分动机是尽力追随他，所以我的阅读非常广泛。同时，我在研究生院时，还有一本非常有名的书对我产生了决定性的影响，那就是沃勒斯坦的世界体系分析，也是非常具有全球视野的。所以，对我来说追随这些观点是很自然的，至今我也还是采取全球分析的方法来探讨革命与国家失败等问题。

郭台辉：您曾经是美国总统智库的一名成员，您能谈谈您所扮演的角色以及您是如何发挥作用的吗？

金世杰：好。在 20 世纪 90 年代，许多政府的政策制定者越来越关注这个世界如何受到一系列革命的影响。第一次出现在 70 年代的伊朗，然后是尼加拉瓜，当然还有苏联在 90 年代的垮台。美国总统的智囊专家从来没有预测到这些革命，等到事件发生之后才感到惊讶和惭愧。但在 90 年代，副总统戈尔（Al Gore）告诉中央情报局（the Central Intelligence Agency）："我要你们出去找专家，尤其是研究革命的社会科学家，用他们研究的理论模式来帮助我们判断那些可能发生令人惊讶事件的国家。"所以，政府就联系到国际政治领域从事族群冲突研究的特德·格尔（Ted R. Gurr）。他那时候身处所有高端专家和知名学者的行列，从事革命研究，接着他就联系到我，虽然我刚刚提升为正教授职称。

格尔和我以及其他从事种族屠杀、经济、环境等研究的专家形成一个团队，主要任务是运用数学模型，把各种看起来影响国家脆弱或国家崩溃的变量进行统计分析。在某种意义上，我们运用了各种研究方法，但最终是运用一个解释模式，主要强调现代国家的基本特征。因此，我们也是运用一个模型，沿着从斯考切波到金世杰的革命研究路径，探索那些导致精英分化以及精英与国家冲突的理论线索。但最终结果证明，这是很困难的任务，因为我们想要得出一个数学模型，解释 1955—2000 年的所有革命与内战。我们 2010 年初在《美国政治学杂志》上发表了那项研究结果。[1] 花费 15 年的漫长时间得出一个模型，是非常具有冲击力的，非常精确，足以让所有人满意。

我在革命研究领域表现非常活跃时，开始与政府人员和其他学者讨论现代革命，并且与我的导师出现分歧。我告诉你一个很滑稽的事情。当 1979—1980 年我还是研究生时，我的导师西达·斯考切波说："你可能不想研究革命，因为不可能会出现比我研究的三大革命还更大的事件，我们已经见过了人类最大规模的社会政治革命了。"恰恰在她的预言不久之后就出现了苏联垮台、橙色革命和菲律宾的人民权力革命，实际上还陆陆续续发生了许多革命，直到现在还在阿拉伯世界出现各种反叛，世界新闻总是一次又一次地报道革命事件。那时候，斯考切波告诉我不可能再有更大的革命时，世界正迈向共产主义的政治体制或者民主体制，越来越少出现专制的左派。但是我认为，革命不仅仅是专制问题，而真正是一个我称之为"国家崩溃"的问题，也就是制度失败。这可以从苏联和其他许多国家垮台的事件中得到确切的证明。

二、理论与方法

郭台辉：巴林顿·摩尔在一个比较分析的专题访谈[2]中说过，语言

---

[1]　Jack Goldstone et al., "A Global Model for Forecasting Political Instability", *American Journal of Political Science*, Vol.54, No.1(2010), pp.190-208.

[2]　Gerardo Munck, Richard Snyder (eds.), *Passion, Craft, and Method in Comparative Politics*, Baltimore: The Johns Hopkins University Press, 2007.

的丰富与精准是做一流比较与历史分析的前提条件，而他的《专制与民主的社会起源》① 是他最后一部在不懂所研究国家语言的情况下写成的著作。与摩尔那本成名作一样，您一系列的革命研究成果也主要是依赖英语文献。所以，在您看来，语言在比较历史分析中起到什么作用？

金世杰：这个问题提得非常好。首先，所有学习方式都得通过大学的训练，我以前是想成为一名律师，所以并没有认真学习任何一门外语，虽然我在高中学过拉丁语。当我进入研究生院时才有兴趣学习比较历史分析。我发现自己对所应涉及的外语了解得非常少，完全不够用来做研究。我没有把博士论文的研究局限在 17 世纪的英国革命，那个工作本来是相当好做的。如果我只关注英国革命，就可以非常轻松地研究任何东西，包括英语的原始档案资料。其次，我在博士论文即第一本书《早期现代世界的革命与反抗》② 中花了最长篇幅的一章来阐释法国大革命，我的确上过几门法语的阅读课程，并且在哈佛大学和后来工作的加州大学戴维斯分校花了很多时间来弥补外国语言基础的不足。那时候我用了几个夏天看法语材料，大多数是年鉴学派的原创性博士论文，因为他们主要关注长波段的法国历史，包括各地区的农业、人口与价格变化。能够阅读法语文献对我来说非常重要，因为学术界已经证明，历史人口统计与人口数量的最先进文献都是用英语与法语撰写的。

至于我考察过的其他案例，比如中国与奥斯曼帝国，我承认，我的确从来没有能力学习足够的汉语和土耳其语，没办法用那些使用本土语言撰写的材料做研究。但是，我认识到，最重要的东西是研究案例，而对我来说是一个好消息的方面是，我非常有能力运用那些材料，因为许多美国人以及用英语写作的学者在研究中国和土耳其方面都非常前沿，他们的成果非常有说服力。通过关注他们的研究，我可以获得我所需要的数据和资料。比如研究中国的信息，我与孔飞力（Philip Kuhn）和魏

---

① Barrington Moore, *Social Origins of Dictatorship and Democracy: Lord and Peasant in the Making of the Modern World*, Boston, MA.：Beacon, 1966；中文版参见巴林顿·摩尔：《专制与民主的社会起源：现代世界形成过程中的地主和农民》，王茁等译，上海译文出版社 2013 年版。

② Jack Goldstone, *Revolution and Rebellion in the Early Modern World*, Berkeley: University of California Press, 1991.

斐德 (Frederic Wakeman) 进行过广泛的商讨, 他们俩在中华帝国研究领域至今都是赫赫有名的专家。我还与李中清 (James Lee) 非常熟悉, 我在加州理工学院时就认识他。那时候他正在做中国人口史方面最有原创性的研究, 我们至今仍有着密切的学术联系。我在加州大学戴维斯分校还有许多非常杰出的同事, 他们都是研究中华帝国的专家, 比如施坚雅 (William Skinner)、刘广京 (K. C. Liu) 和曼素恩 (Susan Mann)。我还尽可能从英语文献来源中了解大量的相关研究, 然后向地区研究领域的专家们讨教, 常常问他们 "我理解了这一点吗?"。

在自己的学术生涯中, 我得到最大的一次鼓励是来自魏斐德, 他是加州大学伯克利分校的历史系教授, 是中华帝国研究方面最有名的专家之一。我送给他一篇关于比较英国、土耳其和中国的论文, 后来这篇论文发表在《社会与历史比较研究》(*Comparative Studies in Society and History*)[①] 上。当我遇到他并讨论这篇论文时, 他说: "你也是我从来没见过的中国历史学家啊。" 我接着说: "不, 我只是欧洲史学家而已。" 但他认为我对中国历史的深度把握已经足以胜任中国史专家的头衔了。至于土耳其, 我请教过哈里尔·伊纳尔吉克 (Halil Inalcık) 教授, 他那时候在芝加哥大学执教。我也咨询过斯坦福·肖 (Stanford J. Shaw) 关于奥斯曼帝国的问题, 他那时候在加州大学洛杉矶分校。

所以对于你提出的语言问题, 我为我的原创性研究确实克服了尽可能多的语言障碍。对于我不懂的语言, 我花了大量时间与不同的专家交流, 不仅仅是阅读二手材料。我不仅参加美国历史学会的各种会议, 而且还参加过法国历史学家和中国历史学家的各种学术研讨会。据此, 我能了解到各领域专家所争论的问题以及他们所坚守的观点。

郭台辉: 朱莉娅·亚当斯、克莱门斯 (Elisabeth Clemens) 和奥洛夫 (Ann Orloff) 划分了历史社会学的三次浪潮, 并且把您置于第二次

---

① Jack Goldstone, "East and West in the Seventeenth Century: Political Crises in Stuart England, Ottoman Turkey, and Ming China", *Comparative Studies in Society and History*, Vol. 30, No. 1 (1988), pp. 103-142.

浪潮中。① 您整体上是否同意他们对三次浪潮的划分，尤其是对您的研究特点的归纳？对于自 20 世纪 90 年代以来历史社会学在方法、理论与主题的主要发展方面，您有何评价？

金世杰：我认为 20 世纪七八十年代的历史社会学仍然是在寻找简化历史的方式，寻找总体、普遍的结构或概念，试图以此为理解历史事件轨迹提供钥匙。在这种意义上，我们在心目中竞争的对象仍然是涂尔干那个作为核心概念的"有机团结"和"机械团结"，或者马克斯·韦伯那个作为推动历史变迁主要动力的"新教伦理"。所以，当你去阅读一个人的作品时，比如沃勒斯坦的，他也是这种主导动力，试图发现世界体系的驱动力。从斯考切波的《国家与社会革命》来说，一切事物的引擎都是现代国家的发展，即国家与其他国家的冲突以及国家与精英的冲突成为她以新视角研究革命的基础。通过这种雄心与努力，他们都试图找到一个宏大的历史叙事，但并没有太多关注文化与偶然性，同时，他们为了寻找这种主要驱动力，也有意无意地把社会结构中大量非常丰富的细节完全抛诸脑后。我在《早期现代世界的革命与反抗》一书中也是在做同样的工作，仅仅关注人口增长的作用，视之为其他问题都随之而来的主要作用力。这就是 20 世纪七八十年代的主流。

到了 90 年代，这一切都发生了变化。人们开始更多关注文化、地方性知识、社会性别、宗教等因素，也很关注那些多重作用力与多重视角如何整体影响到历史轨迹的变化。在 80 年代，许多社会学家共同持有的一个观点是，存在一个政治是威权主义且非常等级制的传统世界，也存在一个现代世界，后者的政府更为民主，人们更为自主，能够有意识地构建自己的制度。我不得不说，即使所有人都拒绝帕森斯那个功能现代化的简单模式，或者说，马克思的阶级斗争学说受到更大的欢迎，所导向的一个观念就是存在传统社会形态和现代社会形态的二元划分假设。社会学家们所极力做的就是追溯各种催生现代社会的关键因素，这也是

① Julia Adams, Elisabeth Clemens, Ann Orloff, "Introduction: Social Theory, Modernity, and the Three Waves of Historical Sociology", in Julia Adams et al. (eds.), *Remaking Modernity: Politics, History, and Sociology*, Durham, NC.: Duke University Press, 2003, pp.1-72.

80 年代之前的历史社会学家所做的全部工作。

但是，非常有意思的是，这一切在 90 年代都发生了巨大变化，传统与现代社会的简单二分会出现非常糟糕的瑕疵，现代社会远比历史社会学家描述的更为分化和复杂。实际上，在这方面最为关键的人物之一是艾森斯塔德，他写了一本论日本社会的杰作。[①] 虽然这本书不是他最为著名的代表作，但却非常有解释力，在日本研究方面受到很大推崇。该书提出的一个主要论点是，日本的工业化不仅仅是西方现代化的翻版；相反，他指出，日本的现代化延续了非常与众不同的日本本土元素，非常有选择性地从西方化过程中引入工业化，所建立的现代日本当然就有着与其他西方国家不同的现代性色彩。这使艾森斯塔德在多重现代性方面做了许多工作。不过，这只是 90 年代学术洪流中的第一部分，人们在那时候逐渐意识到，我们不得不解释的不单单是从传统到现代的历史轨迹。毋宁说，我们需要考虑差异——各种现代国家所发展出来的差异，不同家庭结构的差异，不同城市组织的差异。

查尔斯·蒂利在 80 年代也是一个非常显赫的人物，他提出"让我们理解大过程，让我们理解资本主义"，他同时也主张"资本主义是社会的大转型"。蒂利本人越来越关注差异。他写的那本《强制、资本和欧洲国家》就是讨论欧洲社会不同轨迹的。在蒂利的学术生涯后半期，基本上也就是他人生的最后 15—20 年，他更多关注产生多元化后果的小规模社会进程。我现在也对那个领域感兴趣。但是，在过去 10 年出现许多历史社会学的"小老虎"，比如菲利普·戈尔斯基、布鲁巴克、奥洛夫和乔治·斯坦梅兹，他们的研究都是关注差异的现代化，思考不同时间与空间的不同的轨迹。即使像凯伦·巴基，与前一阶段的历史社会学家一样，也关注现代社会的奥斯曼帝国，但她关注奥斯曼帝国的问题意识是，奥斯曼帝国与其他君主帝国有着何种形态差异。

在这种意义上，我们又走回来了。你可以看到，这是巴林顿·摩尔对历史社会学的主张，认为我们不得不追溯进程，考察结果的差异性与

---

① S. Eisenstadt, *Japanese Civilization: A Comparative View*, Chicago: University of Chicago Press, 1996；中文版参见艾森斯塔德：《日本文明：一个比较的视角》，王晓山等译，商务印书馆 2008 年版。

多样性，而不仅仅是思考如何解释资本主义，或者如何解释现代社会。这是一种更为过时的观点，而更新潮的观点是，国家之间、社会之间的所有这些差异在现代世界都非常重要，我们要对此一一进行解释。这就涉及方法论问题，如今的确引入了许多新方法，比如罗杰·古尔德（Roger Gould）的网络分析和亚当斯的家庭谱系研究。但对于大多数人而言，历史社会学的核心仍然是在精细选择的个案中细致考察事件的展开过程，旨在帮助我们理解历史过程是如何呈现的。

郭台辉：如果回到 1978 年，历史学家阿瑟·斯廷奇科姆有一句非常有名的话，"人们不是运用理论来研究历史，而是用历史来发展理论"[①]，以此来警告当时正在从事历史社会学的年轻人。30 多年之后，历史学家是否遵照或依然拒绝这种宣言，历史社会学家能否解决在历史与社会理论之间徘徊的困境？

金世杰：我认为我们在过去 20 年的研究状况是，历史社会学取得了从未有过的成就，不仅仅来自社会理论的导向，而且更为遵循历史学的规则。我认为这不是所要解决的问题，我们已经非常充分地注意到，比较历史社会学总是在历史个案与理论之间游走。但是，我认为斯廷奇科姆是第一个正确提出这一点的人，比较历史社会学必须聚焦于历史，让历史驱动理论发展，而不是相反。

郭台辉：巴林顿·摩尔往往批评帕森斯是"非历史的理想主义"。[②]在摩尔之后的几乎所有美国历史社会学家都似乎有着经验研究的倾向，大多数人都研究具体的地理区域或者历史时期。那么，当今的历史社会学是否还存在理想主义的空间？是否有可能缓解经验主义与理想主义之间的张力？

金世杰：我认为可以，让我们打一个比方来看你说的问题。当一位

[①] Arthur Stinchcombe, *Theoretical Methods in Social History*, New York: Academic Press, 1978, p.1.

[②] Barrington Moore, "The New Scholasticism and the Study of Politics", *World Politics*, Vol.6, No.1 (1953), pp.122-138.

工程师、一位建筑师和一个建造商在一起要建一座房子时，建造商对建筑师说："喂，这就是我们想建房子的地方，我们需要的房子是多大面积，这是我们大致的预算，你开始设计吧。"建筑师回去，运用一个建筑规划设计的理论，接着，工程师和建筑工人就按照图纸开始搭建大厦。但在搭建的过程中，他们可能发现既有的理论在有些地方发挥不了作用，或者体现不出效果。所以，他们就回去找建筑师："你需要修改规划图纸，因为有些地方无法用。"我想规范与经验研究之间的关系有点类似于此。比较历史社会学家在头脑中需要有许多理论，你必须研究你的社会学和社会科学，必须理解社会理论或者不平等理论说过什么。但是，你最后的目的是建造一座大厦。也就是说，你的目的是回答具体的历史问题，状况为什么会是像这个样子，为什么工业革命最初起源于英格兰北部，为何日本的工业化早于中国，为何中国追赶世界各国如此之快。回答具体的问题实际上就是把大厦建立起来。

你一开始在头脑中要有理论模式，但当你实际上开始把答案放在一起时，你可能发现理论不足以有效指导实践甚至有误导的地方，你必须回去修改原有的理论。一旦改变或修改了理论，经历同样过程的其他人将得出理论，并找到适合或者有助于解决其他问题的地方。是否有助于解释或解决其他问题，这是证明一个理论是否成功的关键，而一个不断被颠覆的理论将最终被束之高阁。所以，我认为，在实践中缓解经验与理论之间的张力完全是可能的，做到这一点的唯一方法就是在实践中发挥作用，并且在回答具体问题时发展理论并积累经验。

郭台辉：从您的诸多研究成果中可以看出，您对社会科学中的因果机制非常感兴趣。对您来说什么是社会机制，它与自然科学中的机制有何差异？

金世杰：我认为，自然科学与社会科学中的机制有部分是一致的，有部分是不同的。部分差异表现为，自然科学中的机制是支配性的法则与规律。一旦你认识到一种机制，你就可能把那个机制视为一种因果关系的法则。换言之，在某种条件下，如果我们观察到运动中的这些事件或动力，就可能看到这些结果的展示过程。这仅仅在一个封闭的系统中才发挥作用。当然，理想的自然科学情况是，你具备一个封闭的系统，以及充分具体的初始条件，然后你完全可以得出你想要看到的结果。对于一些自然过程而言，这些结果是充满或然性的，并不是完全决定论的，但的确非常精确，你可以发展出一个模型来预测准确的可能性，诸如放射性元素的频率。但在自然科学的实践中，我们可以观察到，系统的封闭性程度越高，过程的决定性而非或然性程度就越高，从一个机制到一种预测或一种解释类型的能力就越强。

在社会科学中探索机制存在情境性难题。我们研究的实体要注意其情境，所以，即使他们面对一个非常具有决定性的境地，也有可能有能力去改变它。比如，我们举一个军队在战场上的例子，如果一方的兵力是另一方的三倍之多，通常情况下，有着绝对优势的那方肯定能赢。但是，即使另一方在数量上不占优势，但他们依然会有意识地尽力改变这种对比悬殊的结果。在有些情况下，军队规模更小但有一个非常聪明的指挥官，而更大规模的敌对军队却有一个粗心或愚蠢的军官；虽然处于不利地位，但力量处于弱势的军队可能会赢。在这个意义上，这不是一个决定论的结果，不但是因为有一个内在或然的问题，而且是因为你想尽力去解释其行为的人们往往会突破各种可能性。所以，我们在社会科学中发现的机制必须是灵活的、变动的、临时的，并且能够认识到它们在某种人们尽力改变状况的环境下才发挥作用。这在社会科学中也是如此，很难像在封闭的系统中那样固定和纯粹。

在社会科学的研究者看来，如果你考察一个城市，就会发现城市受到国家所进行的全部事务的影响；如果你考察一个社区，就会发现社区受到国家城市或国家层面的东西的影响；如果你考察的是民族层面的对象，它们常常受到国际层面的东西的影响。所以，在并非封闭的系统中，行动者有意识地逃避各种预期的结果，你不可能预料到或准确观察到社会科学中的机制，因此就难以得出那种决定性的或者令人高度相信的结果。

但是，尽管如此，我相信在社会发展进程中依然存在足够多的规律性，我们仍可以继续说完全有可能发展或甄别社会行为中的机制，发现它们在以同样的方式非常有效地运行着，或者在不同的社会产生相同的结果。比如歧视问题，就是在一个社会中区别对待某一特定人群，也许因为他们没有或者不应该有与其他社会成员相同的经济、法律或政治权利，这往往是导致冲突的根源。虽然并不是完全这样，但这是我们在人类社会中可以探索的一种普遍机制。如果一个社会长期存在某个群体遭受歧视的现象，而且人们似乎并不愿意接受这一现象，那么，即使在奴隶社会，甚至在监狱里，我们都可以看到频繁的奴隶暴乱、监狱造反或抗议。所以我们可以找到一种跨越社会差异的恒常的机制，我们以此可以发现族群或宗教的歧视或体制性不平等，你就可以看到冲突问题。

再举一个例子，无论什么时候，只要一个政府不能解决财政困难，那么其权力通常就会变得衰落，并且频频面临暴乱或反抗。虽然有时候他们获得支持，有时候他们能解决财政困难，但国家崩溃的历史表明，当国家陷入过多债务或者破产时，那么，他们很长时间都只能这样，直到有人说："这个国家必须进行结构性重建，我们不能再看到这样下去了。"所以，你就会发现破产与恢复的社会变迁历史，但更常见的例子是，破产导致反叛或其他冲突。这些机制是非常有活力的，社会科学家可以此解决许多问题。但我们对一个问题要保持清醒，即我们谈论开放的系统和有意识的行动者，而不能假装我们可以像自然科学家那样，在实验室那种完全封闭的环境中做一点决定论的分析。

郭台辉：理性选择理论已经深深改变了政治学这个学科，但社会学似乎更为抵制这种侵蚀，为什么？您也参与过 20 世纪 90 年代那场关于理性选择理论的争论[1]，你现在对此持什么态度？

金世杰：这个问题提得非常好。我的评价是，理性选择理论依然是一个非常有用的分析工具，我很钦佩诸如艾德加·奇瑟等人的观点[2]，他们非常熟练地运用理性选择理论来考察许多问题；但我也很高兴看到，理性选择理论在社会学领域并没有在政治学领域中那么强势。你可

---

[1] Jack Goldstone, "Initial Conditions, General Laws, Path-Dependence, and Explanation in Historical Sociology", *American Journal of Sociology*, Vol. 104, No. 3 (1998), pp.829-845.

[2] Edgar Kiser, "The Revival of Narrative in Historical Sociology: What Rational Choice Theory Can Contribute", *Politics and Society*, Vol.24 (1996), p.249.

能记得我曾对比较历史社会学的判断，我们更倾向于历史，并且把理论视为伴随历史审视之后而来的，并且需要不停自我修正的东西，还反对历史记录中已经发现的既定的结论。由于理性选择理论过于强势，所以其危险在于，它成为一个包罗万象的大理论，塑造我们真正看待事实的方式。

在某种程度上，这一趋势已经出现在经济学和政治学中。比如，经济学家现在解决社会学家同样关注的问题——现代社会是如何出现的。经济学家和一些政治学家都把自己投身于历史社会学在 20 世纪 80 年代的状况，因为他们把提出的问题简化为一种二元论：传统社会与现代社会之间有何差异？再比如，道格拉斯·诺斯（Douglass North）、约翰·沃利斯（John Wallis）和斯坦福大学政治学家巴里·温加斯特（Barry Weingast）共同推出一本书。[①] 他们在书中表明，现代与传统社会的差异在于，传统社会在不同社会之间都是封闭的，而现代社会都是开放的。这种研究过于简化！不看他们的书我们也知道这种常识，虽然并没有完全错误，但却是简化得让没有受过学术训练的普通人都知道。这就是一种浪费！而且，它并没有告诉我们这种变化是如何发生的，或者两种社会是如何从一个类型转换到另一种类型的。同样，麻省理工学院的经济学家阿西莫格鲁（Daron Acemoglu）与哈佛大学的政治学家罗宾逊（James Robinson）一起合作，出版一本新书[②]，讨论国家为何失败，他们也是得出一个简单二分法的结论，国家分为掠夺型与非掠夺型两类。这也是非常简化的研究。

当你进一步问到那些国家为何变化，就像温加斯特和诺斯一样，他们往往指向一个事件，比如 1688 年革命，并且说一切的变化都起因于这个事件。这对历史是非常粗糙的简单化，似乎可以把一切问题都追究为一个事件，或者一次性过渡。我认为他们不完全是错误的，我也同意1688 年革命是起到转折性影响的事件。但是，在 1688 年之前世界上的

① Douglass North, John Wallis, Barry Weingast, *Violence and Social Orders: A Conceptual Framework for Interpreting Recorded Human History*, New York: Cambridge University Press, 2009.

② Daron Acemoglu, James Robinson, *Why Nations Fail: The Origins of Power, Prosperity, and Poverty*, New York: Crown, 2012.

所有社会都是一种类型的，都是封闭的和掠夺型的，而世界从此后就开始发生变化。这么头脑简单的观念是匪夷所思的！这个典型的例子就是运用理性选择理论作为分析框架来创造理论，以至于这个理论掩盖了所有历史细节，或者所有历史都被统统装进了他的理论中。我认为，这不是历史社会学应该走的套路，我们需要对偶然性和多样性有更多的尊重。所以，在这方面，如果理性选择模型要成为无所不包的理论，它必然会把我们带入死胡同，错失了比较历史社会学从 20 世纪 90 年代以来在方法论上取得的所有进步。

三、人口

郭台辉：您非常关注人口史，同时，经济史学家们对此也做了大量的工作。你们之间有何差异呢？

金世杰：经济史一直是我们理解人口史的关键领域。我所有的研究都是依赖于经济史学家的研究，他们已经重构了人口史和人口研究的范式，我只是在他们的基础上推进了一点点。我在人口学领域的杂志上发表了两篇文章[①]，并且还与许多人口学的专家们一起合作过。但坦率地说，我所做的研究已经接受了经济史关于人口问题的诸多结论，并进一步追溯人口发展趋势对政治史的影响。所以，你可能说，我徘徊在经济史与政治史之间，这恰恰是比较历史社会学需要做的工作。

郭台辉：中国有着超大的人口规模，过去 30 年在经济上取得了突出成就，您从政治人口学角度如何看待这个现象？

金世杰：过去 30 年里中国从人口学的两个主要进程中获益：人口红利与城市化。第一，20 世纪 80 年代以来，中国开始推行计划生育，降低了出生率，处于工作年龄的人数已经远少于老人和小孩的人数，所以，更多的人口在经济上很有创造力，劳动力大军扩展得非常快。第

---

① Jack Goldstone, "The Demographic Revolution in England: A Reexamination", *Population Studies*, Vol. 49 (1986), pp. 5-33; Jack Goldstone, "Population and Progress in the Middle Ages", *Population and Development Review*, Vol. 27 (2001), pp. 585-596.

二，城市化迅速发展，城市工人数量逐渐远高于农村的劳动力。所以，只要新的工人能找到工作，这就有很多因素来推动经济的高速发展。中国对外投资的开放以及把经济转向外向型和产品大量出口，都可以解决就业问题。二者构成刺激经济增长的循环。但是，如今那些趋势似乎出现倒转。中国的人口出现快速的老龄化，而新工人的增长出现真正的停止，城市化却仍在继续。自从中国完全达到高水平的城市化以来，经济增长率就不得不衰落。两种趋势将成为限制中国经济增长的主要障碍。实际上，我在两年前做出过预测①，人口统计的因素迫使中国的经济增长率下滑。那时候人们都在嘲笑我，并期待中国的发展永远都是两位数的增长率。然而，人们现在从人口统计学的判断上可以看到其中的含义，甚至中国领导人也不得不接受这一点，他们必须把可持续发展的增长率调整到 5%—6%。

郭台辉：人口问题越来越成为全球的现象，您在这方面有何评价？

金世杰：这的确是我现在研究的主题。我在《外交事务》（*Foreign Affairs*）杂志上发表过一篇文章②，已经获得了很大的关注。我的观点是，现代世界面临多种相关的人口问题。发达的社会与地区面临快速的老龄化问题，经济快速增长的新兴国家把人口快速增长与明智的经济政策结合起来。这些新兴的经济力量诸如巴西、土耳其、中国和印度正在改变世界的力量结构。第三个议题是，显然仍有很多国家在快速发展人口规模，但在政府治理方面却很糟糕，它们的经济状况也很不好。这些国家绝大多数都出现在撒哈拉沙漠以南非洲地区，而且还包括巴基斯坦、阿富汗以及一些中东国家，这些都是政治冲突和暴乱的高发地区，这是因为快速增长的年轻人群体不满足于他们所拥有的机会。这就在人口数量与制度之间建立了一种很重要的联系。我知道，有些人担心人口问题与气候之间的联系，这是一个大问题，但富裕国家可以适应这一

---

① Jack Goldstone, "Flash Points and Tipping Points: Security Implications of Global Population Changes", *Environmental Change and Security Project Report*, No. 13 (2009), pp. 2-9.

② Jack Goldstone, "The New Population Bomb: Four Population Megatrends that Will Shape the Global Future", *Foreign Affairs*, (Jan./Feb., 2010), pp. 31-43.

点，而贫穷国家却为此遭受苦难。

四、革命

郭台辉：自 20 世纪 50 年代以来，革命主题在学术界曾一度获得了越来越大的关注。作为一位对此领域有着关键贡献的社会学家，您认为革命研究获得如此关注的背后因素是什么？

金世杰：我认为有两个答案。其一，革命对于塑造我们的生活世界非常重要。很多国家都是通过革命的方式来创造或转型的，革命作为历史上一个非常重要的现象，有助于我们理解这个世界是如何产生的。但是也存在对革命的浪漫主义理解。他们可以编造出非常有趣的故事，包括令人惊叹的、英雄主义的、悲壮的等多种类型，其中有恶棍，也有英雄。从维克多·雨果（Victor Hugo）到各种现代戏剧和美国奠基者的传记，或者诸如列宁和毛泽东这样的人物。在革命中出现的各种人类戏剧是非常令人神往的。

郭台辉：您认为未来的世界对革命的兴趣会消退还是继续充满热情？

金世杰：我认为，我们将看到人们对革命的热情在未来的若干年里继续高涨，尤其是对于以下几个方面的情况。其一，革命在中东地区仅仅处于早期阶段，人们对于埃及、突尼斯、摩洛哥、叙利亚和利比亚正在发生的事件有很多争议，而且，所有这些国家都出现很多革命的精英。其二，非洲有很多国家正在走向危险的威权政府体制，诸如埃塞俄比亚、卢旺达、乌干达、中非共和国、乍得，这已经不是少数了。非洲还有许多国家的政府已经或正在成为一种个人魅力型的、排他独裁型的政府。所有这些政府都非常脆弱，很容易就发生革命。其三，我认为最重要的一点是，俄罗斯在未来 10—20 年间要面临向民主体制的转型。这个国家现在有着庞大的、蠢蠢欲动的中产阶级，他们想获得更大的自主权，在监督政府方面享有更大的问责权利。我认为，目前依然存在很多争议的是，俄罗斯是通过和平的方式过渡到民主体制呢，还是通过社会运动乃至可能的革命方式来完成转型？所以，据于这些理由，我认为，在不久的将来还是仍然有很多人对研究革命问题感兴趣。

郭台辉：您以前曾以专题形式归纳过四代革命理论的轨迹①，那么是否还期待看到第五代革命理论？

金世杰：我认为可以，我也想写一本关于革命理论的书。第三代革命理论采用了非常结构主义的方法，第四代强烈主张文化与领导权的重要性。第五代正在把前面两代人的特点结合起来，并产生一种新的综合。实际上，我正在与约翰·福伦（John Foran）和埃里克·塞尔宾（Eric Selbin）合作一本论革命的书，书名为《理解革命：起源、过程与后果》（*Understanding Revolutions: Their Origins, Processes, and Outcomes*），我认为他们俩是第四代革命理论研究的佼佼者。我们仨正在合作的书已经吸收了第三、四代革命理论的最大特色，也许还可能出现第五代，我们希望人们能接受这种延续。

郭台辉：您以前提出一个主张，认为自从苏联垮台以来，激进革命已经走向衰落，而有色革命将出现在今天的威权国家。这种趋势对于世界意味着什么？

金世杰：我认为我们正处于一个关键时期，再过 6 个月或 12 个月，我们就可以回答这个问题。②在 2011 年初，我们看到阿拉伯世界的一系列反叛，这促使我们思考："最后，这个为专制体制所支配的地区正在走向民主。"但是，事实上，迈向民主的运动非常缓慢，我们看到叙利亚的情况，可能最后诉诸的手段是努力镇压，并扭转革命运动。在利比亚，欧洲与美国以及波斯湾国家都支持反对派，这才导致卡扎菲政权倒台。我认为，如果我们在叙利亚看到同样的结果，如果美国、欧洲、土耳其、北欧国家以及波斯湾国家都支持反对派，那么他们才能延续，而

---

① Jack Goldstone, "Theories of Revolution: The Third Generation", *World Politics*, Vol. 32 (1980), pp. 425-453; Jack Goldstone, "Toward A Fourth Generation of Revolutionary Theory", *Annual Review of Political Science*, Vol. 4, No. 1 (2001), pp. 139-187.

② 指下文提到的对叙利亚阿萨德政府倒台的预测，然而时至今日，阿萨德政府远未倒台，且叙利亚政局亦日趋复杂，远非"民主"二字所能概括。

阿萨德政权就会垮台。这将证明全球的民主转型真正是在强有力的推进中，并不是在被颠覆。然而，如果这个世界无所作为，叙利亚坚持民主的反对派被镇压，阿萨德作为一个强大的领导人而上台，这将是一个信号，意味着全世界的威权政体回潮："不错，我们能自我防卫，没有人能干预我们。我们可以镇压反对派，这就是我们下定决心要做的事情。"在某种意义上，这非常类似于 1848 年的事件①，那时候的人们在想："不错，民主体制在全欧洲得到了扩展和传播。"

但随着俄罗斯变得强大，不断帮助奥地利政府，镇压了意大利、匈牙利和维也纳的反对派。在这种情况下，如果我们有伊朗，在一定程度上有俄罗斯支持的叙利亚和阿萨德，就有能力镇压反叛，我认为我们就可能看到晚近民主化浪潮的回潮。那种"历史终结"的预言就将再推迟10 年、20 年或者 30 年。所以，我认为我们需要观察在叙利亚发生的一切。如果世界积极行动起来推翻叙利亚的专制政权，那么，我们就可以很快迈向一个让民主体制为每一个角落所接受的世界。但是，如果阿萨德政权延续统治，我认为我们无法充分发挥民主在全世界的优越地位。

五、 国家崩溃

郭台辉：您在《早期现代世界的革命与反抗》一书中指出，革命与反叛在国家崩溃中起主导作用，而意识形态与文化更多是在国家重建过程中发挥作用，这似乎与路易十六著名的哀叹恰恰相反："就是那两个人（即伏尔泰与卢梭）摧毁了法国。"您现在怎么看这个问题？

金世杰：我当时并没有太关注文化在革命对立派系中的作用。我认为，这是我那本书在正当性上存在的不足，我在我正在撰写的有关第五代革命理论的著作中将尽力纠正这个问题。我现在的确认为，对立面的文化既表达了一种令人期待的观念变迁，也表达一种社会团结的基础，这很重要也很关键。我认为，不存在没有意识形态的革命，而意识形态

---

① 指 1848 年在欧洲多个国家爆发的资产阶级革命，马克思、托克维尔等人都就此发表过看法。

恰恰起到这两方面的作用。然而，我也继续认为，意识形态本身从来不可能摧毁一个强有力的国家。所以，我的第五代革命理论的观点是，一旦政府为革命创造了机会，那么，结构性的因素的确增加了政府的脆弱性。然而，如果没有一种充当反对派动员的先锋，革命就不可能发生。所以，我要稍微修正我原来的观点。我认为路易十六的说法不正确，但我也许应该说他有一半是对的。

郭台辉：《早期现代世界的革命与反抗》的主要观点对于今天还有帮助吗，是否要修正主要观点？凯伦·巴基批评您的解释模式，认为您误读了奥斯曼帝国的历史，还有人质疑您解读中国与日本历史的能力。您如何整体上回应这些批评？

金世杰：我从来没有打算把这本书的模型运用到现代国家中去，因为这个模型只是考察农业社会的人口增长与权力之间的关系。所以，如果你观察的是一个正在现代化和工业化的社会，那么就不能简单地运用这个理论。更何况这还仅仅是一个关于人口的案例。当然，这本书的理论部分谈到，革命需要三个因素，即国家财政危机、精英之间的冲突、人口动员。我认为，那部分内容至今依然是很正确的。不是人口增长，而是国家政策与工业化之间的互动导致了这些问题，这个解释框架是非常有效的。所以，如果我是中国的一个领导人，正在思考中国的发展，我就明白已经存在大量的经济与社会流动，人们都希望对社会和政治发挥更重要的作用。我也看到精英之间许多潜在的冲突，虽然并没有达到一种很严重的程度。政党非常善于在总理与总书记之间的合作关系上维持一种妥协。然而，这在党内仍然存在诸多不同政见，尤其是对于改革应如何引入，应保持何种速度，执政党如何坚持控制经济命脉，应该如何放松管制，等等。所以，我认为，我们开始看到这一点。我们根本不可能看到中国政府的财政问题。中国的经济明显非常强大，政府有着大量的税收。所以，我没有看到中国有立即陷入衰退的迹象。然而，中国的经济增长正在缓慢下来，这里有人口方面的因素。

我在书中有一章关于日本帝国问题，在里面我提到，日本有一个不同的进程，因为人口增长在德川幕府统治时代就从根本上停滞了 150 年。

但那也为日本政府提出了一个难题，他们征收的大米赋税因人口停滞而没有了价值，所以日本政府欠下大米商人越来越多的债务。中国领导集团现在的危机是，由于计划生育政策导致了人口增长的突然减少，中国经济将受到影响，劳动力变得越来越宝贵，抵消了经济的增长速度，中国将不得不适应这个现状。这种人口变化在对中国政府施加压力，与此同时，精英内部也会产生一些冲突，并且在城乡都出现大众的动员，反对腐败和土地征收等问题。或许，他们可以通过聪明的经济政策来解决这些问题，或者通过开放政治体制，引入更大程度的民主政治。但是，如果他们不做任何变化，他们将面临越来越大的精英与大众的反抗。

有关历史案例问题，凯伦·巴基是对的，16—17世纪奥斯曼帝国的人口压力及其结果与在欧洲和中国所出现的国家崩溃并不是一回事。毋宁说，这就是她研究的强项与原创性所在。在她看来，"杰拉里运动"（Jelali Revolts）① 以及在农村招募远征兵的旧制度衰落之后，所出现的是国家体制转型，国家越来越依赖于支付工资的步兵即禁卫军。但是，这样的结果导致国家的去中心化，农村越来越受到集镇和城市贸易中心的控制；反过来，地方精英对政府承包给包税人的赋税有着越来越高的控制权。所以，作为一种有用的修正，我完全接受她的批评，但这并不能改变我的观点，即人口增长削弱了奥斯曼帝国体系传统上以国王恩赐而获得的土地（timars）为基础的政府管理体系，结果产生了暴乱与反叛，导致了政府组织的变迁。我在书中指出，在有些国家的反叛导致了激烈的革命，但在另一些国家却导致了政府在传统权威下的重构。

我想说的另一件事情是，我以前被邀请提交一篇论文阐释我对法国大革命的分析，这篇论文我刚刚发表，收录到了一本书中。② 这是一本论法国革命起源的新作品，他们要我写关于法国革命的人口学起源的一章。我很高兴地说，即使在我综述最近对18世纪的经济学、人口学和财政学研究时，我也发现我20年前出版的那本书中的许多观点至今依然得

---

① 16—17世纪奥斯曼土耳其农民反抗其苏丹残暴统治的起义的统称。

② Jack Goldstone, "The Social Origins of the French Revolution Revisited", in Thomas Kaiser, Dale Kley（eds.）, *From Deficit to Deluge: The Origins of the French Revolution*, Stanford, CA.: Stanford University Press, 2011.

到很多支持。所以，更晚近的研究并没有导致我根本上修改我对法国研究的立场。

郭台辉：从概念上来说，国家崩溃（state breakdown）、国家失败（state failure）与国家瓦解（state collapse）有何差异？

金世杰：我认为可以通过考察在埃及出现的问题来理解这些概念。比如，2011 年 1 月，埃及经历了国家崩溃，政府的领导人被罢黜权力，因为他不能控制或回应全国大规模的民众游行示威。但是，许多人已经说过，在埃及发生的一切不是革命，因为 2011 年 1 月之前当权的人即军队现在依然执掌政权。我认为，比较公允地说，我们在埃及所看到的就是一种渐进的革命，现在，"穆斯林兄弟会"（Muslim Brotherhood Emblem）①已经接管政权，所以一场真正的革命正在发生。国家的政权分裂就是革命进程的第一步。"国家崩溃"和"国家失败"在我这里是相互交换地使用的，但有些人用的"国家失败"概念是指权威彻底崩溃后国家陷入无政府的混乱状态，就像内战期间的索马里。但对于我而言，"国家失败"仅仅指原有的国家政权没有像预期的那样持续。所以，"国家崩溃"或者"国家失败"都是指政府被迫放弃权力，即使是通过和平的反叛过程也是如此。我们需要记住，革命是个要花几年时间才能完成的过程，它是以国家崩溃开始的，但还要经历其他几个阶段，那些阶段可能涉及反革命和民主转型两个对立过程。民主转型是其中的一种结果。民主转型也可以通过改革来完成，并不完全通过革命方式来实现，而且，革命并不一定导致民主转型。有时候人们总是把二者混淆起来，往往把国家崩溃、革命和民主转型等同起来。唯有在少数的历史案例中是这种情况，在许多其他的历史案例中，都有着完全不同的政治变迁及其发展阶段。

郭台辉：您曾在 1995 年预测过，中国在未来 10—15 年内将陷入严

---

① 1928 年成立，一个以逊尼派传统为主而形成的伊斯兰宗教与政治组织。2011 年 6 月，穆斯林兄弟会下属的埃及自由与正义党主席穆尔西当选埃及总统。

重的危机，这将导致中国政权的垮台。① 如今您所预测的时间已经过去了，中国近来的发展是否证明您当时非常天真？

金世杰：我认为那个预测不是错误的，而是有点过早了。我是在1995年做出的那个预测，当时我的判断受三个机制的影响，也就是刚刚我提到的精英分化、国家财政和人口流动。1995年，我当时认为，在邓小平退休之后，中国高层领导集体会出现更大的内部冲突，中国经济的生产力可能开始衰弱。我在这两点上是错误的。首先，毛泽东和邓小平的个人魅力领导被以江泽民和朱镕基为双轴核心的集体领导取代，并且政权能够平稳过渡。这是非常聪明的做法，可以基本上把高层领导集体内部的派系斗争最小化。所以，这就解决了那个特殊的问题。其次，我做研究所运用的关于中国经济的数据是以官方数据为基础的，尤其是关于农业产量方面的，后来通过卫星地图得出的更有效的数据表明，官方数据已经远远低估了中国农业土地的总量。所以，生产能力被夸大了，实际上，1995年的生产能力实际上比我们想象的要低很多。在某种意义上这非常滑稽。在中华帝国时期，各省每年上报给中央的产量往往都倾向于低于实际水平，其目的是不愿意被中央政府抽取更多的赋税。美国和其他国家有时候也出现这样的情况。所以事实表明，中国经济仍有很大的生长空间。由于中国高层领导集体解决了精英冲突问题，中国依然有经济增长的潜在空间，所以我在1995年对于在增长方面迅速下滑和精英之间严重冲突这两个方面做的预测被证明是错误的。我认为，那篇文章中仍然正确的一点判断是，中国在建立私有经济方面更为成功，中国共产党对人们日常生活的控制水平将大大下降。这是没有错的。

现在，只要中国经济仍然强有力地持续增长，我对中国领导集体仍然充满信心，他们可以通过外向型经济的增长，成功实现艰难转型。只要中国经济增长足够快，只要领导集体内部的分化能够得到控制，我认为，中国不用担心来自大众的反抗，反抗肯定存在，但慢慢可以吸纳到体制和政策中。不过，如今我的确认为中国经济处于下滑和放缓时期，

---

① Jack Goldstone, "The Coming Chinese Collapse", *Foreign Policy*, No. 99 (1995), pp. 35-53.

环境的破坏变得越来越严重，政党对人民的控制力越来越弱，实际上，人们非常欣慰的是，共产党没有像以前那样安排人民的生活，以前你要经过公司的厂长和地方政府的领导才能决定你在哪里生活和工作，你去哪个学校读书，甚至你与谁结婚等，但这一切都已经过去了。当然，对于年轻人来说，共产党对媒体和信息的控制，地方政府与企业的合谋，对农民土地的征税①，越来越严重的腐败问题，是引起大众不满的主要来源。共产党放松对私人生活的支配是很不错的，但这也意味着，如果共产党面临大众支持的危机，也就很难像以前那样拥有高效控制人们的能力。所以，我依然认为我正确预测的方面是中国或者走向民主化或者面临大众抗争，但花费的时间要比我在 1995 年文章中所预言的长得多。

六、结论

郭台辉：您自己认为您对比较历史社会学有何主要贡献？您手头现在正在从事什么研究项目？

金世杰：我认为我的主要贡献在于指出了人口变迁在世界历史中的作用。所以，《早期现代世界的革命与反抗》一书是我唯一且最好的学术成果。然而，我在未来的工作可能会增加一些特殊的东西，我希望做得更好。至于我目前的研究，主要有三本正在进展中的书。一本是我主编并且上个月刚出版的，但那时的设计是为了做一个新领域的课程教学的基础，主要是理解人口变迁如何影响政治过程。② 这本书的章节都是那些专攻族群冲突、美国政治、国际安全等领域的专家贡献的，探讨的都是欧洲、非洲、中东和美国等国家和地区的人口变迁如何影响了这些议题。这本书探讨的视野和范围非常广泛，吸引了许多关注这方面问题的专家，学术味很浓，我认为效果非常好。

我也正在做一本我想称之为《100 亿：世界的未来》的书。我主要是想讲述一个故事，探讨人口变迁在未来 30 年如何影响我们所有人。作

---

① 中国政府已于 2006 年全面取消了农业税，这是金世杰没有及时掌握的新动态。
② Jack Goldstone et al. (eds.), *Political Demography: How Population Changes Are Reshaping International Security and National Politics*, Boulder, CO.: Paradigm, 2012.

为对查尔斯·蒂利的尊重和献礼，我准备更多地通过讲故事的方式写作，尽力弄清楚全世界是如何出现人口变迁的，并且是如何影响人们生活的。现在，我还在进行另外两本学术著作。一本是与约翰·福伦和埃里克·塞尔宾合作的论革命的书，另一本是我对经济史的思考，讨论现代世界的兴起。我已经在这本书的撰写方面花了很多时间，这本书将呼应我的第一本书即《早期现代世界的革命与反抗》。换言之，这本书讨论现代世界的起源，所有的章节都是讨论单一罕见的历史事件的偶然性与解释力，而不是对因果关系机制或过程的普遍解释。这本书主张，如果我们要解释一些在许多历史时间和世界空间都发生的事件，诸如革命，那么我们就要运用一些普遍的因果机制来解释不同时空中出现的类似事件。

但是，如果我们极力解释历史上偶然出现一次的事件，看起来它不可能在其他地方出现，那么，我们就应该把故事放在一起，来解释那些正常因果机制为何没法运用，因为如果这一事件只是偶然发生一次，那么就有可能发现因果机制能够发挥作用的局限性，讲述的故事是单一、罕见的事件，诸如工业革命如何发生，我们需要深入到多重因果关系、偶然性和罕见事件中去。这是历史社会学中一种完全不同的叙事，非常类似于威廉·休厄尔所说的"事件社会学"（eventful sociology）。也就是说，我们需要考察更多更具体的事件，看看它们如何导致不可预料甚至不可能发生的后果。这种分析视角非常独特，我认为对理解我们如何发展现代经济有着非常重要的贡献。

第七章　精英冲突、资本主义与国家形成

——纽约州立大学理查德·拉克曼

拉克曼夫妇

郭台辉与拉克曼合影

　　理查德·拉克曼（Richard Lachmann，1956—2021年）教授于1977年在普林斯顿大学取得社会学学士学位，后分别于1979、1983年在哈佛大学获得社会学专业的硕士与博士学位，在威斯康星大学担任七年助教之后，转入纽约州立大学社会学系至今。拉克曼教授主要关注资本主义的起源与变迁、精英冲突、国家权力、世界霸权的衰弱等领域，著作主要有《从庄园到市场：英格兰的结构变迁（1536—1640）》（*From Manor to Market: Structural Change in England*，1536—1640，1987年）、《不由自主的资产阶级：近代早期欧洲的精英斗争与经济转型》（*Capitalists in Spite of Themselves: Elite Conflict and Economic Transitions in Early Modern Europe*，2000年）、《国家与权力》（*States and Power*，2010年）、《历史社会学概论》（*What Is Historical Sociology*，2013年），后三本均有中文版。其中《不由自主的资产阶级》影响最大，曾获美国社会学会杰出著作奖（2003年）、历史社会学会巴林顿·摩尔图书奖（2002年）和政治社会学会杰出著作奖（2000年）。

　　拉克曼教授早年在历史社会学的大本营接受完整的学术训练，但长期供职于普通的公立大学，难以形成历史社会学的研究特色和团队。这是他学术生涯中最为难受的事情。然而，他个人的研究却独树一帜，诸多成果得到美国历史社会学界的公认。拉克曼教授对美国社会学内部的碎片化、理论空乏与无意义感表示担忧，他认为这是美国社会过度原子化与民主化的一个缩影。同时，他对历史社会学的发展深表忧虑，认为新一代历史社会学者没有马克思、韦伯、涂尔干等人的经典理论基础，又缺乏宏观大历史视野，也丧失沃勒斯坦与查尔斯·蒂利等前辈的学术雄心。这一切归因于美国化和当代化的研究趋势。

　　笔者于2012年2月初专程赴纽约奥尔巴尼市（Albany）对拉克曼教授进行了两个多小时的专题访谈。拉克曼教授对笔者的系列访谈项目给予了物质上与精神上的极大支持与帮助，几乎有求必应。具体的支持包括，访谈期间允许笔者在其供职的社会学系做一个有关公民研究成果的报告，并亲自主持，同时安排在他家住宿，在丰盛的晚餐中畅谈美国历史社会学的历史与现状。他还给笔者报销路费，并推荐其他关键的访谈对象，对笔者每一份访谈提纲进行不厌其烦的修改与润色。最重要的是，拉克曼根据自己对访谈对象的了解而调整提问方式，这使得提问的质量得到大大提高。在此对拉克曼教授的帮助表示诚挚的感谢。

一、背景

郭台辉：在对您正式访谈之前，我想先引入一个有趣的话题。在学术界我们可以经常遇到两种非常有意思的现象：其一，有些学者著作等身、誉满全球，在某个研究领域做出了巨大贡献，但可能长期身处一个名气很一般的大学或者研究所。换言之，是个人名气与大学名气严重不对称，沃勒斯坦在这方面是非常典型的。其二，有些大学在世界的综合水平和知名度非常一般，但它的某个或者少数几个专业却在学术界享有盛名，或者某个系的师资力量和科研实力在学术界得到同仁的一致认可。而您早年分别在普林斯顿大学、哈佛大学接受了严格的历史社会学训练，在威斯康星大学任教7年，1990年之后就来到了纽约州立大学奥尔巴尼分校，至今有20多年了。我认为，由于您在美国社会学界享有很高的声誉，但却在一个很普通的公立大学任教；同时，您现在担任社会学系的系主任，而您所在系的名气又远远高于您所在大学的名气。您对上述这两种现象应该很有感触吧？这种状况对您的研究有何帮助和不足？

拉克曼：你一开始就问到最令我难受的事情，不过也没关系，我已经很释然了。我认为这种状况没有什么积极方面的帮助，差不多全都是不足。唯一的好处是，在一个差大学中的强系，我们可以获得比其他系更多的校内资源。当然，最大的不足是，我们招收不到优秀的学生，这里的本科生相当糟糕。我们都要教授本科生的课程，每年上的四门课中就有三门是本科课程。对于绝大多数老师来说，教这种课程都不是很好的经历。我们感觉到，对所教学的某个领域了解很多，或许能开设非常有趣的课程，但总体而言，给本科生授课就是浪费时间。研究生的情况就很不一样，因为他们实际上是属于一个系，而不是大学。任何一个申请研究生的人都要理解如何做研究，都要关注我们系的学术成就与师资力量。大学作为一个整体对他们来说更不重要。对于想获得博士学位的研究生来说，更可能选择在一个名声一般的大学但却是一个科研实力强的系，而不是在一个大学知名度高但却是一个总体水平比较差的系。所以，随着我们的社会学系在学术界的声誉越来越好，我们也就能够吸收到越来越优秀的研究生。

但是，在过去 30 年里美国出现了一个更大的问题，公立大学的资源越来越少。我在做研究生的时候，公立大学的教授实际上比私立大学的教授有着更高的收入。比如，一般来说，加州大学伯克利分校的教授的平均工资高于哈佛大学教授的平均工资，甚至我这个纽约州立大学奥尔巴尼分校的教授的收入也比宾夕法尼亚大学的教授的更高。现在美国各州都削减财政开支，而私立大学却有能力筹集到越来越多的钱来发工资。这已经真正成为两套教育体制。所以，我的系就与美国绝大多数公立大学的系一样，没有足够的资源来发展科研，没法引进合适的学术人才。比如，我们没有能力承担许多研讨会和讲演的费用，即使我们是一个相当不错的系。我们有很多申请博士研究项目的学生，但我们能提供给他们的财政支持却远比私立大学提供的少得多。可以理解的是，许多学生愿意到一个科研条件更不好的私立大学，因为那里可以提供更多的经费。所有这些都是我们面临的困境。另一方面，我所做的研究并不需要很多日常的工作人员，也不用很昂贵的仪器设备，只要一张用于写作的办公桌，一个收藏书籍和期刊的图书馆，一间让我能够坐下来的办公室。所以，除了教学之外，奥尔巴尼分校不断削减财政预算对我也没有多大影响。在我自己的研究领域，我不需要很多资源就可以展开工作。但我那些做定量研究的同事需要研究团队，他们不得不到外面去拿项目和经费才能做研究，因为他们没法指望自己的单位提供任何经费支持。

当然，我与其他大学的许多社会学家保持着密切的私人关系，我不是第一次说这种话。所以，有一种观点认为，我们这些人都是在两个系工作，一个是身体所在的系，那就是我现在任教的奥尔巴尼分校；显然，这个系的绝大多数人都没有我做的这种工作，因为我有第二个系，同事遍布全世界，与我关注同样的问题。我们彼此交换观点和研究成果，这才是我在心理上真正归属的系，就像我在奥尔巴尼的同事一样都有他们自己知识领域的系。在我们的学术生涯中，我们发现越来越多的人有着与我们同样的兴趣，因此我们在心理归属上的那个系变得越来越大。虽然对于我们大多数人来说从来不会超过几十个人，但身体所归属的那个系就必然显得越来越不重要了。当我在哈佛大学做研究生的时候，有些同学与我有同样的兴趣，后来我去威斯康星大学任教一段时间，现在就在这里了。但我逐渐认识到，对于大多数与我有同样兴趣的人来说，他们会关注我写的东西，并且与我保留各种联系，或者在美国社会学年会或其他学术会议期间主动来认识我。再比如你这次来找我一样，以后，我们成为非常要好的朋友，在知识上和私人关系上可以一起分享成果与快乐。

郭台辉：您曾经在普林斯顿大学、哈佛大学、威斯康星大学这些知名学府都有一段时间不短的经历，而且这些大学的社会学系都各有特色，您能否谈谈它们各自在哪些方面影响到您在历史社会学领域的研究？

拉克曼：哈佛大学对我有着强有力的决定性影响，主要表现为老师对我学术生涯的影响。我可能没有彼得·比尔曼那么聪明，没有真正学到我博士导师哈里森·怀特最有名的社会网络分析，无法做出很漂亮的数理模型，因此我的研究也无法引起商务管理与企业家的兴趣，没有多少经济价值。但是，他对于社会结构和网络分析的思维方式深深影响着我。我博士论文关注的核心问题是：谁是精英？他们是如何被塑造出来的？所采用的研究方法就是来源于他的启迪。哈佛大学另外两位影响我的人是从事社会学研究的西达·斯考切波和从事历史研究的约翰·帕吉特（John Padgett）。他们不仅仅直接在知识上影响我，而且还是很好的导师。他们仔细审阅我的论文，而且以最好的态度指导我思考问题。他们不是极力要我帮他们做事情，而是极力帮我做我自己的研究。换言之，他们帮我完成我自己想实现的诉求。

我也应该提到的是，在普林斯顿大学做本科生时，我的导师以及他们做研究的态度对我起到非常重要的影响，是一种榜样的力量。普林斯顿大学无论是那时候还是现在，都是非常不同寻常的，在美国是很少见的一个社会学系，不仅非常重视比较历史分析，而且有意识打通社会科学内部的学科界限。那是我第一次认识到我应该做历史社会学研究的地方。20世纪70年代我在那里的时候，他们的主要知识传统是现代化理论，这显然不是我现在所做的研究。即使如此，那时候我也可以问一些宏大的历史社会学问题，普林斯顿大学社会学系如今有很多人做的社会学研究依然倾向于比较历史研究。

我在哈佛大学博士毕业之后就去了威斯康星大学做助教。但那里几乎还没有历史社会学这个领域，也没有这方面的学术传统和氛围，他们也的确不太喜欢历史社会学。所以，威斯康星大学社会学系对我没有什么影响。但我在威斯康星的经历的确是最丰富、最难忘的。我在那里度过七年时间，遇上了几位非常优秀的研究生，尤其是朱莉娅·亚当斯（Julia Adams）和乔治·斯坦梅兹。这是我在威斯康星大学工作与生活时的主要收获。但我更喜欢到纽约市来度假。所以，如果再给我换一个新的工作，我还要考虑是否距离纽约比较近，否则我早就到加州大学伯克利分校的社会学系去了，那里有很好的比较历史研究传统，在学术界的声誉也非常不错。

郭台辉：我发现一个很有意思的现象。您与彼得·比尔曼在哈佛大学都是师从哈里森·怀特教授，并分别在 1983 年和 1985 年获得博士学位，应该是嫡系的师兄弟关系。你们在博士论文的选题方面非常相似，都是做现代早期的英格兰贵族阶层，而哈里森·怀特教授却鲜有这方面的杰出成果，不是这个历史领域的专家。我想知道，博士论文选题应该是一个很慎重的事情，那时候你们在做选题时是出于何种考虑？你们导师又是如何会同意让先后两个学生都做如此相似的选题，有何特别的意图吗？

拉克曼：在哈佛大学的时候，哈里森·怀特是彼得·比尔曼和我的主要导师。一方面，我们非常相似，因为我们俩的博士论文都关注 16—17 世纪的英格兰，而且在某种程度上，我们都关注同样的问题。比尔曼的第一本书也是源于博士论文[①]，对我后来的研究也很有启发[②]，但他也充分利用了我对英格兰社会结构构建的各种图表，所以我们俩是相互影响

---

① Peter Bearman, *Relations into Rhetorics: Local Elite Social Structure in Norfolk England, 1540-1840*, New Brunswick, NJ.: Rutgers University Press. 1993.

② Richard Lachmann, *Capitalists in Spite of Themselves: Elite Conflict and Economic Transitions in Early Modern Europe*, New York: Oxford University Press, 2000.

的。至于为什么我们选择相同的历史阶段，主要是因为，众所周知，英格兰的近代是世界资本主义早期发展的关键地区与关键时期。

我一开始的兴趣是如何解释资本主义的起源，因此，我们需要考察资本主义发展的第一个地方。在那个方面，我们可以排除类似于世界体系或者从其他国家借用过来的因素，因为这不是英格兰本身的议题。对于比尔曼而言，我认为他当时对此并没有产生实质上的兴趣，追随怀特先生的原因主要是被他的数理建模吸引住了，并且他想知道如何用模式来解释社会结构。哈里森·怀特对英格兰有着独特的兴趣，尤其是被劳伦斯·斯通（Laurence Stone）的研究吸引住了，他的主要历史著作之一是《贵族的危机》。[①] 哈里森·怀特也想要让学生对此做模型研究，虽然他自己没有兴趣和精力亲自做专题研究。因此，比尔曼所做的工作非常独特，在历史社会学领域又非常有争议，因为他的资料文献主要是二手的，他的贡献是构建了一个漂亮的社会网络解释模型，把社会网络分析与历史研究创造性地结合起来了。他与哈里森·怀特的另一个联系是，他第一本书是考察美国政府各部长的职业生涯[②]，这是他发展网络分析的标志。而比尔曼的博士论文所做的是考察英格兰那个时期的官员与商人的关系。这就是我与他的共性与差异，两人所做的研究以及之间的交流都对彼此有很大的帮助。

二、 理论与方法

郭台辉：与欧洲社会学相比较而言，美国的社会学似乎更为专业化甚或碎片化，比如美国社会学会有 50 多个分会。我们如何理解美国社会学这种高度分化的特点？

拉克曼：这里可以有很多解释。其中之一的解释是，这是美国研究社会现象的一种方式，应该允许人们做他们想做的事情，他们应该有很

---

① Lawrence Stone, *The Crisis of the Aristocracy, 1558-1641*, London: Clarendon Press, 1965；中文版参见劳伦斯·斯通：《贵族的危机：1558—1641 年》，于民、王军芳译，上海人民出版社 2011 年版。

② Harrison White, *An Anatomy of Kinship: Mathematical Models for Structures of Cumulated Roles*, Englewood Cliffs, NJ.: Prentice-Hall, 1963.

多选择。美国人了解观念议题就像购买商品一样，你去商场，你想要有 50 种不同类型的粮食；如果你想要研究社会学，我有一个观点，你有另一个观点，所以每个人都可以建立一个分会。这会产生什么效果呢？这意味着，这个领域内部的主题相当不连贯，很少存在一些基本的理论，对于这个领域应该研究什么内容都没有共识。这产生的一个问题在于，正在想进入社会学的学生没法对某个主题有着深刻印象。一些聪明的人真正想进入社会学，另一些人喜欢社会学但决定不研究它，因为这个领域内部似乎缺乏连贯性，不是一个严谨的学科。

在我看来，美国社会学家所研究的许多成果都没有什么意思。至少可以表明一点的是，美国社会学会的年会每年都要列出几百篇论文，如果你自己看这些论文，会发现它们之间没有任何连续性，所有主题的论文彼此之间无论从哪个角度来说都没有任何关联。当然，在很大程度上来说，他们所提出的问题几乎都是有关美国社会自身的。我对美国社会学的一个最大的关注是，绝大多数都是解决美国当前的社会问题，当他们发展理论时，许多理论只能在美国背景下才能理解。你无法普遍性运用他们关于人口、犯罪或政治等方面的理论，无法用来研究法国、中国或印度。所以，在构建理论方面，他们并没有获得很多推进，对学术史以及对后来的研究者来说都没有什么贡献，这是致力于成就一番学术事业的学者应该警惕的问题。

但是还存在另一种解释。对于在美国做比较分析社会科学的学者来说，美国学术界的一个优势是，我们更加意识到其他国家的存在。这在很大程度上是因为美国是一个移民国家，世界其他地方尤其是第三世界的优秀学者可以在美国获得最大程度的学术自由，他们非常具有创造力，对其母国的文化传统与语言有着深厚的了解，来到美国之后可以在直觉与思考上产生出强有力的对照，这是做比较研究最重要的基础。因此，二战以来美国学术界之所以可以发展出许多具有解释力的社会科学理论，主要受惠于从其他国家移民的学者。同样，受到他们的启发与教育，我们也就有着更为广阔的国际视野。

不仅如此，还可以有第三种解释。从历史上来说，美国社会科学界的相当一部分优秀成果是作为一种反种族主义的力量而创造出来的。社会学这个学科一部分是主张反对科学上的种族主义和研究上的歧视，这是一个很重要的焦点，但却产生两种后果。其一，美国社会学仅仅聚焦于美国，现在有很多学者所提出的问题类似于美国的种族主义如何不同于法国和其他国家的种族主义；其二，美国社会学给人们的一种印象是包容所有观点，并且把所有研究领域都等而视之。美国的许多社会学家进入这个反种族主义领域，挑战歧视和不平等，然后他们告诉学生和同事，所有的关注都是有意义的。换言之，你可以研究对你自己生活很重要的一个小问题，而且这与研究资本主义的问题或其他一些大问题具有同样重要的意义。我们很少有人会告诉自己的学生：你要研究的主题是细枝末节的，不可能得出任何有意义的理论结论，所以应该选择另一个主题。显然，这与美国这个强调民主、平等的社会体制以及个性化与原子化的社会风气是一致的。

郭台辉：您认为是什么原因导致美国社会学缺乏理论上一致的分析框架呢？您认为这种不一致和碎片化是优点还是缺点呢？

拉克曼：一方面，如果你有一个可以研究很多主题的领域，你就很难发展一个前后连贯的理论。另一方面，不但是在美国，而且是在全世界，大多数社会学理论都是关注几个争论，比如马克斯·韦伯对了还是错了，他在哪些方面是对的，或者有关韦伯与涂尔干的几个相似问题。我认为，世界上没有哪个国家的社会学充满朝气，而社会学家有着高度共识。即使在那些对马克思主义意识形态有着高度一致的国家里，马克思主义社会学也并非唯一的方向，还是有很多人在努力研究韦伯。比如，即使是在 20 世纪五六十年代的苏联，每个人都是马克思主义者，任何一本书都以"这是马克思……"开篇，但实际上你可以发现，他们都是在从事现代化理论研究。也就是说，在理论上根本不可能是内在一致的。部分因为这在全世界都是社会学的一个难题，但我认为在美国的确显得更糟糕，因为美国社会学有着千差万别的研究领域，社会学家正在研究各种迥异的主题。比如，有些社会学家关注的问题是年轻人为何以及在什么时候犯罪，但有的年轻人不会犯罪，所以，他们对普遍的宏大理论根本没有兴趣，因为所从事的研究根本不需要马克思和韦伯；他们需要一些非常具体的数据和现象，这样就导致理论更为混乱。

当新的研究生或本科生入学之后，他们就得上导论课，老师不得不给他们的一种感觉是，这个领域在关注哪些前沿问题。我们不得不教一个又一个不连贯的知识点，而没有一种很清晰的理论。结果如何呢？这显然就意味着在理论上没有任何进步，人们所确立的理论核心没有一致的基础，而且，教师自己对学术界正在关注的研究也没有一个很清晰的把握，也不知道哪些是重要的社会问题。所以，你对正在关注的问题投入大量的工作，但有可能它并不是一个非常有价值的问题。显然，也有一种乐观的观点认为，有人在尝试不同的社会问题与现象，这是不错的，但要注意一个度的问题，而且，实际上有很多问题是没有多大社会、政治意义的，不值得投入毕生的精力。

郭台辉：沃勒斯坦表明，他所做的研究属于"历史社会科学"，查尔斯·蒂利也反对"历史社会学"这个术语，认为所有社会学都应该是历史的。您如何理解 20 世纪 70 年代的历史社会学在美国是作为社会学的一个子学科而兴盛起来的？

拉克曼：在美国，比较历史社会学分会在制度上开始于 20 世纪 60 年代后期或 70 年代早期。这个分会真的是有关社会学思想的历史，经营这个分会的人都是韦伯学者。所有分会以前讨论的问题都是，韦伯为何写有关印度的论著，我们能否吸收他关于印度与中国方面的观点，而现在都是把新教伦理视为一种逻辑连贯的理论。那么，70 年代开始的恰恰是这些伟大的比较历史理论家，比如巴林顿·摩尔。许多学者看到，这是一个非常独特的领域，他们提出了非常基本的问题，而另外一些书也真正激励了历史社会学家们。

当 70 年代末 80 年代初我还是一名学生的时候，我们为沃勒斯坦的世界体系分析和蒂利的第一本著作《旺代》所启迪，而且，这些人以及他们的学生引领着比较历史社会学分会的发展。在很大程度上，这个群体处于非常高的支配地位，因为他们所提出的都是宏观历史变迁的大问题。当然，还有其他学者也提出更为具体、集中的问题，他们把自己视为做更为定性的历史研究，或者用历史案例以及更多的视角关注当代问题的人。70 年代开始发展的另一个分支是社会科学历史协会，其吸引的人群不仅仅来自社会学，而且还来自历史学、人类学和政治学，这对比较历史社会学产生了非常重要的影响。我们很多人都同时参与到那个组织中。因此，沃勒斯坦与查尔斯·蒂利的说法都是很正确的。

郭台辉：经典的历史社会学家区别于年青一代的历史社会学家主要表现在比较的范围方面。经典的社会学家能够在最广泛意义上处理比较分析，而当代的历史社会学看起来似乎成为一门仅仅关注一两个社会的学科，您对此有何看法？

拉克曼：区别之一是美国化与当代化。换言之，更晚近的社会学家想处理更晚近的历史，而且主要是关注美国本土。在最近十年加入比较历史社会学分会的许多人主要考察美国问题，而不关心世界其他地区。同时，许多人关注相当晚近的历史，尤其是第二次世界大战以来的历史。当然，还有很多其他人也关注一些更早的主题，但是，如果你回顾过去 20 年，绝大多数人都是以各种方式关注与现代世界的发展相关的主题。当然，现在依然有很多年轻人加入到我们的行列，但他们并没有意识到他们需要适应这个来自马克思、韦伯以来的漫长学术传统，也没有意识到承接这个传统的巴林顿·摩尔、蒂利与沃勒斯坦。显然，与 20 世纪 80 年代之前的老一辈历史社会学家相比，90 年代之后兴起的年轻一代新锐似乎就显得更没有学术底蕴与全球意识，无论在时间维度还是在空间维度都明显退化，也可以视为历史社会学本身的危机；这与前面提到的美国社会与社会学存在的问题直接相关。这也是我们这一代见证者和亲身参与者在教学与研究时要警惕的问题。

郭台辉：您认为历史社会学如何看待"9·11"事件？

拉克曼：在最近几年里有一些研究帝国的人，他们一部分人回答的问题是：美国是一个帝国吗？如果是，美帝国与其他帝国相比较而言有何差异？这种问题意识的产生源于衰落议题。也就是说：美国正在走向衰落吗？如何比较此前各帝国的兴衰特性？但这仍然是美国比较历史社会学领域中相当小的一部分。在美国社会学领域内，提出这些问题的只有几个分会，其中包括比较历史社会学。当然，世界体系是最为重要的标志，他们关注的所有时间变迁路径就是其核心问题。

郭台辉：宏观历史社会学家如何不同于没有理论模型的历史学家，如何区别于区域研究、国际问题研究、比较政治学等领域的专家？

拉克曼：美国的区域研究有着很长的历史传统，首先是从冷战发展起来的。美国政府花费很多钱，鼓励学者成为专门研究世界各地的专家，但事实证明，他们并不是真正的专家。正如越南战争所表明的那样，他们所研究的问题与得出的判断都是错误的，他们给出的决策与战略并没有满足美国政府的利益。当他们有些人的确想做点事情时，美国政府反而没有官员愿意听他们的声音。有些专家警告并反对越南战争，但政府官员却置若罔闻。同样，在中东问题上，真正了解中东的专家却得不到重视，因此政府制定的政策必然与事实相距甚远。想研究这些区域的社会学家首先要学习其语言，而美国人在学习其他文化的语言方面相当糟糕。由于任何人都不可能学习更多的语言，所以，如果你精通了一门外语，那是一个相当大的成就。有些人所学习到的语言在美国是非常不同寻常的，他们做的研究往往可以充分利用语言，包括查阅档案文献资料、访谈当地人。不久，他们就成为特定国家或特定地区的专家。随着他们越来越深地关注这个区域，就可能越来越不关注更大的比较研究和超区域问题。这个问题反过来也同样成立。如果你越来越关注大范围的比较研究，就可能越来越难以深入某个区域隐性但稳定的文化、语言与历史层面，而是仅仅重视显性但易变的政治、经济与社会层面。这个矛盾对于历史社会学家来说是很难解决的。

对于现代化理论来说，有一个利好的方面。由于它是一个逻辑连贯的理论，有一些人关注这些宏大的研究项目，他们会说"让我们比较几个国家看看"。比如，我在普林斯顿大学的时候就发现，那些研究如日本与俄罗斯现代化的著作，一般是让一个了解俄罗斯的人研究俄罗斯的教育，让另一个了解日本的人研究日本的教育，各自写一章，而第三个人就可能分别找两个专家，或一起讨论，并且在二者的基础上再写一章关于日本与俄罗斯教育比较的内容。这样就可能产生一个社会学家撰写一个总结性的内容，考察两国相似和相异之处。但是，现代化理论一旦被抛弃，随之而来的就不是体系性，也难以把那些区域专家结合起来从事一个共同的项目。当然，为解决这个问题，一部分社会学家选择关注世界体系分析，但他们并不关注某个或几个区域，而是整个世界体系，所以他们没有办法关注某个特定的国家。也有一些做世界体系分析的人的确知道特定社会的当代特性，他们也的确关注个案研究，但是，他们的目标不是成为该区域的专家，而且通常也不做几个区域的比较研究，相反，他们试图证明一切都非常符合沃勒斯坦的理论。总而言之，无论是比较历史分析还是区域研究，都存在各自的问题和共同的难题，但他们各自都有一套理由，说服自己继续做下去，并让读者相信他们的观点。

郭台辉：巴林顿·摩尔在一个比较分析的专题访谈①**中说过，语言的丰富与精准是做一流比较与历史分析的前提条件，而他的《专制与民主的社会起源》是他最后一部在不懂所研究国家语言的情况下写成的著作。与摩尔一样，您的研究也主要依赖于英语文献。所以，在您看来，语言在比较历史分析中起到什么作用？**

拉克曼：我认为这取决于你正在关注的问题。如果你很重视语言，你就可以做大量的考古与档案研究，最好是将详细的档案、历史文献与比较和理论构建联系起来。哥伦比亚大学的凯伦·巴基是一个好榜样。她在土耳其长大，第一本著作是关于晚期奥斯曼帝国的研究②，语言的重要性在其中得到了充分体现。她不仅阅读土耳其历史学家的大量资料，而且在晚近许多有关帝国研究的著述中还比较其他帝国的案例，虽然她并不谙熟其他的语言。她发展的其他案例都与她非常熟悉的土耳其这个案例关联起来。③ 再比如，威维克·基伯（Vivek Chibber）在研究

---

① Gerardo Munck, Richard Snyder (eds.), *Passion, Craft, and Method in Comparative Politics*, Baltimore: The Johns Hopkins University Press, 2007.

② Karen Barkey, *Bandits and Bureaucrats: The Ottoman Route to State Centralization*, Ithaca, NY.: Cornell University Press, 1994.

③ Karen Barkey, *Empire of Difference: The Ottomans in Comparative Perspective*, New York: Cambridge University Press, 2008.

印度时做了很多档案工作，然后与韩国做一个比较研究，虽然他对后者的语言并不知晓，仅仅依赖二手资料。[①] 这表明，虽然你不了解语言，也没有去该地做过研究，但却可以表达一些很有意义和新意的东西。凯伦·巴基并不懂俄语，但她思考一些俄罗斯的历史案例，并探讨一些对土耳其有重要作用的东西。如果你想关注理论研究，那就要关注许多案例，但又不可能知道所有语言。我们在比较社会学领域最好的学习榜样可能是约翰·马尔科夫（John Markoff），他的著作《封建制的废除》[②]只关注法国大革命，但他却还学习俄语，因为诸多法国大革命研究领域中崛起的好作品都是由苏联历史学家完成的。为了做好一个国家的研究，他还要学习英语、法语和俄语。我们美国人很幸运的一个方面是，英语真正成为一种世界性语言。如果我懂得德语，我也不可能很快就与德国人打交道，因为只要用英语与他们交流就行。

除了语言之外，更基本的问题是资料来源：一手资料还是二手资料。我使用的文献大多数不是一手资料，虽然有些数据我也会查阅原始资料，但我的研究基本上都依靠二手资料。我一直要面临的问题是：你是如何知道这个数据是精确的？而我给出的答案是：我所能做到的是，大量阅读历史学家的著作，尽量理解他们的争论，并找出他们意见相左之处，然后再从一个视角来思考，并说"这个观点是对的"，同时指出其缘由。有时候，我所能共享的东西是，指出历史学家之间是如何进行争论的，争论双方错过的真正的问题，或者他们的分歧对于我想要回答的问题无关痛痒。因为我是想与其他案例进行比较，我能发现历史学家陷入泥潭的地方，而真正的问题就在于其间细微差异之处，但我非常希望我的研究有利于推动历史学家的研究。

---

① Vivek Chibber, *Locked in Place: State-Building and Late Industrialization in India*, Princeton, NJ.: Princeton University Press, 2003.

② John Markoff, *The Abolition of Feudalism: Peasants, Lords, and Legislators in the French Revolution*, University Park, PA.: Pennsylvania State University Press, 1996.

三、精英冲突

　　郭台辉：您提出一个精英冲突理论及其与资本主义的历史关联，但您构建的模型可能要追溯到 20 世纪 80 年代。您是如何从您的博士论文即第一本书《从庄园到市场》[①] 转变到获奖作品《不由自主的资产阶级》[②] 的？

　　拉克曼：我的博士论文的原创性观点有关一个宏大的比较研究，在 20 年后成就了《不由自主的资产阶级》这本书，二者有着密切关联。我原本想写一本论资本主义起源的书，原以为只需要简单地考察不列颠，因为这是第一个案例，但我还需要接着研究法国，就发展出了第二个案例。然后，我进一步考察荷兰，因为这个国家曾经是资本主义的世界中心，但后来没落了。我还研究了西班牙，因为这个国家在地缘政治上具有支配地位，但却从来没有能够将优势转变为经济发展。我还阅读了大量有关意大利城市国家的资料，因为韦伯有时候说过资本主义在城市国家的发展状况，但有时候他又说城市国家只是政治资本主义，需要宗教改革来创造经济资本主义。所以，我探索了所有这些案例，并且撰写了博士论文的规划，从而构成后来这本书的纲要。然而，哈里森·怀特和其他所有参加我博士论文指导委员会的导师都认为我很疯狂，因为如果这样做的话是不可能毕业的，我应该只考察英格兰。实际上，我花了一年的时间与他们讨论，但最终还是被他们说服了，消磨了我那种天真的斗志，所以我说："好的，我会把英格兰做好，先毕业再说，以后我要做我想做的。"

　　他们是对的，我花了 20 年时间才完成当初设计的全部工程！我一开始就有这些比较研究的想法，但我在书中所提出的观点已经完全不同于

---

　　① Richard Lachmann, *From Manor to Market: Structural Change in England*, 1536-1640, Mandison: University of Wisconsin Press, 1987.

　　② Richard Lachmann, *Capitalists in Spite of Themselves: Elite Conflict and Economic Transitions in Early Modern Europe*, New York: Oxford University Press, 2000；中译本参见理查德·拉克曼：《不由自主的资产阶级：近代早期欧洲的精英斗争与经济转型》，郦菁等译，复旦大学出版社 2013 年版。

当初在哈佛大学研究生院读博士时的观点。如果我一开始就知道我最终提出的所有观点,那当然应该是相当成功的。这些年来,我大量阅读和思考,并且反复思考,但最后全部工程还是产生于我当年对马克思著作的阅读中。当我进入社会学领域时,我最感兴趣的是美国资本主义的危机。我阅读了马克思主义的所有文献,当时我认为,如果我要真正理解当代资本主义的运作,就需要研究其起源问题。当然,马克思最伟大的著作是有关历史的部分。马克思主义的绝大多数内容都是关于历史的,而且,无论如何,我非常喜欢历史,所以我非常乐意做这个研究。

我一开始时想要了解那些有关从封建社会向资本主义社会过渡的争论,但随着阅读和思考的深入,我认为马克思和马克思主义者的观点都不够充分,没有提出任何有说服力的解释,即使我认为那些最好的著作也是如此,比如沃勒斯坦的现代世界体系、佩里·安德森(Perry Anderson)的《绝对主义国家的谱系》以及霍布斯鲍姆(Eric Hobsbawm)那篇关于 17 世纪危机的论文[1],还有罗伯特·布伦纳(Robert Brenner)[2] 的许多观点。所有这些人的贡献都非常重要,但并没有提供全部答案。我在阅读的过程中逐渐发现,他们没有理解支配阶级内在的动力,他们对封建社会向资本主义过渡的解释之所以陷入困境,就在于他们无法解释支配阶级的变量问题。动力不仅仅是阶级斗争,而且,真正的冲突也不能只是从这个角度来理解,还应该表现在各阶级的精英在制度内的诸多斗争,比如地方官员、教士、地方领主、区域性的重要贵族和国王等阶层之间的冲突。他们并不能简单地被归类为马克思主义意义上的阶级范畴,但却是以制度为基础的,那么,他们是什么呢?

---

① Eric Hobsbawm, "The General Crisis of the European Economy in the 17th Century. I", *Past & Present*, No. 5 (May. 1954), pp. 33-53; Eric Hobsbawm, "The General Crisis of the European Economy in the 17th Century. II", *Past & Present*, No. 6 (Nov. 1954), pp. 44-65; Eric Hobsbawm, "The Crisis of the Seventeenth Century", in Trevor Aston (ed.), *Crisis in Europe, 1560-1660: Essays from Past and Present*, London: Routledge & Kegan Paul, 1965, pp. 5-58.

② 罗伯特·布伦纳系美国加州大学洛杉矶分校历史学教授,社会理论与比较历史研究中心主任,主要著作有《商人与革命》《繁荣与泡沫:全球视角中的美国经济》《全球动荡的经济学》等。

赖特·米尔斯（C. Wright Mills）的《权力精英》（*The Power Elite*）① 给我很大启发，他认为美国存在三种精英，而且都是以制度为基础的，分别为军事精英，其基础在于军队、外交部和中央情报局；政治精英，其基础是美国政府的政治制度；还有主导大公司的经济精英。这是一种韦伯主义的观点，因为权力来源于主导这些大型官僚制度的力量。当然，欧洲现代早期并不存在这样一些成熟完善的官僚制度，而是其他制度形态。为什么要讨论精英呢？在解释资本主义起源的问题上，米尔斯那个以制度为基础的权力精英概念远比阶级分化概念好用得多。他的精英概念只是用来尽力解释美国社会政治问题，我尽力发展的一种精英定义比米尔斯的精英概念适用范围更为广泛，试图对接自从帕累托（Vilfredo Pareto）与莫斯卡（Gaetano Mosca）以来就存在的精英研究传统。这两种精英研究传统之间的关系非常模糊，我的精英理论试图把二者衔接起来。对于更为古老的研究传统来说，精英只是意味着处于社会地位顶端的人，而精英的循环导致社会阶层的变迁，旧时精英变得越来越软弱和保守，逐渐被新的更有活力的精英取代。这对于我们揭示和比较真实的历史变迁毫无益处。所以，我试图从这个意义上来构建一个理论框架，它们也为我提供思考这些历史案例的一种方式。

郭台辉：您的精英冲突理论与兰德尔·柯林斯②的社会冲突理论有何共同点与差异？

拉克曼：柯林斯所要表达的是社会始终存在冲突，他几十年以来的全部贡献在于反对帕森斯。当柯林斯还在读研究生的时候，美国社会学为帕森斯及其结构主义所支配。柯林斯的社会冲突理论自成一派，巴林顿·摩尔与西达·斯考切波的历史社会学是另一派，而乔治·霍曼斯的行为与社会交换理论又是另外一派，他们都是因批判帕森斯的结构功能

① C. Wright Mills, *The Power Elite*, New York: Oxford University Press, 1956；中文版参见查尔斯·赖特·米尔斯：《权力精英》，王崑、许荣译，南京大学出版社2004年版。
② 兰德尔·柯林斯，著名社会理论家，美国宾夕法尼亚大学社会学教授。主要研究领域为理论社会学、关于政治与经济变迁的宏观社会学、社会冲突等。著作包括《冲突社会学》《社会学三大传统》《互动仪式链》《哲学社会学》及合著的《发现社会之旅：西方社会学思想述评》。

主义而起家的。因为对于帕森斯而言不存在冲突问题，每个人都履行自己的角色与职责，一切事物都在发挥作用。柯林斯在他的学术生涯中做了很多事情，而认为所有社会都存在冲突这个主张是最有见地的。但是，那是一个非常广泛与普遍的理论。

对于我想要解释的东西而言，我并不需要考察所有冲突，而且不想把所有冲突都理论化，我并不关心一伙人的打架斗殴，也不关注黑手党，或者夫妻之间彼此的斗嘴和家庭战争，或者小孩子在校园里打架。我只考察政治与经济最高层面的冲突，精英冲突有时候是与阶级冲突结合在一起的，但更多地是在统治阶级内部的冲突，比如现在是资产阶级，以前是封建阶级。我提出一个完全不赞同马克思学说的观点，那就是，对于大部分情况而言，历史变迁首先是与精英冲突结合在一起的。精英冲突创造了开放结构的可能，才能让新型的阶级冲突成为可能。

郭台辉：就您所关注的个案研究而言，国家层面的精英如何区分于大众与地方精英？精英阶层的冲突与其间复杂的社会政治关系，似乎是一个难以获悉的"黑箱"。那么，我们如何测量与检验不同精英群体之间的复杂关系呢？

拉克曼：由于我关注的是以制度为基础的精英，所以我主要考察的是制度形态。比如，当我在撰写英格兰的情况时，我找到了可以把地主关联起来的郡县制度，也有地主可以控制的郡县政府，这与国家层面的政府与制度有着很大差异。英格兰的关键动力机制在于，国王及其政府控制郡县政府和地方精英的效果非常不成功，而且，绝大多数时候他们是无能为力的。这种独特机制与法国完全不同，在那里你可以发现，从中央国家机器到地方精英存在许多相互依赖和任免权的制度性关系。在英格兰，国家精英与地方精英是相互冲突的，但在法国，中央政府就有另一股力量控制地方精英，并且与地方精英勾结在一起，这两股力量合力打击与中央政府相异的势力。我对照了英格兰在横断面上的绝对主义与法国在垂直面上的绝对主义。我可以研究的唯一方式是，在经验上追问谁是精英、相关制度是什么以及它们是如何关联在一起的。我们在前面讨论到彼得·比尔曼，他的著作对我非常有帮助：他所要揭示的是，教士的任免权如何设置精英联盟的界限，以及如何把地方精英推向国王的对立面。

郭台辉：您在《不由自主的资产阶级》中提到"人们都是理性选择最大化的人"①。您是理性选择理论的信徒吗？您如何理解社会学家都在共同抵制理性选择理论的侵蚀？

拉克曼：我并不喜欢理性选择学派。我所指的"理性选择最大化"是人们需要更多的权力、更多的钱，但这对于解释现象似乎并无裨益。我的观点是，行动者在大多数时候都没有选择，而理性选择理论的问题在于，它认为人们坐在那里只是说"所有不同的可能性是什么？让我们来计算那些我所能得到的尽可能多的东西"。但是，人们在很多时候并非如此。其实，社会在大多数时候都是非常稳定的，不存在什么选择问题，而且被锁定在某种特定的联盟与制度中，所以无法做出超乎制度的不同选择。只有出现革命的时刻才要人们充分发挥理性，但是一切事物发展得太快，以至于人们又没有时间做出那些理性的选择，也不可能知道所有信息。

我所研究的一个例子是英国内战，理性选择的人们可能说，那时候他们都尽力想看清楚自己站在哪一派更好。任何人步行都需要先看看通往大路的许多台阶，这是一个非常复杂的博弈游戏，但肯定看不到全国以及未来所有发生的情况，这就不可能做出最优的判断。实际上，人们在英国内战中能做的是："我与谁有联系？我所密切结盟的那些人是谁啊？他们不能背叛我啊，因为我是他所属教会的牧师，因为他的女儿嫁给我的儿子，我们共同投资的船只还在北美殖民地做贸易的途中呢！"这样，他们彼此之间产生了某种信任关系，并且说："我不知道未来会发生什么，但他不可能背叛我。"

实际上，这就是我想要找出的关系与制度，而且也是比尔曼所做的工作，他考察人们在英国内战期间为何选择某一派，而不是另一派。主要的关联就是这些牧师——如果一个牧师受雇于我的教会，那么，三年

---

① Richard Lachmann, *Capitalists in Spite of Themselves: Elite Conflict and Economic Transitions in Early Modern Europe*, New York: Oxford University Press, 2000, p.239.

之后他就要去我的教堂，在内战中我们就更有可能站在同一战线。所以，人们是理性的，他们想成功，想取得更大的利益，但他们并不是在做出理性选择理论所指的选择，因为他们毫无选择。大多数时候都不可能做出决断，即使当存在那些决策时也不可能做出理性的算计。

四、资本主义

郭台辉：为了理解资本主义早期的起源与进展，您的研究选择从关注封建社会向资本主义社会的过渡开始。您为何不同意卡尔·马克思以及后来沃勒斯坦的诸多理论？

拉克曼：从马克思方面来说，这是因为我认为以阶级划分派系的冲突并不能探讨封建社会的转型问题。后来的马克思主义者存在的更基本问题是，大多数时候他们都认为阶级冲突摧毁了封建社会，资产阶级是作为一个自主产生的主导力量而出现的。但是，他们并不能解释资产阶级从何出现，资产阶级如何在封建社会内部创造出来。我们可以从 20 世纪 50 年代初多布—斯威齐的经典争论看到这一点。莫里斯·多布（Maurice H. Dobb）认为，资产阶级是通过封建阶级之间的冲突创造出来的，但他实际上并没有阐明这个过程是如何发生的[1]；保罗·斯威齐（Paul M. Sweezy）则认为，城市有某种自主性，可以让商人成为资产阶级[2]，我对此也并不满意。佩里·安德森是为此提供最佳答案的马克思主义者，他在两部著作[3]中都努力阐释一个观点，即绝对主义创造了国家官员、征税员和福利供给人，他们中的一部分可以成为资产阶级。但是，他还是没有能表明英格兰的独特性。这个国家的绝对主义最为脆

---

① 莫里斯·多布（1900—1976 年）系当代西方著名的马克思主义经济学家，战后初期与斯威齐进行了关于封建社会向资本主义社会过渡问题的争论，核心观点体现在 *Studies in the Development of Capitalism*（London: Routledge, 1946）中。

② 保罗·斯威齐（1910—2004 年）系当代美国最为著名的马克思主义经济学家，与多布争论的核心观点体现在 *The Theory of Capitalist Development*（London: D. Dobson Press, 1946）中。

③ Perry Anderson, *Passages from Antiquity to Feudalism*, London: New Left Books, 1974；Perry Anderson, *Lineages of the Absolutist State*, London: New Left Books, 1974；中文版分别参见佩里·安德森：《从古代到封建主义的过渡》，郭方等译，上海人民出版社 2001 年版；佩里·安德森：《绝对主义国家的系谱》，刘北成等译，上海人民出版社 2001 年版。

弱，但为何却最早成为资本主义国家？这是马克思主义理论内部无法回答的大问题，无论是马克思本人还是后来的马克思主义者都没有予以回答。

对于沃勒斯坦，我认为他存在两个问题。其一是关于资本主义兴起的问题。在某种意义上他类似于斯威齐，但却是以一种更为复杂的方式表现出来。他主张变迁出自封建社会外部，尤其是国际市场的形成，是资本主义本身创造了资本主义。我认为他的理论的确无法充分展示资本主义形成的早期阶段，没法令人信服地解释特定国家或地区如何形成世界资本主义体系的核心领域，而有些国家又是如何被排斥到这个体系之外的。他的理论是关于世界体系作为一个整体是如何运转的，他说，在危机时刻，世界体系为特定地区的兴盛与衰落创造出开放的空间，但他并没有解释为何有些地区兴盛而另一些地区衰落。

其二是关于无产阶级的兴起问题。我认为资本主义的确是出现在无产阶级之前，这一点在沃勒斯坦那里说得很清楚。他说到，资本主义剥削奴隶和农民，同时也剥削工厂工人，他们都是无产阶级。但是这就要回溯到精英与阶级冲突的关系问题上了。我的研究就是尽力解释为何会在特定时刻发生革命，我认为，之所以如此就是当统治阶级内部出现分裂，而且无法在制度内解决分裂与冲突时，某些精英阶层就在制度外寻求资源，从而使得两方面的问题成为可能。一方面有些丧失优势的精英就要联合非精英，试图重新获得优势地位；另一方面，非精英阶层的人就可能说："好，他们正在冲突，不可能再统一起来了，我们获得资源的机会到了。"我认为，那也是孔诰烽研究 18—19 世纪中国农民冲突时发现的结论。[1] 实际上，所出现的问题是，那些农民说的"我们可以去找地主"，或者"我们可以找国王来反对地主"，他们往往是在做出错误的判断与计算。而农民犯了一个最大的错误，因为农民只有地方性知识，只能看到地主贬低统治者，或者统治者攻击地主。农民认为"我们

---

[1] Ho-fung Hung, "Agricultural Revolution and Elite Reproduction in Qing China: The Transition to Capitalism Debate Revisited", *American Sociological Review*, Vol. 73, No. 4 (2008); Ho-fung Hung, *Protest with Chinese Characteristics: Demonstrations, Riots, and Petitions in the Mid-Qing Dynasty*, New York: Columbia University Press, 2011.

的时刻到来了!",并开始走向反叛,但事情往往没有那么简单,结果也不是他们想象的那样。农民没有看到的是,这些精英冲突只可能是地方性、局部性的发生,精英阶层在其他地方还是联合起来的,并且在其他地方带来庞大的军队镇压造反的农民。这不仅仅是中国农民起义的障碍,而且在法国、英国和其他地方都是如此。

郭台辉:从伯曼(Marshall Berman)的《一切坚固的东西都烟消云散了》[①] 和鲍曼(Zygmunt Bauman)的《流动的现代性》[②] 那些观点来看,资本是流动的,而社会和政治结构都是静态的,所以资本主义从中世纪后期一开始就摧毁封建制、城市-国家、帝国的各种制度,当前看起来正在侵蚀现代国家的基础。然而,民族国家以新自由主义的意识形态为基础,与资本主义又似乎是同生同源的,但从保守主义的意识形态来看,民族国家是保护我们社会生活免受资本化破坏的制度外壳。您如何看待资本主义与民族国家、资本家与国家建设者之间的现代关联?

拉克曼:我认为,资本主义非常依赖民族国家,没有民族国家就不可能有资本主义。即使现在有跨国的资本主义公司,它们依然要处理好民族国家的问题,并且总是挑拨民族国家之间的彼此对抗。民族国家的作用不可能消逝,资本主义也不可能削弱民族国家,相反,资本家需要依赖民族国家的政治精英,并且与之结盟。我认为唯一的问题是,全球的经济精英只有在这些民族国家内才能有更大的平衡作用。即使资本家变得越来越强大,他们也不可能抛弃民族国家的作用,相反会在民族国家范围内发挥越来越重要的作用,控制国家机构,自由调动国家资源。

资本家在民族国家范围内有很大的实力,但毫无疑问的是,他们没有民族国家的依托就不可能良好运行,比如说,他们需要增加资本、规范市场、控制工人、保护财产权利、国际贸易规范化。但国际贸易不可能是自由的,而是受到民族国家权力的限制——曾一度受到美国的单一

---

① Marshall Berman, *All That is Solid Melts into Air*, London: Penguin Books, 1982;中文版参见马歇尔·伯曼:《一切坚固的东西都烟消云散了:现代性体验》,徐大建、张辑译,商务印书馆2003年版。

② Zygmunt Bauman, *Liquid Modernity*, London: Polity Press, 2000;中文版参见齐格蒙特·鲍曼:《流动的现代性》,欧阳景根译,上海三联书店2002年版。

控制，现在还有欧盟、日本等国家和组织参与。另一个因素是，由于全球面临越来越大的生态压力，这也让民族国家的力量越来越强大。世界各国都在全球范围内争夺自然与人力资源，但自然资源再也不可能满足世界日益庞大的人口需求，必然产生不胜枚举的难民，这就反过来增强民族国家的整合力量。

郭台辉：在马克思主义看来，社会主义是资本主义通向共产主义的过渡阶段，是绝对反对资本主义的。您如何看待社会主义的理想，它是不是摆脱资本主义问题的一种可替代性方式？是否存在一种没有资本主义的前景？社会主义是否比资本主义更为高级，抑或资本主义是历史的终结？

拉克曼：社会主义是资本主义的一种可替代性方案，但不存在完全社会主义化的社会。资本主义的确存在各种不足，但比我们已知世界上的任何其他模式都更为民主。我认为，人们需要警惕很重要的一点是，这些可替代性方案都是事实存在的，尤其是当我教美国的本科生时，我可以做的一个重要工作，就是不仅教给他们理论和具体的历史知识，而且要他们意识到，全世界不都是跟美国一个样，还有许多其他的社会模式和政治形态。当你倾听美国各种政治争论时，就会发现所给出的选择空间都是非常狭小的，就只有"看，这是瑞典，他们所做的是这样的；哦，这是法国，他们不是伊甸园，但的确存在诸多真正的差异"。显然，这只是他们政治上能提出的最重要观点。

未来是否有更多社会主义者呢？我们看看沃勒斯坦的世界体系分析就会发现，他认为我们正在亲历资本主义的最后危机，他说"我们能够有希望进入社会主义"，但相反，我们所能得到的恰恰是比资本主义更糟糕的东西。当然，如果我们回顾20世纪就会发现，资本主义的真正替代性方案唯有纳粹德国。如果德国赢得那场战争，德国就不可能是资本主义国家，而是比资本主义更糟糕的社会。在我看来，由于当今世界的生态危机越来越严重，世界上越来越多地方可能杳无人烟，在这种压力下国家也崩溃了，但在世界其他地方却产生越来越强大的国家，或者不存在资本主义，或者那种资本主义不是我们可以组织的形式，而是越来越受到了某种其他形式的支配。

郭台辉：金世杰早在 1995 年曾认为中国有可能在未来几十年走向崩溃，你怎么评价他的判断？

拉克曼：他认为中国一旦人口减少就相当糟糕，但那种观点存在两个问题。其一，他在早年的研究中说过，人口增长过快，国家也可能崩溃，这是一种相反的判断。其二，所有的人们不可能只有一种需求。兰德尔·柯林斯另一种观点比较有意思，他认为，资本主义将走向灭亡，因为那时候不需要劳动力，我们完全可以用机器取代农民的作用，世界上可能只要 1% 的人口就可以养活其他 99% 的人。同样，机器还可以取代工厂工人，甚至可以用机器取代所有其他东西。这就意味着所有这些人都是多余的。实际上，我认为，金世杰是完全错误的。成功的国家是有能力减少其人口数量的，这样就不需要担心生态压力，而且还可以有足够强大的力量来确保其他势力不会威胁到国家政权。我有预感，未来的各国政府在对待环境难民方面可能表现得越来越严肃，其政策也可能越来越难以执行。

五、国家形成

郭台辉：晚近几十年里已经出现许多研究欧洲和其他地区国家形成的方法与视角，比如战争、宗教、官僚制、资本主义、疾病和技术。您的模型是否有可能整合所有这些视角？您的精英冲突理论在解释西欧国家早期形成方面有哪些优势？作为历史社会学的学生，我们应该如何确信哪一种视角或叙事更为可靠？

拉克曼：我不知道，但我认为国家形成的主流观点是查尔斯·蒂利的解释。他认为，国家政权有一致共识的政治精英，他们可以获得资源，所以有能力雇佣军队，也可以雇佣征税官，他们还可以从其他精英和非精英群体中榨取更多资源。当然，后者也不断挑战政治精英的权威，以至于他们运用军队征服挑战。我的观点有点不同。我没有仅从国家精英征服其他人的角度来考察国家形成，而是更多地看到不同精英团结在一起创造一个国家政权。我认为，这种模式可以整合很多角度，如果你想解释国家对战争产生什么影响，那么我们需要解释的是，如何把所有这些不同力量的群体和各种军队联合在一起，即使在理论上他们仅仅是国家的一部分。实际上，直到几百年之前还不存在诸如法国军队这样一种东西。所有这些贵族都有自己的军队，国王也有一些自己的商人。他们彼此炫耀，每一个司令官都想控制自己的部队，因此有时候他们会说"我不想再打仗了"或者"我不同意这个战争的目的"，这样他们就可能撤离并回家。如果我们要理解战争中的变化，就必须回答几个问题：这些军事力量是如何整合起来的？如何获得职业化的官员？国家如何成功获得现役军人？如何让公民自愿参军并奋勇参战？这不仅是一个资源问题，而且是整合或打败精英以及创造民族主义意识形态的问题，所以，人们可能会认为"战争与我有很大的关系，我要冒着生命危险为国家和民族而战"。这就是一种全新的观点。

至于观点的可信度问题，我认为最好不要单独研究或学习某一个视角。如果你关注国家形成，最好就同时考察所有视角，比如战争、宗教、国家等等。战争何时有助于把精英整合到一个国家？战争何时导致国家分裂？疾病与国家的制度改革有何关系？毕竟疾病在有些时候会削弱国家政权。如果我的观点正确，那么，生态危机和新的疾病也可能使国家变得更强大。但是，我们所要置于中心的问题是：国家政权怎么办？国家与公民社会之间的边界如何变化？在国家政权内部发生了什么？你把所有这些方面都放到一起来，就会得出与众不同的结论。

郭台辉：你的研究更多地是集中在西欧的国家形成方面，而对世界其他地区似乎很少涉猎，《不由自主的资产阶级》也是如此。您如何回应别人对您的欧洲中心主义批判？德国的资本主义逻辑与国家形成模式似乎非常不同于西欧其他国家的进程，更不用说其他大陆的了。所以，您如何从精英冲突理论的视角来解释国家形成的普遍进程，而不仅仅是西欧这个小区域？

拉克曼：首先我认为，你说的情况只是20世纪以来的发展。在20

世纪，国家显得越来越重要，它们参与到那些大规模的战争中，数以百万计的人们入伍并志愿为国家而战争，这使得国家被置于越来越重要的地位。接着，国家不断提高社会福利待遇，刺激经济发展，许多国家正在做一些从未有过的事情。我们现在要问的关键问题是这种格局是如何产生的。我关注欧洲的原因，就在于我想要考察资本主义的起源，我试图解释的第一个案例就是资本主义为何出现在欧洲。同样，国家在我们理解的意义上的确首先出现在西欧，所以，我没有讨论很多东欧的问题，虽然《不由自主的资产阶级》有好几页涉及东欧地区，《国家与权力》(*States and Power*)[①] 一书也有很多关于西欧以外地区的内容。

在《国家与权力》一书中，我尝试不将目光集中在欧洲，尤其是在经济发展一章中。相反，我把所能看到的大量有关国家研究的文献凑到一起，所以更多内容是在理论层面上探讨，比如：什么是国家？它如何不同于此前的政治形态？国家能做出什么独特的东西？我们如何理解国家军事力量、国家经济政策和社会福利政策的发展？国家未来将何去何从？所以，在这个意义上，这本小书并没有解决什么问题，而是更多在于为国家以及国家研究文献提供一种纵览，因此，这本书仅仅是一个文献回顾与综述。但是，我做这个工作的目的有二，一是表明我所理解的国家是什么，二是从我的角度来理解哪些文献有价值和哪些文献没有意义。

实际上，探讨欧洲问题仅仅是我学术生涯的开始，从此之后我尽力探讨世界其他地方的经济发展问题，尤其是越来越关注美国的经济发展。我正在写一本关于霸权衰落的书，其中有很大一部分内容是讨论美国。尽管我不是第一个研究这个问题的，但我的困难在于，仍需要花费很多年的时间来掌握这些个案的历史进程。考虑到我学术生涯的节点，继续投入知识领域非常广博的中国历史研究，对于我来说不太现实。如果我的确做中国研究，我不得不涉及更为表面得多的信息。我也只能这样做，因为我不能假装我非常擅长中国、日本、俄罗斯或印度等国家研究。除非我能活到 200 岁，否则我是不可能了解那么多知识的。但我认

---

① Richard Lachmann, *States and Power*, London: Polity Press, 2010; 中译本参见理查德·拉克曼：《国家与权力》，郦菁、张昕译，上海人民出版社 2013 年版。

为，精英冲突理论是一个可以运用到其他案例的普遍解释模式。

郭台辉：至少在 19 世纪之后，民族构建与国家形成是并肩而行的。您的研究关注的是精英冲突及其与国家形成的关系。那么，您的研究模式是否可以解释这个世界的民族构建？如何做到这一点？

拉克曼：民族在很大程度上是国家的一种意识形态宣传工具。当然，在某些特定的国家，国家的确总是以民族的形式存在的，而创造国家的目的就是为了匹配民族的边界并且实现民族的意志。这时，国家并不是目的而是手段。但更多情况下，我们首先有一个国家，而国家精英获得对地方精英和地方资源的控制，其部分方式是声称那是民族的一部分，在控制非精英群体并获得其忠诚时尤其如此。国家在其形成过程中需要强化民族主义，但其发挥作用的方式与程度在世界的不同地区是不一样的。在那些曾经是殖民地的地方，独立运动创造的民族主义，常常不是作为国家巩固精英的一个工程，而是作为大众运动或者地方精英的努力，旨在创造一种赢得独立的方式。这种情况当然也出现在美国。对于美国而言，反对不列颠帝国的革命之所以有效，是因为地方精英与美国大众之间的各种对话方式，逐渐产生了作为一个民族的意识，它不是不列颠的一部分，我们有自己独特的集体认同，所以就应该独立。世界范围的民族构建就是政治精英获得支配其他精英的优势的一种方式。如果你说这就是我们所有人团结起来并归属其中的一个民族，这就可以加强国家精英反对地方精英的分离动力。

以法国为例，200 年前，他们是许多讲不同语言的不同的人，如果你去这个国家的许多地方，并且问他们"你从哪里来？"，他们不可能说"我是法国人"，而是说"我是这个村庄或这个地区的"。所以，法国是一个非常成功的案例，他们有着强大的国家政权，他们的学校教师不仅仅用法语授课，而且还传授法国文化与历史。在法国，如果三岁小孩上幼儿园，他们每天都有免费午餐。在午餐期间每个小孩都围着饭桌并且吃着法国菜，这就是成为法国人的一种方式——法国的碟子、法国人用餐的方式等等。所以，这不是一种种族和族群意识与认同，每个人都可以成为法国人，而且，他们有很明确的移民政策。在 18—19 世纪，很多意大利人来到法国，并且逐渐把自己视为法国人。现在还有从非洲去的移民，我们还是可以看到这一点。一部分人可能不是很想成为法国人，但另一部分人是法国政府不想要他们成为法国人。如果看看美国，100年前，许多移民和来自母国的人一起生活在不同社区，他们有自己母语的报纸和杂志。更早来到美国的人说："很糟糕，这些人不是美国人。"诺埃尔·伊格纳季耶夫（Noel Ignatiev）有一本非常有名的著作叫《爱尔兰人如何成为白人》（*How the Irish Became White*）①，讨论的就是爱尔兰人陷入的这种模式。当爱尔兰移民第一次来到美国时，他们被老一代美国人视为另一种族的人，因为他们有着不同的宗教信仰与不同的行为举止，由此遭受诸多歧视。

所以基本上有两种民族主义模式。其一是德国的血统模式，研究者的任务是展示所有德国人都具备的德国特性，其中最为极端的例子就是希特勒，他认为应该占领奥地利、法国和捷克斯洛伐克。其二是法国的文化模式，来自世界各国的人们都可以进入法国，学习法语，吃法国食物，适应法国价值观，成为法国人。美国基本上采取了法国模式，但现在有点不同的是多元文化主义的承诺，也就是说，如果你来到这里，不一定要改变任何东西。加拿大也是一种多元文化主义，世界各地的人都可以移民加拿大，在私人生活中他们可以保持自己坚持的文化与习俗，但在公共生活上要适应某种制约。从饮食上也可以看出这一点。在法国，人们都是采用传统法国的烹饪方式，而在美国与加拿大，著名的餐馆都是外国的，你可以吃到日本料理和墨西哥菜，或者把二者混合在一起。但不同饮食却与不同民族的自我构想结合在一起。

很长一段时间以来，军事是民族构建的关键要素。学校是构建民族认同的重要场所，但军队也是一个不可忽视的因素，所以法国军队的语言是法语。来自法国各地的人们虽然没有什么文化，法语也讲得不好，但在部队里就可以学到标准的法语以及法国历史与文明。这也是我正在撰写的著作的一部分内容：纪念阵亡将士的仪式在不同国家有着不同的表现。让我们回到拥有自己军队的贵族的那个例子吧，在某种程度上，

---

① Noel Ignatiev, *How the Irish Became White*, London: Routledge, 1995.

他们仅仅是被打败了，但却被告知不能指挥自己的军队，并且要被解除武装。但另一方面，那些贵族又可能去往另一个部队，因为他们被告知："过来吧，我支付你的工资，给你终身的政府职位，你可以享有终身的官员待遇，并且可以有机会晋升到更高的职位。"

六、结论

郭台辉：您能否总结一下您对历史社会学的主要贡献？您目前正在承担什么研究项目？

拉克曼：我有两个贡献。一是精英冲突理论，我认为这对于分析所有历史案例都是非常有帮助的。另一个是我撰写的《不由自主的资产阶级》，这可以解决资本主义起源解释中的一些问题，这不是一些总结性的观点，但提出了一些正在讨论的争论，我希望这是一本可以不断被阅读、在未来研究资本主义起源方面可以被引用的书。

我现在主要研究的是霸权的衰落，正在写的一本书是，解释美国为何正在丧失全球霸权以及比较此前的不列颠霸权与荷兰霸权，同时考察法国与西班牙作为两个在欧洲具有地缘政治支配优势但从未获得经济霸权的国家。对于不列颠，我要把分析延续到19世纪后期，这比我刚出版的那本书关注的时间段更晚些。美国是我研究的全新领域，这一部分与一个研究项目有关，但其本身现在成为另一个项目的全部。虽然我生活在这里，每天都接触新闻，也知道很多有关美国研究的知识，但现在我必须做一个原创性的研究，充分理解美国正在走向衰落的表现。这个课题目前集中在军事方面，旨在解释美国在近20年来为何没能赢得任何战争。我的部分回答可以分为制度与观念两个角度。

我发现，目前美国政府设计的武器装备体制是用来对付苏联的，虽然这个冷战时期的对手已经消失了25年之久，但美国政府仍然把大量军费投入到没有任何效率的武器研发、生产与消费方面。政府之所以维持这种武器装备体制，是因为诸多私人公司可以从中长期合法地牟取暴利，还可以让部队军官维持一种很高的社会、政治与经济地位。如果政府要改革这种冷战时期的武器装备体制，削弱或取消武器发明、制造、销售和消费的财政支持，必然会遭到大财团的阻拦。况且，军事精英的地位可能因此下降，政治精英再也无法掌控他们，经济精英也不为其竞选提供任何支持。这样，政治精英、经济精英与军事精英就处于相互利用和彼此依赖的状态中，这是导致美国军事走向衰败的结构性因素。不过还有另一个角度研究美国军事衰退。对于战争导致美国士兵的伤亡事件，士兵家属越来越无法容忍，其容忍度在历史上出现大幅度下降。越南战争时期导致了数以万计的美国人死亡，产生了很多抵制战争的对立面，人们会说"伤亡太多了"；但伊拉克战争期间美国牺牲了2000名士兵，公共舆论就会说"够了，不能再这样了"：这是美国对外军事霸权走向衰败的社会舆论压力因素。显然，一个国家被限制在自己发动的战争中，无论它采取什么方式都要把伤亡限制在一两千人以内，这就是一个导致美国军事霸权衰落的原因。所以，我要尽力解释的是，为何出现这种情况，还有转变的社会机制是什么。

我认为，部分原因是跟过去相比，人们用不同的方式来看待战争死亡问题。在伊拉克战争中，美国媒体列出每次战役阵亡的士兵姓名，有文章讨论阵亡士兵悲痛欲绝的亲属、伤残士兵的痛苦生活及其心理疾病问题。当我读到这些文章时，我会说："我在越南战争期间不可能遇到这种情况。"所以，我就要我的学生查阅美国报纸有关越南战争的相关报道，发现所报道的内容与方式相当不同。头条文章不可能是这样的，报纸描述战场时也只是提到六个美国人被杀。在《纽约时报》（*The New York Times*）中，他们只给出有纽约籍士兵的阵亡人数；在《芝加哥论坛报》（*Chicago Tribune*）也只报道芝加哥籍士兵的阵亡人数，甚至不会提及其他地方阵亡士兵的名字，所以这一切有了很大的变化。现在，美国人关注伊拉克战争中每一个阵亡的美国士兵，即使不是现役军人也一样。大多数人并不担心是否被杀害，而是关心他们所了解到的士兵被害的详细过程与惨烈场面。

现在我还有一个学生正在研究美国国会荣誉勋章的授予，这是最高的军事荣誉。网上列出了从革命战争时期到当前的所有授予方式与对象，我们发现，在越南战争期间情况有了很大变化。在此之前，以及在越南战争时期的大部分时间里，大多数勋章都颁发给英勇杀敌的士兵与军官，一个典型的事例如下：这个士兵受伤之后还可以继续英勇奋战而且打死了 50 名日本人；或者在越南战争初期，某个士兵冒着生命危险突出重重包围，并打死 30 名越南人。到了越南战争后期，情况发生了变化，他们颁发勋章的目的是保护美国士兵。现在我们看到的是，某个士兵之所以被授予荣誉，是因为他冒着生命危险把一名受伤的战友拖回安全地带。

第八章　历史、结构与网络

——哥伦比亚大学彼得·比尔曼

彼得·比尔曼

郭台辉与彼得·比尔曼合影

彼得·比尔曼（Peter Bearman）系哥伦比亚大学社会学系教授，本科就读于美国布朗大学，1980 年进入哈佛大学社会学系，一直跟随哈里森·怀特教授从事社会网络分析的理论与方法研究。1985 年获得博士学位，然后在北卡罗来纳大学社会学系从事教学与研究达 15 年之久，并与克雷格·卡尔霍恩（Craig Calhoun）共事与合作多年。由于他在社会网络分析领域享有很高的学术地位，故于 1998 年被查尔斯·蒂利引介到哥伦比亚大学社会学系任教，就像当年哈里森·怀特引介蒂利一样；加上曾经引爆过"哈佛革命"的哈里森·怀特，在三人的强强联手下，成就了哥伦比亚大学社会网络分析的学术中心地位。尽管蒂利去世，怀特年迈多病，但比尔曼已经完全得到了前辈的真传，创造性地把社会网络分析与比较历史研究结合起来，发展出"分析社会学"和"关系社会学"，贯通宏观层面的结构变迁与微观层面的社会关系网络。比尔曼的学术研究不仅得到了学界同行的一致好评，而且，他还培养出了一大批在美国学术界表现得非常活跃的青年学者，组建了以社会网络分析方法为核心的学术队伍，发表了诸多高质量的研究成果，成为当今美国社会学界最有名气的中青年学者之一。

比尔曼是最有学术灵感的社会学家，与其说他喜欢历史和历史数据，倒不如说他更喜欢分析别人收集到的历史数据，擅长数据的模型化，创造性地解释历史中的社会关系网络问题。在这个意义上，比尔曼自我解嘲为"兼职的历史社会学家"。同时，他为美国社会学界培养出了许多非常杰出的新锐，组织了一个充满活力的学术团队，把社会网络分析发展为"分析社会学"，广泛应用于社会学领域的所有议题。当然，他对微观层面的兴趣远高于对宏观层面的兴趣，并且试图从微观之处窥探宏观结构的后果与动因，但却很厌烦直接讨论宏大叙事的规范与经验研究。战后兴起的历史社会学传统之所以对他没有多大影响，原因就在于这些传统研究的问题过于宏观；反过来，他的微观研究对宏观研究提出了更多的挑战。比尔曼更是毫不客气地批评那些屈从于意识形态而原创性不足的社会学家。当然，他也表达了一种尴尬，不喜欢宏观甚至中观的历史社会学研究，但微观层面的研究又不容易收集到历史数据。

笔者于 2011 年 12 月 7 日在哥伦比亚大学社会学系，与彼得·比尔曼交流了一个半小时，领略到了他那种嬉笑怒骂的个性、超凡脱俗的才气、诙谐幽默的智慧以及源源不断的创造力。他对美国学术界存在的问题有着比较尖刻的评价，对社会网络分析的理论与方法充满信心，对笔者提出的各种问题进行了不厌其烦的回应，尤其是关于概念网络结构与宏观社会结构变迁之间关系的研究议题，他提出了许多非常具有可操作性的建议。

一、背景

郭台辉：您是一位非常具有原创性的社会学家，在理论与方法论上的贡献都非常杰出。您在哈佛大学接受的研究生教育对您在历史社会学领域以及研究方法的兴趣养成方面有何影响？此外，您曾任教于北卡罗来纳大学教堂山分校（UNC-Chapel Hill）与哥伦比亚大学，这两个学校的社会学系都有着独特的文化，不知各自如何影响您后来的研究？

比尔曼：这是很难回忆的，毕竟已经过去 20 多年了。但我这个年龄的人似乎又要开始思考写回忆录的问题，谢谢你给我一个回顾过去的机会。在哈佛大学的时候，我并不真正想成为一名历史社会学家，虽然我对历史和理论都有兴趣。我选修过罗纳德·布雷格（Ronald Breiger）[①]一门有关科学社会学的课程，涉及许多社会网络的知识。我还系统上过奥兰多·帕特森（Orlando Patterson）的课程，他当时正在撰写那本后来名声大噪的著作《奴隶制度与社会死亡》（*Slavery and Social Death*）。[②] 所以，我主要受这两个人的影响。我第一学期一直在确定研究对象，所以经常泡图书馆，在各种文献资料中寻找数据。我发现了所有行会成员的登记簿，包括挪威和英格兰两地有二三百年的记载，我突然意识到，我可以从这些数据中整理出一些代际流动的图表。所以我就与布雷格教授商量，准备考察近代欧洲的社会流动问题，虽然这是社会网络分析中的一个难题。布雷格那时候正在归纳一种矩阵聚类（CON-COR）的方法论，分析逻辑线性策略的黑洞模型，由此掌握社会流动的图表。

这样，我就开始研究近代的挪威，并建造一种流动的图表。多年来我都似乎没做出什么东西，但却对历史数据很有感觉。后来我读到一本

---

① 罗纳德·布雷格系亚利桑那大学教授，此前曾在哈佛大学、康奈尔大学任教，研究领域包括社会网络、社会分层、数理模型统计、组织社会学与文化社会学等。其博士论文为《社会结构的双重与多重网络》（*Dual and Multiple Networks of Social Structure*），导师为哈里森·怀特。

② Orlando Patterson, *Slavery and Social Death: A Comparative Study*, Cambridge, MA.: Harvard University Press, 1982.

叫作《内部殖民主义》的著作，作者是迈克尔·赫克特（Michael Hechter）。① 这是一本非常具有启发意义的书，我想我应该可以做一项追溯到 18 世纪的比较研究。在 20 世纪 80 年代早期的确不存在我所想象的那种历史社会学，虽然当时有巴林顿·摩尔、斯考切波等学者，他们都是大规模的、宏观的比较历史社会学家，但除了查尔斯·蒂利的名作《旺代》是一种微观研究之外，似乎没有东西让我很喜欢阅读的了。我对思考如何把博士论文做成微观研究非常有兴趣。

　　我关注 18 世纪并且逐渐往前追溯，是因为把自己看作一位历史学家就很天真，必须坚持对过去充满兴趣，必须考察事物之间的因果关系。所以，我就坚持追溯到了 15 世纪。当然，我长期关注英国诺福克（Norfolk）地区②，另外有几个原因，找到了 15 世纪的一些数据。但接着，我意识到这个关注只能到此为止了，不仅仅是那时候之前没有历史记载。所以，我把英国内战研究视为一个很不错的项目，并且幸运地发现了哈塞尔·史密斯（A. Hassell Smith）的那本《郡县与法庭》③，他有很多关于地方冲突的数据。我还找到许多二手资料，列举了每天的日常生活细节，还发现当时所有的亲属关系交往网络以及关于教会任免权的所有资料。这样，我就把这些资料与我那时候的思考结合起来，设计的研究项目是关注社会交往网络在历史长时期的相互关系与变迁。

　　那时候我正在指导罗杰·古尔德（Roger Gould）那篇享有盛名的博士论文。他也运用同样的方法，研究美国 1794 年抗缴酒税的威士忌酒反抗（Whiskey Rebellion）④。我与一位名叫卜正民（Timothy Brook）的加拿大汉学家也一起合作过，教他如何运用网络分析方法考察中国的任

　　① Michael Hechter, *Internal Colonialism: The Celtic Fringe in British National Development, 1536-1966*, Berkeley: University of California Press, 1975.
　　② 诺福克系英国英格兰东部的郡。
　　③ A. Hassell Smith, *County and Court: Government and Politics in Norfolk, 1558-1603*, New York: Clarendon Press, 1974.
　　④ Roger Gould, "Patron-Client Ties, State Centralization, and the Whiskey Rebellion", *American Journal of Sociology*, Vol. 102, No. 2 (1996), pp. 400-429; Roger Gould, "Political Networks and the Local/National Boundary in the Whiskey Rebellion", in Michael P. Hanagan et al. (eds.), *Challenging Authority: The Historical Study of Contentious Politics*, Buckingham: University of Minnesota Press, 1998.

免权，后来他写了一本有关明朝晚期的非常重要的著作。① 所以，我们有一个小规模的学术共同体在做历史社会学的网络分析。那时候，约翰·帕吉特（John Padgett）也在那个共同体中，他虽然没有做网络分析，但也经常一起参与讨论。布雷格教授那时候为我们提供技术资源上的支持。当然，哈里森·怀特教授更是一个灵魂式的核心人物，因为他非常喜欢历史课题，也喜欢学习新东西；他总是喜欢历史数据，只要你给他一些新的东西，他总能从这些数据中发现一些有意思的信息。这就是我为什么对最终成为那篇博士论文的选题感兴趣的原因。那时候我犯过一些很大的错误，比如，写的博士论文后来直接被出版社接受出版，而且，出版的书与博士论文完全一致，没有任何修改，这在同行是不多见的。

那时候我去了北卡罗来纳大学，对这本书并不是很满意，但既然被接受了就应该出版，虽然留下很多遗憾。然而，我把这部书稿束之高阁六年，直到 1991 年为止，我从来没有思考过与博士论文相关的东西。与此同时，布雷格教授完成了他的著作②，而帕吉特教授也发表了一篇有关美第奇家族的文章③。这让我觉得，运用社会网络分析做历史研究越来越没有价值了。但无论如何，我还是需要得到终身教职，所以最后就把书稿寄给了出版社。博士论文最后出版时所取的名字叫作《关系成为修辞》（*Relations into Rhetorics*）。④

自从我去了北卡罗来纳大学之后，我就想做对于北卡罗来纳州来说很重要的一个历史课题，而且还受到了北卡罗来纳州的影响。我收集了数以千人计的所有数据，他们参与了美国内战，并且与美国的人口普查有着直接关联。使用个体层面的数据，我运用事件历史模型来预测结果。这个过程非常糟糕，或者说在知识上没有任何挑战，但运用了非常

---

① Timothy Brook, *Praying for Power: Buddhism and the Formation of Gentry Society in Late-Ming China*, Cambridge, MA.: Harvard University Asia Center, 1994.

② Ronald Breiger, *Explorations in Structural Analysis*, New York & London: Garland Publishing, 1991.

③ John Padgett, "Robust Action and the Rise of the Medici, 1400-1434", *American Journal of Sociology*, Vol. 98, No. 6 (1993), pp. 1259-1319.

④ Peter Bearman, *Relations into Rhetorics: Local Elite Social Structure in Norfolk, England, 1540-1640*, New Brunswick, NJ.: Rutgers, 1993.

令人厌烦的方式。所以，我花费很多时间研究美国内战，而且在只发表一篇文章①之后就没再关注这个主题了。我没有收集到任何与社会网络相关的数据，所以需要发挥想象力，并且，通过人口普查人员的运动来把人们的社会关系联系在一起。我还需要设计网络数据来解决模型平衡的问题。我还有流动的数据，并写了两篇关于代际流动的文章，但只发表了一篇②，另一篇被我扔到一边了。然后，我参与设计了这个大型的人口卫生研究计划，关注青少年健康问题，还设计了一个有关泰国的网络元素。这些项目教给我的是，我没法从规范意义上做个体层面的社会学研究，这是一个很大的教训。我认为，我必须从此离开历史社会学领域。

　　然后，我开始再一次关注历史问题。我在胡佛研究所找到已经成为纳粹分子的人的所有日记，所以我们在 20 世纪 90 年代早期花了一段时间研究这个课题。我在 1992 年写了一篇论叙事网络的文章。我有一个坏习惯，喜欢写完了东西就扔到一边，2000 年，在这篇文章写完差不多十年之后，当我的合作伙伴需要晋升终身教职时，我们才把这篇文章寄出去发表。③ 我们在其他几篇文章中都采用转型叙事的方法论来解决几个不同的问题，其中之一发表在《社会科学史》（*Social Science History*）杂志上。④ 但我对历史社会学的兴趣是偶然的、零星的，而不是系统的、连贯的，因为我在 1991—1996 年期间把主要精力用在了青少年健康问题上，也就是说，我只是兼职而不是全职的历史社会学家。90 年代后期以来，查尔斯·蒂利把我引入哥伦比亚大学，就像当年哈里森·怀特引入蒂利一样，但这不是因为我对历史社会学的兴趣，而是因为对社会网络

　　① Peter Bearman, "Desertion as Localism: Army Unit Solidarity and Group Norms in the U.S. Civil War", *Social Forces*, Vol. 70, No. 2 (1991), pp. 321-342.

　　② Peter Bearman, Kevin Everett, "The Structure of Social Protest: 1961-1983", *Social Networks*, Vol. 15, No. 2 (1993), pp. 171-200.

　　③ Peter Bearman, Katherine Stovel, "Becoming A Nazi: Models for Narrative Networks", *Poetics*, Vol. 27, No. 2-3 (2000), pp. 69-90.

　　④ Peter Bearman, Robert Faris, James Moody, "Blocking the Future: New Solutions for Old Problems in Historical Social Science", *Social Science History*, Vol. 23, No. 4 (1999), pp. 501-533.

分析的兴趣。更晚近以来，我研究英国全球化的出现，并且发表了一篇文章。① 如今，我一直在研究奴隶贸易的历史问题，我们已经掌握社会网络的数据，专门讨论300年来每一次航行中从欧洲任何一个地方运送出来的奴隶。所以，我一直有历史的数据库，但这并不是我的全部研究工作。

郭台辉：据说，您在北卡罗来纳大学和哥伦比亚大学都指导过一些非常有前途的年轻历史社会学家。这些学生是来到研究生院后就致力于历史社会学研究，还是在您的指导下才开始对历史社会学感兴趣？

比尔曼：我不这样认为。我觉得，在所有选择去北卡罗来纳大学社会学系读书的学生中，最优秀的都对人口学感兴趣。他们都是人口学专业的学生，并且在研究技术上非常了得。非常典型的是，我过去常常教一门必修的社会理论课程，所以我与他们见面都是在第一年；当然，我能看得出来谁是最聪明的学生，因此就会多灌输一些网络分析和历史社会学的东西。有些学生比较厌烦人口统计学，所以我给他们多安排一些更有趣的历史课题。这对于肯特·雷丁（Kent Redding）的确如此，他现在就职于威斯康星大学麦迪逊分校。他写了一本很重要的著作，研究北卡罗来纳州的权力与种族关系②；约瑟夫·格特伊斯（Joseph Gerteis）在明尼苏达大学任教，他研究劳动骑士团（Knights of Labor）③；罗里·麦克维（Rory McVeigh）研究三K党④，诸如此类：所以，我有很多学生的确非常出类拔萃。我帮助他们找到有意思的问题，但他们从来没有与我一起合作过，因为那时候我并不出名，只是一个助理教授，也没有

---

① Emily Erikson, Peter Bearman, "Malfeasance and the Foundations for Global Trade: The Structure of English Trade in the East Indies, 1601-1833", *American Journal of Sociology*, Vol. 112, No. 1 (2006), pp. 195-230.

② Kent Redding, *Making Race, Making Power: North Carolina's Road to Disfranchisement*, Champaign, IL.: University of Illinois Press, 2003.

③ Joseph Gerteis, *Class and the Color Line: Interracial Class Coalition in the Knights of Labor and the Populist Movement*, Durham, NC.: Duke University Press, 2007. 劳动骑士团，又称劳工骑士团，1869年在美国费城建立的工人组织。

④ Rory McVeigh, *The Rise of the Ku Klux Klan: Right-Wing Movements and National Politics*, Buckingham: University of Minnesota Press, 2009. 三K党，美国一个奉行白人至上并排斥有色人种的种族主义组织。

人愿意与我合作。

值得一提的一件事情是，那时候克雷格·卡尔霍恩在北卡罗来纳大学，而且已经相当有名了，他现在是伦敦政治经济学院院长。有些想做历史社会学的人来到北卡，就是想与卡尔霍恩共事。有意思的是，卡尔霍恩正好在我隔壁的办公室，但我多年来竟然还不认识他，至少在我去那里的四年时间里，还没有与他说过一句话，即使见过面都没有简单打一声招呼。我后来才了解到，他一直在等我去做自我介绍，但我真一直都被蒙在鼓里。所以，虽然我们俩都在北卡罗来纳大学从事历史社会学研究，但前四年的确没有任何合作与交流。碰巧那年我们一起教一门结构与行动的课程，我倾向于结构，卡尔霍恩则倾向于行动，而且课程持续了一年。这是一个非常好的经历，我们俩合作非常愉快，交流很多，也很深入，一起阅读过人类学、社会学、历史学的著作，而且许多学生也参与其中。从那时起，克雷格就拉我入伙，一起指导学生做历史社会学和网络分析，我一直扮演着组织者的角色，他则是支持者。

二、 理论与方法

郭台辉：在《我是如何成为一名历史社会学家的》[1] 这篇文章中，您认为您读研究生时正好赶上历史社会学的"黄金时代"。是什么原因使得那时候的学者对历史社会学有着越来越大的兴趣？更具体而言，您 1985 年在哈佛大学获得博士学位，那时候帕森斯的结构功能主义已经丧失其支配地位，而霍曼斯的行为分析正在声名鹊起。巴林顿·摩尔以及更为年轻的蒂利与斯考切波正在把历史社会学巩固为一个研究领域。那时作为年轻学者的您，是否也认为这是一种您所感觉到的模式？您在前面也提到，您并不满意宏大的比较历史社会学，微观层面的历史问题又不好研究，那么，您当时是如何把自己的研究定位在这个传统中的？

比尔曼：我认为你的判断是对的。历史社会学是我们用来打开学科

---

[1] Peter Bearman, "How I Became An Historical Sociologist, Not", *Comparative Historical Sociology Newsletter*, (May. 2008).

视野、摆脱结构功能主义禁锢——无论是帕森斯还是默顿意义上的——
的最大方式之一。那时候西达·斯考切波是左倾激进主义，而蒂利一直
也是左倾。对于那些左倾的学者来说，运用左倾的学术思想做大范围和
长波段的变迁研究，可以冲破功能主义的封闭理论。所以，历史社会学
是一个很好的工具。那时候我刚刚开始研究历史社会学，但却没有人真
正关注我们现在所做的微观研究。他们所有人都在做宏观层面的历史社
会学，坦率地说，没有人将自己定位在微观层面，没有人要揭示微观层
面的模式如何支撑或导致宏观层面的后果。但是，那时候也的确存在宏
观研究的问题。他们认为历史社会学家的目的是挑战功能主义的霸权地
位，挑战荒诞不经的系统论，其基本策略与方式是关注变迁，通过关注
宏观层面来描述现代世界。简言之，他们都是挑战者。

　　确切来说，巴林顿·摩尔对我个人从未产生过任何影响，也没有什
么启发与意义，斯考切波的书也是如此，因为我不关心这些问题。我也
可以说，查尔斯·蒂利绝大部分的研究对我也没有什么影响，但唯有一
本书的确写得非常棒，那就是《旺代》，做的模型非常漂亮。我认为另
一个人应该列入你的访谈名单中，那就是阿瑟·斯廷奇科姆（Arthur
Stinchcombe）。斯廷奇科姆以前写过一本非常罕见的历史社会学著作，
是关于糖料贸易的。[1] 他完全跳出奥兰多·帕特森那种标准的、大范围
的宏观层次研究。斯考切波与玛格丽特·萨默斯（Margaret Somers）还
有其他人都极力把这个领域界定为宏观层面的比较研究，以至于我们总
是从宏观的历史社会学角度进行比较研究。查尔斯·蒂利做的是中观研
究，另一个关键人物是阿伯特（Andrew Abbott），后者也完全跳出了回
归分析，认为我们应该做序列分析（sequence analysis）。[2] 所以，那段
时期的历史社会学有很多推进，对学术界有很多贡献，后来还有一批更
年轻的学者都受到了斯考切波的影响，诸如纽约大学的古德温（Jeff
Goodwin）和埃特曼（Thomas Ertman），他们是当前做宏观研究的新生

---

[1]　Arthur Stinchcombe, *Sugar Island Slavery in the Age of Enlightenment: The Polit-ical Economy of the Caribbean World*, Princeton, NJ.: Princeton University Press, 1995.

[2]　Andrew Abbott, *Time Matters: On Theory and Method*, Chicago: University of Chi-cago Press, 2001.

代人物。但我并不很关注斯考切波的研究。

郭台辉：您与赫德斯乔姆一起主编了《牛津分析社会学手册》。您是把"分析社会学"看作系统重构传统社会学的一种努力，还是仅仅作为诸多正统方法中的一种？换言之，这本书是你们不满意当前社会学缺乏一种分析维度的表现吗？历史社会学应该从分析社会学中吸收到什么？

比尔曼：分析社会学是摆脱我们理解事物方式的另一种策略。我对分析社会学的一种观点是，我们感兴趣的是从微观过程来解释宏观层面的后果。我终其一生都将会是一名分析社会学家，我的博士论文就非常明确地表明了这一点。分析社会学可以准确解释微观层面各种关系的结合如何产生宏观层面非常不同的结构及其后果。我认为对于历史社会学家来说，关注机制应该是很不错的，因为机制的观点必然涉及历史的过程，就必然与历时性融合到一起。从韦伯意义上来说，分析社会学与历史社会学在微观与宏观之间是一个自然的亲和关系。如果说二者没有亲和关系，那是因为有一半的分析社会学家都倾向于理性选择学派。这是非常愚蠢的，他们不知道语境的作用。但真正的分析社会学应该对历史社会学有着非常同情的态度，虽然这种同情不是针对斯考切波所做的研究而言的。我认为，斯考切波做的研究依然是一种回归形式，仅仅是一种结合形式、一种机制，而不是叙事的观念。我认为我们应该超越这种研究，应该具体到事物是如何展开的。

郭台辉：与欧洲的社会学相较而言，美国的社会学似乎高度专业化，或者甚至碎片化，比如美国社会学会就有 50 多个分会。这是美国社会学的特色吗？您如何评价欧美之间的这种截然差异？

比尔曼：有关社会学碎片化的特性，我认为这是一个非常有意思的问题。美国社会学的确有很多分会，这里有制度因素在起作用。社会学是一个相当大的学科，内在差异非常大，涉及权威、地位和工作条件。

① Peter Hedström, Peter Bearman (eds.), *The Oxford Handbook of Analytical Sociology*, Oxford: Oxford University Press, 2009.

大多数社会学家都很难在《美国社会学杂志》（*American Journal of Sociology*）上发表文章，也没有这个能力。但数以千计的社会学家都在一些小规模的州立大学任教，他们最大的愿望和成就就是想在美国社会学会办的杂志上发表一篇论文，真正的目的是获得终身教职，而社会学会恰恰是可以帮他们提供向上流动和身份认同的平台。所以他们自己创建或者加入一个分会，并且非常成功地成为分会的秘书长或骨干成员。然后，他们回到自己的学校就可以说："我现在是分会的理事会成员。"我们发现很多教师都通过这种方式寻求向上流动。我认为，这在欧洲不太现实，因为欧洲的社会学会很少发展分支，就业条件更为公平，发表成果的预期与不公正分配也没有那么明显。所以，如果你在德国南部的图宾根大学，或者在英国的利兹大学或曼彻斯特大学，这些都是非常有名的大学，但它们的规模并没有美国大学那么大，对成果指标的量化程度也没有我们那么明显、那么功利。所以，这也许是一个制度的原因。当然，欧洲没有数学社会学，没有很多高等的技术科学成分，我们却有动物社会学分支，这是非常滑稽可笑的。我认为，那只是因为人们想极力归属于某些团体，比如，教堂里有 7000 多的动物保护人士，每个人都想获得一些符号或标记来突出他们的威望与身份认同。

郭台辉：社会学不仅在研究主题上分化严重，而且在分析策略上也鲜有共识，比如定量与定性、微观与宏观、行动与结构、小样本与大样本之间。您如何对待这些分化？您的结构与网络分析是否可以成功地综合或容纳这些分化？

比尔曼：理论可以让你不断否定所观察到的事物与观念。如果我有一个很强大的理论，就可以拒绝考虑所有数据。可以想象一下，我秋天到公园去散步，观察到从树上掉下来的树叶，有些落下来，有些飘起来，还有些掠过地面。如果我没有一个理论，我就需要把所有这些落叶的情景全部记录下来，然后进行定量统计的描述；接下来，我才能做一个社会学家要做的事情，也就是说，尽力分析并区分三种落叶的不同属性及其最终结果；然后我才能推断，褐色的叶子飘起来，绿色的落下来，而红色的沿着路面移动；最后我就要开始建构一个理论，理解为什么存在三种不同的落叶情形。但如果没有一个有关树叶的解释模式，就不可能得出一个有关我所看到的完整场景。在这个意义上，定量分析本身是非常强有力的理论工具，可以把所有的事实做成回归分析，使事物在个体层面上的所有特征都具有稳定性，虽然它们并没有在我的模型中发挥作用。

但是，花那么大的功夫去发展出一个有关落叶的理论，值得吗？如果我们事先就知道地球的万有引力理论，那么就没必要注意秋天的叶子如何落下来。因为即使不去做任何实验我们也可以知道，不管是绿色的还是红色的，树叶最终都要落在地面上。我也没有必要花费毕生之力去描述树叶。这就说明，在定量分析之前要以定性研究为基础，丰富的定性思想加上强大的定量理论才能做出真正有意义的科学研究。如果仅仅运用定量模型，就必然要对重要的现实做一些修改或破坏。所以，问题在于事先要考虑所研究的问题是否重要。树叶的例子告诉我们，除了某些特殊情况，这根本不重要。实际上，定性与定量的划分只是因为人们不理解什么是理论罢了。

至于微观与宏观的关系，我无法想象一个简单的宏观研究会有很大说服力，还是让我们在微观层面思考问题吧。我认为，我们所生活的世界是由人们的行为建构的，所以，我一直想建立一种相互联系即社会网络分析。所有社会网络都是微观的，都以关系为基础，但可以积累成一个更大的图表。图表的模式是形成关系的背景。网络分析是一种思考方式，属于定量分析，因为你需要思考相互关联的纽带类型。但社会网络分析又是定性的，因为这是一种模式与关系的分析。这就是关系社会学非常重要的原因。

三、历史

郭台辉：您的博士论文即第一本书是考察 16—17 世纪的英格兰，您在哈佛大学研究生院的两位同学金世杰和理查德·拉克曼也都关注同一个国家的同一历史时期。这是一种巧合吗？你们三个人的研究方法与结论有何关键的共同点与差异？

比尔曼：理查德的博士论文①写得非常漂亮，非常简洁，四平八稳，可分析性强，但却不是一种分析社会学的类型，他所感兴趣的问题也是非常不一样的。他没有运用人际关系的各种数据，但却是通过人际关系来思考的。他与我拥有同一个导师，都是哈里森·怀特。但坦率地说，我们俩从来没有相互讨论过学术问题。至于我的博士论文选题确实有一点与他相关，第二章是重新分析理查德那本书所谈到的内容，因为他文中没有使用网络分析。一天下午，我无所事事，博士论文又毫无进展，哈里森在同学当中对着我吼："做点事情啊！"但与拉克曼讨论几个小时下来，我根本不喜欢他的研究，这并不是我与他的关系不好。虽然我觉得他为人很不错，他的书也写得很好，但我认为我们从未谈到过英格兰，所以他对我没有什么影响。

金世杰根本就是错误的，我做研究的时候从来不看他的东西，虽然他也做模型。他仅仅有 0.99 的系数，就用人口增长来解释 99% 的变数。所以他无所作为，我也从来没有与他真正交流过，而且，在许多方面我的确很不喜欢他的研究。金世杰比我大一些，所研究的主题与我的有很大差异。但是，我们所有人都知道为何这段时期非常重要。英国国内战争是现代宪政第一次出现的历史时期，所以是一件重大的事件。而且以前只出版过有关此次事件的纪念性著作，比如沃尔泽（Michael Walzer）那本令人难以置信的书就是论清教徒的革命。②

许多聪明的人都对宪政的出现充满兴趣，而且，也有一些没有掌握英语语言技巧的法国人在研究英格兰。查尔斯·蒂利除外，他是精通法语但又能同时用英语与法语写作的美国人。理查德·拉克曼也可以做到这一点，而且他的确非常聪明，他的第二本书③也非常棒，是历史社会学的杰出典范；在其中他的确运用了网络分析，但并没有运用数学的技巧。我可不懂法语，也不懂德语；而且，我与哈里森·怀特非常相似，

————————

①　Richard Lachmann, *From Manor to Market: Structural Change in England*, *1536-1640*, Mandison: University of Wisconsin Press, 1987.

②　Michael Walzer, *The Revolution of the Saints: A Study in the Origins of Radical Politics*, Cambridge, MA.: Harvard University Press, 1965；中文版参见迈克尔·沃尔泽：《清教徒的革命：关于激进政治起源的一项研究》，江东兴等译，商务印书馆 2016 年版。

③　Richard Lachmann, *Capitalists in Spite of Themselves: Elite Conflict and Economic Transitions in Early Modern Europe*, New York: Oxford University Press, 2000.

都以同样的方式思考问题。哈里森·怀特还有一个学生真的非常优秀，名叫迈克尔·施瓦茨（Michael Schwartz），他早年研究激进的社会抗争[1]，这非常接近我的研究，他是哈里森·怀特与查尔斯·蒂利在哈佛大学时候共同指导的博士生。我认为，我们全部的人都研究同一个国家和一段时期是属于巧合，我从来没有与上述这些人讨论过学术问题。我当时只与从事中国历史研究的卜正民、从事分析马克思主义的迈克尔·梅西（Michael Macy）[2]交流，也还经常与一位建筑史学家聊天。所以我与拉克曼和金世杰之间都没有什么实质性的来往。

郭台辉：您在博士论文即第一本书《关系成为修辞》中并没有使用一手资料，而是依赖二手数据，主要是来自哈塞尔·史密斯那本《郡县与法庭》所收集的数据。然而，历史学家的数据也往往存在争议。所以，您当时是如何做出决定的？

比尔曼：当时，哈塞尔·史密斯在西北大学研究这个问题已有30年了，我做不到这一点，所以我在博士论文中所运用的主要数据是二手记录，而且采信了哈塞尔公开的所有会议数据。这些数据是我的因变量，所以，我认为他所做的工作非常杰出，没有考虑太多。我揭示的问题是，运用网络分析方法，探讨长时段的百年历史，解决英国历史上那个时期的一个重要问题，即在主流的革命话语背后，哪些利益群体受损、衰落或兴起了。在《关系成为修辞》一书中我极力表明，没有一个贵族群体衰落，他们始终都是受益者，并且对自我群体的身份有着高度认同。所以，我从来没有想过要收集数据，而且，我也不可能去做收集数据这类事情。

我们发表了一篇有关英国全球化与东方贸易的文章[3]，是研究

① Michael Schwartz, *Radical Protest and Social Structure: The Southern Farmers' Alliance and Cotton Tenancy*, *1880-1890*, Chicago: University of Chicago Press, 1988.

② Michael Macy, Andreas Flache, "Social Dynamics from the Bottom up: Agent-Based Models of Social Interaction", in Peter Hedström, Peter Bearman (eds.), *The Oxford Handbook of Analytical Sociology*, Oxford: Oxford University Press, 2009, ch.11.

③ Emily Erikson, Peter Bearman, "Malfeasance and the Foundations for Global Trade: The Structure of English Trade in the East Indies, 1601-1833", *American Journal of Sociology*, Vol.112, No.1 (2006), pp.195-230.

1600—1815 年间东印度公司向东方渗透的。我运用什么数据呢？我的确是有点投机，喜欢打擦边球。在东方历史档案中，我们发现一本有关航海、船长、航行路线和港口的书，而且有人已经把它数据化了，这属于二手资料，但我却毫不怀疑地用上了。直到现在，你应该可以知道我的兴趣了。换言之，我的兴趣与特长不在于收集自己的数据，而在于分析某种数据。

我发现有一个人类学家非常值得敬佩。他在澳大利亚一个不知名的小岛上生活了 20 年，而且是与一个部落在一起。他收集到了大量数据，并且回来之后出版了有关于此的唯一一本著作，在书的封底绘制出岛上所有人的 220 种亲戚关系及其构成因素。所以，我完全相信这个数据是真实的，就毫不犹豫地采用了。我可以为了写一篇文章而去那里生活 20 年吗？这对于我来说非常滑稽，也是没有任何效率和意义的。

郭台辉：历史社会学家可以从人文学科或者甚至自然科学中吸收方法和理论吗？社会网络分析是否可以为这种跨学科的研究提供一种平台？

比尔曼：社会网络分析的确是一个平台，因为从社会网络方面来思考的结构主义者或者关系社会学家拥有一种特殊的思考方式，这是表明社会结构与社会关系相互关联在一起的一种承认方式，因此，对于所有不同主题与所有不同关系来说是一个平台。我告诉我的学生，他们不一定真正需要阅读很多社会学的文献，但应该走出去看看植物研究和动物研究的杂志，因为在那些杂志中有很多模型。我认为，这些自然科学的模型对于他们理解社会生活的关系及其研究很有帮助。有意思的是，研究诸如牛这类大型动物的人，在心里有一个理论模型，知道那些牛在某种场合会出现什么情况，它们彼此如何沟通交往，而且，他们在研究过程中会发现几种模式，知道牛彼此之间如何发出并接收信号。如果我们有这些模型，也可以做许多非常有趣的东西。

所以，我很少阅读许多社会学的文献，但看很多社会学之外的东西，寻找有趣的模型。我研究的项目之间看起来有很大差异，但内在都有联系，而且对我来说是一样的。我并不关注所研究的因变量，而是尽力找到大家认为很重要的东西。这就是我当初博士论文研究英国革命，而后来在北卡罗来纳州大学时研究美国内战的原因。我现在研究自闭症与自我中心主义，因为人们认为这对于日常生活很重要。虽然英国革命、美国内战与自闭症都很重要，而且之间的确存在很大差异，但我并不在乎研究对象是什么，反正都是运用网络分析方法并找到解释模型。

郭台辉：如果回到 1978 年，历史学家阿瑟·斯廷奇科姆有一句非常有名的话，"人们不是运用理论来研究历史，而是用历史来发展理论"①，以此来警告当时正在从事历史社会学的年轻人。30 多年之后，历史学家是否遵照或依然拒绝这种宣言，历史社会学家能否解决在历史与社会理论之间徘徊的困境？

比尔曼：这句名言的确很经典，寓意深长。对于卡尔·马克思、托克维尔、马克斯·韦伯和涂尔干来说，他们的确是用历史来发展理论，他们的理论是历史理论，理论都为历史进程所推动。韦伯的理论是关于理性化的历史进程的理论；托克维尔的是关于民主化的历史进程的理论。所以，他们的理论是历史的，历史是用来发展理论的。这对于我们许多社会学的开山鼻祖来说都是这样。历史社会学就是这种认知方式的一种驯化版本。现在，有些所谓的历史社会学家是用理论来解释历史中的某些现象，我认为他们的确是搞错了。我觉得，历史社会学可以证伪那些已经很混乱的主张。现在，人们做社会学研究的方式可以说："哦，历史社会学是我们研究过去的一种方式"，而不是"历史社会学应该像一个时间如何创造对象的理论，而不管这个理论是过去还是现在"。那就是历史社会学。我并不关心历史社会学出现了什么问题，我也不是比较历史分析的狂热崇拜者，但那句名言的确是很不错。

郭台辉：我正在研究中国与日本现代早期诸多概念的形成与传播，诸如公民、民族、人民、国家、权利，这些西方文明中的概念在翻译时是用传统中国的汉字在变换组合之后的语词来对应的，但含义已经发生

---

① Arthur Stinchcombe, *Theoretical Methods in Social History*, New York: Academic Press, 1978, p.1.

很大变化，译者与运用者根据自己的理解来阐释主张。换言之，在不同的社会、不同的时期，概念有着变动的含义，在东亚内部以及东西方国家之间都是如此，这些概念结合在一起可被视为一个象征网络结构。我是否可以运用您的网络分析方法来阐释概念之间的关系，包括概念与概念之间、概念与历史时期之间、概念与社会事件之间，如何运用？

比尔曼：你这项研究很具前沿性，很有意义。你可以考虑把文本、语境、事件与人结合起来研究。你了解莫尔（John Mohr）的研究吗？不妨看看他那篇有关意义结构的文章[①]，对你的研究有方法论上的参考价值。我认为，如果你想从传统的方式来研究这个主题，可以采用一种分段方式，按照不同阶段来阐释所有这些不同的概念，而你的作用就是找到不同的概念来源和文本作者。这是莫尔所使用的一种策略，政治学也有一些文章在做这个工作。显然，另一种方法是把你的诸多概念视为彼此直接相关的群体，可以把相同位置与来源的概念放在一起，把彼此的关系疏密程度展示出来，再用某种方式把它们都关联起来。我现在就是用这种方式来做，没什么差异。

我有许多关于16—19世纪英格兰每个牧师日常活动的资料。每次牧师布道时，他们都有一个参考的《圣经》文本，也有布道时所说的具体内容，比如上帝、仁爱、忠诚，所有那些都是道德概念。所以我们正在创建一个网络，把这300年来的牧师、概念与文本关联起来，努力理解这些道德概念是如何呈现的，通过彼此的重叠和相同的文本如何达到彼此关联的。我认为你可以做这个工作，虽然很不容易，但我们可以帮你做得很漂亮。当然，标准的方式是确立一个需要研究的问题，把你的主要兴趣分解开来，建立一个普遍有效的图表样本框，通过展示历史事件对知识精英以及文本的影响特征，设定不同的动态样本框。这样就把不同时间段的概念与历史事件联系在一起，确立了概念、文本作者和历史事件之间的联系，构成几个移动但可以比较的网络结构。这种方式是我们运用比较多的，我的第一本书就是采用这种方法完成的。

你可以做的第三种方法是，按照历史进程不断移动样本框，让变动

---

① John Mohr, "Measuring Meaning Structures", *Annual Review of Sociology*, Vol. 24 (1998), pp. 345-370.

的网络结构告诉你事件是在何时发生的。这属于时间系列分析，有另外两个重要的学者在做这方面的研究[①]，他们也运用这种移动的样本框，但不是网络分析。如果你用这种方法，文章就做得很漂亮，将是一个重要突破，但必然是一个巨大工程。简言之，你这个研究非常有意义，但也很艰难，布雷格和莫尔两个人现在是这个领域的领军人物，都会很有兴趣帮忙解决问题的。

四、结构

郭台辉：您在一篇文章中自称为结构主义者，您的方法在何种意义上不同于诸如帕森斯时代的结构主义，又与其有何共性与差异呢？

比尔曼：我相信存在各种各样的结构，我们的任务就是重新展示和评价日常生活中的这些结构，这也是我现在所做的工作。如果我不展示和评价一种结构，我就可能做错误的事情。所以，我认为哈里森的学术责任就是呈现结构，因为我们需要用各种方法与模型来阐释结构。但是我们感兴趣的结构不同于物理学家们所做的网络分析，虽然诸如伯特（Roland Burt）和罗奇（D. Ronchi）等人很喜欢物理学的网络分析。[②] 他们感兴趣的是活动的事实，关注彼此关联的人们的行动，但那不是结构。如果结构没有联系的纽带就会出现黑洞，因而是很荒唐的。我对黑洞与结构很有兴趣，这可能与哈里森·怀特以前思考的问题很一致。但20世纪90年代之后的哈里森·怀特更喜欢关注身份控制问题，但我对此不了解，也不能理解，我相信他的研究应该是很有深度的，只是我不能明白。所以哈里森把我们远远抛在后面。

郭台辉：社会学家试图超越结构主义与行为主义之间、社会结构与能动性之间的分析性界限。您的社会网络分析是否可以作为连接结构一

[①] Larry Isaac, Larry Griffin, "A Historicism in Time-Series Analysis", *American Sociological Review*, Vol. 54 (1989), pp. 873-890.

[②] Roland Burt, *Neighbor Networks: Competitive Advantage Local and Personal*, New York: Oxford University Press, 2010.

行动的桥梁？

比尔曼：这是社会学领域经典而充满前景的问题。社会学的目的是摆脱这种分割，换言之，我们应该集中于机制，找到行动如何积累为结构。我并没有发现这是什么鸿沟，而且也不存在真正的鸿沟，实际上，所有的分析社会学家和社会网络分析家都认为二者不存在鸿沟，相反，人们正在努力把二者连接起来。如果有人要解释一种社会现象，就不得不同时涉及结构与行动两个方面，所有人都像查尔斯·蒂利及其追随者一样，非常在乎这一点，但我并不关注，因为结构与行动之间的分割本身是不存在的。

郭台辉：在您的论文《社会抗争的结构：1961—1983》[①] 中，您认为，研究社会运动的学者需要对抗争发生的情境更为敏锐，而这种情境就是社会抗争的结构。那么，在具体的抗争运动中，您如何区分结构与情境呢，或者反过来说，情境在何种程度上可被视为结构？

比尔曼：显而易见的是，研究社会运动的学者常常把结构等同于情境，但我不这样认为，因为对于二者的相关性有一种理论上的要求。所有的社会现象都发生在一定的情境中，但我真正关心的东西是结构。这是一种弱结构的理论。我认为历史学家或政治哲学家们诸如邓恩、波考克和斯金纳等的语境主义就是我们所要求的主张。对于他们而言，所有东西都存在于一个情境中。

五、社会网络

郭台辉：您应该是哈里森·怀特的得意门生之一，也可能是最了解他的人之一。那么，您如何评价哈里森·怀特对社会学的贡献？您在哪些方面发展或挑战了他在社会网络分析以及其他研究方面的理论与方法？

比尔曼：如今，哈里森·怀特已经老态龙钟，体弱多病，而且有点

---

① Peter Bearman, Kevin Everett, "The Structure of Social Protest: 1961-1983", *Social Networks*, Vol. 15 (1993), pp. 171-200.

神志不清了。但是哈里森·怀特是过去 100 年，至少也是 50 年以来最为重要的社会学家之一。他在关系社会学与网络分析领域超越了一切研究，我们现在学习哈里森的"流动链条"概念，那都是他年轻时期创造的，而且他培养出了社会学界最优秀的学生。他的学生包括弗雷德里克·高达特（Frédéric Godart）、迈克尔·施瓦茨、约翰·莫尔、罗纳德·布里格、理查德·拉克曼（Richard Lachmann）等等，一个接一个。他真的是社会学界的巨匠。我认为我无法挑战他的理论，也难以发展他的思想，因为我只是擅长于解决经验问题，从来就没有想过要像哈里森一样。但哈里森却致力于成为一名伟大的理论家，我没有那种奢望；我可能比哈里森解决了更多实际问题，但不可能有他那种贡献。他的贡献是巨大的，目前的社会学研究似乎没有不受他影响的。当然，哈里森在 20 世纪 60 年代也写过社会学与历史社会学方面非常重要的文章，我不记得具体叫什么标题了，而两个主要偏向于历史经验的著作是《机会链》① 和《认同与控制》②，他还写过艺术史方面的著作③。他并不在乎历史研究，虽然他写过许多历史方面的著述——对他来说研究历史简直就是疯了。可能是因为他太聪明了，因此觉得只简单地做些"算术题"简直是浪费人才。

郭台辉：我从您那篇题为《克隆无头青蛙》④ 的文章中受益不小。我认为您的观点是，在人们的关系网络中肯定存在某种权力/支配/权威，也存在中心—边缘结构。然而，在多层并重叠关系的复杂结构中，我们是否有可能测量关系网络的密度，是否可以确定网络中的权威或支配来源？

① Harrison White, *Chains of Opportunity: System Models of Mobility in Organizations*, Cambridge, MA.: Harvard University Press, 1970; 中文版参见哈里森·怀特：《机会链：组织中流动的系统模型》，张文宏等译，格致出版社 2009 年版。

② Harrison White, *Identity and Control: How Social Formations Emerge*, Princeton, NJ.: Princeton University Press, 2008.

③ Harrison White, Cynthia White, *Careers and Creativity: Social Forces in the Arts*, Boulder: Westview Press, 1993.

④ Peter Bearman, Paolo Parigi, "Cloning Headless Frogs and Other Important Matters: Conversation Topics and Network Structure", *Social Forces*, Vol. 83, No. 2 (2004), pp. 535-557.

比尔曼：我并不知道是否可以在关系的数据中测量非对称性，而且权力和权威都是产生于非对称性的关系中的。我认为权力与权威跟那些关系的密度毫无关系，反而与稀疏程度有关。你可以通过测量关系数据中的非对称性来识别权力的位置，但没法必然与密度关联起来。我对你提到的这篇文章并不很满意，因为如果我的文章是发表在诸如《社会力量》（*Social Forces*）一类的杂志上的，就肯定不是让我满意的，它只是一个有意思的观点，而且我从来不会把自认为好的文章给这类杂志；因为那些文章只是我在收集网络数据时的想法，并且是问人们"你在讨论什么问题"，这样一些文章并没有真正解决问题。让我满意的论文都发表在美国社会学会办的《美国社会学杂志》上。那篇文章只是揭示一个想法，认为除了那些优先考虑的文化模式之外，我们所想象的东西都是真实的，所以那不是一篇优秀的论文。况且绝大部分时候，这类成果都是应付之作，是出于合作者找工作或者获得终身教职的需要而写的。

不过，另外一点是对的。综合社会调查（GSS）网络在中国做得非常庞大且惊人，但那毫无意义，只是觉得很疯狂。我们需要使用在文化上非常具体而有意义的数据，因为网络是两个人之间的一种纽带与联系，而与这类纽带相关的数据需要展示出其丰富的意义。但这些数据对于讨论中国的重要问题来说毫无价值、不得要领。如果你了解一些不同于结构的情境，并且通过运用情境性和地方性的丰富知识来测量这种结构，你就可以知道纽带是很重要的，然后你才能测量结构。在这个方面来说，情境是不同于结构的。我认为那种方法也存在其局限——如果你知道那种情境中的各种纽带类型，你就应该明白结构，就可以比较其他地方做出来的结构，即使纽带关系不一样，因为纽带仅仅是我们用来构成各种关系的语言，可以是仁爱、忠诚，所有这些都只是文化中的具体语言。

所以，我认为这不会太限制我们的研究，实际上这种研究可以告诉我们更多东西，而不仅仅只是到处运用这种方法。这也是我所喜欢的历史社会学。在过去，人们总是要社会学家想得更多一点、更全面一些，但社会学家不能仅仅把每个人都想象成一个理性的行动者，这恰恰是金世杰研究中的毛病之一。这是一种自我陶醉。他总是运用当前人们的思维，拿现代人与 400 年前的人做比较。我的意思是，我们应该对不同文化中的知识有一些了解，这样才能做出某种正确的判断。比如，你研究近代中国的概念史，并且对同一时期的中国与日本做比较研究，讨论相同的概念有着不同的含义，这就相当合理。然后，你以此为基础，考察某一个概念如何限制了其他概念的意义，逐渐发展出更大和更多的比较。但是你首先得从一个小案例和小规模的分析开始研究。

六、 结论

郭台辉：最后您能否总结一下您对历史社会学的贡献，您正在进行哪些历史社会学方面的项目？

比尔曼：我认为我对历史社会学的贡献不大，但概括起来也有一点点，主要是推崇历史过程的微观分析。我要尽力证明，我们可以做长波段的微观研究，可以研究宏大问题背后的微观进程。我有些学生比我做得更好更漂亮，所以，我的贡献是帮助他们做出优秀的成果。我们现在关注三个历史方面的项目。第一个是关注《圣经》中所有在历史上——尤其是在 17—19 世纪的英格兰——被运用的道德概念，诸如罪恶、忠诚。这个进展非常顺利。第二个正在做的项目是大西洋地区的奴隶贸易研究。我们建立了 2000 多次航行中的船主网络，他们从欧洲到非洲去抓奴隶并且把他们带到美洲。我们关注的每一艘船都参与了这项运载数以百万计的奴隶的罪恶活动，而每艘船的所有权归属于一二十个人。因此，我们发展出一个覆盖 200 多年不断流动的船主网络。第三个项目是与另一组学生一起做的，主要关注北爱尔兰地区的冲突时期，因此是一个更为晚近的历史。关于新教徒与天主教徒在北爱尔兰地区的冲突，我们收集到了各种关于"伤害"的数据，也就是关于谁在何时何地杀死谁。我们正在对冲突的展开过程进行模式设计。当然，我还正在做一些其他项目，比如一个处私刑的课题——在美国南部有些黑人被白人处以私刑，我们为此建立一个数据库，关注每一次私刑的形成过程。我们发现，白人有时候尝试对黑人处以私刑，但不总是成功。我们的目的是让所有人都能避免这种灾难，制止私刑陋习的延续，以前从来没有人关注过这方面。

第九章　家族式国家、帝国、现代性

——耶鲁大学朱莉娅·亚当斯

朱莉娅·亚当斯

郭台辉与朱莉娅·亚当斯合影

　　朱莉娅·亚当斯（Julia Adams），1990 年获得威斯康星大学社会学博士学位，之后在密歇根大学从事教学与研究长达 14 年之久，2004 年被聘为耶鲁大学社会学教授，致力于发展该校社会学系的历史社会学方向。亚当斯教授在美国社会学界的知名度很高，其管理、组织与沟通能力都很强，曾担任过美国社会科学史学会的副主席与主席，在接受我访谈时为耶鲁大学社会学系系主任。亚当斯教授的研究领域包括历史社会学、社会理论、性别研究、政治经济学、殖民主义与帝国、全球与跨国政治、近代欧洲的国家形成等。她是美国历史社会学领域的重要人物，但她把历史社会学与文化阐释结合起来的尝试也引起了各种争议。

　　亚当斯多次获得过历史社会学会巴林顿·摩尔图书奖，其代表作《家族式国家：近代欧洲的统治家族与商业资本主义》（*The Familial State: Ruling Families and Merchant Capitalism in Early Modern Europe*）提出了新的概念和视角，对西方国家形成领域的主流研究及其认识论假设构成了根本性的挑战；其合编的《重塑现代性：政治、历史与社会学》（*Remaking Modernity: Politics, History, and Sociology*），主持的"政治、历史与文化"丛书以及创办的杂志《社会与历史比较研究》（*Comparative Studies in Society and History*）对学术界产生了很大影响。亚当斯的一系列研究着重反思过去半个世纪的历史社会学发展，为社会科学与人文学科搭建起桥梁，更深远地推动历史社会学的发展。

　　亚当斯教授对历史社会学的最突出贡献之一，是把历史社会学的知识运动划分为三次浪潮，她将 20 世纪 90 年代的文化分析、社会网络分析、后现代分析视为第三次浪潮，认为这不同于七八十年代遵循韦伯主义与马克思主义的结构分析以及五六十年代的现代化理论。但亚当斯承认，她当时的概括范围并没有涵盖非西方世界，也没有重视人文科学和自然科学对历史社会学的推动作用；同时，与很多抵制理性选择理论的历史社会学家不同，亚当斯教授认为理性选择理论在历史社会学中还有继续探讨的空间，所以她尝试从社会行动和代理机制层面来发展理性选择理论——当然这是很有争议的。

　　亚当斯给人最深刻的印象是笑容满脸，为人非常和蔼真诚，乐于助人。笔者于 2011 年 12 月与她取得联系之后，就一直得到她各种关心和帮助。一方面，她帮笔者推荐并联系其他声名显赫的历史社会学家，比如哥伦比亚大学的彼得·比尔曼（Peter Bearman）和凯伦·巴基（Karen Barkey），此两者本来对笔者的访谈计划有所顾虑，但因为亚当斯的引介而欣然接受。更重要的另一方面是，当亚当斯了解到笔者这个访谈项目没有任何经费的支持，完全是个人的兴趣使然后，她不仅主动提出提供纽约至纽黑文的往返路费，条件是评论一场有关中国研究的工作坊，还帮忙落实另两个受访者沃勒斯坦和菲利普·戈尔斯基（Philip Gorski）的访谈时间，我从而顺利完成了 2012 年 4 月 23 日一天访谈三位对象的计划。此外，亚当斯教授还鼓励笔者出版访谈录的英文版，在策划出版方面提供了很多建议。

一、背景

郭台辉：作为一名历史社会学家，您的学术生涯主要受到谁的影响？

亚当斯：你没有问我的童年时代，如果讲起来，那可真的是一个很长很长篇幅的访谈。我以前读了很多重要的历史文学作品，了解很多文学作家。确切来说，除了众所周知的莎士比亚之外，我还读过罗纳德·韦尔奇（Ronald Welch）的《十字军骑士》，还有托尔金（John Tolkien）的《魔戒》，等等。文学家笔下的历史虽然有点夸张和虚构，但可能比正统教科书提供的史学知识更为真实和亲切。他们从人们实际生活的历程出发，给我们提供更多的历史想象空间，为我后来的许多历史研究奠定了认识论基础。

还是让我迅速进入直接影响我学术训练的研究生阶段吧。当我开始接受历史社会学研究的训练时，我已经完全具备了基本的学术素养，包括良好的历史学意识、结构主义文献分析、哲学和古典社会理论，当然，马克思与韦伯对我尤其重要。但是，我要说的是，当20世纪80年代初我在选择博士论文方向的时候，也发现社会科学史方面的一些专门著述很有启发。一个是佩里·安德森的《绝对主义国家的系谱》[1]；另一个是罗伯特·布伦纳（Robert Brenner），他研究欧洲封建社会向资本主义的转型[2]；第三是斯考切波那本成名作《国家与社会革命》[3]；最后，我必须提到《资本主义发展中的革命》，这是我本科时期的老师马克·戈尔德（Mark Gould）研究英国革命的杰作[4]。

---

[1] Perry Anderson, *Lineages of the Absolutist State*, London: New Left Books, 1974; 中文版参见佩里·安德森：《绝对主义国家的系谱》，刘北成等译，上海人民出版社2001年版。

[2] Robert Brenner, "The Origins of Capitalist Development: A Critique of Neo-Smithian Marxism", *New Left Review*, Vol. 104 (1977), pp. 25-92.

[3] Theda Skocpol, *States and Social Revolutions: A Comparative Analysis of France, Russia, and China*, New York: Cambridge University Press, 1979.

[4] Mark Gould, *Revolution in the Development of Capitalism: The Coming of the English Revolution*, Berkeley: University of California Press, 1987.

最令人兴奋的文本可能往往是那些不但给人启迪，而且还富有建设性的刺激的作品。比如我很欣赏《绝对主义国家的系谱》，因为安德森阐明国家形成如何在政治上回应由贵族在经济上发起的挑战，反映了长期被忽视的法理传统在社会危急关头能够得到光复，比如说罗马法。但是，在所有已有文献中，我也深刻批判两种关键的沟壑或压制。第一个是把转型的经验叙事完全归因于具体统治阶级的家族血缘关系的兴衰命运，但事实上并没有这样记载，在理论上更不能那样理解。那时候，我发现史学家大量忽略了那些信息，这在根本上会如何改变我们对大规模政治经济变迁的理解呢？对我来说，这是一个非常有意义的时刻。第二个被压制的是帝国的作用。我认为，这方面的文本并非每一个历史社会学家都喜欢，但我恰恰集中关注到这方面的研究。

郭台辉：您是在威斯康星大学完成您的博士论文，后来又任教于密歇根大学和耶鲁大学。这三个社会学系似乎都是历史社会学的研究重镇，但它们各自有何独特的研究特点？

亚当斯：我们很容易比较威斯康星大学与密歇根大学两个社会学系的差异，二者都是规模很大的公立大学，都具备美国中西部经验研究传统的特点。我还在读研究生的时候，威斯康星大学在学术界的亮点一般是广泛关注阶级、社会分层和社会转型。这个研究传统在知识上来自几个方面，但尤其来自与阶级分析和历史变迁研究相关联的学者，还有那些以定量方法关注美国社会流动的学者。前一传统始于埃里克·奥林·赖特（Erik Olin Wright），而后者的代表人物为大卫·费瑟曼（David Featherman）、豪泽（Robert Hauser）及其学生们。但是，无论是从马克思主义还是从主流社会学的角度，所有人都会涉及研究社会分层的发展问题。此外，我在威斯康星大学社会学系的那段经历非常重要，主要是从琳达·戈登（Linda Gordon）、迈克尔·麦克唐纳（Michael MaCdonald）、苏珊娜·德桑（Suzanne Desan）等人的著述中学到大量的东西。

密歇根大学比威斯康星大学更重视跨学科研究，对于那些参与其中的学生来说更有意思，也有着丰富的比较优势。当 1990 年我去安娜堡

(Ann Arbor) 时，密歇根大学的文化转向正处于高潮阶段，来自社会学、历史学、人类学、政治学理论和人文学科的学者都汇集在一起，争论文化与历史在社会解释与文化变迁中如何相互吻合。这是一个相当激动人心的时期，至少对我来说是一个知识上的挑战，因为我一直对文化阐释的理论充满兴趣，尤其包括那些突出社会性别与生理性别的研究，但我从来没有把那些研究与政治经济学结合起来。所有这样的研究都围绕专业院系以及密歇根社会转型研究中心（CSST）而展开。此外，我与同事乔治·斯坦梅兹（George Steinmetz）一起主编过一套题为"政治、历史与文化"的丛书，在杜克大学出版社出版，这与社会转型研究中心的研究是结合在一起的；而且还主编过一份长期经营的著名杂志《社会与历史比较研究》（Comparative Studies in Society and History）。在"政治、历史与文化"丛书出版之前，学术界还没有专门的系列出版物，集中地从宏观层面来关注政治、历史与文化的交叉问题。这套丛书实现了这个目的，有助于开创并发展一个交叉学科的领域，从而在社会科学与人文学科之间搭建起桥梁，这方面在魏玛德国时期以及一些区域研究领域可能也零星涉及，但其他人却很少关注。这套丛书也改变了多学科研究的诸多学者的研究视野与策略，让阐释性社会科学、理论关注的历史编纂学以及历史社会科学的研究领域，不仅在美国而且在全世界都重新焕发出建设性的生机。从此，学术界的那种开放性、知识上的活力以及热诚都来自于这种跨学科的交叉。

我现在在耶鲁大学，这里已经把社会学系重建成一个欣欣向荣的共同体，历史社会学在这里非常强有力，不但是在系里，而且还表现在诸如"现代性转型"这样的跨学科研究中心。耶鲁社会学是否有非常具体的特征呢？我认为是有的，耶鲁目前正在寻求三个开阔而实质性的兴趣点。一是嫁接文化阐释与政治经济学；二是宗教的历史社会学；三是殖民主义与帝国。我们确实喜欢在理论与方法论的探索上追求一个"广教派"（broad church）。

二、理论与方法

郭台辉：您与您的研究伙伴整理出当代历史社会学的三次浪潮。诸

如被纳入第二次浪潮之代表的阿伯特（Andrew Abbott）与金世杰（Jack Goldstone）曾说过，对于历史变迁或者因果推断（causal inference）的可替代性方法，迄今为止第三次浪潮中的历史社会学家们还没有发展出新的概念，他们的主要贡献是提出了新的研究领域。您如何回应这种批评？您认为您这一代学者对当前历史社会学的最重要贡献是什么？

亚当斯：我认为，《重塑现代性》①的导论部分把我们这些 20 世纪 90 年代以来重视文化分析、社会网络分析、后现代分析的学者视为第三次浪潮的行列，并认为这些新的研究理论和视角的确对第二次浪潮的研究提出了一个强有力的挑战。就像我们在书中所阐释的一样，他们基本上是以韦伯的方式回答马克思主义关于生产模式之间的转型问题，因此必然遭到很多有意思的批评。"浪潮"意味着一种充满活力而且暂时的集体运动，这里是指美国历史社会学的知识运动。我们对于历史社会学浪潮的核心观点是追溯"第二次浪潮"的兴起与经过，这种从事历史社会学研究的模式是重返韦伯的制度主义，回答马克思主义的基本问题，即资本主义现代性在政治、社会与经济方面的大规模转型。我们提出观点的主要线索激怒了两类不同的社会学家。其中一类是我们非常尊重的，我们以一种感激的方式把他们视为第二次浪潮的代表，因为《重塑现代性》阐释了他们在方法论中富有创建的出彩之处，但也提到他们的不足之处；另一类社会学家是我们强烈批评的，因为我们主张文化的极端重要性以及意义的机制，所以波及的人不仅仅局限于那些研究社会性别与种族的人，而且还有那些研究历史解释和社会变迁的人。

同样，被我们的主张戳中痛处的，是那些喜欢把历史社会学视为更类似于政治学的，以及那些不喜欢把历史社会学与人文学科扯上任何关系的人。所以，招来的有些批评正好是我早已预料到的，但有些批评比预料的深刻得多。当时我提到，历史社会学的发展已经完全转移到一些比第二次浪潮更有趣的议题与方法上。这种说法在那个时候是正确的，但我认为自那时候以来有许多东西也发生了非常有趣的变化，这些变化的确同时吸引着第二波的结构主义思想家和第三波中的一部分文化主义

---

① Julia Adams et al. (eds.), *Remaking Modernity: Politics, History, and Sociology*, Durham, NC.: Duke University Press, 2003.

思想家。当然，无论是结构主义还是文化主义，他们都没有真正理解和思考社会变迁的网络基础及其重要性，虽然社会网络分析一直为哈里森·怀特等前辈及其弟子所推崇。但这只是在过去五年才得到越来越普遍的重视，成为一种研究前沿而被广泛运用到各领域。

我们那篇论文发表于 2005 年，距今已经差不多有十年之久了。实言之，文章提出的观点有一定先见之明，因为我们认为所形成的第三次浪潮现在已经确实如此实现了。第三次浪潮的历史社会学家们比第二次的人所做的工作有着更大的不同。有些人完全用档案材料来论证历史问题，有些人倾向于个案的定性分析，有些人完全是定量研究，还有许多人是混合各种在方法论上都存在差异的分析策略。但无论如何，如今最有意义的贡献在于，社会网络分析已经成功扳倒了半个世纪前占支配地位的结构功能主义分析，也成功挑战并取代了仅仅狭隘地聚焦于政治经济层面的第二次浪潮。他们认真对待的关键对象是社会过程中具有丰富意义的社会行动者。其行动后果无论是预料之中的，还是预料之外的，都是从社会过程中产生出来的，而不是结构主义那种注定发生的。显然，这有着更为开放的意义，也由此产生新的前沿研究领域与前沿问题。

郭台辉：您肯定也看到 20 世纪 90 年代以来许多新兴领域成为历史社会学第三次浪潮的一部分，比如公民身份、抗争政治、内容分析、话语分析等，您认为未来将会有哪些主题和方法得到历史社会学家的关注，或者成为历史社会学的主流？

亚当斯：我前不久刚参加一个研讨会，有人说了一句半开玩笑但意味深长的话："社会学家不应该做出任何预测！"但如果我的确做出一些预测，你肯定会非常乐意接受。第三次浪潮关注的核心问题是：如何在一个广泛的历史情境下更好地理解富有意义的社会行动？要重新理解这种社会行动，我们就必须重新定位民族国家这个重要的历史现象。民族国家的鼎盛时期是相对短暂的，在人类社会行动的历史上仅仅延续了200 年。这意味着，我们要重新开始理解在现代民族概念形成之前和之后的政治组织形式，诸如帝国、跨民族形式的非政府组织，也要思考这些组织形式与民族国家是如何彼此关联起来的，因为它们共同存在于相同的历史空间和历史波段。相对而言，第三次浪潮的兴起也涉及一个新问题，那就是如何把非西方国家整合到一个全球空间或世界体系的宏大视野中。比如，中国历史在很长一段时间内都被西方学者定位在区域研究中，但如果不是几乎为时已晚（not a moment too soon）的话，现在也需要开始改变了。顺便说一下，从比较历史社会学意义上来探讨中国历史的出版物并不多见，但你们这一代的年轻历史社会学家和社会科学的史学家们越来越有全球视野与比较意识，所以，这个领域的研究是非常有前景的，我认为很快就会发生变化。

郭台辉：第三次历史社会学浪潮中大量产生了新概念和新分支领域，是否会增加历史社会学家们的对话与思想交流的难度？我们如何从认识论上来整合这些差异巨大的研究领域与分析策略？

亚当斯：这个问题很有意思，而且我认为，你肯定可以从不同的历史社会学家那里获得一大堆答案。然而，坦率地说，这些年来历史社会学家们似乎交流得非常多，非常积极。比如说，社会科学史学会从来没有像今天这样有这么大的规模，也从来没有这么具有知识上的积极创建。历史社会学的研究主题与问题的差异性很大，这是非常有价值的。我认为，经过一段时期，这种研究主题的差异、知识上的实验和丰富成果将是社会科学史上的一种创举。且让百花齐放吧，至少这对于历史社会学的未来是一个了不起的成就。在《重塑现代性》一书中，克莱门斯（Elisabeth Clemens）、奥洛夫（Ann Orloff）和我鼓励人们以非常不同的方式进行研究，不要彼此监管，而是对彼此的理论进行争论与探讨。有些学术对话是相当具有对抗性的，这将有利于激发学者们的思维和想象力，有助于经验研究的创造性，当然，我们的底线是阐释或解释世界。

之所以如此，我的真实想法是，我们如今处于一个所有人都非常渴望追求更多稳定的时代，因此人们追求更为统一的、纲领性的认识论，甚至追求单一的解释模式。这种现象在诸多学科中都是真实存在的，而且，也是对主权与文化的全球危机的一种自然回应，我们所有人都发现自己置身其中。不同的历史社会学家的确都在做共同的事情。比如，在凯伦·巴基非常优秀的处女作中，有一章非常详尽地讨论了制度缝隙的模糊边界在国家中央集权中的作用。[①] 这基本上是一种网络分析的主张。另一方面，做网络分析的历史社会学家也对我们理解国家形成与帝国做出了杰出贡献，比如麦克莱恩（Paul McLean）的《网络艺术》（*The Art of the Network*）[②]，或者我的同事埃里克森（Emily Erikson）马上要出版的著作《资本主义的海外起源与自由市场观念》（*The Overseas Origin of Capitalism and the Idea of Free Markets*）[③]。

郭台辉：然而，克雷格·卡尔霍恩（Craig Calhoun）认为，美国历史社会学的许多子领域已经成为一个个小圈子，每一个人或者一个小研究领域的人都在研究某一个议题或运用某种方法，而不关心其他领域的研究，似乎也不关心宏观社会变迁的大问题，这样可能难以把社会科学向前推进。您怎么看待这个观点？

亚当斯：我认为，克雷格说得很正确的地方在于，美国的历史社会学家们更少注意到他们本应该关注的美国社会学制度性的学科，因此也没有影响到他们本应该影响的学科。总而言之，他们没有把历史化的社会学推向前进，也没有让人们更有想象力地思考美国在世界的位置。但是，我并不完全赞同克雷格。重要的是，历史社会学正在走向国际化，我们可以看到全世界的学者正在联系起来，比如社会科学史学会正在维持并发展各种非常健康的国际联系。所以，如果按照克雷格说的那样，历史社会学的许多子领域应该也是一个非常大的圈子，涉及一个国际范围的知识拓展和全球网络的构成。

郭台辉：理性选择理论已经深深改变了政治学这门学科，但社会学

① Karen Barkey, *Bandits and Bureaucrats: The Ottoman Route to State Centralization*, Ithaca, NY.: Cornell University Press, 1994.

② Paul McLean, *The Art of the Network: Strategic Interaction and Patronage in Renaissance Florence*, Durham, NC.: Duke University Press, 2007.

③ 该书正式出版时书名已改，参见 Emily Erikson, *Between Monopoly and Free Trade: The English East India Company*, Princeton, NJ.: Princeton University Press, 2014.

似乎更为抵制理性选择理论的侵蚀。为什么？您如何评价历史社会学中的理性选择理论及其批判？自从您发表《文化在国家形成的理性选择理论中的位置》[①] 一文之后，学界对理性选择理论的争论是否有所改变？

亚当斯：这个问题的确可以让某种更为倾向于经验分析的研究来承担责任。也就是说，理性选择理论为何可能或不可能成功渗透某些学科呢？你肯定已经注意到，许多政治科学家们明确寻求与各种形式的经济学建立联系，而社会学家却对此持一定的保留态度。那种尝试是否已经成功，这的确是一个很好的问题。但并不奇怪的是，政治科学作为一门学科，在对待理性选择理论的思维方式方面已经证明比社会学更为脆弱。此外，社会学家仍然在努力尊重帕森斯，这差不多有一个世纪之久，虽然他长期致力于调和与经济学家的冲突。社会学家也倾向于把自己的势力范围留给经济学家，以心照不宣的方式，换取并维持他们自己的学科地位。社会学家们不应该这样做，但我们的确又是这样做的。

我认为，另外一个原因在于，理性选择理论的兴起是功利主义的当代翻版。在社会学家开始更为关注理性选择理论的时候，这个理论本身作为一种观念的动力，变得越来越没有解释力了，确切来说是因为它已经变得越来越复杂、越来越脱离现实而没有意义了。因此，在几个作战的前线，功利主义原有的强大攻击力已经逐渐消失，无法穿透我们学科堡垒的特殊墙体。理性选择理论缘起的新古典主义经济学也让位给行为主义经济学，后者本身就是一种更倾向于社会学方法的经济学研究。博弈论也对社会学抛出橄榄枝，表现得更为友好。比如说，它非常关注你我之间相互作用的感觉，也就是说，我认为你可能如何对待我，以及你认为我如何对待你："她认为我认为她是这样想的……"这就是博弈论思维中的社会相互作用以及回归结构。非常奇怪的是，采信理性选择理论的社会理论家们实际上把他们的观点建立在老一代更不完整的那种经济学模型之上，诸如詹姆斯·科尔曼（James Coleman）在 1990 年出版

① Julia Adams, "Culture in Rational-Choice Theories of State Formation", in George Steinmetz (ed.), *State/Culture: State Formation after the Cultural Turn*, Ithaca, NY.: Cornell University Press, 1999, pp.98-122. 此文获美国社会学会历史社会学分会 2001 年度的巴林顿·摩尔最佳论文奖。

的那本综合性理论著作。[①] 这就是社会学理性选择理论的雄心在 20 世纪后半期走向失败的原因。

然而，我并没有低估理性选择理论的价值。作为一种知识探索的路径，几个世纪以来功利主义提供了解决社会问题的大量办法，只是现在已经变得越来越缺乏活力。我们社会学家、经济学家、历史学家和政治学家都没有充分解释，理性选择理论长期以来是如何以及为何发生变迁的，比如说自从霍布斯以来。但是如今的理性选择理论却为何丧失了历史意义，它的分析空间如今为何变得如此狭小，如此没有价值，至少在它近来的一些特征方面变得非常危险？如果未来的历史社会学能为理性选择理论提供发展空间，那么，它将可能是作为一种在历史上有着明确定位的机制，而不是作为一种普遍而抽象的理论。

郭台辉：您把历史社会学的第一次浪潮界定为 20 世纪 50 年代末 60 年代初的现代化理论，第二次是形成于 70 年代中期到 80 年代的韦伯主义与马克思主义的结构分析，第三次是始于 90 年代早期的后现代主义的文化分析。而《重塑现代性》侧重于反思第二波，那么，第二次浪潮与第三次浪潮有何关联？如果有可能的话，第三次浪潮的哪些方面最有可能受到第四次浪潮的挑战？

亚当斯：《重塑现代性》中的每一篇论文都勾勒出新主题、概念、理论与本体论的复兴与/或出现。虽然一些或者所有主题在第二次浪潮中就有所出现，但大多数主题和方法在该阶段并没有占主导地位。正如有些批评家指出的，他们都在忙于其他事情，这些新主题都是被"排斥""压迫"，或者其他没有研究者注意到或者没有吸引力的。比如，社会性别与生理性别问题就不会是第二次浪潮许多学者的主要分析对象，理解阶级很少从社会性别这种更为复杂的角度来阐释，对国家与革命的研究都没有考察政治中的性别化问题，现代国家形成与公民身份都是清一色的男性化。同样真实的是，大多数历史社会学家，尤其是第二次浪

---

① James Coleman, *Foundations of Social Theory*, Cambridge, MA.: Harvard University Press, 1990；中文版参见詹姆斯·科尔曼：《社会理论的基础》，邓方译，社会科学文献出版社 2008 年版。

潮的学者，都关注更为宏观的层面。该书的每一章都试图确立一些因素来讨论历史社会学的晚近作品，并指向更为充分的历史社会科学。这条道路导向的是，在回到历史社会学"元"讨论的方法论问题之前，应该反思本体论和认识论问题。

我没有明确的预测，但我认为对于学者来说，一个最为重要的挑战是，无论哪一次浪潮都保留他们在晚近一段时期内所学习到的知识，包括他们正在积极挑战的知识。当社会科学的史学家和历史的社会科学家把他们的关注点转向新的宏观政治经济和全球的帝国危机，比如说，他们需要回忆我们现在所知道的能动性与文化，关于或然性以及由此发展出来的不可预测性，还有人类行动的相互交叉模式，等等。然而，迄今为止，这种挑战在我非常感兴趣的几个方面并没有遇到过。比如，许多人都讨论全球的发展或危机，但却越来越被非常简单化的因果模型所吸引。比如说，彭慕兰（Kenneth Pomeranz）之所以获得诸多荣誉，就是因为他重新提出了有关世界历史的宏大问题。[1] 但以科学技术为基础的所有回答都不够充分。无论如何，我认为这对我们所有关注历史社会学的人都是一个非常重要的挑战。

从另外一个方面来说，对包括历史社会学家在内的所有社会科学家来说还有一个关键的挑战，那就是关注全球范围内的恐怖主义、气候变化等风险问题，因为我们关注演变或发展的方式必然与自然和生物系统有关。这不仅仅是人类历史问题，也是自然与人的关系变迁史问题。我认为社会学家不可能成为生物学家或者物理学家，但我们的确需要在理论上进一步意识到，我们的解释与社会生态结构的气候或网络是相互作用的，所以，我们可以与自然科学家合作与对话，他们可能正在关注与我们的研究高度关联的自然现象和问题。我想，我们可能要越来越有意识地与自然科学领域的学者合作，我个人虽然不敢做出有信心的预测，但希望历史社会学的第四次浪潮能在这一点上有所突破。比如说，历史

---

[1]   Kenneth Pomeranz, *The Great Divergence: China, Europe, and the Making of the Modern World Economy*, Princeton, NJ.: Princeton University Press, 2000；中文版参见彭慕兰：《大分流：欧洲、中国及现代世界经济的发展》，史建云译，江苏人民出版社 2014 年版。

社会学家与遗传学家已经正在合作，虽然还仍处于非常初步的尝试阶段。

有些人对这类研究表现出焦虑感，因为对演变的思考在美国、欧洲以及其他地方一直存在一种消极的意识形态，确切来说，是关于历史社会学家为何参与这类对话。这又回到你与克雷格·卡尔霍恩所讨论的话题中，因为这涉及一个学科开放与学科交叉的关键问题。的确，美国主流的社会学似乎越来越难以推动学科的开放性与交叉性发展，即使开拓出一个新的领域，又或者一个频带宽度（bandwidth）问题也不行：谁能同时并且立刻做好所有这一切事情呢？可能我们知识分子只是需要一个更好的、更有意识的集体劳动分工，而且是在全球范围内来发展这项任重道远的事业。

三、家族式国家

郭台辉：您是如何开始研究西欧的家族式国家与世袭制的，尤其是关注荷兰这个曾经盛极一时的国家？毕竟，家族式的国家在历史社会学领域一直以来都不是一个"热点"话题。

亚当斯：家族制或者家长制在学术文献中已经有很多讨论，社会学家马克斯·韦伯在 20 世纪初就已经对此有明确的阐释。家长制或者家族制是指据于家庭以及家庭成员之间的结盟而形成的统治，高度集中于男性血统，当然，女性偶尔也会成为统治者。按照传统的说法，家族式统治就是通过父亲和祖先进行统治。

当然，这在我关注这个领域之前的社会科学界并不是热点议题。即使家族式国家的研究现已成为重要议题，并且实际上也出现在世界许多地方和历史上许多时期，但是现在研究国家形成的西方学者依然非常抵制把家族式国家作为一种国家形态来研究。他们只愿意把家庭设想为私有的核心家庭，只是用来处理日常亲密关系的问题，并不愿意视之为与宏观权力相关的形式。但是家庭与国家的确关联在一起。所以，对于当代美国的社会学家来说，要打破自己已有的约定俗成的启蒙哲学、知识传统、惯性思维非常困难，他们固守公私领域二分法的现代主义范畴，只想到把所有问题都纳入这种二分法范畴中去认识。这种盲目自大至少是晚近政治的不幸后果。比如，无论是学术界的研究者还是社会上的一般大众，美国人都试图理解当代中东的某种政治形式，他们往往会非常惊讶地看到家族关系在政治中依然显得很关键。我们需要具备更良好的概念与理论工具，理解世袭权力的重要性及其所引起的各种挑战，至今为止这应该是更为明显了。

在解释荷兰现代早期的兴衰这个具体案例中，我特别强调世袭权力与家族式国家的重要性，而且，更加将之上升为在欧洲国家形成中的重要性。这是一种双重运动。其一，我以前阅读过历史上同时代的往来信件和其他的档案材料，它们最终让我打开视野，发现我所看到的东西。一篇又一篇的记录在强调家庭和家族在国家和帝国这种最高层面上的关键作用。荷兰这个案例就可以表明世袭家族的重要性，虽然女性是在稍晚些时候才发挥了重要作用。其二，就是我们刚刚讨论过的，历史社会学理论虽然强调大规模的社会与文化变迁，但也只是呼吁修正固有视野，却始终没有突破。当这两方面的思考汇集在一起时，历史社会学家们就有其自身的"顿悟时刻"（aha moment）。

然而，你很正确的是，家庭与生物性别在国家中的全部作用迄今为止都没有得到它应有地位的理解。无论如何，我以莎拉德（Mounira Charrad）的重要著作为例来说明，尤其是她的《国家与女性权利》（*States and Women's Rights*）①，莎拉德也对她所谓"以肤色为基础的社会"感兴趣，尤其是中东和北非。在社会科学史中还有很多非常杰出的著作，包括希贡内（Margaret Higonnet）主编的《在界限的背后》（*Behind the Lines*）②、塞思·科文（Seth Koven）和索尼娅·米歇尔（Sonya Michel）主编的《新世界的母亲》（*Mothers of A New World*）③，

---

① Mounira Charrad, *States and Women's Rights: The Making of Postcolonial Tunisia, Algeria, and Morocco*, Berkeley: University of California Press, 2001.
② Margaret Higonnet et al. (eds.), *Behind the Lines: Gender and the Two World Wars*, New Haven: Yale University Press, 1987.
③ Seth Koven, Sonya Michel (eds.), *Mothers of A New World: Maternalist Politics and the Origins of Welfare States*, New York: Routledge, 1993.

斯考切波那本《保护士兵与母亲》（*Protecting Soldiers and Mothers*）[1]也是一本非常重要的著作。这些著作有利于历史社会学理解美国如何兴起为以社会性别为基础的福利国家。

在第三次浪潮年青一代的历史社会学家中，格瓦（Dorit Geva）正在做的有趣工作就是研究法国与美国的父亲地位与服兵役的关系，而亚伯勒（Michael Yarbrough）最近一篇文章分析了社会性别、文化多元主义和传统建筑之间的关系，她发现南非的建筑是强调一种承认性关系的体制。[2] 此外，卡纳迪（Margot Canaday）的《直人国度》（*The Straight State*）是一部社会科学史家的著作，得了很多荣誉奖，也应该被看作这个领域最有前景和兴旺的传承之一。[3]

郭台辉：荷兰这个国家以前是没有理性-法律统治的官僚机器，没有一部权威的宪法作为基础，政治稳定性更多倚重于一种父系主权的权威，而且紧密关系到宗教与文化。同时，这种家族式国家在意识形态的支持下，可能来自相对应的家族式社会与经济并且与之密切联系，这显然不是现代的政治、经济与社会形态。那么，这种家族式的国家形态是如何衰落，或者是如何退出现代世界体系的霸权地位的？在现代早期的荷兰，这些世袭的社会、经济与国家形态之间是如何作用的呢？

亚当斯：我认为你的问题是很敏锐的，但挑战也是巨大的。历史社会学家在分析具体的家族概念时，不仅仅通过经济概念，而且还有贸易

---

① Theda Skocpol, *Protecting Soldiers and Mothers: The Political Origins of Social Policy in the United States*, Cambridge, MA.: Harvard University Press, 1992.

② Michael Yarbrough, "Toward A Political Sociology of Conjugal-Recognition Regimes: Gender and Multiculturalism in South African Marriage Law", *Social Politics*, Vol. 3 (2015), pp. 456-494.

③ Margot Canaday, *The Straight State: Sexuality and Citizenship in Twentieth-Century America*, Princeton, NJ.: Princeton University Press, 2009. 该著作是关于男女同性恋、双性恋和社会性别史的研究，2012 年获得两年一度的头巾学术奖（Order of the Coif）；2011 年获约翰·博斯韦尔奖（John Boswell Prize）；2011 年获美国历史学家组织的埃利斯·W. 霍利奖（Ellis W. Hawley Prize）；2010 年分别获浪达同志基金会举办的浪达同志文学奖（Lambda Literary Award），美国政治科学学会的格拉迪斯·卡默勒奖（Gladys M. Kammerer Award），美国研究学会的罗拉·罗马罗第一本著作出版奖，美国法律协会举办的克伦威尔图书奖（Cromwell Book Prize）。

概念来讨论，但我只是做到了注意家庭与国家政权之间的关系，而没有关注到社会与经济层面。更重要的一点是，家庭或家族如果没有社会与经济因素的支撑，就不可能谈得上与国家政权的关系。这的确是一个非常不错的学术规划，但不是一个人就能做下来的，需要很多人一起来研究这个宏大课题。

但家族式的国家形态衰弱了，当然，在西欧和美国，很大程度上似乎都是如此。但在世界上大部分地区都是相反的情况，家族式国家与世袭权力形式在近些年里一直得到强化，尤其是精英家族关系因新资源的流动而不断得到政府的重新授权，还得到来自其他国家的支持。想想中东地区，还有泰国军人政权中的家族政权。你的问题仍然保持有效，只是我愿意稍稍调整一下回答的思路。至少在西欧，这种强有力的家族式国家是如何变得无效的呢？我认为在《家族式国家》（*The Familial State*）① 一书中，我提供了一个不太完整的答案。这些国家有着强烈的裙带关系，而且还相对僵化，不太适应现代经济的要求。在荷兰和法国，家族精英对企业与社会排斥的落后形式担当实质性的责任，最终在竞争中失败了，并且在内部被压垮了，原因就是世袭主义的继承制在制度顶层太过于根深蒂固。

然而，因为荷兰兴衰的原因给英法两国带来很多启示，所以我最后主张，实际上是因为近代英国继承了传统的世袭制，18世纪在英国才没有发生大的革命。我们要真正理解家族合法性的力量，才能理解在18世纪英国剥夺了精英家族对政治政策的影响力。这使问题变得甚至更为困惑的是：这些精英如何从那些特权地位中成功摆脱出来？根据当前非洲、中东与亚洲其他部分地区对世袭继承制的打击情况，这个问题变得更有趣而重要了。我特别强调的一点是，现代早期时代的结束并不是一种新的观点，包括创造性地理解如何对待政治生活。这些新的理解如何成为全球革命运动的一部分？我们了解很多关于拒绝继承制以及提升父权制家族的话语，但少不了的是"父权制"最终如何变为个人权利。这对于当今世界范围内世袭制的转型显然是一个关键问题。

---

① Julia Adams, *The Familial State: Ruling Families and Merchant Capitalism in Early Modern Europe*, Ithaca, NY.: Cornell University Press, 2005.

郭台辉：我曾在 2010 年去印第安纳大学拜访过当时已 90 岁高龄的奥斯特罗姆，并与他有过一个简短的对话。他认为我们应该重新重视荷兰近代早期的多中心复合的联邦共和制，以此拯救现代民主与宪政在当今世界的失败与危机。您如何从历史社会学角度来回应奥斯特罗姆从政治理论视角阐释的观点？

亚当斯：荷兰对于思考权力的网络形式而言是一个非常精彩的案例。荷兰在现代早期已产生非常有创造力的政治形式，那时候，商业城市的贸易自下而上强化荷兰全球帝国的兴起。但那些网络形式的兴起却反对征税和军事权力的真正限制，也与文化整合和民族形态相对立。那是 18 世纪荷兰的故事的一部分，也是其衰落的内部缘由。所以，非常令人感兴趣的是，人们现在并没有想到重新引入这种网络原则，作为尝试复兴当代欧洲以及其他地方的民族国家结构。我把这一点视为更为普遍的理论趋势，诸如在"占领华尔街"运动中所体现的一样，所有人都以不同形式来思考和探索新的政治形式。然而，我们的确要承担风险的是，过于低估对于现代性来说非常具体的某些问题，这些问题在现代早期的政治体制没有哪一种有可能得到解决，包括公民集结和决策制定，在调节大众抗争的政治中提供社会导向和领导关系，工业社会中复杂任务的代表，等等。这是荷兰那时候没有遇到过的问题，它基本上是以贸易和农业为基础的。我还并没有提到涉及所有既定权力形式的领主—代理问题，无论是等级制结构还是以网络为基础的皆如此。所以，我认为，虽然奥斯特罗姆教授的主张非常有意义，但真正的问题远为复杂得多。

四、　世袭制

郭台辉：世袭制作为马克斯·韦伯著作中的一个核心概念与理想类型，但在您之前并没有得到历史学家与社会科学家的重视。您如何评价世袭制在当代社会的遗产？

亚当斯：当具体说到统治以及统治的家族形式时，我们就可以看到欧洲这些国家政权形成的优劣。一方面，这些统治形式的更深层次明显是建立在对家族血缘几代人的信任以及对家族统治者的信任基础之上的。这种信任让政权在构建过程中减少许多成本，增强诸多能力。另一方面，但与此同时，家族式统治也带来权力的僵化，阻力重重，内部厮杀竞争。这不仅出现在近代法国，而且也出现在 18 世纪的荷兰与英国。所以，这些统治形式有其正面和负面的双重效果：在某些情形下它们可以支持一个国家政权的政治经济崛起，就像 17 世纪的荷兰和 18 世纪的英格兰一样；但在另一些情形下会导致诸多问题。

欧洲的世袭制国家是以家长制统治为基础的，最终全部破灭，主要是自下而上发展出对立的话语。那些政权真正带来的启示是，家庭、家族与血缘关系是第一位的，但政治共同体无法完全由家族来控制。这是我们在所有世袭权力中看到的一个共同逻辑和突破点，因为统治者和被统治者都要求家庭具有想象力，为了完成某项事业，为了把所有人都召集起来并承担责任，就必须让其统治具有合法性。但这些想象力也潜藏着非常具有革命性的危险。

我最近与莎拉德一起主编了一本有关世袭制的书《现代世界的世袭权力》（*Patrimonial Power in the Modern World*）[1]，就是解决这个问题的。这本著作包括一系列探讨世袭实践的论文，不仅是历史上的世袭制，也包括资本主义的现代性，比如美国、智利、法国、伊朗、波兰、摩洛哥和俄罗斯这些地区。这一卷从马克斯·韦伯那里得到很多启示，不仅是因为所有作者都是韦伯的忠实信徒，而且还因为可以进行历史比较，并得出开放的结论，所有作者都以各种方式研究世袭制这个核心概念，进而解释并反思现代世界的政治。

郭台辉：托马斯·埃特曼（Thomas Ertman）在他的《利维坦的诞生》[2] 一书中指出，拉丁欧洲在现代早期存在世袭制的绝对主义，而东欧却是典型的世袭宪政主义，但从未讨论荷兰的世袭制。近代的荷兰是

---

[1]　Julia Adams, Mounira Charrad (eds.), *Patrimonial Power in the Modern World*, New York: Sage, 2011.

[2]　Thomas Ertman, *Birth of the Leviathan: Building States and Regimes in Medieval and Early Modern Europe*, New York: Cambridge University Press, 1997；中文版参见托马斯·埃特曼：《利维坦的诞生：中世纪及现代早期欧洲的国家与政权建设》，郭台辉译，上海人民出版社 2010 年版。

可以归纳到埃特曼的模型中，还是需要一个不同的解释模式呢？

亚当斯：我知道，现代早期的荷兰的确是经历了资本主义的起源，所以我并没有把它归入到封建体制的特征里去。但是，比如说荷兰和法国的政治权力形式比许多人认为的更为相似。这些"家族的相似性"并没有为安德森的"绝对主义"概念或者埃特曼那个与"宪政主义"相对立的"绝对主义"注意到。然而，埃特曼在他的著作中正确地采用了"世袭的"作为一个形容词。这是非常有用的概念，而且用这个形容词的方式来限制"宪政"和"专制"是很好的思考方式。因为这提出了真正的关键相似性，对于后来的历史变迁也是非常有深远意义的。我曾尝试撰写一篇有时间就愿意写的"闹着玩的"文章，并且，以一种有点相反的方式来概括这一点，那就是，欧洲政治与经济发展的诸多主要观点故意把现代早期的荷兰剔除出西欧这个版图之外。这是所有研究西欧的学者都可能陷入的风险！荷兰的模式确实是小规模，但却非常强悍，这就是在特定时代参与全球竞争的经济权力，也是学者们正在研究的问题。

郭台辉：您的研究已经努力把历史社会学与女性主义理论联系在一起。在这方面您已经取得了哪些成就并且希望再获得些什么突破？

亚当斯：我们在导论中已经主张，女性主义带来的挑战可以阐明一些社会变迁和社会再生产的研究，也可以根本上改变我们对阶级"大问题"的理解，虽然这曾经是第二波的主题，但第三波探讨的是，性别化的家庭动力如何使得国家构建结构化，或者女性在抚养小孩和就业方面的渴望如何影响福利供给。在第三波的概念创新方面更为普遍地讨论群体、认同、主体性和机制方面的构成，而女性主义理论、心理分析、后结构主义、实践理论等都成为非常独特的理论资源和洞察力。

当然，我应该比正在做的尝试更加努力，做更大的成就。不过，我很幸运的是，有很多人在从事这个知识领域的前沿研究。所以，我真的只是这个更为广泛的学术运动中的一个组成部分。刚才我们谈到前现代时期的世袭政治与经济，那么，女性主义理论如何有助于我们更好理解这些主题呢？但女性主义理论中一些最为系统的工作都在福利国家领域中得到处理，比如说，我的合作者奥洛夫（Ann Orloff）及其许多优秀的学生，你可以参考她主编的一本书《国家、市场与家庭》(*States, Markets, Families*)①，这是一个相当成功的而且成就卓越的故事。

如果你认真阅读一下具有开创性突破的《社会政治》(*Social Politics*) 这个杂志，就会发现这个领域所取得的一些成就。然而，当前时期我也看到女性主义者与同性恋理论家为一边，历史社会学家为另一边，二者之间存在一个越来越大差异的分歧。我认为这在不久的将来会有所改变，因为历史社会学家需要女性主义与同性恋理论，而作为当前构成的女性主义与同性恋理论，并没有能力提出理论或方法论上的挑战，无法分析全球危机，更无法设计新的制度和网络来推动变动的积极形式。很长一段时间以来，具体来说是自从 20 世纪 70 年代南希·霍多罗夫（Nancy Chodorow）出版《母亲职责的再生产》(*The Reproduction of Mothering*)② 以来，任何社会学家，不管是否关注历史，都注定要作为女性主义理论在学术领域的第一线，所以，也许我过于乐观地处于其中，但我希望做得更好，做到最好。

五、 现代性

郭台辉：您主编的《重塑现代性》一书似乎挑战了斯考切波与丹尼斯·史密斯等人描述的历史社会学发展的主流划分，以至于您对历史社会学的本质的理解似乎与其他许多历史社会学家的理解很不一样。更具体来说，您坚持主张把历史社会学与现代性或后现代性关联在一起。这是一种正确的特征刻画吗？

亚当斯：我希望我能够把你引介给美国社会学几个杂志的编辑，因为他们许多人似乎真正把历史社会学视为一门学科，唯此可以关联到欧美遥远的过去，或者所谓"不发达的社会"的当前！对于我而言，以及

---

① Julia O'Connor, Ann Orloff, Sheila Shaver (eds.), *States, Markets, Families: Gender, Liberalism and Social Policy in Australia, Canada, Great Britain and the United States*, New York: Cambridge University Press, 1999.

② Nancy Chodorow, *The Reproduction of Mothering: Psychoanalysis and the Sociology of Gender*, Berkeley: University of California Press, 1978.

对于其他许多的历史社会学家来说，历史强有力地生活在当前时代，我们自己可以在我们的生活中、我们的世界以及我们的每一天，看到历史的轨迹与象征符号。这些轨迹和符号有着异常深刻的历史渊源与线索，虽然有些也成为文化资源，甚至有些内容对我们可以起到直接作用。这就是后现代主义的一个慷慨的遗产，一种戏剧的感觉。在这里我同意用德里达（Jacques Derrida）那篇令人赞叹的论文《人文科学话语中的结构、符号与游戏》。[①] 至于为何找到过去在当前的呈现，并且更好地理解它，当然就存在一个科学的理由。但是，这也可以是奇迹与（有时候甚至是悲催的）美丽的来源。

郭台辉： 查尔斯·蒂利在 2008 年的一篇未刊稿中写道："在所有的后现代烟雾弥漫之后，历史与历史社会学的逻辑何在？……如何让历史知识抵制后现代怀疑主义的过度蔓延？"您如何回应这种尖锐的批评？历史社会学的第三次浪潮是否存在历史社会学本身提供的一个认识论或本体论？

亚当斯：如果我更早被问到这个问题，我的回应可能不同于我现在的观点，因为我是十年前提出历史社会学的现代性概念的。现在，有一个情况发生了变化，那就是蒂利已经去世了。在这里我不想再去评价他的贡献，因为他的确是杰出的历史社会学家，是我的硕士导师之一，也是我的博士论文导师，实际上我一直在向查尔斯·蒂利学习。我想，如果我在十年前回应他的表述的话，那就具体涉及什么是后现代性，他所指的后现代是什么意思，他是否做了几种政治观点的区分，他所批评的人是否追随福柯及其支配概念，他是否把后现代的概念过于界定在文化的指向性意义层面等方面。这些问题都可以运用后结构主义与后现代性的概念来讨论，但其内在要素却非常不同，并且可能常常混杂在一起。

我认为有些人把这些要素混在一起可能很有意思，我们现在却要看，这些看待问题的方式在哪里更有效或更没用。此外，这个世界正在发生翻天覆地的变化，而蒂利所做的工作就是记录这种变化。后现代主

① Jacques Derrida, "Structure, Sign, and Play in the Discourse of the Human Sciences", in *Writing and Difference*, Chicago: University of Chicago Press, 1978, pp. 351-370；中文版参见雅克·德里达：《书写与差异》，生活·读书·新知三联书店 2001 年版。

义作为一种思考方式的确不那么固定，但对蒂利来说并没有后现代主义所阐释的那些威胁，虽然这算不上是我的一种辩护。蒂利无论是作为社会科学家还是历史社会学家，都有着惊人的创造性与高产量，尤其是可以作为我们这个时代的符号和旗帜，引领着我们在方法论上进行突破。这是过去一个世纪在知识界的一场革命。但就我个人而言，福柯的观点对于历史社会学来说非常有帮助和启示，比如权力对于范畴性体制的重要性，以及那些体制本身对个体或群体的影响。而且，福柯思想中有一种更为强势的表现形式，即权力与知识的关系。

郭台辉：在一篇标题很有意思的文章①中，您主张代理关系在现代性中并没有得到美化和超越，而是被后现代社会、风险社会、网络社会这些术语改变了表现形式。这是否表明，虽然现代性作为一个概念有着相当复杂而颇具争议的历史，但通过运用"代理"这个概念，您有意识地区别于其他并不倾向于历史的社会理论家，也以此来澄清批评者对您的误解？如果这样的话，"代理"是否将成为历史社会学家或者更为普遍的社会学家们探讨现代性问题的一个新角度？

亚当斯：是的，现代性概念听起来的确是非常抽象，我已经意识到了这一点。我可以用两个例子来回答这个问题。我认为，我的理论与历史兴趣具体来说在于研究欧洲殖民主义的各种形式，而且，主要受到马克思主义研究范式的启示。那种范式以及大部分以那种范式做研究的学者似乎都认为，欧洲殖民主义的历史都涉及宗主国的政治权力如何规范与监管漫长距离的领土与资源，如何征服不同社会与文化基础的抵制力量。帝国的权力中心不是把各种秩序直接授予殖民地统治者，再转而把秩序施加给臣民。这个道理听起来似乎非常简单，但我再一次认为，这并不能用来反思国家与帝国研究中的诸多理论形式。因为研究这个领域，阅读殖民地精英之间往来的信件、文献、履历、报告、法律文件，其所展示的图景更为碎片化，更具有偶然性，而对于"谁在负责以及他们在做什么"这种问题，我们却想要得到一个持续一致的答案。这之间

---

① Julia Adams, "1-800-How-Am-I-Driving? Agency in Social Science History", *Social Science History*, Vol. 35, No. 1 (2011), pp. 1-17.

就存在一种悖论关系。

所以，对于我而言，"一个帝国为何崩溃"这种问题必然被转换成"一个帝国如何持续100年以上"这个问题，因为秩序授予者或者领主不可能完全依赖代理人来服从。如果我们探讨精英之间的主要角度，即称为"代理（agency）问题"或者"代理的挑战"，以及找到其中的大量历史动力，这才是越来越有意思的研究。这不但是殖民主义研究领域的兴趣，而且更根本来说是关于世界统治者的问题。换言之，虽然殖民主义基本上是关于统治者与被统治者的关系，但我们完全低估了代理问题的巨大力量，因为统治者之间的整合与凝聚力就是代理问题的主要特征，也是帝国持续或者衰落的原因。这就是我们正在着手研究的课题。

这些代理问题在如今的美国依然表现得很明显，但我的研究更为微观，也有意思一些。举一个例子来说明。我在社会科学史学会上做过一个主席发言，关注"1-800我如何开车?"这个呼叫服务系统。我们常常可以看到在卡车后部粘贴的广告。[①] 我对这种小广告以及类似的标记充满无限的想象，而且还联想到沃尔玛超市女服务员和职员穿着的统一制服，她们都会问一句"我能为您服务吗?"。这表明一种新的代理形式，不管是你、旁观者还是顾客，都自动卷入其中，并且有大量训练有素的工人来为你的生活提供方便，但在代理服务的背后你也是被驯化的。你可以看到，在"我"对服务员的指手画脚或者责难中，服务员也正在邀请你循规蹈矩地进入他们的监控体系。我正在研究所有这些服务系统的代理-监控方式。这是我目前或者以后都非常感兴趣的，并且我还关注工作人员与顾客之间如何思考这个问题。对于我而言，这是一个完全开放式的问题，因为它已经渗透到我们日常生活中的每一个领域。

六、结论

郭台辉：您认为您对历史社会学的发展有何贡献？您目前正在从事

---

① Julia Adams, "1-800-How-Am-I-Driving? Agency in Social Science History", *Social Science History*, Vol.35, No.1 (2011), pp.1-17.

什么研究项目?

亚当斯:其实,我一直都在做世袭政治的研究,或许这是我对历史社会学的唯一贡献。我现在的研究依然集中在世袭政治这个领域,但从现代早期扩展到了当代。第一,得克萨斯大学的莎拉德和我一起主编了一期专栏"世袭制与帝国战略",将发表在《政治权力与社会理论》(*Political Power and Social Theory*)上。第二,我想进一步思考历史社会学领域的代理以及代理关系。这是我研究代理以及组织失败的后续工作,这方面的研究成果已经发表在了 1996 年的《美国社会学评论》(*American Sociological Review*)上。① 还有,我在 2009 年社会科学史学会上的主席发言:《1 - 800 我如何开车? 社会科学史中的代理》,这跟我、布鲁克纳(Hannah Brückner)以及艾因霍恩(Jesse Einhorn)合作的一个"论社会性别与维基百科(Wikipedia)"的项目有关。第三,我与布里斯(Elizabeth Breese)正在合作撰写一本书,关于世界形成与历史社会学的想象力。这本书是关于历史社会学与现代性的,也是专门为老师和学生编写的。我们将见证世界的历史走向,但我认为关键在于开阔视野与心胸,因为我们的研究和撰写过程,也是向他人学习的过程,包括世界其他地区的其他历史社会学家。这就是我要尽力去做的工作。

---

① Julia Adams, "Principals and Agents, Colonialists and Company Men: The Decay of Colonial Control in the Dutch East Indies", *American Sociological Review*, Vol. 61, No. 1 (1996), pp. 12-28.

第十章　革命、社会运动与恐怖主义

——纽约大学杰夫·古德温

杰夫·古德温

郭台辉与杰夫·古德温合影

杰夫·古德温（Jeff Goodwin）是纽约大学社会学系教授，他在哈佛大学社会学系相继获得本科（1980 年）、硕士（1983 年）、博士（1988 年）学位，研究领域覆盖社会运动、革命、恐怖主义、比较历史社会学、社会理论等领域。古德温的诸多研究得到了美国社会学界的充分肯定，其中，他的博士论文即第一本著作《别无选择：国家与革命运动（1945—1991 年）》曾获比较研究协会的最佳著作奖（2003 年）、集体行为与社会运动分会的最佳图书奖（2002 年），以及美国东部社会学协会的图书奖（2002 年）；论文《范畴性的恐怖主义理论》曾获美国社会学会的集体行为与社会运动分会的最佳论文提名奖（2007 年）；《高风险社会运动的力比多结构：胡克叛乱的情感纽带与团结（1946—1954 年）》曾获美国社会学会比较历史分会的巴林顿·摩尔最佳论文奖（1999 年）；《网络分析、文化与机制问题》曾获美国社会学会文化社会学分会的最佳论文奖（1995 年）；等等。

杰夫·古德温的研究生涯有三个特点。其一，他在哈佛大学读书期间一直追崇当时名声大噪的斯考切波（Theda Skocpol），博士论文的选题也是受其启发。其导师斯考切波的成名作《国家与社会革命》是比较法国、俄国与中国三个主要国家的革命，而杰夫的博士论文比较边缘地带的革命，主要是墨西哥与菲律宾，后来出版时加了 20 世纪 90 年代东欧国家转型的章节。而且，在方法论上他也与斯考切波保持高度一致。其二，他从事的学术研究可谓是跳跃式的"与时俱进"，与现实社会的公共关注结合起来。因为革命研究进入 90 年代之后在学术界已经陷入低谷，取而代之的是社会运动研究，古德温开始受查尔斯·蒂利的影响，集中关注情感与爱在社会运动中的心理纽带作用；在"9·11"事件之后，他转而运用社会运动的分析路径研究恐怖主义问题。如今他成为这三个研究议题的专家。其三，他在 90 年代的研究显得年轻气盛，猛烈抨击已有的革命与社会运动研究文献，但却没有提出任何有建设性的主张，因此遭到塔罗等人的坚决反击，但这恰恰让他声名鹊起。古德温就像一只捣乱的大雁，当社会运动研究的学者把他当作一个对手来严肃批评时，他却早已掠过，飞到恐怖主义研究领域，开始让另一批人感到不安。

　　在这个访谈项目所涉及的历史社会学家中，笔者与杰夫·古德温教授接触的机会应该是最多的。因为笔者以访问学者的身份，在纽约大学社会学系有完整一年（2011 年 8 月—2012 年 8 月）的时间，旁听过他开设的"恐怖主义"（本科生）和"社会运动"（研究生）课程，经常参与他主持的比较历史社会学工作坊，频频去他办公室交流个人的访谈进展与心得，与他探讨在该领域遇到的诸多学术问题。他为人特别谦和真诚，经常关心并支持笔者这个名家访谈工程，也不免饶有兴趣地提及学术圈的一些师承关系和恩恩怨怨。古德温不仅志愿成为笔者第一个访谈对象，帮笔者联系其他知名的历史社会学家，而且还主持笔者在该系的一个学术讲座，让笔者倍感温暖、受益良多。

一、背景

郭台辉： 您是西达·斯考切波最优秀的学生之一。斯考切波是如何指导您以至于成就您独特的革命分析的？几十年来哈佛大学社会学系产生过诸多成功的历史社会学家，是否因为有一套特殊的方法进行研究生教育？当年您又是如何对革命研究产生兴趣的？

古德温：我对革命研究非常感兴趣，部分是因为斯考切波那本《国家与社会革命》①，在 1979 年甫一出版我就详细拜读了几遍。不过，她主要是在远处而不是近距离影响我，因为我从未上过她的课。当我还是哈佛本科生时，她开设过一门有关革命的课程，但这并不适合我的时间安排，所以没有选到。我尤其记得，我是在 1979 年的夏天最终决定研究革命，而那个夏天恰恰是我在哈佛学院低年级向高年级过渡的转折时期。1979 年不仅仅出版了她的那本著作，而且还是一个革命之年，包括伊朗革命②和尼加拉瓜革命③。所以，在阅读斯考切波的著作的同时，我对世界上所发生的革命事件都特别感兴趣。这几件事情恰巧凑到一起，致使我走上了革命研究的"不归路"。

起初我是对 1910 年的"墨西哥革命"④饶有兴趣，这就让我不得不选一门由约翰·沃马克（John Womack）教授开设的"拉丁美洲史"课程。沃马克写过一本名为《萨帕塔与墨西哥革命》⑤的著作，在社会史领域非常有名而突出，该书讲述了在墨西哥革命过程中占有重要地位的农民运动的故事。所以，我想尽力做的工作之一是，通过斯考切波的理论来考察墨西哥革命。这就成为我在哈佛大学本科阶段的社会研究项目

---

① Theda Skocpol, *States and Social Revolutions: A Comparative Analysis of France, Russia, and China*, New York: Cambridge University Press, 1979.

② 即伊斯兰革命，又称"1979 年革命"，是伊朗什叶派领袖霍梅尼领导的旨在反对巴列维王朝推行的西方化、世俗化的运动，革命于 1978 年爆发，1979 年 2 月取得胜利。

③ 1979 年，尼加拉瓜人民在桑地诺民族解放阵线的领导下进行的民主革命，推翻了索摩查家族 40 多年的独裁统治。

④ 迪亚斯 30 余年的独裁统治引起了民众的普遍不满。1910 年墨西哥实行总统制，马德罗号召墨西哥人民起义推翻迪亚斯，墨西哥资产阶级革命爆发。

⑤ John Womack, *Zapata and the Mexican Revolution*, New York: Alfred A. Knopf, Inc., 1968.

中的高年级论文，沃马克教授是我那篇论文的指导老师，那时候我还与斯考切波交流过这个研究。我还受到另外一名学者的影响，即沃尔特·戈德弗兰克（Walter Goldfrank），他在墨西哥革命方面写过一篇非常有意思的论文，是尽力通过社会学理论来思考的。[1] 我不能保证我那篇论文所讨论的所有东西比沃尔特·戈德弗兰克早年那篇文章更好，但的确是一篇非常有帮助的作品，因为那篇论文得到了斯考切波的很高赞赏和评价。后来，哈佛大学还有一名叫作金世杰（Jack Goldstone）的研究生，他也继续撰写了他自己有名的革命研究著作。[2] 所以，这就是我如何开始走上革命研究道路的所有过程。

在研究生阶段我打算跟随斯考切波研究革命，这意味着我要继续留在哈佛大学。我非常幸运地拿到了哈佛社会学系的研究生奖学金项目，并且可以实现做斯考切波的弟子的愿望。但遗憾的是，她那时候离开了，而且是我上研究生第一年时就辞职，去了芝加哥大学的社会学系。这里有必要顺便提一下，她在哈佛大学被否决终身教职，引发一个颇有争议的公共事件。她的处女作和其他文章当时在历史社会学界和哈佛大学是非常有名气的，但她却因社会科学领域内的门户之争而被否决终身教职，这令许多人都非常震惊。但另一些人却并不觉得奇怪。比如说，哈佛大学社会学系从来没有一位女性获得过终身教职。所以，她表达了一种女性主义的抗议，认为这是不公平的。

斯考切波并不是那种很容易任人摆布的学者，她非常活跃，爱争论，意志力很强，决心很大，因此敢于公开抵制这项决定。最后，她与学校达成的共识是重新考核一次，为评价她的学术成果而成立一个专门的三人委员会。其中一个专家由社会学系任命，一个由斯考切波本人聘请，第三个由学校董事会任命。这个委员会的目的是，审核她是否因性别而被不公平地否决了终身教职。我记得这件事拖延了好几年，直到1985年她才被校长亲自请回到哈佛大学任教。无论如何，我在哈佛大学

① Walter Goldfrank. "Theories of Revolution and Revolution Without Theory: The Case of Mexico", *Theory and Society*, Vol. 7, No. 1-2 (1979), pp. 135-165.

② Jack Goldstone, *Revolution and Rebellion in the Early Modern World*, Berkeley: University of California Press, 1991.

读博士期间她一直在芝加哥大学。

我在哈佛大学念书时研究的是比较历史社会学。那时候对我影响最大的是一个名叫塞缪尔·瓦伦苏埃拉（Samuel Valenzuela）的年轻学者，他是一名智利人，主要是比较研究法国与智利的劳工运动，对劳工运动政治学感兴趣。他教了一门非常有意思的比较历史社会学课程，在整个社会学系都很有影响。但是，我的心思是研究革命，尤其是对中美洲的革命问题感兴趣，而且这些革命恰是 20 世纪 80 年代早期正在展开的。尼加拉瓜由领导"民族解放阵线"的左翼政党领袖桑地诺（Augusto Sandino）上台执政；萨尔瓦多有一股强大的反叛力量，强烈反抗美国支持的政府；危地马拉还有小规模但依然很重要的游击队运动，也在与美国支持的政府进行斗争。

所以，我当时想成为第二个斯考切波，专门运用她的思想或研究框架中的几个变量，解释中美洲的革命运动。我也到那个地区去旅游和实地考察过，跟许多当地人交流过所发生的事件。但我更想把自己视为一名有着广泛视野的比较主义者，而不想仅仅成为一名拉美问题研究专家。所以，我又考察了中美洲和拉丁美洲以外的革命，并且也尽力去理解那些各种各样的反叛运动。所以，为了我刚开始思考的博士论文设计，我最终决定研究中美洲之外而且爆发过革命浪潮的另一个地区。我决定聚焦于二战之后的东南亚，因为那一块神秘的土地上已经发生了越南、马来西亚和菲律宾的诸多革命运动。这样，我就萌生了博士论文的设想——对这两个革命高发的地区做比较历史研究，而且每个地区都只有一个国家的革命获得了成功，即中美洲的尼加拉瓜和东南亚的越南。这就是我最后撰写博士论文的主题与研究对象。

最后，在我完成博士生阶段的课程研究，并通过综合考试和论文的写作大纲之后，我就有了一个论文指导委员会，帕特森（Orlando Patterson）担任主席。他自己本身就是一名非常有影响力的比较社会学家，他关于奴隶制的那本书是一项非常有意义的比较研究。[1] 指导委员会成员还有塞缪尔·瓦伦苏埃拉和斯蒂芬·康奈尔（Stephen Cornell）。

---

① Orlando Patterson, *Slavery and Social Death: A Comparative Study*, Cambridge, MA.: Harvard University Press, 1982.

前者我提到过，后来从哈佛大学转到圣母大学任教；后者是研究族群的学者①，我非常喜欢他。还有一位成员是年轻的教师，名叫费尔南德斯（Celestino Fernandez），后来去了亚利桑那大学，他的成名作是一本研究族群隔离的著作。②后来，斯考切波在那场争论中获胜了，因此回到哈佛大学。我的论文指导委员会的三个成员中有两个人参与审查了她的那个事件，并且认为她的确是性别歧视的受害者，而且都赞同抵制对她的歧视。那时候的校长德里克·博克（Derek Bok）为她提供了终身教职岗位，但除此之外，斯考切波并没有获得其他新的补偿。就我所知，再没有其他人影响调查委员会的决定，博克校长也只是简单接受了调查委员会的决议，并且为斯考切波在社会学系提供了一个终身教职。这样，斯考切波也接受了盛情的邀请，并且成为我博士论文指导委员会的主席。

她回到哈佛大学做的第一个工作就是成立一个研究小组，有规律地碰面并讨论学生的研究，这是非常正式严肃的，对许多博士生都产生了重要影响。斯考切波对培养研究生非常投入，也非常感兴趣，这是我在哈佛大学此前学习中没有过的难忘经历。

郭台辉：谢谢您讲述有关斯考切波的精彩故事。从您最初的关注来说，20世纪最后十年的"东欧剧变"并没有成为您博士论文的一部分，而是后来出版著作时再补上的，是吗？这是否也成为您的博士论文从1988年完成到2001年最后出版之间花了很长时间的一个原因？

古德温：的确是这样的。东欧剧变并不是我博士论文的一部分，而是我后来以博士论文为基础的著作的一部分。③我的博士论文与最后的成书之间事实上有着一个很大的跨越，你问到的是许多原因之一。还有一点就是，我所做出的决定并不是立即但的确是最终做出的决定。在

---

① Stephen Cornell, *The Return of the Native: American Indian Political Resurgence*, New York: Oxford University Press, 1988.

② Celestino Fernandez, *Ethnic Group Insulation, Self-Concept, Academic Standards, and the Failure of Evaluations*, [S.l.]: R & E Pub, 1979.

③ Jeff Goodwin, *No Other Way Out: States and Revolutionary Movements, 1945-1991*, New York: Cambridge University Press, 2001.

"东欧剧变"之后这么久才出版这本书,并且没有交代任何背景,这似乎有点奇怪。所以,我添加了一章,把东欧作为在许多国家爆发革命浪潮的第三个地区,这样就把我的博士论文变得厚实很多。西达·斯考切波对我的写作非常有帮助。而且,就在我刚刚完成博士论文之后,我就与斯考切波合作了一篇文章。① 她在这个过程中提供了很大的方便,而且对于帮助学生她一直都是很热情的,例如帮助学生做研究和找工作。我不得不说,她在这方面远远超过了哈佛大学典型的资深教授。当然,这是 20 多年前的事情,也许情况发生了一些变化,但我的确是非常感谢斯考切波当时对研究生的热情帮助。因为在那个时候,教师的典型态度是"让研究生自谋生路"。对于大部分老师而言,尤其是地位更高的教授们都对与研究生一起做研究没有兴趣,或者不愿意花很大的精力来训练研究生的研究技能。当然,这也有例外。但斯考切波的确是回到哈佛大学就将教授对学生的学术氛围带上一个新的层次。

郭台辉:您有一篇文章《如何成为在美国占支配地位的社会科学家》②,是评价斯考切波的研究路径的。在美国社会科学家中,她的成名道路具有典型性吗?

古德温:我不认为这样。首先,她是一名女性,不得不为哈佛的终身教职而抗争,形成自己的独特个案和知识路径。这是比一名男性社会科学家更为艰难的。让我澄清一下:她的那本书非常杰出,也的确非常著名。但很令人沮丧的是,批判这本书的许多人都没有认真阅读过,也没有完全理解。虽然说任何著作都不可能是完美的,但我要说的是,并不是说她的著作不应该批判,而是绝大多数批判都是不够公允的。我那篇文章就是努力说清楚这一点。一个典型模式是,有些人的著作之所以出名,就是因为引用者或者批判者从来没有看过这些著作,只是听到过很多人讨论,或者可能只是看看著作的导言,就对这本书讨论的内容做

---

① Jeff Goodwin, Theda Skocpol, "Explaining Revolutions in the Contemporary Third World", *Politics & Society*, Vol. 17, No. 4 (1989), pp. 489-509.

② Jeff Goodwin, "How to Become A Dominant American Social Scientist: The Case of Theda Skocpol", *Contemporary Sociology*, Vol. 25, No. 3 (1996), pp. 293-295.

出预测和判断，然后就开始把作者及其著作放在一个"鸽子窝"里进行批判。

这可能是非常普遍的，在某种意义上来说斯考切波的《国家与社会革命》也是这样成名的，人们感觉到自己应该对这本书有一个观点，即使没有完整翻阅过。我认为，对斯考切波这本书的所有错误认知都在循环反复，是无止境的并且相当愚蠢的争论，这是这本书之所以成名的原因之一。我认为学术界存在非常严肃的争论，但围绕《国家与社会革命》的诸多讨论都是胡说八道。许多人认为，他们需要对一本经典名著有一种批判的眼光，而且要对此说一些尖锐的话，即使没有详细看过，对该专题也没有系统研究过。这方面的想法太多了，也是可以推动批评者在学术界的声望，但一知半解的人对他们自己不懂的东西应该闭上嘴巴。

郭台辉：您与别人一起署名发表过许多文章，除了上述提到的与斯考切波的那篇之外，最著名的是詹姆斯·贾斯珀（James Jasper）。你们是如何一起做研究，包括分工并且解决之间的分歧的？

古德温：这个问题很不错，因为我认为任何两个人都不可能完全相似。我肯定是非常幸运的，在学术生涯中有一些非常不错的合作成果，第一篇是与斯考切波合作的文章，但引用率最高的论文却是与埃米尔巴耶尔（Mustafa Emirbayer）合作而成的，是我们两个人在 20 世纪 90 年代中期撰写的有关网络分析的评论性论文[①]，其引用量是相当惊人的。虽然这在我学术生涯中并不占核心位置，但我认为对于合作者的生涯来说更为重要。此外，我还与贾斯珀一起撰写了很多东西，也主编了许多著作。[②]

---

① Mustafa Emirbayer, Jeff Goodwin, "Network Analysis, Culture, and the Problem of Agency", *American Journal of Sociology*, Vol. 99, No. 6 (1994), pp. 1411-1454.

② Jeff Goodwin, James Jasper, "Caught in A Winding, Snarling Vine: The Structural Bias of Political Process Theory", *Sociological Forum*, Vol. 14, No. 1 (1999), pp. 27-54. 查尔斯·蒂利等人曾对此文进行了回应，参见 Charles Tilly et al., "Wise Quacks", Vol. 14, No. 1 (1999), pp. 55-61；Jeff Goodwin, James Jasper, Francesca Polletta, "The Return of the Repressed: The Fall and Rise of Emotions in Social Movement Theory", *Mobilization*, Vol. 5, No. 1 (2000), pp. 65-84.

所有这些合作的成果都是我们共同的观点，因为观点总是非常相近，我们才不会产生很大的分歧。有时候，如果你的合作者写出的东西你不是很赞同，甚至有可能你不能理解，那么你就开始挑战，并且往往可以增进彼此的理解。在另外一些时候，如果你看到一些不太赞同但却可以忽略不计的东西，就不要提出过于苛刻的意见。因为这些东西无伤大雅，即使你可能后来会有所遗憾，总是希望你本可以写出一些更好的东西。最后的结果就是一种妥协，因为这并不完全是你一个人的成果，论文有些地方你可能还是不够完全明白。但正如我所言，我与一起合作的朋友在观点方面非常接近，就不可能对大的问题产生冲突和分歧，以至于合作失败。所以，我在选择合作者时是非常幸运的，但至于是我选择他们，还是他们选择我，我就毫不在乎了。

二、 理论与方法

郭台辉：作为一名历史社会学家，您如何理解历史学与社会学之间的关系？是否有办法解决在二者徘徊而产生的困境？

古德温：这并不是让每一个历史社会学家都高兴的问题，因为这是一种古老的说法。我不知道理论是否是解决那个困境的简单方法。找到理论与历史之间的合理平衡点只是一个技术上的办法，但这是一个不可能找到解决办法的困境，因为我们不可能太沉醉于具体事件及其原因的具体历史独特性中。我是通过理论层面来思考而不仅仅解释具体的历史事件。我们可以从另一些方面来追求解释，比如归纳和发展广泛的理论观点，虽然实际上并没有很好的历史根据。所以，我认为这是一个我们无法解决的所面临的困境。当然，读者对于历史中的理论有不同的品位，而历史学家不可能喜欢无止境的理论讨论，但很多情况下人们又不能从历史中归纳出结论。社会学家往往是走另一个方向，他们知道，普遍或特殊的理论从来满足不了史学家，而社会学家又不喜欢历史细节。所以，不同的读者也把我们这些学者拽来拽去。但是，我的研究从革命转向社会运动再到恐怖主义，一部分是受到查尔斯·蒂利的影响，他是在斯考切波之后对我影响最大的人。

　　1988 年哈佛大学毕业之后，我干的第一份工作就在纽约，从此就一直与蒂利保持着学术联系。蒂利对有不同于他的观点的人持最为开放的态度，对于文化社会学和心理社会学方面的人表现得尤其友善，喜欢参与学术活动，并与大家一起讨论。但是，他的一个问题是，社会科学的发展方式与革命以及社会运动研究之间是非常分裂的。直到美国本土遭遇恐怖主义袭击为止，探讨反叛与革命问题的人们往往不把恐怖主义列入社会运动和抗争的范畴来讨论。当然，后来更为普遍的现象是我们把这些研究统称为抗争政治。但查尔斯·蒂利是想推倒各种障碍，并且他在自己的研究中也是跨越革命与社会运动、社会运动与恐怖主义。无论如何，我们对他的创造性思维及贡献表示最大程度的尊敬。

　　郭台辉：您在《范式的困境》[①] 一文中还是一名批评家，您批评性地反思查尔斯·蒂利及其追随者们在社会运动研究中的"政治过程理论"（political process theory，PPT）方法。您的批评被认为是结构中心主义范式与行动中心主义范式之间困境的具体化，是这样吗？在这里您是否忽视了结构主义与文化主义之间的冲突，相反试图把两者糅合在一起？在那以后，您开始脱离社会运动的研究，转而寻求新的议题，是吗？所以，根据您的观点，结构分析、行动分析与文化分析如何毫无争议地整合起来呢？其实，在过去二十几年的学术生涯中，您已经相继聚焦于三个领域，革命、社会运动和恐怖主义。您是否认为，您有能力使用同一种方法和理论来阐释三个相对独立的领域，还是说您的理论与方法不得不随着主题的改变而改变？

　　古德温：在这里，我想再一次强调查尔斯·蒂利对我的影响，他非常正确地谈到，在革命、社会运动、恐怖主义方面我们均没有普遍一致的理论，更不用说对所有领域做整体的探讨。换言之，迄今为止没有单一的理论视角可以一揽子解释所有主题。所以，他一再反对的是，有些人总认为存在统一的社会运动模式，或者单一的革命或恐怖主义的理论模型。他认为，这个世界远比历史上任何一个时候都更为复杂。他自己

――――――――――

　　① Jeff Goodwin, James Jasper, "Trouble in Paradigms", *Sociological Forum*, Vol. 14, No. 1 (1999), pp. 107-125.

所做的研究也是不断在重复这个判断。一个革命或运动发生了，成功或失败了，与此前的革命和运动都有相似的原因。所以，这是构建模型的目标，而我们使用独特的技术手段来给这些模型取名字。但这是我们应该放弃的做法。他所要求的是，我们需要对理论可能性的更广泛范围保持敏锐，大量的因果分析与过程分析都可能有助于我们解释一系列运动、革命和恐怖主义，而有些过程总是与其他过程结合在一起。但是，每一个事件的发生过程及其因果关系都是独特的，每一个案例都可能有其发生的不同条件，有其产生的不同结果，也是因果与过程不断组合而出现的不同产物。所以，我们应该找到并确定这些关键过程，并确定它们彼此的联系。但有些案例就是我们应该做特殊处理的。

另一方面，我认为实际上那也是不错的，我打算最近对蒂利的研究提出批评。我马上要发表一篇文章，批评蒂利和社会运动领域的其他学者，因为他们抛弃了与资本主义联系在一起的政治经济学以及经济机制。这种研究路径存在一些问题，因为蒂利早年的研究很重视阶级、冲突和政治化。但那种转向抛弃了他的早期研究，更普遍地来说是放弃了抗争政治中的一些社会运动。新奇的是，我认为经济学与阶级政治比蒂利与塔罗后来研究的内容更为重要，更为可信。我并不是说，我们可能创造出某种新理论，在资本主义经济学的基础上来解释一切。相反，我是主张，在因果过程分析中，我们更需要研究那些与政治经济学相关联的原因与过程，这有利于我们更深刻地理解社会运动和革命。我认为，不幸的是他们已经放弃了自己更晚近的著作。然而，那并没有改变我对蒂利的感情，只是可惜他看不到我的批评，我也没法听到他的回应。

郭台辉：在《定性社会学方法论的优势与困境》[①] 一文中，您整体上反思了历史社会学分会，所以我想问您一个有关比较历史社会学的普遍性问题。在您的研究中，如何处理普遍理论与经验案例、定性研究与定量研究、理性选择与文化路径依赖之间的关系与冲突？而且，您似乎更喜欢用不同方法和理论关注因果解释，而不太喜欢设计一种完美的理

---

① Jeff Goodwin, Ruth Horowitz, "The Methodological Strengths and Dilemmas of Qualitative Sociology", *Qualitative Sociology*, Vol. 25, No. 1 (2002), pp. 33-47.

论体系与方法。您的研究是与我们当今社会的重要议题相一致的，是吗？

古德温：我一直都认为，因果分析是历史社会学中最有意思的类型。我知道有一种文化分析家，他们满足于被称之为"深描"（thick description）的东西，以此理解行动者的立场。但是，对我而言，历史社会学一定是解释历史现象的过程与成因吗，比如：革命为何在这里发生而不是那里？这些革命与社会运动为何在这里成功而不是在那里？我们为什么会遭遇恐怖主义？为什么是这里而不是其他国家？为何有些群体会认为这是很好的策略，而其他人却不这样认为？所以，这往往要你去理解这个世界，解释不同行动者的观点与角度。对我而言，我们有机会真正解释世界上正在发生的事情，而我们社会学家应该做到这一点。我们所有人都有能力用老百姓能听懂的语言去解释公共问题和事情发展的状况。那意味着对他们感兴趣的议题，你应该运用公共关注。所以，我非常赞同所谓的"公共社会学"及其学术运动。正如我简单理解的一样，我们应该尽力理解公众普遍感兴趣的议题，研究经验问题，而不是研究非常抽象的学术课题，因为这只能引起大学里一小部分人的兴趣。现在，我们应该讨论世界上正在发生的现象，比如，革命、恐怖主义、种族冲突或占领华尔街等问题，想到这一类别的公共关注。

郭台辉：在《迈向一种新的革命社会学》① 一文中，您总结出革命研究的两次浪潮，并引用怀特海（Alfred Whitehead）发明的术语"错置的谬误"来评论晚近的比较研究，比如批评金世杰（Jack Goldstone）著作中的化约主义、行为主义、工具主义、狭隘的结构主义、专制主义与"摩尼教"（Manichaeism），认为他的思想显然是相互冲突与紧张的。在这里，您很欣赏查尔斯·蒂利的观点并以此来支撑您自己的论点，也强烈赞同斯考切波的国家中心视角。您为何用"摩尼教"和"错置的谬误"这种概念来批评金世杰？我认为您的批评非常尖锐，但也许有点过于渲染和夸张，一种支配性的话语有可能压制了许多不同的声音，对吗？

---

① Jeff Goodwin, "Toward A New Sociology of Revolutions", *Theory and Society*, Vol. 23, No. 6 (1994), pp. 731-766; "Rejoinder", pp. 795-797.

古德温：也许这是有点夸大其词，我年轻的时候尤其如此，的确有点过于挑起争端。我的个性是有点争强好胜，或许这是我过去有时招致学术界同仁们各种方式的集体反击的原因。我在阅读和引用文献时，仍然发现我不满足于同行的许多研究，而且我依然遭受很多批评。政治、经济是我们应该赋予更多重要性的因素，但我也知道这可能走得太远。实际上，我认为学习金世杰的研究很重要，而且，我也只是对他几年前参与编写有关革命的那本书①感到很不满意而已。对我而言，那本书的基础似乎是建立在一种很奇怪的假设上，为了阻止这种研究革命的假设，我们应该了解这本书。在一些情况下，我们实际上可能希望革命获得成功，所以我把这本书叫作"金世杰的反革命视角"，因为这种视角在那本书中体现得很明显。我认为，那本书主要是金世杰设计的结构框架，如果你看了那本书的最后几页或者最后几章，就能很明显看得出来他并不是革命的追捧者，他认为革命产生了许多不好的东西。

但是，我充满希望地认为，过去可能比现在让他更感觉到挑战性。在以前年轻气盛时，我的个性更体现出斗争与挑衅的一面，这可能不是一种很好的品质。但金世杰的那个著作表达出他自己的研究特点，而我对他那种立场的批判只是大惊小怪和无理取闹。

郭台辉：在 20 世纪 60 年代以来的比较历史社会学新传统中，至少三位典型的社会学家为追随者引用得最多，他们是巴林顿·摩尔、查尔斯·蒂利与斯考切波，以至于他们成为历史社会学的代表人物。但巴林顿·摩尔与他曾经的年轻同事查尔斯·蒂利都相继去世，而他的得意门生斯考切波自 80 年代之后就转向美国政治研究。您如何评价在这三巨头之后历史社会学的发展现状、长处、不足以及未来？历史社会学陷入危机了吗？谁将是其未来发展的引领者？

古德温：我认为，这并不能表明历史社会学处于危机中，而是得到了更为分散和多元的发展。大多数人似乎对这种发展感到非常欣慰。学术界都被激发起来理解历史社会学的大问题，诸如我们生活在一个什么

① Jack Goldstone, Ted Gurr, Farrokh Moshiri (eds.), *Revolutions of the Late Twentieth Century*, Boulder: Westview Press, 1991.

社会，这个社会来自何方，将要到何处去，这个社会的其他大的历史轨迹是什么，为什么有些国家可以从革命的道路走上苏联与中国的共产主义，为何有些国家却走上资本主义。这些问题都是巴林顿·摩尔在他的经典著作中提出的问题。[①] 人们正在研究和解决一系列共同的问题。如今，如果你考察人们正在做比较历史社会学的这个世界，就会发现其视野已经遍布世界每一个角落，所有问题和议题有大有小，而比较研究的范围也有时大有时小。

我们生活在一个我们并不真正很喜欢的社会，那么我们是如何进入到这样一个社会的？我们如何才能走出这种混乱的状况？我认为，这种现实问题远比意义更小也更为学术的问题更吸引人们去研究。人们非常满足于追求这种研究，也不会受到这种问题的困扰，而比较历史社会学只是一个术语，所有学者都是在这个术语下进行研究。虽然学术研究偶然存在方法方面的争论，比如，多少案例，定性还是定量，一手材料还是二手材料，阐释性还是因果分析的解释性。这些争论在任何时候都是非常有意思的。但是他们更多要处理的是，提炼我们的研究工具，使我们的工具更为有效，更有解释力。这就是比较历史社会学家所应该有的研究态度。我认为不再存在单一的研究议题，正如刚才所说的，我认为对大历史变迁的认知并不是很重要的。比如说，历史是如何变迁的，我们如何推动历史事件的发生，我认为这些议题不再对很多人有作用。

所以，我不认为比较历史社会学处于危机中，我以前说过这个领域很令人烦恼，更为循规蹈矩、常规化地使用韦伯的术语。我们认为，比较历史社会学存在的制度化问题，但绝大多数人都对此很满意，但在人们意识到这个子学科陷入危机之前还不可能是一种危机。现实的问题是，人们只是不愿意再在这方面思考了，如今，我应该说每年都在出版大量非常不错的比较历史研究著作，这个领域也的确有一大批学者在处理一些巨大的重要议题。我并不打算每个人都在这个领域做研究，何况

---

① Barrington Moore, *Social Origins of Dictatorship and Democracy: Lord and Peasant in the Making of the Modern World*, Boston, MA.: Beacon, 1966；中文版参见巴林顿·摩尔：《专制与民主的社会起源：现代世界形成过程中的地主和农民》，王茁等译，上海译文出版社2013年版。

现在许多学者都在做很重要的研究。但是，现在不再可能像二三十年前那样，有一种学术氛围和文化来呼吁并激励人们关注比较历史社会学，因为这个学科的确是已经相当制度化了。

三、革命

郭台辉：为何自 20 世纪 50 年代以来革命这个议题在美国社会学界越来越有吸引力？您认为这种吸引力在未来将可能是得以维持、增强还是衰弱？

古德温：我认为对革命研究充满兴趣的高峰时期可能是在 20 世纪 90 年代前期，但这并不像以前那样重要了，虽然"阿拉伯之春"以及其他一些不可预测的事件有可能改变革命的结果。但是，在过去十年里或者更多时间里，人们对革命研究的热情越来越减弱，简单的原因就是越来越少爆发革命了。使许多人对革命充满兴趣的大事件或者过程是越南战争，因为美国政府深深卷入其中，很多人都想理解"越南将来会怎么样啦？""我们美国人为何去那里啊？""所谓的敌人是谁啊？""胡志明是谁啊？"，所以，越南有许多东西值得研究。当然那也是一个革命年代，比如 1968 年的学生抗议运动，革命的气氛特别浓厚，到处都是激进运动的政治，左派的力量特别强大。当然，这些都是我们从现在回顾的。所以，革命问题依然停留在那些经历过 60 年代社会运动的人的头脑里，他们总是会想到越南战争和这个国家变迁的种种可能性。古巴革命也有很大影响。所以 70 年代的所有这些人都开始思考革命，而斯考切波是其中之一，我则是其后继续研究革命的人。我认为伊朗、中美洲以及东欧的革命都在某种程度上有助于对革命研究的关注。

然而，自从 1989 年以后，对革命的兴趣实际上减弱了很多。我的著作出版得太晚了，如果我能够在 90 年代初出版的话，那时距离 1989 年之后不多久，肯定可以找到更多感兴趣的读者。但是，在新千年转型之后，对革命的热情已经完全衰落了，很坦率地讲，没有再出现有意思的革命。这个国家的左派一般也没有以前那么强势和有吸引力了。所以我认为，革命社会学或者革命的社会科学研究在走向衰落，虽然这个领域在过去很多年里一直在出版许多非常好的相关著作，比如帕萨（Misagh Parsa）[1] 和约翰·福伦（John Foran）[2] 以及其他人，但我认为在学生与普通民众中间对这个主题的兴趣在世纪之交已经基本消失殆尽。如果考虑到阿拉伯世界和其他地区的各种事件，这可能也有些变化，不可预测与不可预见的事件可能重新点燃对革命的兴趣。比如"占领华尔街"，我们要去看看事件的进展，如果回顾 10 年或 20 年来占领华尔街的方式、目标与诉求等，看看这是否只是一个简短的激情时期还是会牵涉到更为深刻的东西。但在任何一个事件中，未来都是不可能预测的，我们将可能看到，未来几年学术界将对左派政治与革命有着越来越大的兴趣。

的确，我那本《别无选择：国家与革命运动（1945—1991 年）》赢得了一些奖项和好评，这让我感到很欣慰，但在成书之前很久我就完成了写作，而且在那本书出版之前很多年，我就已经完全丧失了对革命的兴趣。因为我一直在寻找一些新的东西，一些可以与当代社会更有关联的东西来研究，因为正如我之前所说，不可能再出现任何新的革命。

最终，"9·11"事件引起了我的注意。实际上，2001 年秋季我正在教授社会运动的课程，那个星期二上午，发生恐怖袭击时，我正在准备给学生开一个讲座。我做的第一件事情就是迅速修改我的课程计划，把恐怖主义列入进去。我那门关于社会运动的课程是围绕几个重要的运动而展开的诸多个案研究，比如民权运动和妇女运动。在那天之后，我迅速添加了塔利班基地组织（Al Qaeda）的内容：这是属于哪种运动？这些人是谁？为何他们正在使用这种震惊世界的特殊策略，用大型飞机撞世界著名的建筑物？所以我决定迅速翻阅所有可能找到的与这个组织及其头目本·拉登（Osama bin Laden）相关的资料。但我记得，学生当时对此非常有兴趣，因为这给他们一个讨论"9·11"事件的空间，在别

---

① Misagh Parsa, *States, Ideologies, and Social Revolutions: A Comparative Analysis of Iran, Nicaragua, and the Philippines*, New York: Cambridge University Press, 2000; Misagh Parsa, *Social Origins of the Iranian Revolution*, Brunswick, NJ.: Rutgers University Press, 1989.

② John Foran, *Taking Power: On the Origins of Revolutions in the Third World*, New York: Cambridge University Press, 2005. 该书获 2007 年美国社会学会比较历史社会学分会"巴林顿·摩尔著作奖"提名、2007 年社会问题研究协会最佳图书奖、2006 年美国社会学会世界体系的政治经济最佳图书奖、2006 年美国社会学会政治社会学分会最佳图书奖、2006 年太平洋社会学学会杰出贡献奖。

的地方是不可能有这种机会的。这个课程对我也很有启发，我学到了很多东西。

郭台辉：您最有影响的著作是《别无选择：国家与革命运动 (1945—1991 年)》，这本书吸引了很多历史社会学家的关注，也获得了很多荣誉，帮我们阐释了第二、三世界的几种革命模式。我们都知道，斯考切波教授的处女作《国家与社会革命》一书奠定了她的学术地位。您能否告诉我们，你们师徒之间在理论与方法上有何共性与差异，以及您的主要创新与修正点在哪里？这本书对革命研究以及比较历史社会学的贡献在哪里？

古德温：斯考切波的著作强调国家危机、国家崩溃或瓦解的重要性及其对于革命的必要性，而这个主题恰恰在金世杰的书中再次得到了讨论。这个观点是，财政危机，尤其是战争会削弱国家，国家要么分裂，要么碎片化，这将为以下往上的、以阶级为基础的社会政治运动开创一个开放的空间和机会：首先是出现反叛，进而导致革命。仅从我考察边缘地区的案例来说吧。在革命者开始给国家施加压力之前，我们实际上都看不到国家崩溃或者国家瓦解甚至国家危机的现象。国家崩溃在先而革命者后到来的这种叙事假设是要颠覆的，革命者并不导致国家的危机与崩溃。但这并不意味着国家分析不是理解革命如何发生的关键，这一点我完全同意斯考切波。实际上，我想极力研究的工作是：当国家受到来自下层的挑战时，哪种国家最可能崩溃。这很大程度上是我那本书尝试回答的问题。

所以，我花了很多时间去尝试理解为何有些国家被革命者推翻，但有些国家却有能力继续维持下去，尽管自下而上的革命运动非常具有挑战性。所以，我的著作的贡献在于，斯考切波的解释模式并不具有普遍性，实际上，她也从来没有主张普遍性。她的著作所带来的诸多误解之一在于，她提出了所有革命具有的一种普遍理论。她明确表示："对于边缘国家，我的分析可能是没有作用的。"她后来相继分析了伊朗革命，这更多是沿着我思考革命的路径而写的。我们看得出，在一个强势的国家政权中容易爆发自下而上推动的革命运动，而伊朗中央政府的专制统治者（Shah）可能被推翻。^①有人说："哦，斯考切波正在改变主意。"但她从来没有讲过，自下而上导致的国家崩溃模式是一种普遍模式。

我在书中的分析排除国家或政治安排的许多特性，因为有人认为这些特性使得一些国家的政治秩序比其他国家在面对自下而上的压力时更为脆弱。我在书中所说的事情之一是，民主体制实际上对于自下而上的革命性挑战非常具有免疫力，他们有能力拉拢反对派、转换注意力并以此捍卫自己并反对革命，这个结论有人喜欢，也有人不喜欢。所以，并非巧合的是，所有的大革命所推翻的并不是民主国家，而是非常狭隘的威权体制，比如沙皇俄国、路易法国、晚清中国，还有尼加拉瓜和古巴。民主体制有一些特点实际上是让它们有能力先发制人地阻止革命的挑战。所以，如果这本书有何贡献的话，我认为就是最后的那个主张，即有些国家的政治安排也许更容易诱发或更便于革命，而有些政治安排却可替代性地阻止或限制革命的爆发。

郭台辉：在这本书的前言部分，您提到"为革命寻找一种更有解释力的理论的人将对这本书表示深深的失望"，因为您的关注在于因果解释而不是价值判断。然而，根据从马克斯·韦伯所开创的传统，您试图维持一种价值中立，但您在研究这个课题的过程中或者之后肯定有一种价值关联。所以我想知道您对于边缘国家的革命持一种什么立场，同情、冷漠还是反感？为什么？如果我们讨论革命的后果，至少是从我游历菲律宾两周时间所经历的观察与感受来看，革命不管成功还是失败，都不太完全给普通民众的生活和政府的管理方式带来多大实质性的变化。菲律宾似乎依然在前帝国的阴影下，比如文化与社会还是带有西班牙的风格，而政治与经济始终依赖于美国。不知您怎么看待这个问题？

古德温：这取决于所选取的案例。也许那是我在书中想极力表明的：没人可以对所有革命真正做出一个普遍一致的立场，因为的确要依赖外部环境和革命领袖的本质个性。因为有的革命领袖有时候很糟糕，有时候你能够理解为何爆发革命，为何有些领导人走向运动的前台，并且有一呼百应的民众支持，但也发现那些领导人很有问题，你很不赞同他们的政治主张与政治理想。实际上，他们推行的一系列行动是没有得到授权的，是威权的、专制的和反人性的，等等。但那又不是一直如此。在另外一些情况下，有些革命者非常值得敬佩，毫无瑕疵，我也认为他们做得很好。但从大多数案例来看，这两种情况是混杂在一起的，在同一个人或者相似的政治领袖中，有一些令人敬佩的品格，也有一些令人非常讨厌的品格。我认为，革命在结果上并没有一味好或一味坏的。

所以我认为，对革命很难做出一个简单的道德判断。我们不得不对一个个案例做具体的判断，有时候把糟糕的人推向前台很有压力，有时候又可以很容易找到更好的人做政治领袖。我们要理解那些社会动力。我并不是一个道德哲学家，没有接受过伦理和道德哲学的训练，无法对那些事件做出一种更为复杂的哲学阐释。

郭台辉：在这本书中您特别重视"政治语境"或者"政治机会"这个关键概念，意味着"一个社会或者社会某个构成要素受到民族国家或者更大国家体制的治理和规范，而且二者有机会接近或相关联"（第14页）。然而，我认为相比其他概念来说这还不太清楚或者阐释不够，您能否更为详细地谈谈这一点？如果我没有说错的话，这个概念至少仅仅限制在某个既定国家的内部要素，而没有开放到特定国家的外部因素。换言之，我认为一个边缘国家的革命成功或失败部分取决于内部各种社会力量的较量，部分在于外部环境的干预，包括文化、经济、宗教以及殖民地与宗主国之间的政治关联，特定时期宗主国的利益、宗主国自身的问题与冲突或党派之争、帝国之间利益的博弈、发达国家主宰的全球政治与经济战略，更何况您的研究似乎更少强调特定国家的地方文化差异。不知我对您的批评是否恰当？

此外，在这本书的结论中不可预料的便于革命爆发的因素是"暴力与专断的威权国家体制，组织上不连贯和军事上脆弱，压制社会团体，缺乏阻止军官篡权的手段"，诸如此类。然而，我认为边缘国家的革命爆发与成功主要是靠政治经济的支持，尤其是来自发达国家的军事力量的干预。而发达国家在采取行动之前都会充分评估它们自己的地缘政治利益和资源获取的可能性。您也简要提到强有力的国际支持，但这种"国际"只是太轻描淡写或模棱两可。而且您在《解释第三世界的当代革命》一文中也提到，资本主义国家的强大力量不可能阻止第三世界爆发革命。然后，请您评估一下利比亚的国内战争，如果反对派没有发达国家的支持是否能成功？

　　古德温：谢谢你详细看了我的书，并进行如此详细的思考和如此尖锐的批评。我认为如果你的评论是在十几年前发表出来，一定是有很大影响的，而且我肯定欣然接受你的批评，当时的确没有太考虑帝国与殖民的关系问题，也没有很多笔墨放在国际或全球力量对一个地方事件的影响上，你的补充对我很有启发，只是可惜我现在的重点放在恐怖主义了，只有等下一次学术界热衷革命研究时我才有机会修订，然后吸收你的观点。

　　至于北非国家的革命和内战问题，我不知道有人会说利比亚的反对派只有北约组织投放炸弹之后才能成功。一场革命的成功应该还有其他方面的因素，现在，只要爆发战争，北约组织的炸弹肯定很重要，有助于这个国家的各种力量对比更为悬殊并且帮助反对派上台，当然也就削弱了卡扎菲（Gaddafi）的体制。所以，爆发革命的政治背景一部分是由国外力量大规模干预所构成的，但这并不是一种唯一的背景，我认为在不同的国情中卡扎菲不可能永远执政。我个人也比较反感北约组织的干预，一般也反对外国干预某个国家的内政，我认为我们应该遵守民族自决的原则。这是一个有争议的特殊案例，因为革命者要求外国援助，否则就可能遭遇大规模的屠杀。但对于利比亚的未来我的确表示担心，即使推倒了一个糟糕的专制者，但还是得靠冲突不断和血腥镇压来巩固政权。这是一个非常痛苦的折磨国家的构建过程。

　　我认为，利比亚不会明天就觉醒，并且找到一个美好的、民主的、自由的、进步的社会。政治经济秩序可能需要重新构建，所以我们要看到由革命与叛乱带来的新变化，但我对此刻利比亚的局势表示悲观，这个国家真的似乎太碎片化了。

四、社会运动

郭台辉：您在 20 世纪 90 年代后期才开始从革命研究转向社会运动研究，而《高风险社会运动中的力比多结构》[①] 就获得了"巴林顿·摩尔论文奖"。所以，是什么动力使你转而关注社会运动？作为个案研究，这篇论文为何如此受到关注？

古德温：实际上，我是在一个更开阔的参考框架中开始思考革命的，也包括社会运动。我觉得，当我在 20 世纪 90 年代早期第一次来纽约大学工作时，我就开始参加查尔斯·蒂利的研讨会，那时候他在新学院大学（New School University）任教。几年来我参加他的研讨班是非常有规律的，实际上我多年来一直参与蒂利指导的这个研讨会，并为之提供方便，因此也获得许多特权。当然，我一直认为，蒂利做的许多案例研究是非常有说服力的。比如说，他认为，没必要区分做社会运动研究与做革命研究的学者，对于研究这些领域的学者来说可以明白，他们所做的研究其实是非常相似的问题与主题，这种相似性不仅是可能的，而且是可欲的。所以我长期以来就采纳了这种观点。

关于"胡克起义"[②] 的论文实际上是在 1990 年或 1991 年一次旅行之后开始的。我获得博士学位之后的第一个工作是在西北大学做助教，然后获得西北大学的一些资助，去菲律宾做实地考察，那是到纽约大学之前的几年。我去菲律宾的目的就是研究胡克的起义运动，那是我博士论文的一部分。我想对那个特殊的案例做很深的挖掘，而相关材料是相当零散的。我听了一门做胡克起义研究的课程，在菲律宾大学收集到一些论文，还查阅一些相当陌生的文献，包括关于起义运动中的社会性别问题。这让我开始形成问题意识，试图理解在这些文献中发现的东西，并且以一种独特的方式形成论文框架。那时候我正在与厄梅贝尔有着亲

---

① Jeff Goodwin, "The Libidinal Constitution of A High-Risk Social Movement: Affectual Ties and Solidarity in the Huk Rebellion, 1946 to 1954", *American Sociological Review*, Vol. 62, No. 1 (1997), pp. 53-69.

② 胡克党，菲律宾的共产党人民解放军，二战时成立，组织游击队抵抗日军。战后组织农民暴动，旨在推翻民选政府，后被镇压。

密合作，两人相当熟悉弗洛伊德及其在社会学界的追随者的论著。有些社会学家，比如斯莱特（Philip Slater）[1] 和科塞（Lewis Coser）[2] 通过弗洛伊德的思想来理解群体与运动的团结问题，所以我决定运用这些思想来形成胡克起义的研究框架，因此，论文的标题有点奇怪：《高风险社会运动中的力比多结构》。这是一个弗洛伊德的术语，他在书中是用来研究群体心理学，而斯莱特与科塞的研究也有利于我形成论文的框架。

　　然而，我自此之后从来没有追求过弗洛伊德的研究，虽然对那篇文章是有很独特的帮助，但我从来没有再研究这个主题。当然，情感对于社会运动是很重要的，我可能还会做这方面的研究，而且还主编过一卷叫作《多情的政治学》的书，这是想尝试把情感带回到集体行动与社会运动的研究中来，试图不带任何意识形态的包袱来研究最初情感的变量。[3] 我们认为，情感的确有着某种独特的重要性，完全区别于大多数社会学家所讨论的文化、象征、意义、理解或信仰方式，而且，社会生活也存在这种情感或归属感维度，不可以化约到认知领域，虽然二者有着很密切的关系，但情感的反应往往更为积极。

　　郭台辉：您另外两篇文章《抗争情感》[4] 与《被压迫者的回归》[5] 都与"力比多结构"有着紧密联系。您的革命研究重点强调的不是情感与归属的自变量作用，而是国家中心论的结构。您两个学术阶段之间是否存在隔断与跳跃？人们是否可以根据他们的理性或情感、理性选择或爱

---

[1]　Philip Slater, "On Social Regression", *American Sociological Review*, Vol. 28 (1963), pp. 339-364.

[2]　Lewis Coser, *Greedy Institutions: Patterns of Undivided Commitment*, New York: The Free Press, 1974.

[3]　Jeff Goodwin, James Jasper, Francesca Polletta (eds.), *Passionate Politics: Emotions and Social Movements*, Chicago: University of Chicago Press, 2001.

[4]　Jeff Goodwin, James Jasper, "Caught in A Winding, Snarling Vine: The Structural Bias of Political Process Theory", *Sociological Forum*, Vol. 14, No. 1 (1999), pp. 27-54. 查尔斯·蒂利等人曾对此文进行了回应，参见 Charles Tilly et al., "Wise Quacks", Vol. 14, No. 1 (1999), pp. 55-61。

[5]　Jeff Goodwin, James Jasper, Francesca Polletta, "The Return of the Repressed: The Fall and Rise of Emotions in Social Movement Theory", *Mobilization*, Vol. 5, No. 1 (2000), pp. 65-84.

的纽带来参与社会运动？同样，在另一篇论文中，你用一个模棱两可的术语"政治机会"继续呼吁情感因素，以此反思政治过程理论。我们在社会运动研究中，甚至在所有的社会科学研究中都的确应该避免不变的理论模式或者结构。这是一个好主意，但只是一种理想，因为如果您的要求可以做任何研究，那么，我们不可能在一篇短短的论文中同时包括理性分析与情感分析，换言之，您提出的要求是没有人可以满足的，包括您自己，是吗？

古德温：是的，这两个阶段是存在一个很大的跳跃，论革命的著作是非常宏观的，重视社会与比较，重点考察国家是如何组织起来的，以及对于革命运动的成长和夺权来说，它们的确形成了什么可能性，或者缺乏什么可能性。相对照的是，研究情感的著述是处于一个很低的微观层面。我愿意认为，这两种进路是相互补充而不是对抗的，是不同的分析层次。

郭台辉："占领华尔街"运动正在进行中，似乎提出了比经济不平等更多的社会问题。您如何看待这样一场社会运动，尤其对美国以及世界的社会政治政策有何影响？

古德温：我认为，讨论"占领华尔街"运动带来什么效应还为时尚早，尤其是不可能知道这个运动如何影响美国的改革或者结构变迁或者政策转移，毕竟从开始以来才几个月的时间。迄今为止，"占领华尔街"运动的确正在重塑公共领域、公共话语和美国的政治议题。我认为，它提出的问题以及所讨论的相关议题是相当成功的，涉及如何解决华尔街银行和公司的权力过大问题以及经济不平等（包括财富不平等与收入不平等）问题。在公共领域都很少讨论这些议题。所以，运动在这些方面已经相当成功，而且，民意投票也表明，美国大多数人在这些方面都同情并赞同"占领华尔街"这种社会运动。不很明朗的是，这次运动是否有能力做一些它所涉及的问题？是否能够激发起足够多的人参与其中？能否找到一些策略取得更为实质性的成功？这是未来我们拭目以待的问题。但如今我觉得这次运动的主要影响还是在政治争论和政策话语层面上。

当然，很多议题与问题都关系到经济问题以及公司和银行等方面。有趣的是，很多不同群体及其相当不同的关注点都把自己视为这个运动的一部分，这是运动的优势，能够把各种类型的人们以及各种问题都带入其中。所发出的信息或者理解问题的方式都是相当宽泛的，并不是狭隘的单一议题，而是对美国社会有着相当深刻的分析与批评，在许多方面都非常有影响力。有人认为，这也可能是一个不足，因为至今为止，这个运动很混乱，只有一部分力量是在推动特定的问题、提出运动的需要以及想得到更多的诉求，或者找到更有效的运动策略。当人们看到运动发挥作用并且取得成功时，都想尝试参与其中。但是，我们也不知道这次运动能持续多久，是否能找到有效策略，但这只是一种可能性。

五、 恐怖主义

郭台辉：据我所知，虽然全世界都为"9·11"事件所震撼，但您却由此开始聚焦恐怖主义并且将其确定为新的研究领域。现在，您的新作《恐怖主义的逻辑》（*The Logics of Terrorism: A Comparative Studies*）即将出版，您能否谈谈您的核心观点？

古德温：那本书尝试理解持武器的行动者的行动条件。作为一个持有武器并且充分利用武器的行动者，他们的行动是否以国家为中心，他们如何决定攻击街上的普通人，毫无差异地暴力伤害无辜平民？我所关注的问题是攻击普通平民的逻辑是什么。这本书考察的几个案例都是关于无区别对待的恐怖主义，我称之为"范畴性的恐怖主义"。这本著作的基本观点是，不管这些持有武器的行动者是有着强烈的国家观念，还是只有反叛者自身的交往网络，都可能找到对他们有利的理由。对他们来说，攻击就是要针对很重要或者有价值的平民，才能产生很大影响。所以，这是一种间接的战争。他们削弱持有武器的对手的方式是通过攻击那些没有武器的平民，因为后者就是在政治与经济上支持恐怖主义分子的敌人。这是恐怖主义的基本逻辑。当有些平民没有真正帮助他们的对手，就没有攻击的逻辑。

在阐明这一点的个案中我也讨论到，有时候这个群体并不是毫无差别地攻击平民，因为基本上不存在理由这样做，没法通过伤害平民来削弱对手。这是基本观点。我认为，这本书的新颖之处在于，尝试同时讨论国家为中心与非国家为中心的两类恐怖主义。至今为止，学者有时候甚至认为不存在国家恐怖主义，我认为这是不符合实际的。

郭台辉： 实际上，恐怖主义也运用人权和民主话语来批评发达国家的军事占领。一方面，您怎么看待自由主义意识形态在解释恐怖主义活动中的作用？另一方面，从同情的角度来看，如果世界范围的恐怖主义是原教旨主义反对高级文化的结果，那么，以民族主义与宗教为基础的恐怖主义策略就可能永远持续，因为一些西方国家所带来的经济、政治与文化发展在全球占支配地位，而大多数其他国家都可能丧失在国际社会中的主体性，他们的民族文化和资源都没有自主与独立的空间，在存在生存危机时，恐怖主义活动就只能是唯一的和最后的选择。这样就可能出现你用的标题——《被压迫者的回归》或者《别无选择》——的情况。您怎么看这个问题？

古德温：这是一个结构性的观点，在精神上非常接近我原来那本以国家为中心的著作。我认为你所表述的是一种理性主义的恐怖主义。我们可以认为，当有可能的时候，行动者就利用某种机会来展示自己。我在这本书中也做出同样的假设。我认为，这与理性选择理论家的不同之处在于，我的确很强调结构性的条件，这个世界不仅仅是自由流动的人们可以计算出来的。这个观点的关键在于，结构性的条件表明恐怖主义可能是他们有利于行动的理由与策略。我认为人们不会仅仅因为在头脑中有一些观念就参与恐怖主义。在一定程度上，我反对把恐怖主义刻画为非理性的。

参与恐怖主义的人们并没有强有力的情感，他们的确憎恨一些人，也团结并热爱另一些人，后者可能为他们提供便利或者鼓励他们参与这种特殊的策略。但我的确认为，最终有一天需要一种真正的结构性动力，而团结或者甚至憎恨一些人都足以动员这种恐怖主义行为。毕竟，我们可以讨厌一个人但不会必然伤害他。我们也需要理解我们为何应该把情感与手段选择放在一起来考虑，这是我这本书的另一点贡献。我们需要理解为何有些人受到憎恨，为何有些人成为恐怖主义的目标或受害者。这本书也尝试理解发生恐怖主义袭击的结构性条件。我阐明，在什么条件下平民被视为与国家或恐怖运动有着复杂关系，从而威胁到他们的安全。所以，在那些情形下，即使那些人没有很强的政治倾向或者甚至没有武器，也可能因生活在这里而被憎恨，巴勒斯坦人可能讨厌以色列人，虽然普通的以色列人对他们没有威胁，但他们支持或者生活在压迫巴勒斯坦人的国家。

再比如，二战时期美国人讨厌普通的日本人，包括妇女与儿童，以至于我们可以扔原子弹到他们本土。为何我们如此憎恨日本人以至于可以不加区别就滥杀无辜？我认为，这是因为对所有日本人存在一种感觉，他们都为天皇或者战争魁首工作或提供某种间接或直接的支持，从而我们就被驯化成去憎恨和杀害那些人。这种憎恨的情感来自一种特殊的结构性形势。

郭台辉：您那篇论文《范畴性的恐怖主义理论》对恐怖主义研究贡献很大。相应地，您评论了许多与恐怖主义相关的著作，并且批评其没有关注恐怖主义这个关键概念的界定与分类。在这里我想知道，您倾向于恐怖主义活动的理性选择而不在乎您曾经提出的情感分析，就像您不同意斯特恩（Jessica Stern）在她的著作《以上帝名义的恐怖》（*Terror in the Name of God*)① 中的诉苦分析。您能解释一下您研究中的这种悖论吗？恐怖主义的未来是什么？

古德温：这很难讲。我的理论并不是预测性研究。在一定程度上，我们在现代不能把自己脱离国家这个结构来思考，我们是公民，需要对国家做贡献，需要纳税，为国民经济的增加而工作，脱离政治社会就无法生存。因此，的确可以预测到的是，我们将看到更多的恐怖主义，越来越多的人认同国家，以至于每个人都与国家产生冲突，这种冲突或者是在国家之间，或者是国家与其他行动者之间，只要发生恐怖主义，对人们来说就倾向于以公民身份的方式运用暴力手段。

---

① Jessica Stern, *Terror in the Name of God: Why Religious Militants Kill*, New York: Harper Perennia Press, 2004.

六、结论

郭台辉：您认为您对比较历史社会学的主要贡献在哪？

古德温：我不得不说，我的研究还在发展中，真的不知道除了发表的已有文献或者正在思考的主题之外还有何贡献。当我撰写革命问题时，我想到我的研究与既有革命研究文献有何差异。当我写恐怖主义时，我想到这如何贡献于恐怖主义的研究文献。当然，社会运动的研究也是如此。但我真的从来没有想过，这是否对比较历史社会学或者更为普遍意义上的学术界是一种贡献。我一直是在很具体的学术文献和主题上思考问题，至于我说过什么及其作用，还是由我的读者来评价。

第十一章　晚期帝国与国家控制

——加州大学伯克利分校凯伦·巴基

凯伦·巴基

郭台辉与凯伦·巴基合影

凯伦·巴基（Karen Barkey）2016 年加盟加州大学伯克利分校社会学系，此前是哥伦比亚大学社会学系教授。巴基教授出身于土耳其的一个豪门家族，高中毕业之后只身一人赴美国，就读于布林茅尔学院（Bryn Mawr College），1981 年获西雅图华盛顿大学硕士学位，1988 年获芝加哥大学博士学位，师承西达·斯考切波教授。她所从事的研究领域包括历史与政治社会学、帝国与帝国组织研究、宗教与政治、宗教与族群宽容、神圣空间的政治、民族特性与民族主义形式、国家控制与对帝国政权的反抗、比较视野下的奥斯曼帝国。

她的博士论文即第一本专著是《强盗与官僚：奥斯曼帝国的国家集权路径》（*Bandits and Bureaucrats: The Ottoman Route to State Centralization*），1995 年获美国社会科学史学会的年度杰出图书奖（Allan Sharlin Memorial Award）。第二本专著是《差异的帝国：比较视角下的奥斯曼》（*Empire of Difference: The Ottomans in Comparative Perspective*），2009 年获比较历史社会学领域的最佳图书奖"巴林顿·摩尔图书奖"，以及美国政治学会在政治与历史领域的最佳图书奖"戴维·格林斯通奖"（J. David Greenstone Award）。

凯伦·巴基教授的祖父是奥斯曼帝国末期的一位高级军官，她可谓帝国末期的名门望族之后。可能因这一现实背景，她坚决抵制传统/现代这种二元对立观，充分挖掘并肯定传统帝国的价值，认为帝国尤其是在处理社会复杂族群关系与国家政权控制方面有其高超的治理艺术，而现代土耳其是奥斯曼帝国收缩而不是崩溃的结果。她认为，现代民族国家最大的失败就是不仅无法解决部落、种族、宗教、民族等问题，反而加剧它们之间及其与国家政权之间的冲突，而处于地理形势最复杂的奥斯曼帝国却能够长治久安，其治理经验是值得现代人敬仰与学习的。同时，在方法论上她把哈里森·怀特、彼得·比尔曼等人发展出来的社会网络分析充分运用到奥斯曼帝国研究中，并且运用奥斯曼帝国时代的一手史料来考察帝国的政权构建与社会抗争，从而与查尔斯·蒂利、西德尼·塔罗等学者展开学术对话。

笔者在 2011 年 12 月 13 日见到凯伦·巴基教授，并在哥伦比亚大学社会学系她的办公室交流了两个小时。凯伦·巴基教授是笔者在美国访谈的第二位历史社会学家。她非常重视这个访谈项目，为了配合访谈，她提前针对访谈的问题查阅相关资料，并做好回答的笔记。她的治学态度令人敬佩，总是保持一种学习的谦卑姿态，不仅向诸如怀特与蒂利这样的前辈学习，而且，虽然已经熟悉六种语言，但还在努力学习语言，也与不同国家的学生和不同学科的学者一起，合作研究奥匈帝国、沙俄帝国和中华帝国等传统帝国形态，每年还到世界各地收集一手史料。在历史社会学的学术圈里，凯伦·巴基的研究已经成为典范。

一、背景

郭台辉：您在哥伦比亚大学社会学系已经工作 20 多年了，能否谈谈这个系和这所大学对您的学术研究有何帮助？

巴基：实际上，我从哥伦比亚大学得益许多。对于我的学术研究来说，当我在 1989 年来到这里时，哈里森·怀特教授就在这工作了。对我来说他真的非常重要，是我博士毕业之后的又一人生导师。因为他看过我写的所有东西，给我很多指点，真正把我引入网络分析和关系社会学中。这是我以前从来没有接触过的研究方法。在他的帮助下，我的博士论文在出版之前进行了大幅度的修改，甚至推倒了原来的那个框架。与他一起思考和交流，我改变了研究问题的很多想法，而且他的眼界和心胸真的非常开放，在很多方面帮我修改第一本书。大家看到的我的许多文章都经过了他的亲自修改。他对我的影响的确是非常大，真的难以言表，一言难尽。他常常对我说："你正在思考的是这方面，如果能够再读另一种文献，再转过来头来想想，会对你有好处的。"此外，查尔斯·蒂利后来对我影响也很大，虽然我到这里工作时他还在新学院大学。蒂利是哈里森·怀特先生邀请到哥伦比亚大学来任教的，比我还晚，但对我的研究真的非常重要。

至于哥伦比亚大学的作用，它所给予我的是一个跨学科的研究平台。这是令人难以置信的，因为我可以与其他系的人一起做研究，跨学科让我认识很多人，使我喜欢与许多来自其他系的学者一起写作。我与历史系的马克·哈根（Mark Hagen）[1] 和政治学系的卡茨尼尔森（Ira Katznelson）[2] 一起教学和写作。哈根与我共同主编《帝国之后》[3]，而卡茨尼尔森与我共同任教一门课程，关于犹太人在西欧中世纪到现代早期

---

[1] Mark Hagen, *Soldiers in the Proletarian Dictatorship: The Red Army and the Soviet Socialist State, 1917-1930*, Ithaca, NY.: Cornell University Press, 1990.

[2] Ira Katznelson, *Liberalism's Crooked Circle: Letters to Adam Michnik*, Princeton, NJ.: Princeton University Press, 1996.

[3] Karen Barkey, Mark Hagen, *After Empire: Multiethnic Societies and Nation-Building: The Soviet Union and the Russian, Ottoman and Habsburg Empire*, Boulder: Westview Press, 1997.

的历史。我们还一起写了一篇文章①，比较中世纪以来英格兰与法国的犹太人受排斥的历史，在一起合作与交流很多。此外，斯蒂潘（Alfred Stepan）也是来自政治学系，我与他刚合作并出版一本书②，我还与他共同主持一个"民主、宽容与宗教"研究中心，并且还共同合作研究宽容的多卷本著作。

所以，哥伦比亚大学提供给我很多机会，不仅在社会学系，而且在社会学之外。哥伦比亚大学有非常强的师资力量，为跨学科合作的教育与研究提供一个强大的平台，也为纽约市的学术繁荣提供所有可能性。最重要的可能是，这里有来自世界各地的许多优秀学生，他们是新思想、新项目和研究的持久来源，可以对我的研究提供很多帮助。你可以做很多跨学科的研究，可以联络到各种专家，与其他人一起教学，向各种人学习。这里还有很多让我感到很兴奋的研究中心和研究所，从中可以发展我感兴趣的项目。

郭台辉：众所周知，历史社会学领域有两个重量级人物，查尔斯·蒂利与斯考切波。您似乎很幸运，与他们俩都有很亲密的友谊和合作，虽然研究路径和取向似乎很不一样。您能否谈谈对这两个人的印象，他们如何影响到您的研究？

巴基：那时候，斯考切波是从哈佛大学社会学系来到芝加哥大学社会学系的，我当时很喜欢她的历史社会学课程，又同是女性。所以，我选择她为博士论文的指导老师，而且与她一起做研究，一起探讨学术问题。当然，我的学术生涯也是从她那里开始的。她对我的思维影响最大和最强烈的，不但体现在结构社会学，而且还体现在把国家视为一个重要的行动者，以此重新思考国家与社会的相互关系。我从她那里获得很多有关国家研究的文献以及研究国家的思考方式，发展出了我研究国家政权问题的特长，那时候有些东西我心里知道但不清楚怎么研究，但与

---

① Karen Barkey, Ira Katznelson, "States, Regimes and Decisions: Why Jews Were Expelled from Medieval England and France", *Theory and Society*, Vol. 40, No. 5 (2011), pp. 475-503.

② Karen Barkey, Alfred Stepan, *Democracy, Islam and Secularism: Turkey in Comparative Perspective*, New York: Columbia University Press, 2012.

她交流之后才明白，影响至今。

从蒂利那里我才真正开始解决我博士论文遇到的第一个难题。蒂利自己早期研究国家形成的成果是一本厚厚的著作。[①] 这真正带给我很多思考，因为在布林茅尔学院读本科与在华盛顿大学攻读硕士学位时，我阅读了有关奥斯曼帝国历史的大量文献，也研究了很长一段时间。蒂利的国家形成模式是来自西欧的经验，对我来说，这显然不适合解释奥斯曼帝国这个案例。法国与奥斯曼国家都以同样的方式征税和集权，但奥斯曼帝国有所不同，因为它并没有出现农民反叛，农民与贵族之间也没有任何联盟。我当时的研究是运用蒂利的模型来理解奥斯曼帝国的案例。所以，蒂利在那方面的影响表现在引领我进入奥斯曼帝国的国家政权形成这个领域。他的理论让我思考自己的案例。我在这方面写了一些论文，主要是比较研究法国与奥斯曼帝国，这篇文章可以表明我对这个领域的比较研究有所推进。[②]

此外，我也正在与池上英子（Eiko Ikegami）和王国斌（R. Bin Wong）一起反思西方的国家形成模式，准备撰写一本题为《国家形成的替代性路径》的著作。[③] 我们都是来自非西方国家，对各自母文化的传统帝国有比较深刻的了解，因此我们试图从自己的非西方视角，关注我们真正感兴趣的案例，以此重新思考各种不同的国家形成模式。所以，他们两个人对我都起到很大的帮助。当然，我的硕士导师奇罗特（Daniel Chirot）也对我的研究起到过非常积极的作用，我与他还合作过一篇文章，让我开始真正转向历史。[④] 可以说，这些人是我学术生涯中的关键人物。

---

① Charles Tilly, *The Formation of National States in Western Europe*, Princeton, NJ.: Princeton University Press, 1975.

② Karen Barkey, "Rebellious Alliances: The State and Peasant Unrest in Early Seventeenth-Century France and the Ottoman Empire", *American Sociological Review*, Vol. 56, No. 6 (1991), pp. 699-715.

③ Karen Barkry, Eiko Ikegami, R. Bin Wong, *Alternative Routes to State Formation: A Relational Approach to Politics, Culture and Society in Japan, China and Turkey*, forthcoming.

④ Karen Barkey, Daniel Chirot, "States in Search of Legitimacy", *International Journal of Comparative Sociology*, Vol. 24, No. 1-2 (1983).

二、理论与方法

郭台辉：巴林顿·摩尔（**Barrington Moore**）在一个比较分析的专题访谈①中说过，语言的丰富与精准是做一流比较与历史分析的一个前提条件，而他的《专制与民主的社会起源》②是他最后一部在不知道所研究国家的语言的情况下写成的著作。在您的比较帝国研究中是如何克服语言困难的？您做奥斯曼帝国研究并且比较其他的帝国和西欧的国家形成模式，您是如何处理语言问题的？

巴基：我的母语是法语，第二语言是土耳其语，而且是在土耳其长大的，所以法语与土耳其语都算是我的母语。我父母亲都是在土耳其长大的，而我们在家里是用法语交流，上学时是在土耳其学校，在学校同时用法语与土耳其语。但是，在中学时期我就想做奥斯曼帝国的研究，所以就努力学习了一点不同于土耳其语的奥斯曼语。奥斯曼语是阿拉伯语的拼写规则，而土耳其语是拉丁字母。所以我学到了一点阿拉伯语，可以用波斯语来阅读文献。没有这些语言工具就无法做出上乘的历史研究和档案研究。那时候当我开始研究哈布斯堡王朝和俄罗斯帝国时，我实际上阅读的更多是二手材料，也正好有学生是研究德意志哈布斯堡王朝的。由于这里有很多人都精通德语，所以就可以帮我翻译一些文献，这是很关键的。但是，我的研究当然是关注奥斯曼帝国，我就需要了解所有相关的语言，因为我完全相信，如果需要做历史社会学，就得通过语言技巧来比较。否则，你做的研究就不可能跨过语言这种天然障碍，研究的成果就不一定是很好的。我在土耳其长大，一直相信需要学习语言，诸如英语、德语、法语，尤其是在主要的城市，父母都尽力让孩子多学习几种语言。所以，学习另一些外语是非常重要的。

---

① Gerardo Munck, Richard Snyder（eds.）, *Passion, Craft, and Method in Comparative Politics*, Baltimore: The Johns Hopkins University Press, 2007.

② Barrington Moore, *Social Origins of Dictatorship and Democracy: Lord and Peasant in the Making of the Modern World*, Boston, MA.: Beacon, 1966；中文版参见巴林顿·摩尔：《专制与民主的社会起源：现代世界形成过程中的地主和农民》，王茁等译，上海译文出版社 2013 年版。

郭台辉：在您的论文《法院记录在重建村庄网络中的运用》[①] 中，您主张，网络分析、制度分析与政治过程分析可以结合起来运用到国家与社会关系的研究中，这些多向度的方法在历史个案的研究中如何有助于解决理论之间的冲突和困境？

巴基：从我步入学术生涯开始，我就不相信只支持某一种理论或方法。我一直认为理论或方法之间存在某种相互关联。这部分是受到我第一个导师丹尼尔·奇罗特的影响，他说，最重要的事情是你理解了手头的现象。为此，你可能需要混合各种方法，才能考察不同层面的问题，而且，实际上，社会本身就是需要你把所有东西都联系在一起，因此，你需要打开研究视野。所以，从很早开始我就觉得应该从多层面来看问题。但是，我那时候还不知道社会网络分析，因此就不停地思考，在国家与社会的这些关系中，我需要的东西应该是制度层面还是属于政治过程层面，关注的事情是如何长时期变化的，我也知道自己要做长波段的研究。那时我很早就开始思考这些问题。有人说，这是国家，那是社会。但我对国家与社会之间的关系从来没有做很清晰的分割，实际上也没有明确的界限，所以我在对现象进行经验解释时并没有遭遇到理论上的困境，只是讲清楚国家与社会之间相互分离或相互勾连或相互关系的方式。同时，我也没有从国家—社会关系方面来思考，"过程分析"也存在一种理论问题，或者说这个术语本身就存在一种相互矛盾的困境，但我从来没有想过这个问题。也许它们并不是真正的相互矛盾。

实际上，我认为在案例研究中融入各种研究方法是很容易操作的，因为可以更深入地做一个个案。当我们做多层面的个案分析或者做数据统计分析时，有可能更难做比较研究，因为难以获得同一层面的内部动力，只把不同层面的个案或数据做成方程式，那样产生的问题将更难把握。我觉得，如果你正在做个案研究，就需要真正考察国家与社会以及不同层面的制度，然后把那个个案置于其中。我认为那样做就没有什么问题，而且非常有帮助和启发。我认为，学生需要从个案研究开始进行

---

① Karen Barkry, "The Use of Court Records in the Reconstruction of Village Networks: A Comparative Perspective", *International Journal of Comparative Sociology*, Vol. 32, No. 1-2 (1991).

学术训练，他们这样才能在某个领域变得非常有知识，然后才能逐步扩展到做比较研究，然后再扩展研究，并且在理论上变得更为深邃和复杂。但是，正如我前面所说，我所有的学生都学得很好，并且成为擅长于研究某一个国家、社会过程、革命等具体问题的专家。首先你要真正擅长于某个领域，并且知道如何研究它，接着再拓展到相关问题。所以我认为做个案研究不存在任何问题。

郭台辉：我们都知道，您丈夫安东尼·马克思（Anthony Marx）①是一位知名的政治学家，也做了许多历史研究，现在是纽约市图书馆的馆长。您觉得他的历史研究方法与您的有何不同吗？

巴基：没有很大不同。政治学与社会学在最初的方法论上可能有所不同，比如他来自不同的学术训练。实际上他的导师也是斯考切波，博士论文是对种族与民族进行比较研究。② 但是，长期以来，我们都非常紧密地一起工作，相互阅读彼此的研究，变得更为相似。再举卡茨尼尔森的例子来说吧，他是一名典型的政治科学家，也做很多历史研究，我认为他的研究与我的没有什么不同。所以，不管是我丈夫还是卡茨尼尔森或者其他的政治学家都与我们历史社会学家没有差异。托马斯·埃特曼（Thomas Ertman）更为典型，很多人以为他是受政治学的训练，他其实获得的是社会学博士学位，因为他做的研究在很多方面都让这两个学科没有差异。

之所以两个学科在历史倾向上没有太大差异，就在于我们所关注的问题都是大范围的社会过程。诸如西北大学的詹姆斯·马洪尼（James Mahoney）一样，你应该联系他做访谈，因为他是我们当今这一代最优秀的历史社会学家之一，现在他同时在政治学与社会学两个系任职。而

---

① 安东尼·马克思博士毕业于普林斯顿大学，哥伦比亚大学的政治学教授，2003—2011 年担任艾姆赫斯特学院（Amherst College）校长，此后担任纽约市图书馆馆长。他出版的专著除了博士论文之外还包括：*Lessons of Struggle: South African Internal Opposition, 1960-1990*（1992）；*Faith in Nation: Exclusionary Origins of Nationalism*（2003）。

② Anthony Marx, *Making Race and Nation: A Comparison of South Africa, the United States, and Brazil*, New York: Cambridge University Press, 1998. 该书 1999 年获美国政治学会拉尔夫 J. 邦奇奖（Ralph J. Bunche Award），2000 年获美国社会学会巴林顿·摩尔图书奖。

且，他也是一个出色的历史社会学家，并且与迪特里希·鲁施迈耶（Dietrich Rueschemeyer）共同主编过一本比较历史分析方面最有名的著作①，里面有很多重量级文章，他们所讨论的事实是，在社会科学中，对各种不同研究做人为分割的人倾向于历史社会学。

但是，在政治学、社会学或其他领域中有一群人都在提出类似的问题，他们所讨论的问题是关于主要历史过程和巨大的社会变迁，诸如此类与我们所生活的世界息息相关的问题。他们努力通过做比较历史研究、做过程分析以及考察那个领域的历史制度变迁，去理解那些问题。我们在这些方面毫无差异。如果说存在一点差异的话，我们都会彼此交流和一起研究，发挥协作互助的作用，关注同样的问题。但在社会学内部存在另一群人，比如朱莉娅·亚当斯，她更多关注文化领域，并且更侧重于后现代观点。但他们的研究在他们的圈子里更没有合作，而是取决于其内部的分化。但社会学、政治学与历史学都有一个共同的呼唤，我认为我丈夫和我、托马斯·埃特曼、卡茨尼尔森、马洪尼、金世杰等都同时属于那个呼唤的人。再比如西北大学的卡拉瑟斯（Bruce Carruthers）②，他是一名非常优秀的历史学家，但也是著名的经济社会学家，所以与我们是属于同一个类型的人。我们这些人所使用的方法都非常具有包容性。

郭台辉：在 20 世纪 60 年代以来的比较历史社会学新传统中，至少三位典型的社会学家为追随者引用得最多，他们是巴林顿·摩尔、查尔斯·蒂利与斯考切波，以至于他们成为历史社会学的代表人物。但巴林顿·摩尔与他曾经的年轻同事查尔斯·蒂利都相继去世，而他的得意门生斯考切波自 80 年代之后就转向美国政治研究。您如何评价在这三巨头

① James Mahoney, Dietrich Rueschemeyer, *Comparative and Historical Analysis in Social Science*, New York: Cambridge University Press, 2003.

② 参见 Bruce Carruthers, *Money and Credit: A Sociological Approach*, London: Polity Press, 2010; Bruce Carruthers: *Bankrupt: Global Lawmaking and Systemic Financial Crisis*, Stanford, CA.: Stanford University Press, 2009; Bruce Carruthers, *City of Capital: Politics and Markets in the English Financial Revolution*, Princeton, NJ.: Princeton University Press, 1996; Bruce Carruthers, *Economy/Society: Markets, Meanings and Social Structure*, Los Angeles: Sage, 2000; Bruce Carruthers, *Rescuing Business: The Making of Corporate Bankruptcy Law in England and the United States*, New York: Oxford University Press, 1998。

之后历史社会学的发展现状、长处、不足以及未来？历史社会学陷入危
机了吗？谁将是其未来发展的引领者？

　　巴基：首先，我认为巴林顿·摩尔和查尔斯·蒂利都是相当重要
的，他们出版的著作可以不断被传阅和引用。我认为他们的去世并没有
削弱这个领域，在我看来，我们正是在继续追问并尽力提炼他们提出和
思考的问题：这是资本主义的权利还是社会平等、民主化和民主转型的
问题。我们依然在面对和回答这些问题，虽然至今都还没有令人满意的
答案，也不可能研究所有的历史过程。所以，这些问题如此之多，以至
于我们每个人都只能竭尽所能做一部分研究。这就是我们时刻回顾他们
的一部分。如果没有巴林顿·摩尔、蒂利和斯考切波的论著，我们都不
知道怎么进行历史社会学的教学。

　　我始终相信他们对这个领域的影响是非常巨大的，有助于我们提出
正确的问题，引导我们自我发展。我们始终是他们的学生，因为在一定
意义上来说我们都是那一代人的学生。他们真正推动着我们既向前继续
深入研究，又把历史社会学拓展到世界的其他地区。他们有助于我们理
解我们所提出的问题的重要性，这是我们无法妥协和回避的方面。换言
之，我们这一群人始终都是学生，仍然一直沿着他们的道路前进。

　　我认为这个领域在任何意义上来说都没有衰落，相反，年青一代的
学者所创造的有些方法论是前辈们没有涉及过的。虽然比较方法是斯考
切波和巴林顿·摩尔已经做过和运用过的，但现在很多人把我们所运用
的网络方法添加到历史研究中，诸如彼得·比尔曼（Peter Bearman）和
其他人。我们的问题依然没有脱离他们的思考范围。因此过去那一代人
没有去世，他们就像此前的韦伯一样，对于我们理解和看待问题的方式
依然很重要。我在心中依然把韦伯置于重要位置，进行教学和反思，我
也让学生用韦伯来提出自己的问题，由此才能把他们的方法论和理论推
向前进。这就是我们正在做的工作，而前辈做的却是原创性的。

　　郭台辉：您能否对年青一代的历史社会学家提出一些建议？

　　巴基：我想说的是，第一，他们需要真正找到历史问题中的困惑，
由此驱使他们去思考，而那个困惑是真问题，以至于可以形成他们毕生

思考的问题；第二，他们需要了解一个领域、一个时间阶段、历史跨度或一个国家或特定的政治过程，他们需要真正把自己沉迷其中。只有这样做历史社会学，才能在理论与个案以及经验理论之间长期互动。我认为这是一个非常缓慢的过程。如果不这样做，我们就无法在所从事的某个领域感到满意，也难以做出很优秀的成果。此外，我认为历史社会学家应该大量阅读历史材料，这可以让你真正去思考问题，并专心致志和坚持不懈，因为历史社会学家不可能经常改变研究，或者改变研究的地理区域或历史阶段，这样才可能真正建立良好的基础。

三、 晚期帝国

郭台辉：您最初发表的两篇文章都是关于涂尔干的社会理论，那么您是如何决定转而研究帝国的？您是如何发展您的博士论文选题的？

巴基：实际上，很长时间以来我一直都想研究帝国和历史社会学，做晚期帝国中的种族与宗教群体研究。那时候出现的情况是我正在修一门由布莱洛克（H. Blalock）任教的社会统计学课程，他是华盛顿大学的社会统计学之父，你可以找到一些他主编的经典教材。[①] 他要我们用统计分析做一项研究性论文，而我选择了涂尔干的自杀问题。虽然这个问题以前有人研究过，但我研究的主题侧重于自杀的偶发率，而且是与社会学系另一个名叫布劳尔特（K. Breault）的朋友一起来研究。这样，我们就同时撰写两篇论文，虽然我对涂尔干的自杀问题真的没有太大兴趣。但后来证明，由于我要完成一篇课程论文，不得不硬着头皮做，幸运的是，两篇论文都发表在不错的杂志上。[②] 后来我完全把涂尔干的自

---

① H. Blalock, *Causal Models in the Social Sciences*, Chicago: Aldine Transaction Press, 1971; H. Blalock, *Measurement in the Social Sciences: Theories and Strategies*, Chicago: Aldine Transaction Press, 1974; H. Blalock, *Causal Models in Experimental Design*, Chicago: Aldine Transaction Press, 2007.

② Karen Barkry, K. Breault, "A Comparative Analysis of Durkheim's Theory of Egoistic Suicide", *The Sociological Quarterly*, Vol. 23, No. 3 (1982); Karen Barkry, K. Breault, "Durkheim Scholarship and Suicidology: Different Ways of Doing Research in History of Social Thought, and Different Interpretations of Durkheim's Suicide", *The Sociological Quarterly*, Vol.24, No.4 (1983).

杀研究扔到一边了，因为这不是我的真正兴趣。

相反，我来到美国之后一直都在思考奥斯曼帝国问题，因为我一直生活在土耳其，而且帝国在那里持续很久。那时我是生活在土耳其历史上的一个民族主义高涨时刻，但我想理解土耳其的过去。所以，当我来到美国念本科时就想到奥斯曼帝国的研究，帝国研究就成为我的家族和我的历史中要进行的学术生涯。我祖父是奥斯曼帝国的一个军官，他过去常常给我们讲述帝国的故事。所以，我自小就对帝国有很深的印象，或者帝国就在我心中。奥斯曼帝国有 500 年历史，我们无法忽视它，也不想忽视。所有遗产都有好有坏。土耳其历史在经济与宗教的多元共存方面有着丰富的历史，准确来说苏丹最后还保留禁卫军。你可以定位它为好的或者坏的特征，但必须尽力去理解它是如何起作用的。

郭台辉：晚近几年来帝国史研究为何越来越受到社会科学家的关注？您认为哪些著作最有价值？这个领域有何不同的观点？主要争论的分歧是什么？

巴基：一方面，之所以帝国被当作一个研究领域并且变得越来越重要，我认为这是因为，好的社会科学应该回答那个时代的各种问题，应该回应那个世界正在发生的事情。同样，我认为这里有几个方面的原因，苏联和南斯拉夫的垮台，美国及其在伊拉克战争的扩张与变化，所有这些事件都为更好地理解帝国创造了推动力，理解它们为何成为帝国以及为何会崩溃，崩溃之后的结果如何，因为我们需要理解过去帝国时代所发生的一切。这样考察沙皇俄国、哈布斯堡王朝和奥斯曼帝国就显得很重要，因为它们是以同样的方式分裂的，并且分化成许多民族国家，诸如此类的状况。所以，比较研究的冲动就是了解并研究那些国家、那些地区、那些帝国，这就为哈布斯堡王朝、奥斯曼帝国、沙皇俄国研究及其相关的比较研究掀起了几次浪潮。

另一方面，对于美帝国而言，问题变得非常重要的是因为伊拉克战争的扩张和对不同地方的干预。上述研究就必然与美国类比，关注的问题也可以是同样的，因为美帝国把自己视为现代的罗马共和国，而他们就像在真正的罗马一样。非常有意思的是，比较美国与罗马的问题就把另一种研究罗马帝国的力量整合起来了。在华盛顿的政策研究者或智库成员开始想到比较罗马帝国的议题、霸权与帝国诸如此类的比较研究。所以，这是为何我们会出现一股研究帝国的热潮的现实背景。

帝国研究这方面有很多优秀的论著，其中一部分是关于中世纪的历史，但我并不喜欢这个领域所有的研究，因为帝国研究是一个漫长的历史传统，而且其中存在不同的研究传统，学术史之长不亚于帝国本身的历史本身。政治学主要关注战争、政治领袖和政治事件这些议题，所以罗马帝国研究是一个热点。之所以一直存在帝国研究的传统，是因为一直有着罗马史学家或者哈布斯堡王朝历史学家。他们不断研究这个领域的历史，变化不大，而且很少与其他学科和领域的学者交往，更少史学家愿意与社会科学家或者政策专家们来往。所以他们的研究基本上是孤立进行的，不会太受到外在变化的干扰，但他们的研究是很有意义的。这表明，有些领域非常容易渗透，而有些不容易渗透，象牙塔内部各领域之间以及内部研究与外部应用之间的交流是有差异的。历史不断延续，也就不断产生新的史学作品，但传统不会变化。

然而，在社会学与政治学领域很少有人研究出很好的成果，但中东史学家查尔斯·伊萨维（Charles Issawi）真正撰写了很多研究帝国的优秀作品[1]，他不但像政治学家，还像政策学家。他很重视比较，早期的重点是关注欧洲，最后的一些作品是比较哈布斯堡王朝、奥斯曼帝国和大不列颠帝国，所以对政策非常感兴趣。他很想理解帝国政策与民族国家政策之间的差异，也想到了欧洲，因为欧洲本身就是一个帝国，只不过现在以欧盟作为支配形式。虽然现在也有很多政策研究者在关注帝国研究，但从来没有人超过他，他在这方面是最棒的。因为他是史学家，历史视野非常广博，而且做倾向于历史视野的比较研究。那时候在社会学与政治学领域内存在一种不合理的分割，更为结构主义的人差不多都把他们的研究定位在现代化框架中，他们所有的研究对传统帝国的评价

---

[1]　主要著作有 Egypt：An Economic and Social Analysis（1947）、Egypt at Mid-Century（1954）、Egypt in Revolution（1963）、The Economic History of Iran（1971）、Oil, the Middle East, and the World（1972）、An Economic History of the Middle East and North Africa（1982）等。

都是消极的，而研究帝国的那些家伙在心里面都是弗洛伊德主义。我不喜欢教这种知识，也不做这种研究。

我教的一门课程有关多元社会中的国家与民族，但并没有从那些视角来授课。我提供的参考文献更多是比较历史视角。我认为真正好的研究来自比较历史研究。它们的主要分歧在于所提出的问题非常不同。我们仅从中国的例子来看吧。因为当代中国的政府和执政党很想在世界上复兴，从事中国研究的知识分子也对帝国复兴特别感兴趣。比如我有一位叫王国斌的同行，你应该熟悉，他非常优秀，对中国的历史非常熟悉，是重新开始研究帝国的一个人，因为在过去 15 年这个主题越来越重要了。另外还有一位是美国达特茅斯学院（Dartmouth College）历史学教授柯娇燕（Pamela Crossley），她精通满语，主要从身份认同视角考察中国最后一个帝国的历史。① 还有一位耶鲁大学的著名史学家叫濮培德（Peter Perdue），他对中华帝国也很有研究，并且提出了许多关于社会比较研究的好问题。② 他与另一位学者也研究奥斯曼帝国，撰写了一篇有关奥斯曼帝国与中华帝国的比较研究论文。③ 他们的研究非常有特色，这群学者正在做比较历史分析并且提出的问题非常有意思。这是我教学的主要内容。

郭台辉：在您的著作《强盗与官僚》④ 中，您关注的不是特定的宗教、种族和文化因素，而是国家与社会的关系，试图以此超越西方中心主义。然而，在中东地区存在很多冲突，尤其是宗教与种族的冲突，您

① Pamela Crossley, *A Translucent Mirror: History and Identity in Qing Imperial Ideology*, Berkeley: University of California Press, 1999.

② Peter Perdue, "Military Mobilization in Seventeenth and Eighteenth-Century China, Russia, and Mongolia", *Modern Asian Studies*, Vol. 30, No. 4 (1996), pp. 757-793; Peter Perdue, *China Marches West: The Qing Conquest of Central Eurasia*, Cambridge, MA.: Harvard University Press, 2005; Peter Perdue, "Comparing Empires: Manchu Colonialism", and "Boundaries, Maps, and Movement: Chinese, Russian, and Mongolian Empires in Early Modern Central Eurasia", *International History Review*, Vol. 20, No. 2 (1998).

③ Peter Perdue, "Empire and Nation in Comparative Perspective: Frontier Administration in Eighteenth-Century China", *Journal of Early Modern History*, Vol. 5, No. 4 (2001), pp. 271-304.

④ Karen Barkry, *Bandits and Bureaucrats: The Ottoman Route to State Centralization*, Ithaca, NY.: Cornell University Press, 1994. 该书 1995 年获得社会科学史的年度杰出图书奖（Allan Sharlin Memorial Award）。

能否从您的研究来解释一下前奥斯曼帝国统治地区的当前冲突？

巴基：我在《差异的帝国》[①] 中解决了这个问题，因为奥斯曼帝国真正制度化的情况是宗教群体实际上被政府管理，是属于宗教团体的体制。所以希腊人就有希腊正统的研究放在一起，阿拉伯人在一起工作，犹太人在一起做生意，等等。他们都属于不同的种族群体，就像一个僵化的复合体制，只有在现代早期的体制中才可能被创造出来。本来各种种族与宗教群体是非常有弹性的、流动的，因为他们都是以解决生计问题和社会交往为基础的。这种体制性的社会运行只有在奥斯曼帝国末期才出现，那时候开始受到欧洲商人的贸易往来和欧洲各商业帝国的影响，各种竞争开始增强，彼此之间开始变成对抗的群体。人们以前认为犹太人正在获得这个城市的贸易，他们正在控制着财富与市场。这成为把对抗浇筑成为观念体制的一种方式。

中东地区的四分五裂与宗派主义，尤其是宗教的分割，部分来源于那种组织化的体制。但是欧洲殖民主义使这种分离和分裂变得更糟糕，因为欧洲殖民主义处于激发民族主义热潮的上端，而各种分割与分裂完全是地方层面的。这是奥斯曼帝国遗产的一部分，而且也是欧洲帝国主义与殖民主义在上层所掩盖的内容，因为在奥斯曼帝国瓦解之后，中东绝大地方都是在法国或英国的控制之下，因此对中东地区的社会与宗教分裂产生巨大推动作用，在这个意义上我们后来才逐渐说成那是奥斯曼民族。

郭台辉：您严厉批评过金世杰（Jack Goldstone）的人口与国家崩溃之间的关系模式。您认为他误读了奥斯曼帝国那一阶段的历史，您认为从奥斯曼到土耳其，是帝国的收缩而不是崩溃，也不是人口增加的结果。那么，您能否扩展您的解释模式来思考他所列举的所有个案，比如英国、法国、中国、日本，这样您才能对他的解释模式提供一个更为完

---

① Karen Barkry, *Empire of Difference: The Ottomans in Comparative Perspective*, New York: Cambridge University Press, 2008. 该书获 2009 年美国社会学会历史社会学分会的巴林顿·摩尔图书奖及美国政治学会政治与历史分会的最佳图书奖戴维·格林斯通奖（J. David Greenstone Award）。

整的批判。

巴基：不，我做不到，因为没有继续做那一个历史时期的研究。但我后一本书《差异的帝国》确立框架的观念假设是，国家崩溃的理论很有名，但国家也存在不断转型和调试。所以那本书是探讨历史上 600 年的制度调试，这就是我所做的研究。每一章都探讨一个特定时期和一种特殊的帝国制度类型，每一种制度框架都与罗马、哈布斯堡王朝、沙皇俄国等相似的制度进行比较。我关注的更大问题是，关于我们需要理解帝国是如何以及为何持续那么长时间，如何体现在帝国的制度结构、社会网络、国家与社会关系上，这些方面是如何作用于帝国的持续与调整的。所以，金世杰界定的国家崩溃方式使得一个帝国变得碎片化，但实际上并非如此，中国历史就没有那么碎片，而是不断调试。恰恰就是在金世杰谈论人口史之后，中国历史上再一次出现更为强大的政治体制。所以我一直抵制他对奥斯曼帝国历史的误读，他只是运用二手资料来做研究，而且并没有真正从经验材料来思考问题。

四、 国家控制

郭台辉：我对您那篇讨论制度安排与社会控制的论文①有很深刻的印象。您阐明国家对公务员体制的安排如何成为奥斯曼帝国时期国家控制社会的一种主要机制。在中国，这种选拔并任免官员的模式有很长的历史，并且为当今的执政党所重点沿用。现在，行政官员经常因升迁而被迫切断其私人或公共的社会关系，有可能调动到另一个陌生的地方，并且有可能做完全不同的工作。这种国家控制社会的形式随着奥斯曼帝国的终结而结束了吗？为什么？

巴基：在奥斯曼帝国是因为包税制。何谓包税制呢？当你购买了征收赋税区域的权利，你就在开头几年为国家提供税源，而且你要出去对农民征税。所以，在 18 世纪所出现的情况是包税制得到发展，国家对征

---

① Karen Barkry, "In Different Times: Scheduling and Social Control in the Ottoman Empire, 1550-1650", *Comparative Studies in Society and History*, Vol. 38, No. 3 (1996).

收到赋税越来越感兴趣，因此就到处兜售征税权。这样，包税人开始占领某一个地区，并且国家要他们长期定居在那里，便于成为那个地区的一部分，更便于税源的稳定。这时候出现的是，国家对官员的职位轮流和随时安排的兴趣开始置于第二位了，考虑更多的是资源问题，因为他们正在对内镇压农民的反叛，对外在与哈布斯堡王朝打仗，而且俄国人从另一边也打过来了。这需要大量的经费来应付战争。所以，他们不再对官员做出调动的安排，更多地依赖于包税人提供经费，军费全部来自包税。包税恰恰让官员保留在原地，由此官员流动和调动开始停止，这就是全过程。

郭台辉：一般来说，不同的集体行动有着不同的起源、过程与结果，比如农村的农民、城市的工人、民族或部落的宗教，诸如此类，但政治体制是所有抗争中重要的共同对象。从前帝国政权的经历和教训来看，国家政权如何运用其自主性和能力分而化之？换言之，在何种条件和动力下，所有这些抗争才可能或不可能汇聚在一起，不至于在没有革命的情况下使国家政权退缩或者崩溃？

巴基：帝国分而治之的策略有很长的历史，它们分化各个群体，但不同的帝国有很大差异，也会产生不同的分化方式。但它们的帝国策略是包容一些利益诉求，并且把利益分配到不同地区，以至于减少抗争，增加团结。所以，甚至像我在那本《强盗与官僚》一书中所列举的案例一样，关键在于他们并没有真正反叛，而是被吸收到体制中。这有助于构建帝国。所以帝国需要吸收各种抗争，在这种意义上，我在书中尽力说明的是，奥斯曼帝国的创造性贡献就在于不断保持满足各种抗争的诉求，而不是抵制和镇压反抗，唯有忍无可忍的情况下才不得不动用武力镇压，但反抗者总能获益，并成为体制的一部分，并且赞同体制的合法性。这样，一方面，抗争并不是持续不断，导致国家崩溃，也不是导致国家衰落，国家也不需要对内部的社会运动一味镇压，所以在经济上也不需要很强大。另一方面，各个地区发生各种抗争，是因为他们兜售给地方精英各种地方独立和割据的机会，即使是到那个时候为止，抗争依然是体制的一部分，帝国政权的确总是能缓解反叛者的情绪，并吸纳到体制内来解决。

五、结论

郭台辉：您能否评价一下您对比较历史社会学的主要贡献？能否介绍一下当前的研究？

巴基：我认为，我的主要贡献在于奥斯曼帝国研究，并不仅仅在于理解奥斯曼帝国，而是把它放到比较的背景下来研究，引入到其他的案例进行比较，从而，我认为对思考更大的过程、更多的案例、更差异化的路径有着重要影响。我还充满希望地把理论发展得更好，让理论更为丰富，更多考虑背景问题。所以，这是一个你不可能从传统思维来理解的重要贡献，这是生产审美模式的一部分，因此，我把所有这一切视为贡献的重要组成部分。

我的另一个重要贡献在于，摆脱帝国兴衰这种思维模式，如果你看《差异的帝国》那本书就会发现，我完全倒过来思考。我的观点是，我们不应该问那种兴衰的问题，应该追问的问题是帝国的可持续性与弹性。换言之，那个帝国为何持续那么久？内部的多重变化如何使得某个帝国持续那么久？帝国如何适应和调试制度或策略来对待那些变化？所以，并不是帝国如何开始的，如何结束的，这是很多学者关注的问题。但我不考虑这些，无论从何种意义上来说，这种问题远没有我所关注的东西重要。我认为这方面的贡献是在第二本书体现出来的。

至于"神圣空间的舞蹈艺术：国家、宗教与冲突解决"（Choreography of Sacred Spaces: State, Religion and Conflict Resolution），这是我的新项目，实际上我还没有开始写那本书。我刚有一本主编的著作马上要出版①，谈到一些这方面的问题。但是我将出版一本有关神圣空间的著作，试图完全从历史角度来解释宗教与政治的关系。神圣空间，包括教堂、清真寺或诸如此类，可以为诸多宗教组织所共享，

---

① Karen Barkry, Eiko Ikegami, R. Bin Wong, *Alternative Routes to State Formation: A Relational Approach to Politics, Culture and Society in Japan, China and Turkey*, forthcoming.

从中可以探讨宽容与共存的机制。在我们生活的这个世界，宗教的复兴使我们过于关注原教旨主义、极端主义，把宗教与暴力的关系视为历史和当代政治中极为有害的东西而肆意指责，从而反对当代政治中的多元主义以及宗教之间的宽容和沟通。这个项目是在奥斯曼帝国和后续的民族国家背景下来思考的，包括现在的巴尔干地区和拉脱维亚，这些地方都是诸多群体通过奥斯曼帝国和现代国家来交流和共存的，因此，我要继续研究这些地区。我的研究估计涉及学术界、政策圈和媒体的几种流行趋势，可能对那些关注宗教原教旨主义和暴力的学者构成挑战。

第十二章　东方主义、公民身份与民族认同

——新学院大学池上英子

池上英子

　　池上英子（Eiko Ikegami）系日裔美国学者，新学院大学（New School University）社会学系教授，1983—1989 年就读哈佛大学社会学系研究生，1989 年获得社会学博士学位，傅高义教授是其博士论文的指导老师。主要从事比较历史社会学、文化社会学、日本研究等领域的研究工作；主要议题有比较视角的公共领域、日本的文明与国家形成、身份认同、社会网络、社会变迁。她的两部代表作在学术界都有较大影响。博士论文即第一部著作是《驯服幕府：荣耀个人主义与现代日本的形成》（*The Taming of the Samurai: Honorific Individualism and the Making of Modern Japan*），此著作甫一出版就引起诸多关注，获得美国社会学会组织的亚洲研究最佳图书奖（1997 年），并被翻译成日语、韩语、西班牙语；第二部作品是《礼仪的纽带：审美网络及日本文化的政治根源》（*Bonds of Civility: Aesthetic Networks and the Political Origins of Japanese Culture*），该著作影响更大，获得美国社会学会比较历史社会学分会巴林顿·摩尔图书奖提名（2006 年）、政治社会学分会杰出贡献学术奖（2006 年）、文化社会学分会最佳著作奖玛丽·道格拉斯奖（Mary Douglas Prize，2006 年）、东部社会学会米拉·科马罗夫斯基最佳图书奖（The Mirra Komarovsky Book Award，2006 年）、亚洲研究会霍尔图书奖（John Whitney Hall Book Prize，2007 年）。

　　池上英子对历史社会学的最大贡献在于，她不是西方既定社会理论、概念与方法的消费者，而是西方中心主义的批评家。换言之，她运用日本的历史作为社会学的案例，寻找可供对话或批判的西方社会理论，把东方社会从西方人既定的解释模式和思维定式中解放出来，发展出超越西方中心论的或者东方社会独特的分析性概念与理论。在这一点上，池上英子与土耳其家庭出身的凯伦·巴基教授有着共同的追求，试图摆脱西方中心主义的思维窠臼，还原真实的近代日本或奥斯曼帝国，不仅活跃了西方的社会科学氛围，还提供了一个充满多样性的世界图景。这是中国学者或者研究中国的学者应该学习的，即不是如何应用西方既定的理论、概念与方法来解释中国历史与现实，而是反过来，用中国经验来挑战、回应和对话西方既有知识体系。

　　本项目选定的名家均是由古德温、埃特曼、亚当斯等人共同推荐

的，埃特曼非常赞赏池上英子在历史社会学领域的贡献。她作为日裔学
者，能够在美国得到诸多学术荣誉是很少见的，虽然她研究的问题、选
题与文献均来自近代日本，但能够得到美国社会学界的一致认可。笔者
在美国纽约访学一年期间本来可以与她当面交流，但她正好在日本休学
术假。经过多次的邮件往来，2013 年 12 月，笔者正式邀请她来广州参
加"东方主义与公民身份"研讨会。在研讨会期间，笔者与池上英子教
授进行了长达两个半小时的学术交流。

一、背景

郭台辉：**您是在日本出生并长大的，而且，直到现在为止，您依然都是从事近代日本的社会学研究。那么，您能否谈谈您的背景，包括家庭、儿童时代、教育、日本历史与文化史如何影响到您后来作为历史社会学家的职业生涯？**

池上英子：这就相当于要我自己写一个传记了，但我还没有真正好好想一想我自己是如何长大的。我是在东京出生，母亲只有我这一个孩子，而且父亲英年早逝。所以，她根本上就是像一个单亲妈妈那样把我拉扯大。你知道，我就像中国许多家庭的独生女一样。但我母亲有两个姐妹，并且我从小就跟她们生活在一起。这样，我差不多是在女人堆里度过了童年生活。当我长大之后进一步思考自己的职业生涯时，就曾经非常喜欢文学、艺术或者类似于社会科学之类的东西，并且想从事这方面的工作。当然，我还年少无知，却又年轻气盛时，就开始追求自己的职业梦想。

我从小喜欢日本的古典文学，所以就报考御茶水女子大学，攻读日本古典文学学位。从职业选择意义上来说，这是一个错误，因为这个专业找不到工作，比较适合在家相夫教子，孤芳自赏。显而易见，诗词节奏的韵律和美感并不适合我的个性，文学研究的职业梦想就此中断了。但解释和分析现实社会的大量问题却让我着迷。由于我是由一位单亲妈妈抚养长大的，周围又都是作为家庭主妇的女人，所以从小就不怎么了解社会，也没人告诉我社会现象背后的事实。所以，我一直是靠自己摸索前行的。

这时，我想到过换专业，但其难度之大是可想而知的，因为在大学入学前我已经决定读古典文学专业。那时候的日本不像现在，女性有着更为平等的就业机会，至少在职业选择方面有更多渠道。那时候没有那么多限制性条件，唯一公开的条件就是通过竞争性的选拔考试。所以，有些人可以去大城市做教师，而公立学校的教师在日本是很体面的职业。而且，那时候比较适合女性的体面工作是大众媒体、报纸、电视等行业，它们也有不论任何专业都可以参与的考试。我考虑再三，试图进入媒体，最初目标是做一名《日经新闻》经济报道的记者，因为收入随着工作年限的增加而增长，社会地位也比较高。《日经新闻》相当于日本的《华尔街日报》。你可能曾经听说过日本的股票市场，他们一定要提到"日经指数"（Nikkei Index）。《日经新闻》在日本就相当于一份经济日报。无论如何，我第一份工作是非常不错的，至少在丰厚的报酬方面令人羡慕不已。

三四年之后，我基本找到自己的兴趣点，那就是日常生活中的各种经济活动。在日本，如果你佩戴印有报纸名称的小型商务名片，就能够有机会真正见到执行官或者董事。我作为一个年轻姑娘，这是非常令人兴奋的机会，也是难忘的经历，但我对其他的社交网络和社会关系的确没有什么经历，也没有自己独到的看法。所以，我开始辞去这个工作。但当时在日本这被认为是非常危险的做法，因为整个这段时间日本人一直都是靠奖金和津贴过日子。而且我完全有机会晋升为高级管理人员，甚至成为大型传媒公司、电视传媒和报纸的知名记者。尽管非常冒险，但我决定去读研究生。我又一次没有得到前人的指点，但进入研究生阶段时，我又有了新的想法："去美国是一个不错的主意，因为我那时候意识到，有做记者的经历，在美国也应该可以找到工作。"

这样，我就申请富布莱特项目，在 1983 年来到哈佛大学读研究生。这个项目要经过一个差额选拔的面试环节，这段经历有一个非常滑稽的故事。面试官规定大家准备五分钟的演讲，然后再快速问几个问题。但我根本不会讲英语，就说，在回答大家的问题之前，我想解释一下我去美国念书的动机，然后就开始这五分钟的陈述。面试官是两个美国人和两个日本人，美国的面试官说："哦，她的英语不错。"因为我准备得非常充分。听到这个评论之后，日本的教授怕为难我，就没有问什么很难的问题。就这么轻松通过了面试。我后来想，面试官能如此轻易让我通过的原因，我的专业是日本古典文学，根本与英语没有关系，也不重视英语。如果不是这个专业的原因，我的英语也应该要好得多。

郭台辉：您去哈佛读研究生一开始就在社会学系吗？还是在历史系

或者区域研究？

池上英子：我再一次没有得到很好的引导，但我对史学没有特别的兴趣，更感兴趣的是经验生活问题。因此选择成为一名社会学家，可能得益于我做经济方面的记者的背景。就因为这个原因我进入了美国的社会学专业，虽然这时候我才刚刚起步，但已经足够了。

郭台辉：我们已经知道，您是在日本获得硕士学位之后，得到富布莱特基金的资助，再去哈佛大学攻读社会学博士学位。在那里之后，你就开始接触到许多杰出的历史社会学家，比如巴林顿·摩尔、斯考切波，还有后来在新学院大学遇上的查尔斯·蒂利。这些人物对您的学术研究分别产生什么影响呢？

池上英子：斯考切波那时候还在芝加哥大学。她是后来才回到哈佛大学，但那时候我已经有了导师委员会，主要是奥兰多·帕特森（Orlando Patterson）、亚历山德罗·皮泽诺（Alessandro Pizzorno）和傅高义。帕特森是牙买加裔的黑人社会学家，他出版了著名的作品《奴隶制度与社会死亡》（*Slavery and Social Death*）[1]，把独特的文化类型与历史深度混合在一起来讨论。斯考切波非常强势，在哈佛大学充满争议，那时候与社会学系许多同事都合不来，矛盾非常激烈。

郭台辉：从你的博士导师委员会构成来说，除了傅高义之外，其他老师有能力指导您做日本研究吗？

池上英子：不，他们没有必要指导。我在21岁之前就一直浸淫于日本古典文化与文学中。我的研究框架与思考方式都是日本本土式的。所以，当我阅读社会学经典作家的经典作品时，比如韦伯、涂尔干或齐美尔，我就作为一名学生，跟着他们自己的思维框架，学习美国人或欧洲人思考问题的方式，但我有日本文化自己独特的思维与理解。所以，我在心智上总是在实践比较的社会学研究，总是把西方的与日本的放在一

---

[1] Orlando Patterson, *Slavery and Social Death: A Comparative Study*, Cambridge, MA.: Harvard University Press, 1982.

起比较。当然，这需要一个有意识转换的过程。通过学习社会学的经典作品，我了解到如何把我自己的文化元素对象化。所以，当他们观察日本社会内部既定的东西，我却意识到有些东西是在日本自身生长出来的。我能够对社会学有所贡献，不是为了支持西方社会的各种理论，而是思考问题的基础如何远离中心——本身不是中心，但也不是支持社会学理论的中心。

我的意思是，我们做案例研究不是为了简单地成为诸多理论的消费者，相反，我是运用日本作为一个社会学的相关案例来构思我自己的理论。我做的许多研究实际上都是在充满烦恼中度过的。在我来美国的头一两年，我根本不会说英语，所以我只是以自己的奇怪方式来思考那些来自中心的诸多理论。换言之，我是完全自学的。实际上，我在研究生时期很少说话，以前也很少说这么多关于自己的学习经历。但的确，那段时间我一直在做比较文化、历史与社会研究，至今依然如此。在日本生活 20 多年，来到异邦文化与社会又生活 20 多年，文化的碰撞与交流一直在我的生活与研究中体现出来。

郭台辉：显然，那些初来乍到的日子你过得挺不容易的，是吗？

池上英子：是很不容易，但同时我也感到很快乐，因为我几年的美国生活与学习得到了富布莱特项目的资助，有足够多的钱。我不必要像他们美国本土学生那样去挣钱。当然我也不需要很多钱，而是享受足够的精神财富。这样，我在心理上是非常快乐的。

二、 理论与方法

郭台辉：自从 20 世纪 80 年代初历史社会学作为美国社会学会的一个分支创立起，已经得到迅速而巨大的发展与分化。但历史社会学家们却越来越难理解彼此的方法与理论，彼此也不感兴趣，甚至相互诋毁。您如何评价历史社会学在过去 30 多年来出现的这种分化趋势，存在何种优势与不足？

池上英子：我认为那是一段非常令历史社会学家们激动的时期。在社会学理论之父那里，比如韦伯、涂尔干、马克思，历史一开始就是他们思考问题的重要组成部分。社会学与历史学并没有分割开来，但历史是理论思考与抽象的前提。20 世纪七八十年代的历史社会学成为社会学的一部分，正好大致相当于我进入西方社会学领域的时间，所以我明显感受到这个令人激动的时刻。但从历史社会学的内部发展来说，我与其他绝大部分西方本土学者有着完全不同的学术背景，我从来没有，也不想参与那些发展与分化，只是运用历史社会学的视角来看待近代日本形成过程中的各种现象。但我也注意到，非西方学者在理论构建模式中引入西方历史经验，本身应该存在一些来自非西方的案例，并不能简单输入各种理论来理解日本或亚洲案例，反过来，我们应该把案例引入到西方既定的理论运用与对话中，由此修正理论并推动其更符合人类生活的更大范围。

那时候仍有很多领域值得以各种方式去研究，非西方社会有着更多的差异性，学者也有着独特的兴趣。但从理论上来说依然值得做的是，把各种案例带入到社会学理论中来思考。而且，挖掘案例的知识深度在某些方面来说是缺失的。所以，社会学家们如帕特森或者斯考切波等人，就充分运用模型来做深度的案例研究。但这些理论是有政治追求的，尤其是斯考切波的《保护士兵与母亲》（*Protecting Soldiers and Mothers*）的政治目的非常明显。但帕特森在那时候是有点与众不同的，因为他的学术研究也是起底于非西方的殖民地文化。查尔斯·蒂利和斯考切波似乎很大程度上属于结构分析流派，我也受他们的影响比较大。

但新一代学者试图另辟蹊径，挑战历史社会学既定的结构主义路径，走向一种去中心化的方式，不考虑任何共同的议题。80 年代后期和90 年代的学者在某种意义上有着更多的研究议题，以至于如今就显得过于分散了。当然，这些选题也是令人激动的，也没有人强迫你要做这个研究或那个研究。所以，做研究取决于学者自己，很自由！同时，现在越来越少人聚集在某一个共同的主题上。这就是你所说的分化和碎片化，而且是美国学术界的特点。

郭台辉：具体来说，从您的论文《把文化带回到历史社会学的宏观

结构分析中》来看，您似乎不太赞同历史社会学的理性选择理论。您如何评价历史社会学中的理性选择分析及其批评者？因为在 20 世纪 90 年代的历史社会学家之间存在一些方法论之争。

　　池上英子：你是想关注理性选择理论吗？你为何会对理性选择理论感兴趣呢？

　　郭台辉：我不是关注理性选择理论，而是我注意到，西方尤其是美国社会科学界对此有很多争论，包括历史社会学领域。比如，朱莉娅·亚当斯（Julia Adams）就曾写过一篇讨论理性选择理论的文章，而且还就此获得巴林顿·摩尔论文奖。在理性选择理论中，人是被假定为完全理性的，而不受情感与文化的制约，由此出发来探讨社会关系与社会问题。这种理性人的假设在政治学研究中更为普遍。所以我想听听您的评价。

　　池上英子：实际上，西方学术界有很多人做这方面的研究。朱莉娅·亚当斯同情理性选择理论，而且她也是在研究生阶段对此着迷，而且后来也用此来解释一些社会现象。但这并不意味着其他人都对此有兴趣。我自己常常是思考文化制度中的情感问题，而且也发表过有关情感社会学的论文。我认为情感不应单单被理解为个体心理学和反应层面。当你愤怒时，你为何会愤怒呢？那肯定是违背了某种价值或期待的东西，你才变得愤怒。但你并不想看到自己的期待和价值被侵犯，而这最终就是文化问题。所以，在那种意义上，文化与情感反应是联系在一起的，你不能搁置情感来简单理解各种行动。同样，你可以用理性选择来解释某些现象，但这并不是全部。而且，如果你把自己的决策受制于一个制度框架，那也就是受到你对各种形势的评价的影响。我并不认为人不是理性动物，人有时候是理性的，但并不是说你就可以以此来解释一切。

　　所以，有些学者，比如朱莉娅·亚当斯，她用"代理人"（agent）来作为理论工具，这是理性选择理论化的重要组成部分。但这只是其中一小部分，并不是全部。你并不能以此来解释其他社会现象。

郭台辉：自从二战结束以来，在西方主要国家，尤其是在美国，区域研究已成为学术界的重要研究领域，有很多区域研究方面的专家。我想知道，历史社会学家在多大程度上不同于区域研究专家？他们似乎在比较分析上有着不同的立场。

池上英子：我认为任何方法都存在优势与不足。比较研究也有其自身的优点，但不足也很明显。由于我对微观行为和文化内在结构有着较深度的研究，而且往往关注分析的深度，当你把分析的深度与比较研究框架放在一起时，其不足马上就显露出来。因为比较研究必须挑选适合比较的变量，把部分内容从文化整体中抽离出来。比较本身的可能性与比较的目的之间是一种反作用关系，这样的比较很难发现社会现象背后的事实。总而言之，我很欣赏比较研究，但它并非必然优越于其他的研究方法。所以，帝国研究是采用同样的比较方法。当然，帝国本身就是一个非常重要的研究框架，但并非所有学者都有此研究偏好。历史社会学存在一种趋势，总是对长波段的社会变迁感兴趣，但也并不必然如此。我就是从深刻描绘并分析案例出发，经常打断理论上让大家感兴趣的宏大主题。所以，在这个意义上，我们知道案例的深度是很重要的，至少是在进行比较分析之前，应该对案例有深刻的认识。

比如，如果你非常熟悉一个中国的案例，那么你就可以从其他方面来解释这个案例，然后你就有办法选择某个角度与其他相似或相反的案例进行比较。但是，如果你在深度上对案例挖掘不够，案例比较就显得囫囵吞枣或者浮于表面，没有多大的理论与现实意义。这就是区域比较研究或者宏观历史比较分析最大的问题。

郭台辉：如果回到 1978 年，历史学家阿瑟·斯廷奇科姆有一句非常有名的话，"人们不是运用理论来研究历史，而是用历史来发展理论"[①]，以此来警告当时正在从事历史社会学的年轻人。30 多年之后，历史学家是否遵照或依然拒绝这种宣言？查尔斯·蒂利则指出，再蹩脚的工具总比没有工具好。这说明理论对于史学研究的重要性。历史社会学家能否

---

① Arthur Stinchcombe, *Theoretical Methods in Social History*, New York: Academic Press, 1978, p.1.

解决在历史与社会理论之间徘徊的困境？对于史学家来说，他们认为你太理论了，但对于社会学家来说，你太历史了，我认为这是一个难以平衡的悖论。

池上英子：在我看来，作为纯粹的历史学家，他们都是没有自己思想的。但我自己的偏好是乐于接受史学家们沉迷于考据并由此得出的各种发现。对于阿瑟·斯廷奇科姆来说，他一直是用历史来构建理论。史学是史学家有意构建的，我们也知道有意去运用史学，但前提是你必须真正知道历史本身。运用理论来解释历史，这是最浮华的方式，就相当于通过一个棱镜观察历史。我们是需要具备所有视角的棱镜，但如果你坚持预先存在的整全性理论，那么就忽视了真正存在的事实。但世界上唯有历史是一个大的领域，如果你已经构思了各种理论，你就往往会挑选那些你喜欢的东西。所以，你需要一副望远镜，但有时候也需要显微镜。

郭台辉：在《比较政治中的激情、技艺与方法》[①] **一书中，巴林顿·摩尔把语言视为从事原创性的比较与历史分析的必要技能。而另一些人，比如说金世杰（Jack Goldstone），他虽然不认识中文与日语，但却能出版其精彩的专著《早期现代世界的革命与反抗》**[②]**，还发表过许多有关东亚的文章。在您看来，语言在比较历史研究中到底起到什么作用？**

池上英子：显而易见，我的特点是运用其中一种技能，但又不仅仅限于偏好的技能，因为每一种技能都有其内在的限制。如果你做得很好，比如中国研究，你就可以发展出自己的比较特色，并运用两个社会共同或差异的影响，或者你可以发展出精通语言的合作者，这样就不会完全使自己观察中国社会固有的棱镜操之于人。我就是以同样的方式尝试与别人合作。在社会学与别人合作，最大的好处就是有许多来自不同

---

① Gerardo Munck, Richard Snyder (eds.), *Passion, Craft, and Method in Comparative Politics*, Baltimore: The Johns Hopkins University Press, 2007.

② Jack Goldstone, *Revolution and Rebellion in the Early Modern World*, Berkeley: University of California Press, 1991.

国家的研究生，他们可以很熟悉你研究的主题与问题，但不熟悉你的语言及文化。

我非常有兴趣与来自东亚国家尤其是中国的研究生合作，也常常与来自非西方的其他国家的学生合作，比如泰国、墨西哥。我们是通过各种理论进行交流，就像我在哈佛大学得到的训练一样，我相信他们在区域研究方面的知识，实际上，这些学生能申请到美国研究生院来学习，能力是非常强的，知识也非常广博。但我们的交流是与理论基础结合在一起的，并且我不断向学生提问。那些都是我能对他们做的事情，但我不是作为一名史学家来引导学生。如果我是史学家，我就与周围的学生专门讨论比如中国历史的具体问题和收集资料的具体方法。社会学家与不同的区域研究专家一起合作研究，这是非常有意思的。所以，我认为这是金世杰的研究特点，同样，斯考切波也不会讲中文，但她的法国、俄国与中国的比较研究还是产生了很大影响。

郭台辉：然而，斯考切波的研究还是被一些中国研究的专家批评，比如裴宜理。

池上英子：公允地说，这仍然是值得探讨的问题。无论怎么做，比较研究都存在某种限制，尤其是当你从事的研究正好涉及区域或国别研究专家的著作，长期经营某个国家和主题研究的专家对语言非常娴熟，但每一种语言都有丰富的传统，不懂语言就无法理解他们的文化与习惯。比如，在日本，研究西方问题的学术圈有着几百年的历史，也产生大量的成果，但不幸的是，大多数的学术著作都只用日文出版，虽然有些人对西方历史有很精湛的把握，是相当好的史学家。所以有许多东西对日语和日本人来说是独特的，不懂日语的人是无法理解的。但比如你研究非洲的某个地方或者成为地方史专家，绝大多数最重要的研究都是用英语或法语出版，那么，实际上你就可以接触到高层次的知识。简言之，我认为比较研究取决于对各种不同领域的了解程度。

三、 东方主义

郭台辉：萨义德在 20 世纪 70 年代开始把东方主义视为一种研究视角、认识论与本体论，对社会科学研究产生重大影响。您能谈谈东方主义对宏观历史社会学，乃至整体上对当代社会学的影响吗？

池上英子：哦，东方主义，这与殖民主义是深度结合在一起的。但这与日本并不是没有关系。当然，日本也对周边国家进行过殖民侵略，造成过巨大的损失。但在更大的意义上来说，日本也极力避免被西方殖民，毕竟殖民主义对近代日本社会产生突然的瞬间影响。但我想关注的问题是：萨义德是如何把东方主义与殖民主义深度地关联在一起呢？如果你正在研究南亚、中东等地区，就知道殖民史带来的有些东西的确是很重要的。南美洲如果没有殖民侵略，就无法想象其现代化进程。中国、日本这些非西方地区当然与前述地区很不一样。现代中国也是备受侵略而多灾多难的国度。在殖民主义之前，中国有着悠久的历史，日本也一样，在某种意义上来说这也是东方主义的问题。

萨义德所讨论的问题是非常有见地的，但同时，东方主义的复制并不必然是理解历史最有创造性的方式。毕竟他的问题意识缘起于中东，不太好移植到其他非西方地区来讨论。所以，殖民主义是历史很重要的一个方面。如果你是美国本土人，或者是英国人，就难以理解围绕东方主义和殖民主义而展开的话语。日本一方面是可以被纳入到东方主义的研究议题，激活了东方主义的话语，是后殖民主义；但另一方面，我正在从事近代幕府的研究，从中又可以看到，幕府是一段象征东方殖民的历史。所以我们要一分为二地看待东方主义在东亚世界的表现问题，日本并不简单地被视为东方主义的结果。既然萨义德所做的工作很有意义，我就没必要做一些复制品的研究或者为他的研究再添油加醋。

郭台辉：由于现代日本的形成，日本的知识分子与政府似乎有意反对东方主义，但却引入了西方的制度形式。更重要的是，由于晚清中国的衰落与现代中国的军阀割据，日本曾企图侵略亚洲各国，并建立"大东亚共荣圈"。您如何看待近代日本崛起的动力与起因？

池上英子：我认为日本不存在很多动力，唯一的动力是在鸦片战争中西方列强首次迅速侵略中国，日本人是眼睁睁地看着一直被视为老大哥的中国被动挨打，而陷入前所未有的生存危机。对于日本来说，中国是一个被侵略的大国。所以，对于领土与人口规模都很小的日本来说，需要做很多事情才可能抵制西方的侵略，这是一个方面。另一个方面是中国这个案例的制度变迁，因为传统中华帝国的制度体系设计得如此完美，其文明程度之进步是举世瞩目的。这又是内生的，与中国社会是嵌在一起的。但日本江户时代的三个世纪基本上没有什么成就，幕府没有发挥作用。当然，幕府的身份是和平的维护者，基本上不是捍卫和平的勇士。所以，如果他们不能捍卫和平，就基本上不能自我防卫，这无论如何都注定是失败的。结果，鸦片战争对幕府以及整个日本社会都冲击很大，之后他们开始不得不做点事情。但传统日本并没有什么制度可以保护，只有幕府这种身份是维护和平而已。

所以，在那种意义上，日本也是被分割为若干个小单位，没有权力中心，由此形成有机的单位体。一些更小的有机体被更大的幕府占领与接管，这在制度上是允许的。但是幕府并没有很多东西需要保护，不需要儒家精英，也没有必要去捍卫儒家文化。幕府并不是通过考试选拔的，也不是由士大夫的学识圈来界定的。那看起来是一个弱点，因为缺少文化精英制度，但与此同时，他们并没有被嵌入到幕府制度中。在19世纪那个时候，幕府也出现过财政预算危机，在某方面，幕府感觉到，如果他们继续这种统治方式，就将无法继续运转，最终必然导致崩溃。他们必须做点事情。而必须做的事情就是首先改变那些割据自主的幕府单位，然后彼此联合起来。唯有这样才能有共同的东西去捍卫。我认为这可能是近代日本能够迅速行动起来的原因之一。

郭台辉：您的博士论文即第一部著作是《驯服幕府：荣耀个人主义与现代日本的形成》，十年之后又出版了《礼仪的纽带：审美网络及日本文化的政治根源》。① 这两部著作都关注近代日本，并且在美国获得很多荣誉，远超过其他区域研究的学术成就。然而，无论从历史社会学还是从区域研究来看，日本研究只是一个个案，所以我想知道：这两部著作的创新点在哪里？为何能够在西方受到这么大的关注？

　　池上英子：《礼仪的纽带》解释了日本变迁中礼仪的境况，所以，《礼仪的纽带》是一本非常复杂的著作，试图总结我一直以来所思考的问题。在一定意义上，《礼仪的纽带》试图找到一个研究的对象。你可以说你在研究中国士绅，他在研究社会运动，这种研究对象都是相当清楚的。但《礼仪的纽带》的对象是历史的，是一个历史的对象，是社会化研究的历史。所以这本书是很复杂的，但在我个人的研究历程中，对此还是解释得相当不错的，主要解释日本近代礼仪的起源。

　　在概念上来说，"礼仪"通常是与"陌生人"联系在一起的，二者有相类似的语词表达，而且通常被认为是苏格兰启蒙运动人物诸如亚当·斯密创造的。这是指道德情感意义上的人。他们是在宗教之后以及在资本主义兴起之后才关注礼仪，他们有市场，需要与陌生人彼此交流。如果你是商人，你就可能需要与所有陌生人做生意。恰恰是市场经济把不同的人群聚拢到一起来交流，但陌生人这种交流有着诸多正式与非正式的规则。当我们讨论陌生人时，亚当·斯密所构想的就是把你当成研究对象，似乎有些人在观察你，这让你变得文质彬彬。所以，正式的礼仪其实就是陌生人之间的正式关系。

　　今天我们讨论不少关于骑士如何可能或不可能成为礼仪或公民身份的组成部分。在文明的社会里存在几个要素，但基本点是骑士这个群体彼此要相互认识。在公共领域，有些人相距遥远，但彼此联系在一起。礼仪与陌生人的关系是东方社会社交能力的一种方式，由此才能让彼此紧密关联在一起。所以，我尝试研究日本社会的社交能力及其机制。而社交能力就是今天所讨论的公民身份的一种体现，是一种"共同体主

　　① Eiko Ikegami, *The Taming of the Samurai: Honorific Individualism and the Making of Modern Japan*, Cambridge, MA.: Harvard University Press, 1995; Eiko Ikegami, *Bonds of Civility: Aesthetic Networks and the Political Origins of Japanese Culture*, New York: Cambridge University Press, 2005.

义",我不想用这个框架和术语,而是用"礼仪"(civility)。这完全是一种新的视角与观点。但每一个社会都有不同的礼仪空间与类型。一旦我们摆脱"公民身份"与"公民社会"这个概念,我们就可以发现许多把礼仪作为评价标准的空间。所以,我正在尝试讨论的基本上是"礼仪的纽带",而这并没有一个既定的对象。但我想考察日本已存在的礼仪是通过什么纽带来形成的。

我的个案研究是关注社会组织,再一次把宏观的国家、市场与社会团体这三个分析领域联系在一起,揭示社会组织为何成为封建社会陌生人基本礼仪形成的良好场所。所以,封建社会是倾向于国家政权的。如果我在书中把封建的"户口"视为最具有国家倾向的标志,那么,在某种意义上中国社会也是"封建"的。但日本比中国掌控着社会的更大主权,因为户籍制度这种方式适合支撑你决定各种能力的脊梁。当然,日本不存在官阶晋级的考试制度。实际上,在前现代的传统中国也难以通过官阶考试制度进行自下而上的社会动员,选拔官员的科举考试也只是政治精英的工具。但在理论上,每一个秀才都非常聪明且博学,都可以通过考试。但在日本,由于封建制的作用,你如果不是出身于幕府家庭,你就不可能成为精英。你的出身决定了你的社会地位等级,就像"户口"一样。所以,在那样的社会,这是否意味着人们没有办法自由社会化呢?在中国是什么情况?当然也是一样的。

有市场经济,就可以把人们带入到自由的社会化进程中,但不同的人群也是有差别的,因为有些人就是无法自由社会化的,比如家奴或佃农。这就像艺术一样,人们有各种艺术爱好,只要你倾向于某种艺术品,你就可以给它取不同的名字。这就可以假定一种诸如符号化的身份特征,虽然这种命名与艺术品本身有差异。审美成为一种赋予内在特征的安全的公共货币。所以,我尝试关注的问题是,这种公共性是如何运转起来的?为何会大众化?其传播与发展是如何发挥作用的?为了处理这些问题,我不得不界定公共性的概念,因为从理论方面来说,应用于生活的、符号化的公共领域是非常有限的。所以,我们非常为难于仅仅使用特定的、历史性的、明确的公共领域概念,因为这在历史上存在的时间非常短暂。所以,我把公共领域界定为人们可以与陌生人交往的相互关系网络。

　　显然，我受到哈里森·怀特相当大的影响，但主要是参考他的"身份认同"概念与问题意识，尝试把网络分析与固定的社会地位关联在一起并且理论化，而我更多是理解"礼仪网络"的形成过程。我对公共领域的这种理解部分是受到我自己出身、成长与发展过程的启发。因为我来自日本，我就需要了解在美国社会如何进行专业训练与操作。美国社会在某个方面来说是非常强大的地方。他们假定每个人都是独特的。不错，你可以讲流利的英语，但你得服从所有规则，而且规则是非常明确的。在学术界也很讲规则，也就是在学术研讨会上交流的方式。所以，我是全然不同的个体，但我必须服从规则才能在美国生活下去。所以，我做了很多关于日本的研究，但却又是以不同的方式进行，我自己称之为"沟通的认同"。这并不意味着我的日本认同就消失了，只是我以一种专业学者的身份在美国发展。我知道如何往返迁徙，即使代价有点大。所以，在理想上我是从一个身份网络转换到另一个身份网络，一旦一个人开始思考，都是这样做的。我完全确信，你是一位好父亲，你也忘记了你正在做什么。当你与学生在一起时，你就是一个教授的身份。所以，每次你都是动员一组不同的认知网络。这就是转换。

　　如果我们的交流突然被人打断，我们自然会感到恼火。你就尽力去理解我在思考什么，我也会尝试理解为何这个问题对于你来说很重要。我们都在相互理解对方，目的是为了彼此相处更融洽，我也必须改变我的方式，你也如此。这就是一个小的公共空间。如果你的身份网络和我的身份网络相互关联在一起，并且相互作用，这样就可以产生一些新的文化产品，这就是你想要写的东西。这种相互重叠的交往，对于我自己的经验来说可以让我认识到人们正在做什么。这不仅是我，不仅是历史，而且是社会学意义上的公共领域概念。但在这里应该是以一种突然的方式构成，这也是我这本书的一部分。所以，从这个观点看来，我尽力解释幕府的传统身份空间如何以及为何切换到近代的新公共空间。这同样是相互交叉的。那些身份空间的转换对于一个国家的形成与构建来说依然很重要。

郭台辉：所以，《礼仪的纽带》一书非常精彩，对于研究近代日本以及当今日常生活都有重要意义，受此启发，我可以分析中国某些社会转型现象。然而，在美国你一直都是从事日本研究，但却由此获得很多学术奖。我想知道两本书对历史社会学有何贡献？

池上英子：我知道许多著名社会学家和最好的著作，比如斯考切波的《保护士兵与母亲》是一个典型。这本书属于非常规范、非常传统的历史社会学著作，有着鲜明的经验案例和由此构建的理论。再比如，我的这本《礼仪的纽带》所使用的案例是与历史文献结合起来。但把案例进行理论化处理就不仅仅是日本研究。其实我也不做区域国别研究意义上的日本研究。我的研究的确是有关日本的，但并不意味着是日本研究。我的研究只能说是运用日本方面的资料来作为构建理论的基础，以此理解身份转换有多么重要。

郭台辉：我理解了，换言之，您的研究超越了把日本这个国家作为研究对象的日本研究，不仅如此，它的贡献还在于社会学领域的理论对话。

池上英子：是这样的。我举一个有关科学的例子。科学并不包括所有社会学的著作。科学家对我涉及的普遍问题感兴趣的，也就仅仅是网络分析。但并不是每个人都以这个方式得到学术训练的，因为这个训练过程非常复杂，而我的理论化是非正统的科学主义，涉及事情发生的空间。这一点很重要。我们可以使用类比手法。只要你能涂能画，你就可能是好的艺术家，但在你年轻的时候，即使是从事某种艺术绘画，我还是不能确信你可以勾勒出美好的图案。图案确定对象，但得到很好训练的专业艺术家就可以找到对象之间的空间与空白，可以画龙点睛地裨补缺漏，由此可以描绘出美好图画。空间是构想对象的可能性条件，没有空间就不可能勾勒出图画。我所探讨的公共领域就类似于这样，可以对如何处理公共空间及其如何重要进行理论化。当然，我们是讨论公民身份的空间及其可能性的条件。

所以，我的观点是，在近代日本崛起之前，日本就有许多别具一格的习俗、土语，通过共同享用那些生活镜像，就至少有助于使日本成为一种文化认同，即使在政治上被分割为 260 个政权。但日本人自己至少不认为这些政权就是几百个不同的城市国家。显然，通过改革，最终的统一并不是一个不可能实现的难题。

郭台辉：在您的博士论文即第一部著作《驯服幕府》中，您创造了一个概念"荣耀个人主义"（honorable individualism）。我认为"荣耀"（honor）是您书中的关键词。您是否可以把这个概念延伸一下，以此来解释那个时期的公民身份构建。因为这种公民身份是个人主义的，但却又是荣耀的。这是对日本公民身份独特性的一个概括，也是对个人主义研究的一个贡献。

池上英子：这个问题提得很好。用这个概念似乎让读者觉得，日本人是个人主义，这与西方意识形态是一致的。当然，西方的意识形态很清楚地表达了其自身的价值观念。但为什么个人主义或个体性在日本很重要呢？我用"荣耀"这个形容词来加以限制，就是来弥补那种西方式的理解，尤其是区别于麦克弗森（Crawford Macpherson）意义上所指的个人主义那种"占有性"①一面。有关这方面我稍微谈谈。你必须控制你自己的身体以及身体的重要延伸部分即土地占有权。如果你没有获得成功，你就不可能把自己的东西拱手相让给别人，从而就可能出现冲突与战争。这是走向了极端。但还有一个方式是简化对身体的控制。因此，你可以控制自己的命运，这也是一种个人主义的表现。"荣耀"是一个很重要的概念，不仅是对日本人来说如此，还体现在中世纪欧洲以及其他一些地区，比如地中海沿岸、阿拉伯国家、西班牙、意大利。在那些地方，如果男人没有捍卫他们自己的荣耀，就是一个笨蛋。显然，个人的荣耀很重要。

四、 民族认同

郭台辉：在您对近代日本的研究中，您似乎更密切关注日本内部变

---

①　Crawford Macpherson, *The Political Theory of Possessive Individualism*, New York: Oxford University Press, 1964.

化的历史变量，更少关注其外部因素的影响。这可以被称为日本中心论。然而，在我看来，我们也应该考虑到其他几个因素，比如西方威胁、传统中华帝制，以及日本在地缘政治中的位置等，这些因素的相互作用与相互依赖推动了日本崛起的可能。完全不考虑其外部因素，或者内外部因素的共同作用，似乎难以合理解释近代日本的崛起。在这个意义上，您认为您自身的研究在哪些方面不同于其他同行的研究？

池上英子：近代日本的崛起基本上是一个例外的种族主义逻辑，当然也存在外部因素，但在某个方面也取决于这个国家闭关锁国两个世纪。这就是国际关系的决定性因素。他们认为来自西方的基督教正在侵略日本文化与社会，从而倾向于更加控制他们自己的体制，而不是对外开放。作为一个岛国，这完全是可能的。但与此同时，岛国又通过水路来与外部世界发生联系，所以在这个意义上，它又很容易对外防御，但对于未来的发展也没有明确方向。这样，他们决定控制边界，决定强化南部沿海各岛屿的防御工事，只与荷兰从事贸易联系。在这个方面，我们已经讨论了很多关于农村的移民问题，就像中国政府想控制其民众一样。换言之，国家之所以是国家，就是因为国家想垄断并控制民众迁徙的手段与方向，而不是仅仅控制外来的病毒，这就是马克斯·韦伯的著名议题。但除了领土之外，我们更应该强调对人员迁徙的控制。

国家一旦控制了迁徙，就相当于夯实了国家行动力的一个轮轴。而人员迁徙的控制主要是对国家边界的控制。当然，在这个意义上就涉及国际关系问题，但也受到那时候的国际关系状况的影响，这是自然而然的。但与此同时，日本岛屿林立，互相之间难以统一，不可能存在一个类似于中华帝制那样的集权体制，这就难以形成一套完整的统治规则。地方社会内部的冲突与暴力就时有发生，甚至常常难以控制。这就是与中华政治体制最大的不同之处。

郭台辉：从中国的情况来看，年长的中国人深受革命话语的影响，而后革命社会成长起来的新一代却受主流媒体的影响，他们都难以理解日本与日本人。所以，我希望中日两国能相互理解，共同协作，共同解决东亚问题，共同参与全球性的治理问题。

池上英子：这是一个非常困难的问题。我不知道是否有比较独特的方法来化解中日矛盾，但历史教育是化解矛盾的一个组成部分。但两个国家都存在各自问题。日本政府在对外殖民与屠杀方面没有给年轻人一个事实的交代。所以在这个意义上，记忆一代又一代地简化为敌对关系。如今，旧问题不断积累，但新问题又来了，这就在许多方面把历史带入到一个新的阶段。

郭台辉：我想知道，日本政府如何灌输给年轻人意识形态，意识形态如何对日本的年轻人产生影响。所以，我想知道日本政府是否对年轻一代同样产生重要影响。

池上英子：我认为，尤其在意识形态意义上日本政府是无所作为的。他们在历史教育方面本应该更谨慎，但同时日本人似乎永远都尽力不想谈论对外殖民侵略的历史。结果，新一代日本人并没有很好的历史感，他们不想因爷爷奶奶辈的人所犯下的错误而受到别人的谴责。这又是另一个不同的动力。如今，允许更谨慎讨论历史仍有很重要的意义和理由，但这不仅仅是来自政府。这是因为，中国如今变得越来越强大，大家都知道中国的崛起本身对日本更具有威慑力。即使中国不对日本采取政治、经济等方面的行动，毕竟它是家门口的一头巨兽，而且已经刚刚苏醒过来。换言之，动力正在发生变化。

我认为，日本政府并不是一直都很谨慎的，但同时，日本对中国又没有任何东西可以制约。反过来一样，日本的官方媒体也同样如此，非常关注中国在经济迅速发展的那一方面，其目的是让日本普通民众越来越害怕，最终提高政府的合法性。换言之，中日之间都试图构建一个"假想的敌人"。日本曾经是中国的敌人，但如今不是；中国曾经不是日本的对手，但如今是。这与英法之间曾经的政治、经济、军事、文化诸方面的竞争一样，其实都是两个政权试图通过构建外部的威胁力量，转移内部矛盾，提高自身的内部团结与合法性基础。

郭台辉：您能否对中国学生提一些建议？如何让他们正确理解日本的历史、文化与现实？

池上英子：我真的不知道中国的情况，所以我不知道怎么回答这个问题。有关战后日本的历史，我认为仅仅的好事是，至少日本民众能够与政府保持一些距离，不再像战前那样愚蠢与疯狂，完全受到意识形态的蛊惑。他们具有民族主义情感，也非常热爱日本，但这并不意味着他们都习惯于代表日本政府来阐发观点。以前，许多日本人出国，自我感觉良好，心里想"我代表日本来到美国，所以我得表现好点，才能维护好自己国家的形象，学好技能，回报祖国的养育之恩"。

但是，到我这一代，年轻人出国并没有什么代表国家的感觉。他们的心智已经与政权相分离，出国是为了个人的前途与生活，与国家的力量强大与否没有必然关系。政权对于日本人来说并不是必要的，也没有如此重要。不仅如此，日本学生通过学习，尤其是接受海外的教育，更加怀疑国家的意识形态目的。

五、结论

郭台辉：您是 1989 年获得博士学位，距今已经有 20 多年了，那么，您能否评价一下您对历史社会学的贡献？

池上英子：我的第一个贡献是尝试把非西方的案例带入到社会学实践这种更为理论化的基础中来，与西方学者进行学术讨论与交流，开阔西方学者的非西方视野。这也是我为年轻一代学者所能做的工作。所以，我的学术偏好扭转过来，不仅仅是西方理论的消费者，而是把我自己的案例带入到理论思考，并加入其他东西来讨论。我的第二个贡献可能是公共领域、公共性以及个人主义概念的理论化。我正在做的事情都是其他非西方的历史社会学者将遇到的。但在做这种案例分析方面，我也在文化社会学、政治社会学等方面有较为重要的影响。所以，比如说，"礼仪"这个案例就对两个方面以及日本研究都有贡献。在这个意义上，我以前做的研究不仅仅有益于历史社会学。我现在正在研究的主题完全不同于之前的，是关注数码文化，讨论数码文化与社会网络的稳定性问题。

郭台辉：正好，您能否顺便谈谈您手头当前的历史社会学项目以及

未来的学术打算？如果我能够理解一流历史社会学者关于他们当前以及未来计划的设想，我就基本上能绘制出美国乃至西方以及世界历史社会学的学术图景，因为你们正在从事的工作是引领潮流的，美国未来的历史社会学者将在你们的研究成果基础上继续推进。

池上英子：我与学生一起研究，试图在普遍理论意义上把公共领域理论化。他们有些人做伊斯兰教研究，所以，所有人都做不一样的研究。这不仅仅是简单的比较，而是以案例为基础，试图找到礼仪的重要基础。另一件事情是我关注历史社会学、数码文化。我认为历史社会学可以讲一些有关数码文化的东西。数码文化是一个网络，而历史社会学也以网络为基础。再说，人们与新政权相互联系的方式也是通过政权行为。我们研究过去的任何事情，包括沟通、网络等，都应该可以运用来研究当代的大多数情形。这就是作为一名社会学家的优势，而不是仅仅扮演史学家的角色。换言之，历史社会学不仅仅关注过去与现在，而且还关注人们日常生活中最有趣的东西。

在未来的学术打算方面，我想做一件事情是研究宗教。我已经正在做一个项目，但我想集中关注日本京都。在京都有一种特殊的宗教，叫神道教，这是非常深邃的。所以我想先积累一些基础，做神道教的微观研究或者追溯历史上推动神道教的人物，当然这是一个规模很小的项目。

另一个项目是有关日本资本主义的历史。日本的资本主义从兴起到衰落有一个完整的循环过程。作为一个非西方社会，日本自己调整制度结构，发展出独特的资本主义。我的这个课题不仅仅是讨论公民身份，而且是整个资本主义的历史。日本在历史上一次又一次地调整制度，满足一次又一次的内外挑战，如今这种调整是非常完备的。在如今的全球化时代，民族国家并不是一个封闭的单元。在全球化时代，日本体制有必要进行新的一轮调整，虽然日本在战后的经济体制调整方面发挥过重要作用，直到 20 世纪 90 年代都是很不错的。中国既古老又年轻，政治、社会与经济各领域都充满活力，已经变得很丰满，越来越走向成熟。作为一个年轻的国家，中国不仅仅有共产党这个巨大的引擎，而且还在不断进行制度改革与发展。在这种意义上，日本的经验能够给后发国家带来许多启示，所以，我想写一部关于日本资本主义兴衰史的著作。

第十三章　身份构建与社会抗争的历史透视

——哈佛大学裴宜理

裴宜理

郭台辉与裴宜理合影

裴宜理（Elizabeth Perry），1948 年出生于上海，系哈佛-燕京学社社长，哈佛大学政府系讲座教授。1969 年获纽约霍巴特和威廉姆史密斯学院（Hobart and William Smith College）政治学学士学位，1971 年获华盛顿大学政治学硕士学位，1978 年获密歇根大学政治学博士学位。在任教哈佛大学之前先后任教于密歇根大学、亚利桑那大学、华盛顿大学、加利福尼亚大学。主要研究领域有：中国近代以来的农民问题研究、中国工人运动研究、中国社会和政治研究、美国的中国问题研究。专著有《华北的叛乱者与革命者：1845—1945》（*Rebels and Revolutionaries in North China*）、《上海罢工：中国工人政治研究》（*Shanghai on Strike: The Politics of Chinese Labor*）、《安源：发掘中国革命之传统》（*Anyuan: Mining China's Revolutionary Tradition*）；合著有《无产者的力量："文革"中的上海》（*Proletarian Power: Shanghai in the Cultural Revolution*）；主编的论文集有《中国人对捻军起义的看法》（*Chinese Perspectives on the Nien Rebellion*）、《毛以后中国改革的政治经济学》（*The Political Economy of Reform in Post-Mao China*）、《当代中国的大众抵抗和政治文化》（*Popular Protest and Political Culture in Modern China*）、《当代中国的城市空间：后毛时代的潜在自治和社区》（*Urban Spaces in Contemporary China: The Potential for Autonomy and Community in Post-Mao China*）、《单位：历史和比较视角中中国变迁之所在》（*Danwei: The Changing Chinese Workplace in Historical and Comparative Perspective*）、《回归阶级的本义：东亚工人的身份认同》（*Putting Class in Its Place: Worker Identities in East Asia*）。

裴宜理教授接受美国政治科学的学术训练，但一直从事中国革命的历史研究，这点比较独特，但却恰恰成为她的研究专长。在她看来，与社会学相比，政治学的确对历史意识更为迟钝，但近些年来的新迹象是，政治学领域也开始有很多年轻学者转向历史研究，重视追踪政治现象的历史过程。当然，很多时候，裴宜理教授在美国学术界被认为是做区域研究或个案研究的中国研究者，其贡献在于中国的革命与反叛研究，但对学科的理论与方法贡献较少。她自己也坦诚这一点，认为把中国这个个案跟其他国家或者其他的社会运动做对比，是一个很大的挑战。她提出，她正在尝试一个替代性的方案，做中层的城市研究，比如上海与芝加哥之间的比较历史分析，或许能够在这方面有所突破。

2012 年 5 月 10 日我花费一笔不小的开支，专程从纽约奔赴哈佛大学，本想"一石三鸟"：既参加一个中国劳工运动的国际研讨会，又同时访谈斯考切波和裴宜理。但很不巧被斯考切波"放鸽子"，本来提前把访谈的问题发给她了，也说好见面的时间和地点，但临时被取消。这个遗憾至今未能弥补，她毕竟是历史社会学这间"房子里的大象"，做历史社会学访谈很难绕过她，况且我的几个访谈对象都是她亲自培养出来的博士。但令我特别欣慰的是得到了裴宜理教授的大力支持。她不仅愿意直接用中文与我交流，为我节省大量时间，不用整理英文的录音然后再翻译成中文，而且还针对我个人的研究和困惑，专门赠送相关书籍并复印一些资料，为我的研究提出了很好的建议。此外，她非常认真地对待我的访谈，对整理出来的访谈稿进行了详细修改，更正一些表述的瑕疵，还在此后的多次邮件往来中过问本访谈项目的进展情况。

一、背景

裴宜理：可以先说说你做这个学术访谈项目的目的吗？

郭台辉：我主要据于主题与方法两个方面的考虑。其一，身份构建与社会抗争一直是西方社会科学的热门话题，也是当前中国社会科学研究的热点，但这必须增加历史维度的解释。但更多的想法集中在方法上。中国近几年来的社会科学界特别重视定量分析，各重点大学都纷纷利用假期开办各种方法论讲习班，邀请国内外知名的个案研究与定量分析专家，给社会科学领域的青年教师与学生授课，使得问卷调查的数据采集与分析成为一种学术时尚。这对于中国政治学走向科学化（精确化与技术化）的道路起到重要的启蒙与指导作用，有助于摆脱传统政治学那一套偏向于价值和道德判断的政治理论构建及宏大理论叙事。但是我总觉得，不仅仅在中国，而且全世界的政治学学科在 20 世纪 80 年代之后都过于受到经济学和数学（主要体现为理性选择理论）的影响，不仅仅把政治学带入一个数学模型的迷宫，而且越来越脱离历史，被抽离于社会和文化的根基。实际上，政治学应该是社会的、文化的和历史的，纯粹以数学建模的方式来探讨政治问题，不亚于走向了传统政治学那种宏大叙事的另一个极端和死胡同。

我们不仅仅要把中国政治学的发展拉回到社会层面和文化体系中，回到社会科学本身，还很有必要学习美国社会科学近 50 年以来的学术传统——转向历史（包括社会史、文化史与宗教史等），不仅要把定性与定量分析这些研究技术策略结合起来，而且，更应该重视社会科学研究与历史研究的结合。因此，我赴美国纽约大学社会学系做访问学者一年，全部任务就是想了解美国的历史社会学家们在关注什么问题，做哪些主题，用什么方法，对历史社会学这个领域的形成历程有何反思与争议。

我以学术访谈的形式，让这些顶级的历史社会科学家们现身说法，讲述他们自己的故事及其对这个领域的历史、现状与未来的评述，从而让中国学生与学者能够从原汁原味的对话中有所启示。这是我的出发点。我发现，西方的社会科学研究在 20 世纪六七十年代以来出现历史转向，而且在理论与方法方面做得非常好。那么，自60年代新社会运动以来，西方的历史社会科学家是如何研究这个主题的呢？

所以，我在美国的一流大学找到并访谈了十几位具有代表性的一流学者，除了您之外，还包括耶鲁大学的沃勒斯坦、朱莉娅·亚当斯（Julia Adams）、菲利普·戈尔斯基（Philip Gorski），哥伦比亚大学的彼得·比尔曼（Peter Bearman）、凯伦·巴基（Karen Barkey），纽约大学的克雷格·卡尔霍恩（Craig Calhoun）、杰夫·古德温（Jeff Goodwin）、托马斯·埃特曼（Thomas Ertman），加州大学洛杉矶分校的迈克尔·曼，纽约州立大学奥尔巴尼分校的理查德·拉克曼（Richard Lachmann），康奈尔大学的西德尼·塔罗，乔治·梅森大学的金世杰（Jack Goldstone），等等。与他们针对性地探讨社会科学如何跟历史结合，试图给中国学生与学者介绍历史社会科学这一片"茂密森林"，更为全面地展示社会科学与历史研究的结合部分。其中，您出身于咱们的政治科学，但一直从事中国近现代的社会抗争与革命研究，对中国政治学的后学者来说更有直接的学习意义。

首先，能谈谈您当初为什么选"华北的叛乱者与革命者"这个主题作为政治学博士论文吗？

裴宜理：有两个原因。一是因为我出生在中国但在日本长大，而革命是我离开中国的原因。没有中国革命的话，我很可能在中国长大，所以我一直对中国革命有情怀；二是与当时的政治环境有关，因为20世纪六七十年代，美国的大学校园反对越南战争的学生运动很活跃，我也是参与者。我对越南的革命来源及其与中国革命的关系很好奇，从而开始对中国革命的来源与意义感兴趣。

二、　社会科学的历史转向

郭台辉：我这个访谈项目所联系的对象大多已年过六旬，甚至沃勒斯坦已经80多岁①，而且基本上都是20世纪60年代学生运动的活跃分

---

① 沃勒斯坦已于2019年去世。

子。但同时，六七十年代就出现了社会科学的历史转向，至少社会学如此，典型代表有巴林顿·摩尔与其两个学生查尔斯·蒂利和西达·斯考切波。当时的美国政治科学界是不是也有一股走向历史的倾向？

裴宜理：那时候没有，但现在有，不过显然比社会学慢一点。美国政治科学界这十年以来对历史转向比较感兴趣，像美国政治科学协会就有"美国政治发展"（American Political Development，APD）的子领域，而斯考切波就是该领域的骨干成员。除了斯考切波之外，还有不少知名学者在各个大学进行某种历史研究。但对比较政治学这个子领域而言，把历史和当代，或者史学与社会科学结合起来进行研究的学者比较少。我认为再过几年就可能会变得更普遍一点。我觉得这种结合很重要。政治科学家刚刚开始重视所谓的政治过程追踪（process tracing），也就是说，从当代看社会和政治问题，但是当代研究者要了解当代情况的由来，就开始重视其历史的来源。所以，随着社会政治问题越来越突出，转向历史的这个趋势在政治学里面就会越来越普遍。在我自己的研究生之间，有不少有志于采取从历史的角度来分析中国问题的进路。

郭台辉：政治学跟社会学都很重视比较方法，都倾向于比较历史分析。那么，您觉得政治学跟社会学在运用比较方法时有什么差异？

裴宜理：其实，我觉得没有多大区别，我觉得学科之间的区别是人造的，不是很重要，而且有一些社会学家后来就在政治学系教书；同样也有一些政治学家在社会学系教书。斯考切波是一个好例子，她从芝加哥大学调回哈佛之后，就开始转到政治学系任教；蒂利也是一个好例子，他原来的博士学位应该是社会学，但是他在密歇根大学兼任历史和社会学教授，后来到哥伦比亚大学政治学系教书。尤其是在研究社会运动这个问题上，不管是历史学家还是社会学家、政治学家，他们的研究方法都很相似。

郭台辉：提到查尔斯·蒂利，顺便了解一下你们俩学术关系的问题。您也参编了《抗争性政治研究中的缄默与发声》[①] 那本书，另外几

[①]　Ronald Aminzade et al. (eds.), *Silence and Voice in the Study of Contentious Politics*, New York: Cambridge University Press, 2001.

位比如西德尼·塔罗、金世杰、威廉·休厄尔（William Sewell）都是我的访谈对象。您好像跟他们有一段重叠的学术经历，是吗？

裴宜理：催生我参编这本书的动因在于，查尔斯·蒂利、西德尼·塔罗与麦克亚当（Doug McAdam）三位举办一个研究小组，每年邀请一些人在斯坦福大学开研讨会，那时候我还在加州大学伯克利分校任教。本来是他们三个人要一起合写书，就是后来的《抗争的动力》①，但他们对以前的分析方法和结论不太满意，想重新写一个比较有火力的东西。所以，就邀请我们，包括金世杰、罗恩·阿明扎德（Ron Aminzade）、休厄尔等一共七位老师，每年两次在斯坦福大学开会，主题就是关于批评原有研究社会运动的社会科学理论，同时也请我们的研究生一起来讨论应该怎么建构一些新的说法。这好像是一个三年的项目。

蒂利的影响很大，不管是对其他的学者还是我本人，都是非常大的。我是在密歇根大学做研究生时认识蒂利的。虽然没有上过蒂利的课，但参与过他组织的研究团体和工作坊。那时候，在密歇根大学社会学系好像每个星期都开一次会，让研究生和老师给大家介绍他们新的研究成果，所以我几乎每周都参与那个工作坊，这对我的博士论文有很大影响。而且，他本人的态度也是非常了不起的。我记得很清楚，第一次我看了他的很多作品，觉得非常好，并且想采用他的研究方法和结论来进一步分析中国的情况。但是，我从日本及中国台湾收集资料回来后开始写我的论文时就发现，蒂利的这些理论对我的资料来说好像没有太大的帮助。我就感到非常不高兴，于是就去找蒂利。跟他说："不好意思，老师，我感到不安，因为我发现你的理论对我的研究好像……"他说："这是好消息！假如你发现可以用的话，那中国就没有意思了！这是你的责任，我是研究法国，你是研究中国，你应该告诉我，你有什么新的不同的发现。你必须要发明什么新的结论才对。"我感到非常快乐，非常轻松。他是一个很好的老师，一直在鼓励学生找他们自己的说法，而不要照搬他以前所写的东西。这是非常好的。

① Doug McAdam, Sidney Tarrow, Charles Tilly, *Dynamics of Contention*, New York: Cambridge University Press, 2001；中文版参见道格·麦克亚当、西德尼·塔罗、查尔斯·蒂利：《斗争的动力》，李义中、屈平译，译林出版社2006年版。

郭台辉：所以你就不管他了？

裴宜理：但是事实上，我还是受到他很大的影响，因为在他写《从动员到革命》① 之前，大部分学者是从心理学角度来分析社会运动的。心理学理论不管是受挫-进攻（frustration-aggression）还是相对剥夺（relative deprivation）等概念，都是心理层面的，所以，心理学家认为，这些抗争者都有怪怪的思想。同样，那个时候的很多政治学家又没有很注意社会运动问题，以为那是社会学家或者心理学家的领域，而社会学家认为抗争者有一定的社会认同才可能参与社会运动，但都不觉得那是政治学的领域。

虽然蒂利是一位社会学家，但他从政治学角度强调国家跟抗争者之间的关系，认为社会运动根本上是一个政治的问题。查尔斯·蒂利提出他的政治过程模式（political process model）以后，好多对政治有兴趣的学者，包括我自己在内，就开始认为，革命也好，农民起义也好，工人运动也好，也都可以是政治学的领域。所以，从社会科学来研究社会运动应该是他的一个最大贡献。

郭台辉：虽然蒂利跟斯考切波都是享有盛名的历史社会学家，但二人的方法迥异。后者强调革命的国家结构、外部影响，而且是特别宏观的比较，但蒂利侧重于中观层面和动态过程的分析。不知您怎么看待他们的差异？

裴宜理：斯考切波的《国家与社会革命》② 从一个宏观角度来分析问题很有意思，但她自己不用第一手资料，都是二手资料，这与蒂利很不一样。

郭台辉：对，我看过您对她的批评，您似乎很不满意她对中国革命

---

① Charles Tilly, *From Mobilization to Revolution*, New York: Random House, 1978.

② Theda Skocpol, *States and Social Revolutions: A Comparative Analysis of France, Russia, and China*, New York: Cambridge University Press, 1979; 中文版参见斯考切波：《国家与社会革命：对法国、俄国和中国的比较分析》，何俊志、王学东译，上海人民出版社2007版。

的阐释?[①]

裴宜理:因为她的导师是巴林顿·摩尔,他自己精通法语、德语、俄语,总是从第一手资料开始做研究。我自己比较喜欢那样。虽然我觉得斯考切波的书也有很大贡献,但对中国的那个结论确实是不太令人信服的。而且她的历史叙事部分都得不到历史学家的承认,但蒂利写的历史却能得到历史学界的认可。

郭台辉:有没有可能是语言问题使得斯考切波转向美国历史研究?或者还有一个原因,她从芝加哥大学重返哈佛大学之后,在社会学系受到排挤,转到政治学系,而美国政治研究是政治科学的主流。

裴宜理:嗯,有可能!但我真的不知道她学术转向的具体原因。

郭台辉:在美国政治科学研究中,中国研究可能是其中的一个区域研究或个案研究。那么,您认为,近现代中国的历史研究如何参与到西方政治学家或社会科学家的理论和方法争论中去?

裴宜理:这个问题实在很难回答。因为中国在很多方面应该说是独特的,如何把中国这个个案跟其他国家或者其他的社会运动做对比是一个很大的挑战。我自己也没有解决这个问题。我现在在做城市的研究,前几天在这开了一个关于比较城市研究的会议,在邀请的学者中,有些研究中国的城市,有些研究其他国家的城市。我觉得,把中国这个国家跟其他国家做对比,不太妥当。因为这两者之间的差别实在太大,而且太特殊。美国也存在这么一个问题,它也是一个很特别的国家,跟其他西方的国家很不一样。但是我觉得城市是可以做比较研究的。上海和纽约、上海和芝加哥做对比,这是比较合适的。所以我现在想从这个方向开始考虑,看能不能开拓出一个新的比较领域。

郭台辉:您先后对淮北、上海、安源进行过深入研究,这些个案之间是一种什么关系?您是先有总体设计还是偶然发现其意义,先有问题

---

① 书评参见 *The Journal of Asian Studies*, Vol. 39, No. 3 (1980), pp. 533-535。

还是材料？

裴宜理：我对淮北、上海和安源的研究都是关注中国共产主义革命的起源与意义。不仅如此，我几乎所有的书都是在关注这个问题。然而，虽然在我研究生学习期间就开始确定中国革命研究的总体框架，但选择具体关注的地方和主题，主要在于反思可资利用的文献资料。

郭台辉：中国在 20 世纪 80 年代初开始重建社会科学。但它是参考了美国大学的学科建制和模式。经过几十年的发展，我发现中国的学术体制和学科分化越来越制度化，也越来越僵化，学科之间成为一个个不相往来而且竞争资源的利益集团。而美国在这方面则做得很不错，学科之间交叉很多。如果中国学术界要进入一个社会科学转向历史的制度变迁时代，您有什么建议？

裴宜理：我觉得一个很重要的事情是建立以主题或问题为导向的跨学科研究中心，比方说哈佛大学的哈佛-燕京学社、费正清研究中心，也有研究日本的智库如埃德温-赖肖尔东亚研究中心（Edwin O. Reischauer Center for East Asian Studies），也有美国政治研究中心（Center of American Political Study），还有研究国际事务的魏德海国际事务中心（Weatherhead Center for International Studies）。这些都是跨学科的实体研究机构，有各种经费支持，鼓励老师和学生做一些合作项目，从各个不同的角度来研究同一个问题，我觉得这是一种非常好的制度性鼓励。中国如今也开始建设类似的研究机构，像"人文高等研究院"或"社会科学高等研究院"之类。

郭台辉：但中国目前的跨学科研究机构有时是按照人文学科和社会科学划分的，这还不是最理想的方式。我觉得，人文学科与社会科学，甚至于自然科学都不能人为分割，也不能以某个知名学者为中心来聚集资源或成立研究机构，应该以较普遍的社会或政治问题为中心，以跨学科推动知识的创新为目的。

裴宜理：是这样的，假如能建立一个真正综合性的跨学科研究机构的话，对大学的老师和学生都有很大的帮助。

郭台辉：但相比跨学科研究的确立而言，东西方的比较研究由于文化之间的差异问题似乎更困难得多。西方的东西，要引入中国，或者西方人理解中国文化和社会，都涉及中国的一些基本概念。那么，您是如何超越语言文化的差异，实现跨文化的比较与理解的？

裴宜理：对，这也是一个很难解决的问题。一方面是障碍，但从另一方面来看，又可以说是一种机会，比方说英文中的 citizen，中文就有好几个词对应，像市民、国民、公民、同胞什么的。我写过一篇文章①，把这些不同的中文词在民国时期上海的用法做对比。早期的人写请愿书好像是用"公民"；到了国民党势力越来越强的时候，他们构建身份的概念就开始用"国民"，但有时候也会用"市民"。所以，我就分析在什么时候或什么语境下他们会采取哪一种 citizen 的身份概念。我觉得这个对西方学者来说也有帮助。因为我们从来没有想过那个 citizen 在中国文化中有那么广泛的意义。一方面我们的身份是一个城市的成员，另一方面我们同时是国家的成员，我们是工界的成员。但是，我们的身份在哪种情况下是比较强调城市的市民属性，哪种情况下比较重视国家的公民属性的呢？

所以，我觉得，虽然语言的差异是一种障碍，但进一步分析也可以说明一些很复杂的问题。我们应该利用这个复杂性来互相介绍政治词汇的意义。

三、社会身份的历史构建

郭台辉：您举的这个例子非常有意思，通过西方 citizen 在近现代中国译词的变动可以看出社会身份的历史构建问题。因此，我们就开始转入身份构建话题。首先，近现代中国人的社会身份主要是政治身份带出来的，是通过政党的力量来构建、塑造和推动的，所以，我们首先得了

---

① Elizabeth Perry, "Popular Protest in Shanghai, 1919-1927: Social Networks, Collective Identities, and Political Parties", in Nara Dillon, Jean Oi (eds.), *At the Crossroads of Empires, Middlemen, Social Networks, and State-Building in Republican Shanghai*, Stanford, CA.: Stanford University Press, 2008, pp. 87-109.

解一下身份转型与构建的动力机制问题。

清朝结束之后的民国时期，国共两党都建立了党政体制，但党政体制除了来自苏联的影响之外，跟传统文化有无关系？如果没有关系的话，它意味着是完全外来的；如果有，那其中的关联又是什么？新中国的成立是不是仅仅改变了传统社会身份的形式？还是创造了一个完全不同的政治身份结构？您认为传统帝制跟共产党领导的党政体制之间有什么联系？

裴宜理：其实，传统帝制与现代国家体制是两回事。我认为，党政体制是从苏联进口的，但是，中国共产党一个非常聪明的手段就是，能够让这个陌生的政治体制给老百姓一个印象——"这是中国的东西"，所以这是一个非常带有中国特色的东西。我最近刚写完一本书，题为《安源：发掘中国革命之传统》[1]，就是强调这个结论。事实上，开始的时候，中国共产党说自己的政策和方法与苏联完全一样；但即使他们的目标一样，他们的手段也不完全一样，这在安源看得很清楚。

当然，不同的共产党员对这个问题有不同想法和不同的技术，但是毛泽东和李立三特别能把外来的东西让老百姓以为是中国土生土长的，各式各样进口的方法好像变得对中国人来说不陌生了。比如说，李立三提出的口号是"从前是牛马，现在要做人"。他们罢工的方式、目标都是学习苏联的模式，但是口号没有强调阶级斗争，而是提高人的尊严。李立三在安源也采取很多民间组织的方式来动员人家，比方说，他首先组织一些洪帮的成员，让这些洪帮的成员去动员老百姓。人们要学习那些洪帮的武术，但是洪帮人收徒弟的时候，他们说：我们的老师是一个年纪很大的、住在国外的、有大胡子的叫马克思的。这就把马克思主义变成中国化的，我想他们是采取各式各样的非常灵活的手段，把一个事实上跟中国传统完全不同的政治体系，给老百姓一个"这是中国的东西"的感觉。

所以我觉得这是中共一个很大的贡献。他们有时候会做一些错误的

---

[1]　Elizabeth Perry, *Anyuan: Mining China's Revolutionary Tradition*, Berkeley: University of California Press, 2012；中文版参见裴宜理：《安源：发掘中国革命之传统》，阎小骏译，香港大学出版社2014年版。

决策，比方说，最近在天安门广场中树立孔子的大铜像，但后来发现这是不妥的，大家不能接受。[①] 也就是说，他们的文化手段不太对路。但有的人如毛泽东、李立三在这方面是特别聪明的，而刘少奇不一样。我觉得，刘少奇一直很认真，但很教条地执行苏联的方式，没有本土化。所以，他在控制安源的时候，就把安源取名为莫斯科，因为各式各样都是模仿莫斯科，模仿苏联。所以，在中国革命里有这两个不同的倾向。

在那个时期，你如果问大部分中国人关于政治的问题，他们就会把当时的政治体系跟清朝末年或者明朝做对比，说朝廷什么什么的，他们不会说"我们是一个苏联的系统，我们的政治是从苏联引来的"。所以，本土化是中共一个非常大的成功之处。他们的这个成就让大部分中国人认为他们的政治体制是具有中国特色的。但事实上，从客观的角度来分析这个政治体系的话，应该承认它跟以前那个苏联的体系是差不多的。当然，也有一些小的不同之处，在制度设计方面有的也不是很巧妙，比方说苏联是联邦共和国，中共是统一的、单一的；当然这是有各式各样不同的，但基本上是差不多的。中国人已经开始承认政治制度是他们自己文化的一个产品，这个贡献是非常大的。

郭台辉：对。在客观上来说，政治体制是移植的，但很多东西，它又用很多本土的治理技术与手段把它衔接起来。比如，共产党领导的新中国完全继承了元代以来的省级行政区划以及省一级的文化身份认同。但具体到哪些地方变化或不变并追溯其原因，这就需要进行历史比较分析。

裴宜理：对。再比如，上海那个东方明珠的博物馆[②]是展现上海历史的，但是，那里没有提到上海是共产党的诞生地，我看的时候觉得莫名其妙，我就想帮他们安排展览的历史学家。他们说，这个问题当然很敏感，他们考虑了很长时间，还是希望这个展览能存在很多时间。

其实，中国人的历史感非常浓厚，这使他们做很多对照，把很多当

---

①　2011 年 1 月 1 日，因国家博物馆雕塑园尚未完工，暂将孔子雕像安放在国家博物馆北门外小广场；4 月 20 日雕塑园竣工后，孔子雕像移入雕塑园。

②　指上海城市历史发展陈列馆，位于东方明珠广播电视塔内。

代的事情跟古代的进行比较，找到一些类似的特点。这对中国人身份构建的"政治弹性"（political resiliency）有很大贡献。中国领土的持续性是很明显的，但更重要的是文化的持续性。当然，中共在"文革"时期否认中国传统文化的价值，但同时也是包容的。现在当然越来越承认传统的价值。所以，我觉得身份构建的过程非常复杂，当然与构建动力的"政治弹性"有很大的关系。

郭台辉：对。这里面可能要把身份构建的政治动力跟文化动力相对区分开来。有意无意塑造的观念与手段可能很多是文化的、地方的，但明显的动力可能更多来自政治的、上层的。我觉得，您似乎很少有对后者的讨论。进言之，您的学术研究一直以来没运用马克思主义的东西，也没涉及斯考切波那种国家宏观结构的，您更多地是强调区域性、地缘性，所以您似乎特别强调地缘政治和传统遗产对身份构建的决定性作用，为什么？在您看来，用马克思主义的阶级观以及阶级身份论来分析现代中国社会的缺陷在哪？

裴宜理：不管是中国还是其他国家，我觉得任何人的阶级身份所起到的作用都非常有限，因为一般的社会运动，不是按照阶级身份这么一个单位而组成的，更可能是靠宗族或农村或社区这些不同身份塑造的群体。因此，阶级（class）是一个比较抽象的概念，更不用说阶级身份了。我们很少看到一个真正的阶级运动（class movement），即使有的话也存在不久。比如说，罗杰·古尔德（Roger Gould），他是一位英年早逝的学者，也许是斯考切波的学生，后来在芝加哥大学教书。他写了一本非常好的书，叫《反叛者的多重身份：从 1848 年到公社时期巴黎的阶级、共同体与抗争》。① 他对巴黎的工人进行分析，从 1848 年大革命时期一直到 1871 年的巴黎公社，将 1848 年与 1871 年做了对比。当然，马克思认为巴黎公社是一个比较典型的无产阶级政权雏形。

但古尔德的结论是相反的。他说，到了巴黎公社，虽然参加者、煽动者是工人，但他们不是以工人阶级的意识形态来参与那个运动的。来

---

① Roger Gould, *Insurgent Identities: Class, Community, and Protest in Paris from 1848 to the Commune*, Chicago: University of Chicago Press, 1995.

到巴黎公社，他们是以市民的意识形态来保护巴黎，反对德国侵略法国公民的政治身份（political citizenship）。然而，在 1848 年，他们是以工人阶级的意识形态来反对有产阶级，那无产阶级的觉悟能不能永久存在？他做了一个非常有意思的社会分析，从巴黎的档案资料中发现，越来越多的工人和非工人结婚，街区越来越复杂，因为巴黎经过一个大规模的城市化发展过程，住房得到大规模改造，使得工人很快失去工人阶级的意识形态，变成巴黎居民、市民这样一个身份概念。

事实上，我们都会经常改变我们反叛过程中的各种身份，参与反抗者的身份是动态的，有时候是真的，有时候是知识构建的，有时候是一种职业。因此，他们可能会从对意识形态的关注转移到对情感的关注，从职业或专业的辨别转移到从自身族群或宗教的角度来看。具体如何转向，都要看情况，在不同的情况下我们会采取不同的身份。所以，阶级的意识总是不容易存在，不仅是因为比较抽象的，而且大部分的人在日常生活中并不考虑他们是什么阶级，除非有一个政治力量时刻提醒他们属于什么阶级。我觉得，这个问题是很有意思的，很值得进一步研究：为什么工人在这种时候采取这种身份，在那种时候采取那种身份？

郭台辉：身份既然可以不断转换，而阶级身份可能只是其中很小的一部分，那么，这就意味着，阶级身份在现代中国曾一度被政治力量有意放大，以至于遮蔽了其他所有的社会身份。但在改革开放之后，阶级身份的作用和意义就大大降低了，而逐渐取而代之的是各种各样的复兴或新生的社会身份。比如，我们中国人似乎一直喜欢以"老乡"称呼，喜欢问你姓什么、什么字辈，喜欢将表示血缘关系和身份的称谓外化为社会身份，比如"大哥""大姐""大妈"等等，在如今的网络时代还发展出各种虚拟的社会身份。此外，典型的老乡会和同学会却是一种"鸟巢式"的群体交叉重叠认同。比如一个省里又分为同县的老乡，一个县里又分为同一个乡的、村的；同一个大学的又分为同一个专业或班级；等等。这些社会身份构建，不论是传统的或现代的、实体的或虚拟的，一方面会增加社会团结，但另一方面又会引起群体冲突。那么，这些独特的社会身份构建方式在现代或传统中国历史上是怎么形成的？在西方

有没有这种情况？

裴宜理：我觉得这跟中国的人口流动性有关系。这是因为，假如你不去其他地方的话，就没有"我是从什么地方来的"概念。我觉得美国作为一个移民国家更有类似的现象，比方说，来自欧洲各个不同国家的人很多，在波士顿，人家就看你来自爱尔兰的哪个小地方。因为来波士顿的爱尔兰人非常多，他们之间也区分得很清楚，如爱尔兰、北爱尔兰、南爱尔兰及哪一个城市、哪一个乡村。这也是移民流动的一个遗产。在研究上海罢工时，我也强调广东来的、苏北来的、宁波来的这些区别。不过，假如他们留在本地的话，就不可能有那个想法。所以，我觉得中国历史上很长时间不是属于封建主义的国家，而是有流动性的，尤其是劳动流动的一个社会。他们要找工作或做什么事，需要一个网络来帮助他们，给他们介绍什么。所以，我觉得这个跟中国的同乡意识又很密切的关系，当然这也会带来一些不理想的后果。

其实，19世纪的中国已经出现了由社会流动而产生的互助组织。比方说，我以前写过关于上海小刀会的文章①，它是通过不同的同乡关系组成的，有福建派、广东派等等；因为那些人参加小刀会，是去东南亚做买卖或别的事情，所以他们移民到某个地方，才会有同乡会的想法。他们的组织不是我们现代意义的"公司"，而是一个买卖的组织，其成员互相介绍发财的机会。

郭台辉：的确是这样。所以，社会身份构建及其强化主要还是由人口流动决定的。比如说，我是客家人，我的郭氏家族群体从晚唐战乱开始从山西南下，最后移民到广东和福建，战乱平定之后一部分又开始北迁，而我的祖辈就是在明代后期从福建迁到江西的。从您的这个判断来看，我现在就非常清楚客家人的家族、字辈的观念与家谱、祖坟的作用，这似乎可以与同乡会这种身份组织联系起来思考。然而，现代社会有所不同，在现代社会，人口流动不仅仅是战争因素的结果，更多地是资本流动带动劳动力大规模、大范围但个体化流动的结果。经济资本的

---

① Elizabeth Perry, "Tax Revolt in Late Qing China: Small Swords of Shanghai and Liu Depei of Shandong", *Late Qing China*, Vol. 6, No. 1 (1985).

流动又需要以信任、网络和互惠互利为核心的社会资本来降低交易成本，从而催生出新的社会身份形式，但更多地是复兴传统既有的社会身份结构。

另外，您在《上海罢工》中特别重视地缘政治（尤其是共同籍贯）与行业政治（技术要求程度、工龄时间长短与受教育程度）在集体行动中的作用，而且这些变量对研究当代中国的农民工身份问题依然很有帮助。您的发现为何经得起时间考验？

裴宜理：我那时研究城市工人身份的形成，这与当代农民工身份有着很大相似性，可能因为都是流动人口。但我在研究安源煤矿工人的状况时，就发现那个研究上海罢工的分析框架不是很适用。因为安源的工人多是来自当地的农民，而且是互相之间有互动的国家企业工人，他们很长时间聚在同一个地方，他们的身份关系、政治立场比较稳定，显然就不能参考民国时期上海那个分析移民劳动力的框架。

四、 社会抗争的历史把脉

郭台辉：接下来我想转入历史社会科学的另一个经典主题——社会抗争。由于西方学术界对这个主题有着非常深入和系统的研究，所以，今天我只想将之局限于现代中国的历史与现实语境来探讨。21 世纪的中国社会，无论城市还是农村，有时会出现偶发性但大规模的群体性事件，由此引发对社会抗争问题的讨论。中国学者对社会抗争问题有各种各样的案例分析与研究，但首先我想提出一个相反的情况：在中部和西部地区出现了一种新的值得关注的社会现象。与喧闹的中国流动社会和群体抗争截然不同的是，我老家地处非常偏远的农村，那里静悄悄的，没有出现大规模的群体性社会反抗。我弟弟在村里做小买卖，他说每天看不到十个不同的人经过，人都走光了。现在偏远的农村，田地全部荒芜，无人耕种，形成了"空心"的现象，或者进入到"后流动时代"。所以，我想阐释的是，中国东部以及中部部分地区的城市与农村出现社会抗争是一个方面，而中西部农村的社会沉默可能也是一个大问题。不知您怎么看待这种现象？

裴宜理：关于这种现象，中国可以看看日本的历史。日本的农村在20世纪60年代也经历过同样的问题，但政府现在也没有真正解决的办法，因此只好采取不同的优惠政策来扶持留在农村的人。生活在农村的人非常少，而且有各式各样的问题：生产缺少男人，再生产缺少女人，还缺少商品化。这个问题实在非常复杂，我觉得大概没有什么很好的办法。这就是现代化的悲剧。

郭台辉：您这种观点可能比较消极，农村人出身的我听起来有点难过，但您从比较历史的视角出发却又非常令人信服。既然如此，我们就讨论与现代化、都市化相关的社会抗争问题，因为这是中国社会科学研究的热点话题。请您总体上评论一下中国当前的社会抗争状况。

裴宜理：国外大多数学者分析中国当代社会抗争现象时，觉得群体性事件会涉及中国政治稳定的问题，我自己不是那样看。当然，也许偶然会发生一个政治上的危机，但一直到现在，我觉得大部分的社会抗争应该是正常的政治（normal politics）和日常政治（everyday politics）。

原有的信访系统僵化了，现在的中国人有时候采取微博等新的渠道来表达心声和愿望，但目前还没有创造一个很制度化的方法。所以，社会抗争是一个途径，当然也是最不理想的，但抗争是中国人好几百年来一直在采取的一个办法。所以我想，这种抗争的功能在中国的政治上居于一个很特别的地位，不同于西方国家的社会运动。很多美国学者就只看当前发生的事件，比如今年有八千、明年有一万群体性事件什么的，就把它当作中国共产党垮台或别的什么的预兆。

我不那样想。我认为，这只能说明中国老百姓要告诉他们的领导人多关注他们的要求及不满的事情。所以，从另外一个方面来分析，应该说这是一个比较好的事情。当然，假如他们采取暴力的方式，那就不是很好；政府采取暴力的方式来镇压他们，也不是很理想的。但是，假如政府能够比较合理地解决这些问题，这对中国的政治稳定来说，可以有一定的帮助。我知道地方政府经常用钱收买抗争精英，这让抗争者更加"去政治化"（depoliticized）。很多人说这样很不好，因为他们非政治化了，就不会继续抗争，但是我觉得这也是日常政治的一方面。

郭台辉：我觉得这个观点跟您的历史视野有很大关系。

裴宜理：是的，因为中国历史上经常发生社会抗争。你翻开任何一个县的地方志，几乎每天都会记载农民起义的发生和各式各样的请愿书。所以，我觉得社会抗争在中国历史上是一个非常普遍的现象，是日常生活政治的一部分，不是近来才出现的新东西。

郭台辉：抗争、反叛、革命成为抗争政治研究的主题，而探讨中国革命的起源与意义在您的学术生涯中占据很高比例，那么，最后请您谈谈，中国革命与大国崛起的关系、中国崛起对于中国百年历史的意义，以及对于东亚与世界的意义是什么？

裴宜理：我把中国崛起视为中国社会主义革命的结果，而这个革命把晚清帝国之后一盘散沙的中国社会重新组织和联合起来，驱逐了各种外国势力，确立了一个超大规模的国家结构，尤其是社会结构与经济增长强大到足以令人肃然起敬。然而，中国崛起的终极意义必将取决于中国人在他们的革命传统中发现的意义。几年前我访问古巴时，我问古巴人他们革命传统的意义是什么，几乎每个人都以同样的口吻回答道：古巴革命给全国人民带来了普遍的医疗保障和普遍的教育。如果你问美国人有关美国革命传统的意义的话，我们的回答将是：它带来了自由，包括免于专制暴政的自由、宗教自由、出版自由、结社自由等等。但是，当我问中国人这个问题的时候，他们通常直接对我说不知道。

我认为，如果中国崛起对于中国人、其他亚洲人以及整个世界有着积极意义的话，那么，中国人民将必须赋予其革命传统以积极的价值。对于我的研究而言，安源革命传统的研究是很有启发意义的，因为它是对一个时代的反思，让年轻的共产主义革命家通过大众教育与组织的非暴力过程，致力于把人的尊严带给在底层社会受压迫、受剥削的人们。我不知道这是否算是中国革命和中国崛起的意义，是否是普通中国人在其革命传统中最终找到的意义，但我真正相信的是：如果中国崛起要对人类文明与价值产生一种积极影响的话，中国人必然要对某些与其自身政治历史相关联的积极的道德价值达成一致意见。

第十四章　国家建设中的利维坦问题

——纽约大学托马斯·埃特曼

托马斯·埃特曼

郭台辉与托马斯·埃特曼合影

托马斯·埃特曼（Thomas Ertman）是纽约大学社会学系教授，分别于 1981 年、1985 年、1990 年获得哈佛大学社会学系学士、硕士与博士学位，师承西达·斯考切波——但埃特曼认为查尔斯·蒂利比斯考切波对他的影响更大——博士毕业后在哈佛大学政府系任教至 2000 年。主要从事比较/历史社会学、政治社会学、社会理论、艺术社会学研究，关注欧洲的国家形成与政权建设等主题。与其他同行以及同辈相比较而言，埃特曼为人非常低调，发表的作品也不多，迄今出版的唯一专著是他大幅度修改后的博士论文《利维坦的诞生：中世纪及现代早期欧洲的国家与政权建设》，但此书甫一出版就在社会学、政治学与史学界影响很大，1998 年该书获美国社会学会比较历史社会学分会巴林顿·摩尔图书奖。埃特曼无法像他导师斯考切波那样，从早期关注欧亚大陆的国家与社会革命研究转向到美国政治，并成功跻身于美国政治学界的主流，而是继续徜徉在欧洲历史的长河中。

埃特曼的夫人苏珊（Susan Pedersen）是哥伦比亚大学历史系的知名教授，长期从事英国史研究。或许是受其夫人影响，埃特曼特别注重一手史料的挖掘，延续其博士期间的欧洲国家建设研究；但后果也许是"严重的"，他无法在哈佛大学政府系获得政治学的终身教职，只能转投纽约大学，回归到更具包容性和差异性的社会学领域。埃特曼所关注的国家构建与民主化是政治学的核心主题，他那本专著的主题与问题意识已经修改得非常政治学化了，以至于读者误以为他是政治学出身。

埃特曼对美国历史社会学的兴起有独到的见解，他认为这归功于流亡的德国历史学家。历史学很少也很难处理跨国和跨文化的史料，但德国流亡历史学家来到美国之后为了生存，满足了美国帝国化的政治需要，与政治文化兴起一样，开始关注大问题、大变迁和大结构。这成就了介于历史学与社会科学之间的历史社会学，专注于研究大的历史问题，尤其擅长于比较国家之间的历史轨迹，当然也损害了专注于一手史料的历史研究。他对历史社会学的贡献在于国家与政权构建的历史形成，并且将之追溯到古罗马帝国时期，这个领域恰恰是社会学与政治学在"国家回归学派"中的交集领域。《利维坦的诞生》从博士论文成书出版时，关注的问题就调整得更政治科学化和美国化，当时有其策略性原因，即为了在哈佛大学政府系谋教职，这也恰恰是美国政治科学的政治化特点。

　　埃特曼教授是我做访问学者时的合作导师，因此交往时间比较长，交流很多。认识他是有一个故事的：2010 年 4 月，我有幸受美国国务院的邀请，以"国际访问者"的身份赴美参与一个主题为"公民参与地方治理"的项目；4 月 12 日中午在纽约曼哈顿有幸会见埃特曼，并且进行了一次为时两个小时的学术交流。《利维坦的诞生》一书的中文版由笔者译出，2010 年 3 月份由上海人民出版社出版，正好有机会当面赠送中译本给他做留念。埃特曼教授非常重视此书的中译本，置之于社会学系学术成果展柜的显眼处，并非常热情地邀请笔者赴纽约大学从事一年的历史社会学理论与方法专题研究。

一、 历史与理论

郭台辉：您一直以来都是从事历史社会学的研究，那么，您能否解释一下历史社会学为什么在第二次世界大战之后骤然兴起，这个新兴的学科有哪些特点，在西方世界目前有哪些主要流派和研究方向。您这本《利维坦的诞生》①甫一出版就引起相当大的关注，并在 1998 年获得巴林顿·摩尔图书奖，您能解释一下什么样的书才适合获该奖项？

埃特曼：我认为，二战后历史社会学变得重要起来，一个原因是许多学者由于二战而离开德国来到英国和美国——历史社会学很大程度上是德国传统——他们逃离希特勒，来到美国，同时带来了马克斯·韦伯、奥托·辛泽等人的著作，美国人读他们的书，我认为这样就开启了美国和英国历史社会学的研究历程。如果你从为什么二战后美国政治科学领域盛行政治文化的角度来思考，就更容易理解历史社会学兴起的背景了，二者大体上是一致的。

我们知道，巴林顿·摩尔（Barrington Moore）、约翰·汤普森、爱德华·汤普森、佩里·安德森以及年鉴学派的代表人物沃勒斯坦主要吸收马克思的思想；查尔斯·蒂利主要受韦伯和辛泽的影响。现在还有一些对文化、宗教感兴趣的人也更多是受韦伯的影响。在二战之前，德国的历史学家和社会学家们都不从事这方面的研究。他们来到美国后，经过几十年的发展和积淀，如今使美国成为国际历史社会学研究的重镇。历史社会学的研究不同于正统的史学研究，我觉得历史社会学主要与历史巨变有关，可是历史学家说历史社会学太宽了，它不是真正的历史；因为你不能只用文献，这样工作量太大，你不能对十个国家的几百年历史进行比较，这对历史学家来说工程太大了。因此，历史社会学是一个主要研究大的历史问题的学科，尤其擅长于比较国家之间的历史轨迹。

---

① Thomas Ertman, *Birth of the Leviathan: Building States and Regimes in Medieval and Early Modern Europe*, New York: Cambridge University Press, 1997；中文版参见托马斯·埃特曼：《利维坦的诞生：中世纪及现代早期欧洲的国家与政权建设》，郭台辉译，上海人民出版社 2010 年版。

这是传统史学界无力能及的，大多数历史学家只熟知一个国家，有时候是两个，但不可能熟悉三个、四个、五个国家的历史。

我觉得这就是历史社会学特殊的地方，它是介于历史学与社会科学之间的一门新兴学科。巴林顿·摩尔奖是由美国社会学协会历史社会学分会颁发的奖，专门为激励这个新兴社会学领域的研究而设立的。美国社会学协会有许多不同的分会，历史社会学分会每两年评选一次巴林顿·摩尔奖，第一年选一本书，下一年就选一篇文章，再下一年又轮到书，这样轮着来。专门有从事历史社会学研究的人组成一个委员会，他们会阅读过去两年里学术界出版的所有新书，选出最好的一本。可以说，巴林顿·摩尔奖是有关历史社会学方面最高的一个奖项。本书之所以非常有幸获得此殊荣，主要是因为提出了一种完全不同的国家建设理论：一方面把欧洲近代以来国家形态的形成追溯到罗马帝国解体这个大历史，另一方面是提出了四种国家与政权类型。此荣誉使我铁心一辈子研究欧洲乃至全球的国家建设问题。

郭台辉：在您博士毕业八年之后，您的博士论文才出版。仅仅从您的博士论文也就是第一本专著来看，您看起来像是拿的政治学博士学位，因为您关注的问题与得出的结论都带有非常浓厚的政治学色彩。您的博士导师是斯考切波教授吧，您是否受她政治学转向的影响呢？

埃特曼：我要明确声明一下，我获得的是社会学博士学位，斯考切波是我的指导老师，她那时候主要还是在社会学系带博士，虽然她已经开始转向美国政治了。斯考切波后来是政府系与社会学系的双聘教授，可以在两个系授课和指导学生。我在社会学系获得博士学位之后，就转而成为政府系的讲师。哈佛大学有肯尼迪政府管理学院与政府系，人们一般比较容易把二者混淆在一起。实际上，这两者是完全不同的、分开的。肯尼迪政府管理学院是一个研究生院，专门为那些想为政府工作的人提供教学与培训，不招收本科生；哈佛还有一个从事教学的政府系，也就是一般意义上的政治学系，这里招收本科与研究生。

我的博士论文选题是研究欧洲国家的历史形成与变化，这本身是过去几十年来政治学与社会学都共同关注的主题，更是历史社会学讨论的一个重要议题，因此，我的研究领域可以说是历史社会学与政治社会学的结合。正如查尔斯·蒂利，政治学界更关注他的国家形成研究，而社会学界更关注他的社会抗争研究，在这个意义上，关注国家形成与政权建设问题，也成为我毕业之后能够进入政府系任教的重要理由。我为了满足政府系主流教授的需要，只好尽力按照政治学或者说比较政治学的要求来修改我的博士论文，这样就可以让政治学家们理解我的研究。

至于我离开哈佛大学政府系的原因，你现在也许可以猜到，主要在于对于政府管理和政治学的理论研究来说，我的研究志趣似乎太历史化、欧洲化了，对现实世界的启示与对美国政治的启发都远远不够，远远偏离于美国在 20 世纪确立起来的主流政治科学的研究主题、范式与方法论，无法在那里形成有影响力的学术团队。所以，我在哈佛大学政府系的十年间只获得了临时职位，总是担心某一天被解雇。因此，我开始考虑不再以委屈和牺牲自己来满足他们，而纽约大学社会学系恰恰可以给我一个终身教职，使我名正言顺地成为一名历史社会学的教授。在这里我可以完全按照我个人的兴趣做自己的研究，如今可以安安稳稳地从事欧洲的国家建设研究。

郭台辉：您曾经在哈佛政治学系任教过十年，是吗？但您现在又是在纽约大学社会学系教授历史社会学。所以，您应该最能够理解政治学与社会学在转向比较历史分析时有何主要差异吧？我们暂且先不比较两个学科在其他方面的差异。

埃特曼：关于政治学与社会学在同时关注比较历史分析时有何差异这个问题，我认为主要表现在方法论上。政治学非常强调方法论的清晰，对于历史，政治学领域的人喜欢问的问题是：你要尽力解释什么？自变量与因变量是什么？用什么数据？什么案例与方法？如果人们关注历史问题，他们总是存在一种感觉：如何符合政治学著作的标准？什么可以构成政治学研究中普遍认可的一种充分解释？不管定量还是非定量的研究都是如此。即使你澄清了这些问题，还要不得不明确说明用了什么自变量来解释一个特定的结果。

但在社会学领域，人们即使用定量方法，也可以做同样的历史分析，不用定量方法的人常常更不受这些方法论问题的困扰，他们可以发展出一个特定研究的解释框架。所以，你就可以看到历史社会学中千差万别的著作与解释框架，比如沃勒斯坦的世界体系。我认为，那些仅仅研究政治学的人更适合做更为正式的框架，他们做这些宏大的主流议题时也更感到舒坦，而收集史料或者历史数据总会让他们感觉很棘手，也很痛苦。

郭台辉：沃勒斯坦曾经说过，他所做的是"历史社会科学"，查尔斯·蒂利也曾表示明确反对"历史社会学"这个表述，因为所有的社会学都应该是历史的。您如何评价历史在社会科学中的位置？

埃特曼：在实践方面，政治学从事历史研究有很大空间，但除了现时代本身的案例之外，历史研究需要对当代世界拥有更为普遍和更实用的洞察力。政治学者们对历史研究的兴趣并不仅仅是关注发生在过去的事情，而是努力通过历史研究对当前社会政治问题产生相关的启示，或者从历史维度来回应当前问题。在社会学领域，从事历史研究有广阔的天地，专注于历史，比如阐释一种普遍的观点或者追求，得出一种相关的判断，将不受任何限制。如果你从历史角度来做政治学研究，就可能遇到很大的压力。所以，美国政治学界有很多人从美国的历史中引入案例，或者以更有历史感的视角来看待美国政治体制。他们是在政治学系，而且他们的著作和观点都得到更高的评价——就像斯考切波一样，她现在完全是研究美国的国内政治了。然而，对于那些从历史研究角度来关注欧洲、亚洲等非美国本土的学者及其观点来说，在政治学系就更没有发展空间，因为欧洲在美国政治科学中的地位已经变得越来越不重要了，仅限于国际政治研究的狭小领域。但我认为，美国政治学在未来将强化对中国研究的重视，运用历史视角来研究中国的美国学者将有着更大的发展空间。

所以，在政治学研究领域，那些运用历史视角的学者，其自由度往往在实践中决定于他所研究的这个子领域有多大，从政治学的眼光来判断所研究的领域对于这个世界有多大意义。但社会学就不一样，历史社会学这个传统一直存在，每个社会学系都会招聘从事历史社会学理论与方法研究的教师。但是，在社会学和历史社会学领域中有许多不同的研究方法和研究主题，很少有单一的话语和方法。虽然你可以找到同时研究历史学和政治学的人，但这与社会学界的关注点不太一样——当然两个学科存在很多重叠部分。

郭台辉：所以您的研究成果可以同时受到社会学者与政治学者以及历史学家们的关注？

埃特曼：是的，我的研究与上述专业存在大量的重叠领域，这样就可以与不同学科的研究成果对话，而且不仅仅局限于美国本土。但是，我认为，在政治学的主流领域中的确存在一些人做历史研究，其史学研究的成果可以进一步提升到更为普遍化的高度。这需要解决的问题是：你的研究发现如何与当今世界有意义地关联起来？在这方面，历史与社会学的结合研究并没有压力，或者说在社会学系远比在政治学系做历史研究的压力更小。

郭台辉：我来美国访学的这一年，收集到大量有关社会学与政治学领域从事历史研究的文献资料。我发现理性选择理论深深改变了政治学这个学科，但历史社会学似乎很抵制理性选择理论的侵入。为什么？您能评价一下社会科学的理性选择理论及其批判吗？

埃特曼：的确，理性选择理论在社会学与政治学领域中有着不同的地位。我并不是很清楚理性选择理论在社会学中为何不那么成功，但我的推测是，政治学更为关注的是如何理解当代政治，国际关系、国内政治或者所有政治制度领域发生了什么问题以及为何发生。正是因为政治学太过于对解释当代政治感兴趣，它就必然对方法论充满浓厚兴趣，希望找到一种放之四海而皆准的方法，能够运用于全世界诸多不同的政治体制。再者来说，20世纪七八十年代之后，就像政治变迁受制于新自由主义的经济转向一样，政治科学太过于受到经济学、统计学、数学的影响，完全丧失了作为一门学科的独立性，这就是为何理性选择理论赢得了它在政治学中的地位。

在社会学领域就不一样，这个领域更没有很清晰的界定，社会是一切，无所不包。所以，社会学需要解释什么，我们应该如何研究什么，这种问题并没有一致的答案，争论没有结果，也没有意义。这样，有些对理性选择感兴趣的人，诸如科尔曼，他就尝试运用理性选择理论，但他并没有充分的条件，也没有赢得很大的市场，因为社会学很多领域不可能让理性选择理论成为主导的方法，这与在政治学系的普遍运用是明显不同的地位。人们当然常常运用理性选择，但基本上都是在政治学领域。我认为，理性选择理论已经过了影响的高潮期，人们现在视之为有限的理性选择，但当然在政治学中仍然可以产生不少有意思的作品。

郭台辉：倾向于历史的社会科学似乎已经受到后现代主义的挑战。比如，在朱莉娅·亚当斯（Julia Adams）等人主编的《重塑现代性》[①]一书中，有些作者明显受到米歇尔·福柯的影响，讨论了前几代学者所关注的不同主题与方法，质疑或批判自韦伯以来的主流概念、话语与结论。您如何看待后现代主义对历史社会科学的影响？

埃特曼：确切来说，我不知道后现代主义在历史社会学领域意味着什么，历史社会学关注过去发生的历史，所以，我不知道后现代主义如何与此相关联；同时，像福柯那种社会学家是否算得上后现代主义者？即便如此，我认为这对于特定的思维方式并没有太大影响，不太可能对历史社会学有什么根本的挑战，这只是一些有志于追求标新立异的学者小圈子罢了。

郭台辉：众所周知，巴林顿·摩尔教授在历史社会学的发展过程中起到了非常重要的作用，他的两位学生查尔斯·蒂利和西达·斯考切波也是如此。如今，他们在中国学术界有着重要影响。从您这本大作的前言中可以得知斯考切波对您的研究产生了巨大影响。作为斯考切波的得意门生，您是否能介绍一下，在过去的几十年中他们各自的研究倾向是什么，在你们师徒三代人的学术传承中有何共识与差异。

埃特曼：你知道斯考切波是我的导师，她对欧洲的国家建设史不怎

---

① Julia Adams et al. (eds.), *Remaking Modernity: Politics, History, and Sociology*, Durham, NC.: Duke University Press, 2003.

么感兴趣——在出版了《国家与社会革命》[1] 这部有关革命的著作之后，她对此变得更没有兴趣了——而我对此的兴趣却有增无减。自从我作为她的学生起，她真的只研究美国，她对美国的福利政策、美国政治特别感兴趣。她现在进入了一个跟我不同的领域，我的意思是她只关注福利政策。我对美国的研究真的不多。她跟我是不同的方向，虽然我跟她在哈佛的肯尼迪政府管理学院一起共事十年。其实她现在已经放下了社会学，在哈佛是一名赫赫有名的政治学者。她正朝着美国政治和美国历史的方向发展，比如社会政策，尤其是福利制度，比如《保护士兵与母亲》[2] 一书所关注的主要问题是：为什么美国福利制度产生于内战？这就是她对美国感兴趣的原因。当然，她在这方面的研究的确推动了美国政治科学与社会史的结合性发展，也给她个人带来了不少荣誉和好处。

所不同的是，查尔斯·蒂利自成名以来一直都对欧洲近代以来长波段大历史的历史社会学感兴趣，其研究主要集中于上层的国家建设和底层的社会抗争。因此，他写了两种不同系列的著作，一种是关于国家建设的，另一种大多是关于抗议、罢工，还有暴动及各种抗议形式的。关于国家建设的书，我受到了他的启发，但也批判了他只关注近代以来的历史与社会的局限。因此我试图超越他，强调欧洲近代以来的发展逻辑与路径要追溯到罗马帝国解体之后的整个中世纪。对于我所致力研究的领域，斯考切波并没有真正写什么，也没有太大兴趣。这样也很好，我就不用去批判她了（笑）。

二、欧洲的利维坦问题

郭台辉： "利维坦"是主权国家的代名词，您在《利维坦的诞生》一书中把它分解为国家与政权两部分来解释，这非常合理，也很容易理

---

[1]　Theda Skocpol, *States and Social Revolutions: A Comparative Analysis of France, Russia, and China*, New York: Cambridge University Press, 1979; 中文版参见斯考切波：《国家与社会革命：对法国、俄国和中国的比较分析》，何俊志、王学东译，上海人民出版社2007版。

[2]　Theda Skocpol, *Protecting Soldiers and Mothers: The Political Origins of Social Policy in the United States*, Cambridge, MA.: Harvard University Press, 1992.

解。一般来说，利维坦这种主权国家的命运逻辑是，从现代早期的诞生到十八九世纪的驯服，再到当今全球化时代许多人认为的被遗弃。您如何看待主权国家的这种命运？

埃特曼：我指的"驯服利维坦"差不多就是民主化。欧洲在法国大革命之后就有了民主的国家建设：一般在完成了征税、政府和军队等制度化建设之后，国家接下来的任务便是我们刚讲过的民族建设，还有民主化。驯服意味着公民越来越参与到国家制度化的建设过程中，而不再是与此前一样只是被动地接受——我所指的是普遍的民众参与，我现在正做的研究侧重于二战前的民众参与。到 20 世纪 50 年代为止，欧洲的大多数国家都是民主制形式；现在有了全球化，有了欧盟，但国家仍然是很重要的。我认为国家不会消失，现在，国家虽然可能更多受到外在因素的支配，例如经济影响和移民，但是移民并不是新出现的，一战前的移民比现在多得去了，也更自由。

我觉得，现在的情况更像一战前的 1870—1914 年间，即人们所说的全球化的第一个时期，我们现在只是处于第二个时期。全球化的时间长短对于国家建设来说并不重要，也许我们又回到了全球化的第一时期，许多人觉得这很有意思。我觉得中国很像全球化第一个时期的德国：那时候新的经济强国是德国，德国崛起得很快，就像今天中国的快速发展一样。然后，德国要求得到所有国家的尊重，比如英国和法国，其他国家应该尊重德国。德国也跟中国一样，其教育和科学受到其他国家的钦佩和羡慕。当时的德国在物理学、数学、化学等科学领域在全世界都是先进的，但是德国更想得到其他国家的尊重。许多人很担心，中国要避开全球化第一个时期，而且必须得避开，因为这会造成不好的结果：当时的德国由于没有得到尊重，于是就挑战英国和法国，便引发了第一次世界大战，所以我们要避免这种情况再次发生。德国和中国的相似性在于，德国不仅是崛起的经济强国，而且是军事强国，就像中国一样。如今，许多国家是经济强国，但不是军事强国，比如说印度，印度正快速发展，但它的军事力量并不强大。中国是个军事强国，有强大的军队和强大的海军。

郭台辉： 您所设立的解释模型与其他许多模型不一样，没有关注经济在国家与政权建设中的直接作用，不重视中世纪后期意大利的城市国家与现代早期荷兰的商业帝国的地位。您能否再解释一下这么做的意图？

埃特曼：《利维坦的诞生》的导论里有个很长的脚注，好像是第 13 个，提到这些地区的内部组织及其发展的轨迹与其他所有欧洲国家的发展路径是完全不同的。同样真实的是，在 18 世纪的神圣罗马帝国范围内有至少 200 个"微型国家"（midget states）和 1500 个由帝国骑士统治的自治领土，它们都具有庞大的私有庄园的特点。此外还有瑞士联邦（Swiss Confederation）和荷兰共和国，二者是联盟的实体，因为它们的主权取决于构成性的管辖区（州或省），而不是取决于一个中央政府。我想表达的是，我们做比较时应该尽量比较相同的事物，极大重视基本共性，而为了遵循这个同一的原则，我也将尽量考虑到在一个大致相似的政体即领土国家中的政治和制度变化。

第二，这也与另一个问题有关：为什么我没有把南斯拉夫包括在内？因为比较的原则是要尽可能地使事情简单化，所以我只选了基督教国家，我没选俄罗斯和东南欧，因为它们不属于西方基督教体系——匈牙利是的，波兰也是，但俄罗斯不是。[①] 波兰和匈牙利的文化是一样的，因为它们都有教堂，这促成了它们共同文化的形成；就像中国，人们虽然讲不同的方言，但是使用同样的文字，统一帝国的文字就是中国人的共同文化。虽然西方没有一个统一的帝国，但有统一的教堂，教堂使用的是拉丁语，因此拉丁语是西方的共同语言，教育使得人们讲拉丁语，或其他语言。因此我选了有同一教堂的地区，没有俄罗斯，也没有东南欧；而且我只选定地域性国家，没有考虑城邦国家。荷兰和瑞士都不是真正的地域性国家，它们像是联邦国，它们是由有主权的行政区组成的，还有一个委员会来协调国家的防御工作，更像是欧盟，而不是国家。所以我只选了地域性国家，就是蒂利说的"民族国家"（national

---

① 从宗教分布上大体说来，西欧、南欧主要信仰天主教，北欧主要信仰新教，东欧、东南欧部分国家则主要信仰东正教。埃特曼此处似乎将东正教排除出了"西方基督教体系"的覆盖范围。

state），我认为荷兰不是，所以我没选。这种选择是方法论的原因。

郭台辉：我曾访谈过 12 位历史社会学家，他们许多人都提到过您的名字，并将您的研究作为例子，部分原因是您的《利维坦的诞生》带来的学术影响，部分原因是您是我来美国做访问学者的邀请人和合作导师。在接受访谈的学者中，主要的批评来自朱莉娅·亚当斯和菲利普·戈尔斯基（Philip Gorski）。亚当斯认为，自韦伯以降的社会科学家都过分关注现代的主权国家与体制，宣扬民主制（如美国的）、官僚制（如英国的）及其相互结合的模式，并视之为现代世界的理想政体。她认为，这纯粹是一种现代主义的谎言。这种谎言忽视、污蔑、压制和掩盖了家族式政权的优势，将 16 世纪的荷兰案例束之高阁。从这个观点来看，您对国家与政权建设的研究似乎强化了这个谎言。您如何回应这种现象学的批判？

埃特曼：我的总体回应是，她并没有仔细看我的书。作为一种总体评论，学术界的动力就是这样，人们总是以某种特定的方式，把那些以前写过相关主题的人归为一类，作为文献综述进行评价，然后以此作为一种策略，注重强调自己的学术贡献。所以，亚当斯把她自己排斥于我所研究的范围之外。但如果你看到我那本著作所揭示的事实的话，就会发现，大篇幅的内容并没有讨论英格兰或不列颠，而是法国的案例，而法国的发展恰恰是以家族世袭制为主导特色的。所以，亚当斯的文章和著作发表在我那本书之后，当时我想："哦，有人也看到了我所注意到的东西，这是非常相似的。"因为我讲的所有有关法国的故事都是代理制，而家族始终在其中扮演重要角色，并且在其中把各种制度关联在一起。

法国在很长时间里都是欧洲的一个主导力量，但它对现代官僚制与民主制根本没有任何贡献。我在那本书的结论中就尽力指出了这一点，并且还说明，欧洲政权建设的路径并没有得到长足发展，以至于没有迈向民主或者官僚制的政治体制。民主或官僚制国家的发展是由不列颠国家所主导的，这是一种例外的发展。法国、西班牙与意大利是在围绕代理制而构建政权的发展方面起到更大的主导作用，它们所构建的所有制度都是用来服务于圈子内的寻租者，这就是欧洲大陆永恒的发展模式。我在书中反复强调的是，这种模式与当今欧洲以及世界的发展都关联在一起，影响深远。我们来看看当今一些国家的腐败问题，圈内人尽力制定各种有利于他们自己的法规，这就是我们在欧洲尤其是在法国所看到过的。所以，我的观点是，我们可以在不列颠看到一种完全不同的国家政权，不列颠政权最终走向成功，其他国家也尽力采纳英国的方法，但是它们的"东施效颦"并不成功。再看看现在的意大利，它依然是一个完全功能障碍的国家政权，腐败得一塌糊涂，因此并不意味着它的国家建设已经取得了成功。我在书中讲述的两个关键故事之一就是法国的家族世袭制及其对国家政权的影响。

所以，我并没有将我的观点视作与亚当斯大相径庭的观点。如果说那本书是探讨官僚制与民主制模式在现代社会的成功的话，那也只是该书的一个观点，另一部分内容所强调的却是完全不一样的。她真的不了解这一点，所以我对她这样说表示很失望。当然，我实际上从来没有见过她，本来可以当面与她交流一下的。

郭台辉：对您的第二个批评来自菲利普·戈尔斯基。在他看来，理性选择理论、现代化、工业化、城市化、理性化等理论与概念框架夸大了世俗化的力量，世俗主义是一种现代主义的意识形态，是民主国家运用军事力量鼓吹的，辅之以社会学家的话语权力，他们有意提倡宗教改革的历史意义以及宗教与政治、教会与国家的普遍联系。如果这样的话，您为何把他的《规训革命》整合到您的《利维坦的诞生》中？

埃特曼：戈尔斯基还是本科生的时候我就见过他，我很久之前就知道他所做的研究，他把宗教研究、历史研究与社会学研究结合起来关注欧洲的国家形成，对我的确很有启发。他的策略是列举一大堆不同的学者，比如我、查尔斯·蒂利，并把我们归为一类，其目的是强调他自己的研究的重要性："哦，我是独特的，他们强调战争，我强调宗教。"这种学术策略是可以理解的，但在学术著作中，这是与现实毫无关联的。毫无疑问，我们所有人都讨论到战争，因为战争是欧洲国家与社会发展中的重要因素；但是，我们对战争有着不同的研究方法，对战争的意义也有着不同的理解。我对戈尔斯基的理解并没有发生变化。我的书并不是对欧洲的总体研究，也不是尽力解释欧洲发展的每一个因素。

我关注两个特殊的问题：仅仅在17世纪或多或少是独特的政府形式是如何形成的？或接近或远离现代官僚制的行政管理体系是如何出现的？我只关注政权组织形式与行政管理体制，并不关注欧洲在经济上的成功，所以，我的回应是，我并不认为宗教有助于解释这些变量。我并不把天主教视为这种变量，也不认为新教徒在解释这两个问题上有什么作用。我对他的回应是，在德国，有天主教主导的州，有新教主导的州，也有各宗教混合的州，但它们都有着共同的文化与语言；并不是说你让所有新教州走一条道路，让天主教州走另一条道路。宗教对于理解我的问题很重要，但还不至于吸引我把这视为研究结果的重要方面。他讨论规训革命，但并不真正提供大量详细的证据来说明这将如何有效解释欧洲行政管理文化的不同发展道路。

或许，他在规训的话语与某种行政管理的出现之间建立了一种混沌的普遍联系，但他并没有在这方面做很深入的工作。尤其是在荷兰的案例中，那里加尔文宗很发达，占据主导地位，但官僚制行政管理体系根本不发达，并没有成为现时代的先锋。瑞典也一样，加尔文宗在那里也很突出。我完全赞同他的观点，认为宗教在人们生活中是一个非常重要的因素，总体上是文化的组成部分，欧洲的人们在宗教上要浪费很多时间。

郭台辉：这也就是说，您并不想改变您书中的观点，虽然您很欣赏戈尔斯基的批评。

埃特曼：是这样。我在政治科学方面受到的影响经常提醒我："你要尽力解释的是什么？"那么，你要求解释的因素以及你所界定的特定结果是不是包括宗教？我从这个问题意识出发，考察研究计划应该包括哪些自变量，比如说宗教，但这是一种非常弱联系的表述。"你要尽力解释的问题是什么？"我认为这是政治科学教给大家的一种思维方式。如果我仅仅想探讨宗教，我就可能成为一名历史学家，就可能写出一本专论17世纪荷兰宗教的著作，这样就没必要提出这个问题。但如果你是通过政治科学或者社会学来思考，你就不得不从更为具体的问题上着手解决，回答提出的问题，然后决定宗教是不是一个富有历史意义的因素。

郭台辉：您非常强调罗马帝国体制及其在中世纪的遗产对"利维坦的诞生"的影响，但许多批评家认为，您太过于强调同质性，而忽视了其他文明对欧洲文明的影响，比如蒙古帝国，也不重视文明体系之间的交互作用和现代早期殖民扩张带来的原始资本积累的影响。您能否对此批评予以回应，为何弱化这些几乎已成定论的变量？

埃特曼：我希望找到普遍情况，但这本书其实都是关于文明体系之间的区别的研究。所以，我不认为我忽略了文明之间的差异，这本书全是在解释国家之间的不同点，我试着解释了四种不同的国家。我没有关注经济，因为我认为经济上的差异不能解释不同的结果。我关注的问题是，是否有些国家比其他国家更发达：英国与瑞典同属立宪官僚制国家，但瑞典很穷，而英国很富；有些世袭国家，比如说法国就很富有，而其他国家像西班牙就不怎么富了。我没看出来经济可以解释结果，这就是我没有关注经济的原因。经济对于其他历史问题可能很重要，可是用来解释不同种类的国家就不太重要了。

郭台辉：您为什么也不讨论巴尔干半岛和土耳其呢？前者是西方文明的起源，后者则是奥斯曼帝国的延续。此外，您能否谈谈宗教改革运动对主权国家兴起的影响？因为您没有讨论这个变量，这也是为批评家所责难的。

埃特曼：这跟我上述所谈的原因是一样的，因为它在欧洲问题的范围之外，这就是原因。关于宗教改革，我觉得要是重写这本书的话，我会多写些宗教改革方面的东西。我认为这对于解释官僚体制很重要，还有些新种类的官僚制。我觉得宗教改革会使得人们更诚实，也使得引进现代专业化的官僚制更容易。你在《利维坦的诞生》译者序里例举了戈尔斯基，他批评我没有讲宗教改革。我觉得他的批评是正确的，我应该多讲些宗教改革。戈尔斯基应该出现在书开头的某个地方，你引用了他的观点。谢谢你帮我写这个长长的译者序言，虽然我看不懂你写的内容，但从你所引用这些人以及参考的文献可以看出，你的很多判断应该是很合理的。

郭台辉：**虽然您确立了一个解释现代国家建设的理论模式，但在《利维坦的诞生》一书中，你把相当一部分内容都放在英法两国的阐述上，对其他国家的论述明显少得多。这是否意味着，官僚专制主义与世袭宪政主义是两个端点的典型，其他类型只是英法的变形而已？这两个国家在欧洲整个现代国家建设中起到主导作用，决定着传统向现代的转型方向吗？**

埃特曼：我认为，我写英国和法国的篇幅较多，是因为关于它们的材料、资源和书更多，并不是因为它们是大国，因而更重要。同时我想，那两部分的篇幅更长是因为美国人和英国人都更熟悉英国和法国，也有很多研究成果。我在试着以一种新的方式来解读英国和法国，以此与既有的研究视角、方法和理论形成对照。因此我必须多写些，形成一个隐匿的学术对话。相反，他们对波兰和匈牙利知道得不多，或者根本就什么都不知道，所以我写这些写得不多。我想这就是英法两部分内容更长的原因。我是试着挑战其他作者的观点，所以我必须更多地解释自己，这就不得不占了更大的分量。

郭台辉：**好的，我认为，您的研究是集中关注 18 世纪之前的国家与政权构建。不过，我想问一个关于民族构建的问题，比如盎格鲁-撒克逊民族、法兰西民族、德意志民族，这些民族有着不同的类型。您能否解释一下国家与民族之间的联系？民族构建与国家构建在那个时候如何表现出不同的发展进程？**

埃特曼：在我看来，民族构建的差异在 19 世纪才有更重要的历史意义，所以我希望继续写一本关于十八九世纪的著作，专门讨论民族构建如何成为一个核心的、需要解释的变量。

郭台辉：**您的意思是民族构建在 18 世纪之前并不突出吗？**

埃特曼：我认为，这并不有助于解释我以前关注的两个问题，即 18 世纪之前政治体制与行政管理结构的差异。但我的确相信，民族构建有助于解释 18 世纪之后的政治结构差异。我非常想集中关注后来时期的民族构建问题。

郭台辉：您在书中非常强调法国大革命对现代西方世界的关键作用。您能否根据国家建设的逻辑，更详细地谈谈它的历史重要性？这个重要的历史事件如何影响到其他国家的政治发展？这个问题也就意味着，想请您谈谈您目前正在进行的姊妹篇《驯服利维坦：19—20 世纪西欧民主的民族国家建设》，不知这本新作何时完稿？我愿意继续帮您把它介绍给中国读者。

埃特曼：我认为法国大革命对世袭制国家，像法国、西班牙和意大利这样的绝对世袭制国家非常有意义。法国大革命清除了世袭政府和绝对专制主义，引进了现代意义上的政府制度，因此法国大革命对欧洲的这些国家来说是非常重要的。拿破仑征服了许多国家，这些国家也从他的征服中引进了先进的管理形式，而传统的治理方式从来都没有改变，没有被解除，因此法国大革命对于被法国统治的许多欧洲国家的行政现代化来说非常重要。法国大革命引出了大众参与这个问题，这就是我的新课题是关于政治参与并引出有关民族建设问题的原因。因为法国大革命后，政府说每个人都必须是法国人，每个人都必须读法文，所以法国大革命后，欧洲的两个新主题就是民族建设和政治参与。这就是我的新书所讨论的两个主题，这就是与法国大革命的联系。这本书不容易写，可能还需要几年时间，不过我也不急，不需要再急着去拿一个新的博士学位了（笑）！

郭台辉：在《利维坦的诞生》的结论中，您提到英国的官僚宪政主义体制是一种理想类型，强大的中央政府与参与式的地方政府可以互补性地结合起来。但是，在您的历史叙事中，二者之间的关系往往是矛盾冲突的，正如有些批评家指出的，您这里存在一种目的论嫌疑。不知您如何继续坚持您的观点？

埃特曼：在韦伯看来，理想类型并不意味着它非常好，非常完美。这就是说，英国最符合这样一种政治体制的模型，它既是立宪制又是官僚制。不过我对目的论不确定，我的意思是，我是只关注法国革命前的那些结果，这是事实，换种说法就是向结果看齐，我不认为这有什么问题。我关注结果，我说 1780 年欧洲有不同种类的国家，但为什么在公元 400 年只有一个帝国，而到 1780 年却有各种各样的国家形态？从一个帝国到多个国家，是怎么演变成这样的呢？这就是我的问题。他们说："哦，他关注结果，目的论意味着他只集中注意到最后的结果。"这是事实，我不否认。蒂利说我们得关注开始，向前看，不要集中看结果；而我只是用了不同的方法，我选择了结果，并试着理解是怎样得到这个结果的。

郭台辉：我来到美国之后发现您现在特别关注德国。那么，您当前的研究也是与德国相关吗？

埃特曼：我现在努力做两个不同的研究。我正在写的这本书就是关于 19—20 世纪欧洲的大范围比较的。我也想写一本更为微观的，更集中于 20 世纪二三十年代的德国，尤其是柏林，因为我一直非常关注纳粹为何走向成功这个问题，尤其是更为小范围地关注纳粹如何在柏林兴起的，这些都是案例研究，并且希望有能力以此对大范围的比较历史研究做一些补充。

三、 发展中的利维坦

郭台辉：您的同事威维克·基伯（Vivek Chibber）教授是一名非常活跃的学者，他尤其从新马克思主义的视角来关注非西方国家的政权构建问题，在学术界也声名鹊起。我与他有过几次交流，他认为欧洲的国家形成与构建议题已经研究得差不多了，而您出版的《利维坦的诞生》标志着您是欧洲国家形成研究领域的终结者，未来的年轻学者没有必要再浪费时间去研究了，而应该向他学习，转向非西方的广阔天空。这是因为，20 世纪 60—90 年代，历史与社会科学领域出版了大量关于欧洲

国家政权建设的论著，关于西欧国家的研究更是汗牛充栋，再也没有什么新东西可以讨论的了。而且，在 2000 年之后，这个领域的学术关注浪潮正在转向不发达或者发展中国家与地区。您是否赞同这种观点？如果不赞同，您认为欧洲国家形成研究领域中未来还有哪些值得关注的东西？

埃特曼：我觉得，未来的欧洲国家建设研究如果要给当今世界带来启示的话，应该主要有两个不同的来源。一个是史学家大量关注中世纪、19 世纪与 20 世纪的欧洲国家政权，而历史社会学家们需要依赖历史学家所做的工作。历史学家们，尤其是英国、美国、德国与法国的历史学家们，都连续不断出版大量的著述，不断改变我们对欧洲不同时期的历史与制度的理解。所以，对欧洲国家政权建设有兴趣的历史社会学家们需要熟悉历史学家们正在关注的议题，跟踪他们的研究，这个领域绝不可能一直保持停滞不前。如果历史社会学家没有阅读历史文献，那就根本没有任何意义。他们不得不看历史学家们的研究，才可能意识到历史社会学家们运用的许多假设是否以及如何存在问题。所以，这就是我认为的学术增长点的第一个来源。

但我完全同意，学术增长的另一个来源是需要研究世界其他地方的国家建设与国家发展问题。学术界已经有了很多比较研究的著作，有更多来自世界其他地方的著作帮助我们理解欧洲的发展，比如许田波（Victoria Tin-bor Hui），她的博士论文即第一本著作就是比较中国与欧洲的国家建设问题的，很有名。[1] 我希望未来有更多的学者运用非欧洲的语言和知识来关注这方面的研究。这就是我继续研究马克斯·韦伯的原因，因为他一直在做比较研究。他专门为中国问题写过一本非常具有挑战性的著作《儒教与道教》[2]，也写过一本讨论印度宗教问题的书[3]。如果你回归学术领域就会发现，韦伯尽力运用那些从其他非欧洲的古老

---

[1]　Victoria Tin-bor Hui, *War and State Formation in Ancient China and Early Modern Europe*, New York: Cambridge University Press, 2005；中文版参见许田波：《战争与国家形成：春秋战国与近代早期欧洲之比较》，徐进译，上海人民出版社 2009 年版。

[2]　马克斯·韦伯：《儒教与道教》，王容芬译，商务印书馆 1999 年版。

[3]　马克斯·韦伯：《印度的宗教：印度教与佛教》，康乐、简惠美译，广西师范大学出版社 2005 年版。

大国得来的启发来反观欧洲是如何运转的。自从马克斯·韦伯以来没有人真正做到这一点。但我认为，现在这将变得越来越可能了。有很多学者懂得东亚语系、欧洲语系与印度语系，比较研究在未来将是一个很大的领域。

还有很大研究潜力的是拉丁美洲与欧洲的比较，但这方面并没有很多人关注。其中原因之一是，许多学者只通晓自己的语言与英语，不懂得其他国家的语言，这是最大的麻烦——如果要做比较研究，就得阅读其他语言的出版物。

郭台辉：所以语言是非常重要的，是第一位的。说到语言问题，我想补充几个问题。在中国，我们用汉语非常难以区分国家建设理论与历史领域的许多概念，比如 national state、nation state、nation-state、state-building、nation-building、nation-state building 等。这些词在英语中是很好区分的，典型的例子是安东尼·吉登斯的《民族-国家与暴力》（*Nation-State and Violence*）与查尔斯·蒂利的《西欧民族国家的形成》（*The Formation of National States in Western Europe*）。但在将这些词汇转换成汉语的过程中，我们就遭遇到很大的麻烦，您能否非常确切地区分这几个相关的概念？

埃特曼：我可以试着解释一下。首先，state-building（国家建设）和 nation-building（民族建设）中间有没有连字符都一样，换言之，分开写或是用连字符连起来意思是一样的，只是两种不同的写法而已。国家建设指的是在一定范围内建立国家，包括政府、法庭和法律体系、金融体系。但是民族建设有两种不同的方式。

一种是，在某个地方首先有人长期存在，使用同一种语言和宗教信仰，但并没有形成自己的国家；后来，人们由于某种原因而建立自己的国家。比如说波兰人民，以前是没有波兰这个国家的。而法国则不同，因为法国是先有国家建设的，法国幅员较广，在法国有讲法语的人，但也有很多人说其他语言，包括英语、德语、西班牙语、拉丁语等，而政府则说我们要使每个人都讲法语，否则三个等级的代表在议会中怎么进行辩论和决策呢？越来越集权的国王也认为，统一语言才有利于他政令畅通。怎样才能做到这一点呢？每个人在学校里接受教育时必须讲法语，在军队都得讲法语。这就是民族建设，通过迫使这个国家里的每个人都讲法语，从语言上把他们都变成法国人。

当然，有些民族只讲同一语言，但是没有国家。民族建设就是使得居住在某个政权国家所管辖领土范围内的所有人共享同一种主流文化，语言是一种文化的主要象征。还有一些情况，例如波兰这样的新国家，在 1918 年前不存在，1918 年才建立国家，而且每个人都讲波兰语。这样就建立了一个没有文化边界的国家，因为所有人原本早就已经讲同一种语言了，所以政府就不必要迫使所有人讲波兰语。

另一种情况是先有国家建设，然后才通过学校、军队来建设民族。比如匈牙利，在刚建立国家之初同意各地方自愿使用自己的官方语言，但不久之后发现在全国议会中根本无法相互理解，反而因为语言相互误解而引发中央与地方以及地方与地方之间的矛盾，中央政府不得不把首都布达佩斯的地方方言作为官方语言，并统一匈牙利语。尤金·韦伯（Eugen Weber）写了一本著名的书叫《转变成法国人的农民：法国农村的现代化》[1]，就是讲述农民怎样变成法国人的，这个过程是通过强迫他们去学校接受法语教育来完成的。

中国也属于第二种情况。例如上海人在家里面讲上海话，但他们得去上学，不得不学普通话。现在中国几乎所有人都讲普通话，他们要看中文写中文。就是通过这样方式，中国各地的人成了政治国家意义上的中国人。但也有些语言中心主义者对此说不。再举一个非常滑稽的例子。纽约很多华人，我曾经乘出租车到唐人街，司机是广东籍，他对当地其他来自广东的人讲汉语，但对方摇摇头说听不懂，而且反问道："你为什么不讲中文呢？"这就奇怪了，来自中国同一个地区的人都无法用同一种相互理解的母语来交流。这种情况很多，纽约很多来自广东地区的中国人很容易用英语沟通，但却根本听不懂母语，有些能听懂或者用汉语表达，但无法阅读和写作。这也说明中国的民族建设还有一段很长的路要走。

----

① Eugen Weber, *Peasants into Frenchmen: The Modernization of Rural France, 1870-1914*, Stanford, CA.: Stanford University Press, 1976.

郭台辉：中国的情况是很不一样的，可能比您想象的要复杂得多。比如说，我直到考进大学才开始讲普通话，在此前十几年的基础教育阶段，与老师和同学都只会用地方方言进行交流。而且，在南方有些地方，甚至每个村庄的方言都不一样，生活在一个省的不同县之间的人们很难用同一种方言进行交流，人们不得不主动学习讲普通话。所以学习普通话往往不是来自外在的压力，而是言说者自己在迁徙过程中为了融入和交流，主动弱化本土方言，而接受另一种更为普遍性的语言的结果。当然，在南方，像我这样能讲四五种方言的人还挺不少。

埃特曼：你补充得很好，这让我对中国的民族建设有了新的理解，这就是国家建设和民族建设的区别。在西方的国家建设意义上来说，在单一民族国家里，每个人都讲同一种语言。也有非单一民族国家，人们讲不同的语言，在这种情况下，政府通常就会力图使它成为单一民族的国家。在西方的政治学里我们讲，如果一个国家不是单一的民族国家就会有问题。因为人们会说我们不想成为你们国家的一部分，我们要独立，建立自己的国家，每个人都同样讲自己的语言。这就是东方政治学与西方政治学的不同。与民族建设不同的是，国家建设包括边界的建立，保护国家免遭敌人侵略，还有法院和军队的建立。欧洲很长一段时间以来都只有国家建设，几乎没有民族建设，没有迫使人民讲同一种语言。比如说德国，200 年前人们讲各种不同的语言，只是到现在，由于学校和电视的普及，人们终于都讲同种语言了。

再比如说在印度尼西亚，几百年前的人们并不是讲统一的语言，他们讲自己各岛屿上世世代代口传的语言，甚至是没有文字的语言。现在有了电视，印度尼西亚人去学校学习，所以这个国家现在成了一个单一的民族国家。再比如那不勒斯市——中国跟它有很大关系——是一个很大的港口城市，那不勒斯人不讲意大利语，其他意大利人听不懂他们讲的语言，就像你听不懂上海话，如果你不是住在那儿的话。如今的中国在严格意义上依然不是完完全全的单一民族国家，仍然有人讲其他语言。这就是主要的区别。蒂利在 20 世纪 60 年代就使用过 national state，其意思指的就是地域性的国家。现在，在国家建设理论与历史研究中没有人再运用这个词了。因为这词令人很困惑，也会误导人。蒂利说，我们有类似于威尼斯或佛罗伦萨这样小的城邦国家，又如新加坡，也不是大的地域性国家。

简言之，国家建设和民族建设的区别很重要，但是有没有连字符没关系。此外，nation state building（单一民族国家建设）跟 nation building（民族建设）是一样的，都是指国家与中央政府力图使每个人都接受同样的语言和文化。

郭台辉：您《利维坦的诞生》一开篇就提出了政治学中的一个核心问题："在社会和经济快速变动的情境下，在国家一体化程度往往脆弱的境况下，如何才能建立起一种稳定而合法的政府？如何才能建立起一种公正而有效的公共管理体系和财政管理体系？"这个问题对于我们发展中国家来说是最为根本而紧迫的。塞缪尔·亨廷顿在他著名的《变化社会中的政治秩序》[①] 中专门论述第三世界国家的这个问题，所不同的是你把这个问题追溯到现代早期，希望发展中国家能吸取历史教训。然而，正如您所强调的那样，地缘政治压力与时间安排是非常必要的变量，而第三世界的国家建设的外在环境又大大不同于现代早期。那么这些后发国家的政府如何从西方国家的历史中吸取教训呢？

埃特曼：的确是这样。过去情况不同，欧洲的中世纪没有模式和经验可以学习。现在却有很多模式。独立出来的国家成了新的国家，它们有官僚体制的模式、税制的模式、军队的模式，它们可以引进所有这些东西。但是我觉得我书中的某些部分更具历史性，大概有两三节，其中有些跟你的其他问题有关，有一节跟腐败问题和寻租行为的问题有关，关系到许多发展中国家的腐败寻租问题；欧洲也存在着一些问题，通过收税，国家聚集了大量钱财，然后就会有人说"我想要点那些钱"，因此他们就会设法接近、得到国家的钱，给自己家用。怎样才能使国家更廉洁呢？

对此欧洲有两个模式。一个是英国模式，就是通过许多人来监督政府的所做所为。英国有议会，有立法机关。譬如海军对英国来说非常重

---

① 塞缪尔·亨廷顿：《变化社会中的政治秩序》，王冠华等译，上海人民出版社 2008 年版。

要，当有人卖东西给海军时，立法机关就会确保海军部门没有私吞国家的钱；议会也会调查；英国还有个委员会监督海军；海军还会把钱投到金融市场，以此赚钱，因此伦敦证券交易所的人也会监督海军。他们说，我们想知道海军是否会偿还我们。英国还有金融方面的报纸杂志，人们会在上面发表关于公司、政府的文章。因此有许许多多不同的人在进行监督，不仅仅是议会，还有新闻界和投资者都在监督，看他们是否廉洁，因为他们想要回他们的钱。

这是一种模式，有点像现在的美国。美国有国会，有新闻报业，有电视在监督。如果发现有人腐败，你就会打电话给报社说，我知道有人私吞公款的情报，他们就会把它刊登出来。你知道美国最大的能源公司康菲石油吗？这个公司私吞了钱，后来被曝光了，政府对此进行了调查。

普鲁士有另一种不同的体系。普鲁士是专制国家，有国王，却没有报纸，也没有金融市场，只有严厉的刑法。如果有人被抓，他会受到严酷的惩罚。这是个更专制的体系，但它不仅仅是专制、严酷而已，还力图把官员训练得具有更高道德自觉性，说"我是普鲁士公务员，我是廉洁的；如果要为国家服务，我就必须廉洁"。这是通过某种意识形态来训练人们的廉洁意识，通过某种组织形态来进行严酷的刑罚以避免腐败。我认为较大、较复杂的社会需要更多不同的监控方式。

在欧洲，为了避免那些有机会接近公款的人腐败，他们就必须有较高的薪酬，这很重要。反例如墨西哥的警察工资很低，因此那些警察都腐败贪污。如果你在大街上开车太快，他们会拦下你，说你得付钱，要不就拘留你。如果有更高的工资的话，警察就不会这么做。在政府工作的人有较高的薪酬是很重要的，这样他们就不会贪污了。当然，立法机关、新闻界和金融市场也很重要，它们都可以监督和监控，我想这比严酷的刑罚更好。中国也存在这个问题，中国政府有各种各样的监督方法，有严酷的刑罚，也有金融报纸杂志；就拿公司来说，金融报刊对它们是很重要的。公司最好上市，因为在股票市场上，人们会监督公司是否廉洁；因此就需要有好的金融报纸杂志来写这些公司，来卖股票。

中国有些企业完完全全是国有企业，这可能存在一些风险，因为国有企业的人会认为没有人在监督他们，于是就会中饱私囊。通常私企会更诚实，因为他们更担心股票市场的人和金融报记者会发现他们做的事情。我想欧洲也一样，国企不是一个好东西。把公司私有化，并由国家调控会更好。国有企业通常是一种腐败的源头，在欧洲也是。在中国，政府不关心私有公司，他们关心的是国有企业，中国有太多国企了，而太多的人可能没好好经营公司。我想从欧洲得到的一个教训就是，要有不同的方式来进行监督，才能确保没有寻租行为；另一个教训就是，如果想施行民主，加强民众参与，必须从地方政府开始做起，这很重要。

我知道在中国已经有地方政府选举了，我觉得这很好。英国从地方政府开始，后来才有高层的民众参与。有很多国家是从上层开始，他们试图从高层就引进民主，而地方的人民并没有政治参与的经验，结果并没有达到效果，而导致政局动荡不安。最好是地方政府拥有更多的权力，这样就可以征收到更多的赋税用来进行地方建设。这样，当地人就会选举管理他们地方的人，他们了解地方政府官员是怎样的人。因此我觉得，发展中国家要从发达国家吸取的另一个教训是要从地方参与开始。

郭台辉：现代世界是由少数几个发达国家主导的民族国家体系，发展中国家的精英与民众不得不选择革命的道路来实现独立和走向现代化。这也就正如您所言，发展中国家不得不在一种非常狭小的政治空间中做出选择。既然如此，强势的中央政府如何才能受到制约和监督呢？在你的理论模型中，外部的战争和威胁是国家建设的关键要素，但是，在如今的发展中国家，推动国家建设的力量来自市场经济和社会底层。所以，您对国家建设的理论结论和经验判断是否依然有效？

埃特曼：监督中央政府有很多方法，正如我在《利维坦的诞生》一书讨论英国那一章中讲到的，再强有力的中央政府也有办法监督。第一个方法是组织能召开常规会议的立法委员会，但这并不是唯一的方式。十七八世纪的英国的例子可以比照当今中国。在 17 世纪后期，英国是在一个由法国、哈布斯堡王朝、西班牙与荷兰所支配的世界中不断上升的一股重要力量，它在经济上非常活跃，到 18 世纪后期，英国进而成为经济上和军事上都强有力的帝国。与中国一样，英国有着强有力的中央政府，议会可以监督政府，反之亦然。作为调查机构的媒体是完全公开的中介，还有金融市场和参与式的地方政府都对中央政府形成了强有力的牵制和监督。就像英国的个案所表明的那样，这四种制度性监督实际上使得英国变得在经济和军事上越来越强有力。

战争是提升国家建设水平的一个因素，但我的书在更为普遍的意义上聚焦于地缘政治的竞争。国家建设可以采取和平的政治竞争和经济竞争的形式，而不仅仅依赖于武力冲突；此外，另一个提升国家建设的重要因素是国内各种不同的制度体系之间的竞争，就像中央政府与地方政府之间的竞争那样。

郭台辉：学术界越来越关注中国自晚清以来的国家建设进程，但目前既有的理论发现和方法论有着很大争议，至今仍没有多少具有说服力的解释模式。您是否关注过中国的国家建设议题？如果我着手思考这个难以驾驭的工程，您在理论与方法上能否提供一些建议？

埃特曼：我一直都对中国的国家建设议题比较感兴趣。我觉得中国研究中有两个有趣的比较，其中之一是历史比较。许田波的书《战争与国家形成》值得人们的重视，她比较了欧洲和中国的国家建设，但是，她只是讨论远古的先秦时代。我认为，弄明白中国跟欧洲怎样不同是很重要的，要明白这个就要有人知道先秦时代的中国、帝国时代的中国与欧洲——比如马克思·韦伯就是如此，他是一位非常伟大的人物，写过帝国时代的中国是如何不同于欧洲的。我也正在做类似韦伯的努力，收集有关中国的资料。我觉得韦伯的《儒教与道教》很重要，这本书不仅仅局限于宗教研究，他还写了中国的各个方面。我想，对当代的中国来说，以其他国家为鉴是非常重要的。

中国是社会主义国家，并且在过去30多年里有很大的变化。中国应该以苏联、东德为戒，我想中国从这些国家中可以得到些启示。当然不一定非得是社会主义国家，只有一个政党的国家也可以比较，还有像新加坡、朝鲜和日本这样的国家，都非常有趣。我想这些比较对中国是有意义的。对中国来说，日本显然是个有趣的实例。我不知道有多少中国人了解苏联或东德，这些国家也很重要，中国的经济发展比这些国家好多了。还有像波兰和捷克这些国家，它们的政治体系非常好，你可以了解这些国家建设的历史进程，也可以找譬如其他国家的专家合作，那会很有趣的。

郭台辉：我非常赞同您在《利维坦的诞生》的结论中有关路径依赖的观点，诸如世袭传统及寻租行为的新形式、地方政府寡头化等问题。我认为，这一点最适合分析当代中国的社会政治问题。在这方面，除了在书中提到的几点之外，您是否还有什么新的发现？或者更详细地谈谈您既有的主张，毕竟这本书已经出版十年之久了。

埃特曼：我想我的结论是从欧洲民主化问题中得出的。欧洲有些国家的民主化道路比较平坦，这些国家的选举更公平公正，虽然有时候只是局限于地方选举。在国家进入现代民主制轨道之前，民众越是参与选举，这个国家的民主制就越稳固。因为我觉得，一夜之间引入的民主制度通常都是很危险的。人们还不习惯参与，这样就会引来灾难。你看德国，他们引进了民主制，输了第一次世界大战；他们引进民主制，民主制轰然崩溃，又选出了希特勒，最终食得恶果。相反，英国就练习了很长时间，直到最后才引入民主制。因此，我想这会是个切实可行的建议。我想这些中国政府都知道，他们不希望有突然的社会变动。

中国政府在进入全国范围的政治参与之前，先从社区和城市开始，再到省级，逐级练习，我觉得这是正确的。

普通民众关心他们自己的城市的问题，比如说污染问题，或者学校不好，他们往往会参与其中，认为这些需要改善。我知道中国有很多富人，他们富有，因此就有权。过去美国也有这个问题。很多当地人说应该强制富人帮助其他人，因为"他们富有，我们很穷，我们需要更好的学校，他们要给更多的钱，交更多的税，来建学校之类的，能帮到市里的每个人"。如果人们看到富有的人没为城市做贡献，他们就会愤怒。我听说中国的许多富人有许多许多车和豪宅，平民百姓也会愤怒，他们说富人可以有这些东西，可是他们应该帮助别人。我觉得应该这样，我知道美国也是这样的。欧美的富人也捐了很多钱帮助城镇的建设，比如说建设博物馆。富人为纽约居民建博物馆，富人应该帮助教授，资助他们做研究，这是真的。纽约有各种各样的基金会，都是由富人建立的。我想中国也有很多富人，你也应该要这些人资助你的研究。

郭台辉：遗憾的是，中国的富人没有资助学术研究，尤其是社会科学研究的习惯，反而认为我们这些研究没有多大价值，所以我们只能依靠自己的兴趣和热情从事个性化的研究。希望中国富商的观念慢慢有所改变。在《利维坦的诞生》这本书中，您一方面非常重视财政税收改革在利维坦诞生过程中的重要性，另一方面还强调行政管理体系与参与式地方政府的重要性。不过，在中国，通过革命手段建立的新中国已成立60多年①，财政税收全部在中央政府的掌控中，尤其是土地及其全部自然资源成为执政党和国家的公共财产，而地方政府完全不是参与式的，而是隶属于中央政府的安排。另外，进入21世纪以来，中国共产党越来越强调行政管理体制改革，通过行政问责制的方式对公务员队伍施加很大的约束力，监察并处理了许多高官。您能否从国家建设的角度来评价一下这种举措、效果与趋势？进而言之，您能否根据早期国家建设的经验与教训为当前的中国政府提出一些建议？

埃特曼：我觉得这些改革都非常好。一方面中央政府有更多的责任和义务，另一方面又进行地方分权，把更多的权力下放给当地政府，我觉得这是好的。中国做了许多令人惊叹的事，全世界都钦佩中国，这是真的。中国发展如此迅速，令人觉得不可思议——这是有史以来最大的经济奇迹之一，中国过去30年的发展令人难以置信。我觉得现在政府要加强完善法制建设，这很重要的。许多人认为，我们必须要有专门的法院，如果有纠纷，就可以到法院，一切都可以得到审慎公平的处理，因此我认为法院系统的确非常重要。经济发生了很多变化，所以有时候管理经济的法律——民商法无法胜任，这样就有必要进行改变，创造各种

---

① 本访谈发生时间为 2010 年 4 月 12 日。

各样的法律制度来管理新出现的经济活动。还需要法院系统来执法，并确保有好的法官、法院依法办案。政府花了很多钱来修建新的铁路、公路，这很好。但是欧洲和美国的许多人都担心会有太多的污染，像全球变暖。欧洲开发了很多好的科技来降低污染，中国应该引进这些观念和技术，这对中国人有益。我妻子大概20世纪60年代在日本的时候，那里污染非常严重，韩国也是，这有害于人们的健康，因为人要呼吸空气。因此我觉得政府可以把更多的钱花在控制污染上，使得环境更有益于健康。

我读到许多文章说中国太多的古建筑被拆了，我觉得这不太好，因为美国也曾经发生过同样的事。纽约拆了很多古建筑，突然人们反应过来：这些古建筑都到哪去了呢？日本在战争中遭到了较大破坏，许多城市的古建筑都被拆了，只有极少的城市留有一些。我想中国之外的许多人都担心太多的古建筑被拆了，那么，当地的人可以做点什么来阻止，那就是民主参与。20世纪60年代的时候，政府和商人想把纽约的整个曼哈顿区拆掉，建高速公路。当地人不同意，他们抗议，最终阻止了政府和商人的意图。因此我想，只有当地人才可以直接参与地方的建设、保护与发展，他们根据自身的生存和生活状况可以说不。有时候商人想建高楼大厦，他们就把古建筑拆毁。正如当时席勒提到的那样，德国人想统一时不断追问："德意志在哪？"结果，他们只找到普鲁士。同样，某天你的下一代或从海外回来的中国人追问你："中国在哪？哪里是古老的中国？"结果，你无言以对，因为它不见了，与其他国家一样的只有高楼大厦。地方政府和民众为什么不阻止，为什么他们不留下点古老的中国？我觉得这是一个很严重的问题。商人唯利是图，所以他们就想建高层建筑，而把古建筑拆了，这不好。

你看看我们旁边这栋楼房，很奇怪吧。这是估计有100年的老建筑，但是我们所在的这栋楼是40年前建造的。他们并没有把老建筑全部拆了，而是留了一些，把新老建筑结合在一起，虽然不太好看，但最起码还可以看到古老的痕迹。在所有古建筑消失之前，中国政府应该重视一下这件事。我同意你提到的传统和文化非常重要。中国是有着几千年历史的文明古国，但最古老的文明不应该只是堆在博物馆的瓶瓶罐罐，而是应该体现在民间各种各样原汁原味的风土人情、建筑风格以及艺术。不能仅仅把一切都现代化，看起来就跟纽约或东京一样，应该每个地方都体现出一点中华文明古国的特色，这样对于政权建设、国家建设与民族建设都是有百利而无一害的。

第十五章　宗教改革、规训革命与国家形成

——耶鲁大学菲利普·戈尔斯基

菲利普·戈尔斯基

郭台辉与菲利普·戈尔斯基合影

菲利普·戈尔斯基（Philip Gorski）是耶鲁大学社会学系教授，1986 年获哈佛大学社会研究的硕士学位，用八年（1988—1996 年）时间攻读加州大学伯克利分校的社会学博士学位，2003 年获得威斯康星大学社会学系终身教授职位，2004 年被聘为耶鲁大学教授。戈尔斯基的研究领域包括比较历史社会学、文化/知识、方法论、政治社会学、社会运动、宗教、现代早期欧洲研究的理论与方法；他所关注的主题包括国家形成、民族主义、革命、经济发展与世俗化，尤其是政治与宗教的相互关系、社会科学的哲学与方法论、理性在社会生活中的本质与作用等。他的代表作有《美国公民宗教之兴衰》（*The Fall and Rise of American Civil Religion*，即出）、《重访新教伦理》（*The Protestant Ethic Revisited*，2011 年）、《规训革命》（*The Disciplinary Revolution*，2003 年）等，主编或合编有《布迪厄与历史分析》（*Bourdieu and Historical Analysis*，2013 年）、《热议中的后世俗》（*The Post-Secular in Question*，2012 年）、《马克斯·韦伯的〈经济与社会〉》（*Max Weber's* Economy and Society，2005 年）等。他如今已成为西方宗教社会学领域最为杰出的代表人物之一。

什么是理论？理论是否可以有普遍解释力？如何对待经验与演绎之间的争论？戈尔斯基教授对此有很令人信服的解释。在他看来，理论是一组概念或者概念集合，被用来描述世界上真实存在的东西，是世界上那些东西所拥有的各种特征以及它们可以彼此相互交往的方式。那些东西或者是个体行动者，或者是集体象征物，或者是社会阶级或社会网络。因此，理论始终只是解释工具，而不是本体论或者实在论的问题。因此，社会科学侧重于事实的归纳，不可能，也没必要发展出一种可以普遍适用的"社会本体论"理论。演绎论是指理论的理论，社会理论与科学理论普遍构成为命题，人们由此出发对预料将要发生的情况做出逻辑推演。这恰恰是社会科学家的理想主义追求，但都失败了。

笔者 2012 年 4 月 23 日赴耶鲁大学社会学系与戈尔斯基见面，并结识了他们比较研究中心的几位中国籍博士生，尤其是与徐晓宏博士进行了深入交流。戈尔斯基的知识面非常广博，他回答笔者的提问时旁征博引，条理非常清晰，表达浅显易懂，但意境很高深，语言表达能力很强，娓娓道来，非常流畅。同时，戈尔斯基慢条斯理，表现出大学问家的气质与风范，举手投足间给笔者留下一种温文尔雅、学术造诣很高的印象。可惜当时在访谈之后没有时间继续与他交流，因为似乎更忙碌的沃勒斯坦已在办公室等候多时。无论如何，笔者整个访谈项目中最为紧凑而且收获最大的一次就是耶鲁大学之行。

一、背景

郭台辉： 我从您的学术简历和《规训革命》^① 一书的前言中了解到，您在进入加州大学伯克利分校的研究生院之前，就已经花了两年时间（1986—1988 年）在德国从事一项有关绿党的课题研究。这似乎与您后来的宗教社会学和历史社会学研究都没有多大关系，您是如何从绿党研究转变到倾向于宗教的历史社会学研究的？

戈尔斯基： 这在很多方面来说都是一个机缘巧合的故事，根本不是事前设计出来，或者有意这样做的。当我进入伯克利分校的研究生院的时候，我觉得我真正的兴趣在于比较政治或者比较政治经济学，关注当代欧洲。在进入研究生院之后，我意识到这个主题主要是在政治学系做，而不是在社会学系。我对社会学情有独钟是有几个原因的。其中部分原因是，我认为社会学关注社会理论，而且在方法论层面的训练也非常严谨。所以我选修了几门课程，一门是历史社会学，另一门是宗教社会学，还有其他几门课程，都对形成我后来的兴趣起到很重要的作用。所以，我迅速意识到，许多研究都可以在历史社会学中处理，而且，我还可以在我一直比较了解的西欧领域中做研究，也可以以此处理感兴趣的问题。我也迅速意识到，历史社会学领域很少有人着重关注宗教，这在某方面来说是一个机会，虽然这更多是从一个职业生涯来考虑，因为我觉得我比学术界的许多人对这个领域的理解要更多一点。所以，这就是真正所出现的学术兴趣点转向问题，根本不是我有意追求的结果，在某种程度上来说仅仅是对环境的自我反应和调整而已。

郭台辉： 你分别在哈佛大学、加州大学伯克利分校、威斯康星大学以及耶鲁大学就读和工作过，这些名校是如何分别塑造了您独特的研究的？哪所学校对你产生主要影响？

---

① Philip Gorski, *The Disciplinary Revolution: Calvinism, Confessionalism and the Growth of State Power in Early Modern Europe*, Chicago: University of Chicago Press, 2003.

戈尔斯基：哈佛大学对于我后来的学习与研究是很重要的，我在那里的专业是社会研究，这个专业是 20 世纪 60 年代由巴林顿·摩尔和霍夫曼联合开创的，把社会理论、政治哲学和历史研究相结合起来。我认为这是一个相当有意义的结合，历史社会学确切来说就是那种结合的产物。但我认为，在那时候我真的没有意识到这一点，但实际上有相当数量的历史社会学家，比如托马斯·埃特曼（Thomas Ertman）和布鲁巴克（Rogers Brubaker）在他们学术生涯的某个时刻都受过社会研究的专业训练。当然，回顾起来，我可以看到巴林顿·摩尔和霍夫曼开创的那个专业的方式与意义，他们也实际上为包括我在内的学生间接地铺垫了观念基础。巴林顿·摩尔与霍夫曼那时候在哈佛都是相当活跃的人物。我从来没有选修过巴林顿·摩尔的课程，因为他那时候并没有上过任何正规的课程。但我选修过霍夫曼的几门课程，这个人也是非常好接近的。我记得在本科阶段就与他交流过，觉得他是非常有意思的一个人。

在加州大学伯克利分校，我认为有三个人对我影响最大：罗伯特·贝拉（Robert Bellah）、安·斯威德勒（Ann Swidler）和托马斯·布雷迪（Tom Brady），罗伯特·贝拉最终成为我博士论文的指导老师。贝拉和斯威德勒真的非常鼓励我追求历史社会学与宗教研究的结合。我认为，那时候的美国社会学中历史社会学和文化社会学两个领域最令人兴奋。所以，对宗教的关注在某方面来说是在这两个领域之间搭建桥梁。回想起来，我认为我也认识到这一点。托马斯·布雷迪那时候在伯克利分校的历史系，是研究现代早期欧洲的历史学家。他真正起到非常重要的作用，其中一部分原因是希望历史学能够对我这个社会学专业的学生有吸引力。当然，并不是所有历史学家都包容历史社会学，但他并不排斥，而是相当支持历史学与社会学的结合，而且他对我还起到重要作用的是，帮我联系到德国与荷兰专门从事宗教史研究的学者，所以他对我有着巨大影响：让我感觉到历史学对社会学的欢迎，引介我到历史学的训练中去并像历史学家那样做研究，他们与社会学家的研究路数差异很大。

离开伯克利分校之后我去了威斯康星大学。在某种意义上来说，这个地方自从我年轻的时候就对我产生着影响，因为这是一个相当有活力的主流社会学系。所以，我花了很多时间与同行们交流，包括做人口研究的、社会分层的和社会其他主题的学者，这些都是我此前没有涉猎很深的东西，因此对我有很多帮助。耶鲁大学对我来说感觉非常好，因为这里有浓厚的跨学科的文化氛围，我可以与来自法学、神学、政治学、历史学和宗教学研究等领域的专家交流。我认为当我来到这里时，我就非常喜欢这种氛围。

不好意思，在我刚 40 多岁时，就开始回顾过去又展望未来，因为我目前的地位是很有保障的，因此就要想想未来十年要做些什么研究。这里给我很大的探索与想象空间，可以找到我在其他地方不可能交流到的任何人，这是非常有价值的。

二、 理论与方法

郭台辉：亚当斯（Julia Adams）、克莱门斯（Elisabeth Clemens）和奥洛夫（Ann Orloff）划分了历史社会学的三次浪潮[①]**，您是否赞同她们的分类？您如何评价历史社会学自 20 世纪 90 年代以来在方法、理论与主题方面的主要发展？**

戈尔斯基：我认为，过去十年里我没有像亚当斯、克莱门斯和奥洛夫他们那样处于历史社会学领域的中心地位，但在我看来，最为明显的是关注帝国与帝国主义，这是主要的新主题。这与方法论的再思考结合在一起，原来把民族国家视为分析的基本单位，现在转移到其他分析单位上来，也转移到社会网络，尤其是跨越政治国家边界的跨国网络上来。我认为这是过去十年我所看到的两个最大变化。

郭台辉：理性选择理论深深改变了政治学这门学科，但似乎并没有太影响到社会学的研究。您能否评价一下个中缘由？

---

① Julia Adams, Elisabeth Clemens, Ann S. Orloff, "Introduction: Social Theory, Modernity, and the Three Waves of Historical Sociology", in Julia Adams et al. (eds.), *Remaking Modernity: Politics, History, and Sociology*, Durham, NC.: Duke University Press, 2003, pp.1-72.

　　戈尔斯基：理性选择理论没有如此成功地影响到社会学，我对此根本不觉得奇怪。我认为社会学家的基本假设与感知是相当深刻的，他们明确反对理性选择理论的基本假设，除此之外还特别厌烦新古典经济学的"理性人"假设。所以，比如说，关注个体行动者是理性选择分析的基本单位，而社会学对此的基本态度是，用涂尔干的著名概念来说就是存在"独特的现实"（realities sui generis）。所以，比如说，涂尔干著作中的群体或集体表征，马克思著作中的阶级与制度，韦伯著作中的国家，这些都是真实存在的，并不是假设出来的。社会学就是要研究真实的社会问题和社会现象，无法建立在某种假设基础上，所以，古典社会学家们笔下的这些分析单位不能简单地被视为个体决定或者由个体互动所积累起来的结果。

　　我认为，社会学如此抵制理性选择理论的另一个原因，在于社会学一直是以复杂化为基础的，反对行动理论的简单化。所以，试图把所有人类行动整合或抽象为策略性的、工具性的或者理性的行动的人，在绝大多数社会学家看来都是脑袋有问题。实际上我感觉到，在那些方面，认知心理学、脑科学以及经济学本身在更晚近的研究都证明社会学是正确的，越来越挑战那些被简单化的假设；人们通过启发式或图式的心理学（heuristics and schemas psychology）越来越认识到，人们做出的许多决策都并不必然是完全有意识的和工具性的。我认为，我们无法全方位修复理性选择理论的"理性人"假设，但却正在朝着正确的方向迈进。坦率地说，社会学在那些方面被认为很正确，而且许多晚近的研究不断强调人类的社会性行为。据此，我认为，人类及其最基本的生物构成都是对社会的深度构建，人真正区别于动物的东西常常是社会能力，最明显的是言说与语言的社会能力。这为各种各样的象征性行为与象征化提供了基础。

　　但是，比如说在情感方面，人们是不寻常的，因为每个人总是自动抒发情感。实际上，压制情感需要有意识的努力，但这往往还不够。在人们所拥有的能力中，最为深刻的之一是读懂他人的情感和感受，这通常是在一种潜意识层面上发生的。所以，我再一次认识到，社会学家们被证明正确的是，仅仅从个体最大化方面来看待人类行为的方式，在认识论层面上就是错误的。而且，在伦理上对人类也是破坏性的，人类学家再一次证明了这一点。对于不断繁荣的人类来说，人们需要与他人建立关系，需要发现外在于他们自身的目的追求。一位社会哲学家说过："人们应该做的一切是资本积累和功利最大化，这是不幸社会中的一种不幸生活。"简言之，我认为在科学上和伦理上有很多理由来解释，社会学为何如此正确地抵制理性选择理论的那些歧路。

郭台辉：您如何看待演绎论与归纳论之间的关系？金世杰在他的《回应：从社会学推理历史》[①]**中批评您的论文《演绎论的贫困》**[②]**，认为演绎论的解释无法运用到历史研究中，因此认为您的主张是不够精确和完整的，因为历史社会学的方法应该更多差异、更为复杂。他也主张，讨论归纳与演绎方法之间的差异没有意义，因为社会科学家在实践中以相互关联的方式同时运用两种方法。您能否在您的《对金世杰的简短回应》**[③]**一文的基础上谈谈您的观点？**

戈尔斯基：好的。理解理论的理论非常重要，而且，对于何为社会理论也有一种特定的理论，这就是演绎论所倚重之处。这种理论就是，社会理论与科学理论构成普遍命题，人们由此出发对预料将要发生的情况做出逻辑的推演。我认为，对于理论是什么，这是一种完全刚愎自用的理解，不但在社会科学而且在自然科学领域都是错误的。我认为，理论比这种说法有着更多层含义。所以，"理论做什么"首先是一个本体论问题，是关于世界上事实存在的理论问题。这些事实的存在往往没法直接观察到，只能通过间接的观察。这对于世界上许多物理实体来说都是显而易见的道理。比如说亚原子的粒子，我们不能直接观察到它们，只能通过精密仪器检测它们移动的轨迹才能间接观察到它们的存在。

---

① Jack Goldstone, "Response: Reasoning about History, Sociologically", *Sociological Methodology*, Vol. 34, No. 1 (2004), pp. 35-61.

② Philip Gorski, "The Poverty of Deductivism: A Constructive Realist Model of Sociological Explanation", *Sociological Methodology*, Vol. 34, No. 1 (2004), pp. 1-33.

③ Philip Gorski, "A Brief Rejoinder to Goldstone: The Varieties of Deducivism", *Sociological Methodology*, Vol. 34, No. 1 (2004), pp. 71-73.

　　当然，这对于我们在社会科学中运用的许多常识性概念来说也是正确的。你能观察到人的价值倾向吗？能观察到人的身份认同吗？能观察到一个社会群体吗？能看到一种社会制度吗？不，我们都无法直接看到，但我们相信这些东西都是真实存在的，我们认为它存在，是因为我们间接地看到它在可观察的世界里所留下的痕迹。所以，我们可以运用各种调查方法和分析策略，找到人们的立场是什么，可以访谈他们，以便尽力理解他们为何以某种方式行动；或者我们尝试找到规则的历史形成过程，尤其是某一种特殊的制度，理解它为何以及如何影响到人们的行为。所以，在人文学科与自然科学中找到这一点的最大优势就是找到之前所未知的构成实体，加深我们对事物的理解。

　　让我再给你举几个晚近的例子来说。两个非常重要的例子是"社会场"和"社会网络"的发现，虽然我们不可能直接观察到这些东西，但我们可以创造其象征物。一旦我们认识到这些东西实际上的确存在，并且在某种环境下行之有效地运行，那么，这就为我们理解事物提供了一种强有力的工具，这是我们所不难理解的。所以，如果用布迪厄的社会场理论来理解的话，我们就能明白，精英统治的社会应该对一切人开放，但不平等却是不断被再生产的；我们就能理解，诸如情感和服从的东西是以一种非常反直觉的方式，通过社会网络得以传播。这些非常有说服力的证据表明，社会网络实际上是存在的，并且应用到我们的行动当中，即使我们无法直接观察到其存在与运行。所以，这就是理论最为基础的层面。

　　我认为，金世杰正确的地方在于，演绎论对于思考特定理论的范围或者局限性是一种有用的启发式方法。我们相信斯考切波正确的地方在于，国家崩溃是一种普遍的存在，或者共同的因果机制，这是先在于社会革命的。我们可以说，还有革命的其他案例，我们也可以从中观察到诸如国家崩溃的东西吗？为什么或者为何不崩溃？有何差异？我认为演绎论在这种意义上当然是有用的。因为典型的情况是，当人们看到一种特定的模型或者某种假设无法充分传递到其他不同的背景时，他们并不会完全把理论扔到窗外，而是尝试去修正它。我认为，这是旧演绎论观点不正确的另一种方式，因为这种观点认为，理论是通过弄虚作假来推动前进的。我认为，理论作为一种普遍规则，是通过在一个既定框架下不断修正和提炼来发展的。而且，如果我们采取波普尔的建议，又因一个理论稍不适应特殊情况就立即扔掉它，这就显得非常愚蠢。

郭台辉：巴林顿·摩尔曾经批评帕森斯的"非历史的理想主义"。[①] **摩尔之后几乎所有历史社会学家都似乎倾向于经验主义，绝大多数人都研究某个特定的地理区域或历史时期。那么，当今的历史社会学是否还可能为理想主义留有空间？能否调和经验主义与理想主义之间的矛盾？**

戈尔斯基：我认为，巴林顿·摩尔批评的是"理想主义"无法逃避的因素，但我们又无法完全逃避理想主义。但关键在于，我们所指的"理想主义"是一种学术上的"经院主义"，还是一种"社会现实主义"呢？这就再一次指向本体论的问题，因为这又涉及"理论是什么"这个问题。理论是一组概念或者概念集合，被用来描述世界上真实存在的东西，是世界上那些东西所拥有的各种特征以及它们可以彼此相互交往的方式，那些东西或者是个体行动者，或者是集体象征物，或者是社会阶级或社会网络。那些的确是理论所要解决的问题，但只要卷入其中，就不可避免地存在某种理想化的程度。我认为，巴林顿·摩尔正确批评帕森斯的地方在于，社会科学不可能发展出一种可以到处应用的、普遍的"社会本体论"。之所以如此，是因为许多社会实体就其存在而言，是依赖于人类的概念和人类的行动偏好的。所以，比如说，如果没有国家的观念，国家就不是正如我们所知道的那样真实存在；而国家观念正如我们视之为一直存在的那样，并不是在人类社会普遍存在的，由此存在前国家的社会或者无国家的社会。

所以我们列举的任何东西虽然在世界上真实存在，但并不等于在所有时间所有空间中都存在，总会有一些新的东西正在形成过程中，而我们可能现在无法预料到它的存在。这种感知在"社会构建主义"那里是正确的，因为人类是世界形成的创造者，我们时刻在形成以及再形成这个世界。所以帕森斯的志向是寻找一种普遍的社会理论，这在某种意义

① Barrington Moore, "The New Scholasticism and the Study of Politics", *World Politics*, Vol. 6, No. 1 (1953), pp. 122-138.

上是基本错误的。

郭台辉：在倾向于宗教的历史社会学、宗教社会学以及宗教研究之间存在何种相似与差异？你为何认为社会学家开始对宗教重新充满兴趣？

戈尔斯基：我认为这存在三个方面的原因。其一，社会科学受到社会科学外部事物的影响。在 20 世纪 70 年代后期开始出现许多事件，把宗教带入社会学家关注的核心位置，但在此前很长一段时间都没有得到这个学科的关注。对于美国社会学来说最重要的两件事情是，70 年代后期兴起"基督教保守主义"与"道德多元主义"，尤其是 1979 年的"伊朗革命"与"伊朗人质危机"。[①] 美国绝大多数社会科学家都没有预料到，他们总是想象着我们生活在一个世俗以及世俗化的世界，宗教已经不再对美国政治产生影响，每个人都应该通过冷战冲突的镜头理解其他世界。所以这两个事件都具有巨大的冲击。

其二，社会学和其他人类科学普遍的"文化转向"使得人们更愿意接受宗教的思维方式，并且严肃对待宗教，尤其是"文化转向"意味着反对某种唯物主义和马克思主义，反对把宗教假设为一种纯粹的附带现象或者"精神的鸦片"。这与晚期涂尔干的再发现尤其结合在一起，在涂尔干后期的思想中，所有文化现象最终都表现为各种宗教形式。

其三，我要指出的最后一点原因是后现代主义的影响。后现代主义把宗教信仰的启蒙批判相对主义化了，这在世俗的学术界原本是很正常的。所以，对于启蒙运动工程的怀疑使得人们更少专断，对其他看待世界的方式更为开放和包容，他们一些人也更为严肃地对待宗教。所以这就把宗教复兴的三个原因汇集在一起了。这一点并不仅仅体现在社会学上，而是整个学术界：在英语系、德语系，甚至政治学系，耶鲁大学有越来越多的人对宗教充满兴趣。

---

① "伊朗革命"，参见第十章第一节相关脚注。"伊朗人质危机"指的是，在伊朗伊斯兰革命（即伊朗革命）之后，美国驻伊朗大使馆被占领，60 多名美国外交官与平民被扣为人质，美伊关系跌落至历史最低谷。

三、宗教改革

郭台辉：您的论文《对世俗化争论的历史化讨论》[①] 在学术界产生一定影响。在文中您提道："大多数宗教改革的史学家现在都主张，西方教会的碎片化实际上激发起教会与国家更为紧密的关系，更深刻地增强了宗教精英和宗教制度在社会政治生活所有领域的权威"，"现代早期实际上并不比中世纪时期更少世俗化"。这种对于宗教与国家关系的观点对我有着相当大的启发。然而，您并没有提供任何参考文献或注脚来论证你的观点，所以，宗教权威为何提升，社会宗教与国家的关系为何在现代早期更为紧密？

戈尔斯基：我认为，提出这一点的最直接方式是说，宗教精英与政治精英之间在这段时期有着更紧密的合作，而在宗教改革之前的天主教教会有大量的制度自主性，不受国家政权统治者的控制。罗马教会的碎片化和新教反对天主教的兴起，导致许多宗教精英从王朝的统治者、国王和城市领主那些寻求庇护，而其中只有一部分是属于政治因素，而且，这并不是唯一政治和策略性的。另一部分是，我们需要把宗教改革视为一系列推动宗教与社会改革的运动的开始，查尔斯·泰勒已经提出了这一点。[②] 改革家们需要更高强度的紧张，更迫切需要宗教形式。在中世纪的天主教体制中，教士与修道院秩序之间存在非常制度化的分割，他们被认为需要达到比任何其他人都更高的标准，而其他人并不需要达到如此高的标准。改革家总是不满意这一点。理解宗教改革的一种方式是，正如韦伯阐明的一个著名观点：这是一场运动，使得每一个人都像修道士一样生活。换言之，把宗教更多要求的标准推及所有人。

所以，这些情况怎么办呢？当然，有人并不是出自个人的说服和内在的热情来对待的。许多人，无论在哪个年龄，都只是相对公正，而并不是热情。所以，对于他们来说，改革宗教的修道士涉及创造各种不同

---

① Philip Gorski, "Historicizing the Secularization Debate: Church, State and Society in Late Medieval and Early Modern Europe, 1300-1700", *American Sociological Review*, Vol. 65, No. 1 (Feb., 2000), pp.138-167. 该文 2001 年获美国宗教科学研究学会年度最佳论文奖。

② Charles Taylor, *A Secular Age*, Cambridge, MA.: Harvard University Press, 2007; 中文版参见查尔斯·泰勒：《世俗时代》，张容南等译，上海三联书店 2016 年版。

的制度，比如，教会纪律的形式、穷人救济的形式以及社会控制的其他机制。所以，不同的东西再一次汇集在一起，但其中只有一部分是政治的因素。教会分裂了，地方和地区的宗教与世俗精英更为紧密地合作，因为他们对此有着共同的利益。一部分利益是，这两个群体的人都真正负责这场宗教改革的工程。我主张的最后一点是，存在一系列制度创新，允许对人口实施更高程度的监控与控制。所以，这就是为什么我主张，与中世纪的宗教权威相比较而言，现代早期的宗教权威有着强大得多的权力，更具有侵略性，尽管存在一种浪漫的想象，认为许多人与在中世纪一样，拥有并且不断拥有一种普遍的信仰。

　　郭台辉：在十几年前发表的《被压迫者的回归：历史社会学中的宗教与政治无意识》[①] **一文中，您并不满意历史社会学缺乏宗教维度以及宗教社会学缺乏历史维度，并指出，20 世纪 80 年代和 90 年代初，宗教依然处于历史社会学的边缘，其原因是马克思主义与现代主义大行其道。您认为如今仍然是这种状况，还是有所改变？为什么？**

　　戈尔斯基：从现在看来，研究形势实际上有所改变：在社会学与政治学领域都更关注宗教了，虽然有些比较粗糙，但毕竟是给予更多关注了。当然，这并不必然意味着人们在向后走，把宗教带入到旧的研究问题中；恰恰相反，问题本身在要求更大关注宗教的方面已经改变了。所以，我要指出几点来说明。如果我们在一系列制度和立法安排的意义方面来理解世俗主义，而且是为了在群体差异的社会里管理宗教的多元主义，那么，人们对各种不同的世俗主义就有更大的兴趣。一方面，人们非常重视由宗教激发的各种战争形式；另一方面，这些关注都是很粗糙的，但毕竟已经关注了。我认为，人们也越来越赞成宗教在各种集体与政治动员形式中发挥着重要作用，有些东西在社会学领域可能表现得更为突出，并且在政治学的最近许多研究中也反映出这一点。

---

　　① Philip Gorski, "The Return of the Repressed: Religion and the Political Unconscious of Historical Sociology", in Julia Adams et al. (eds.), *Remaking Modernity: Politics, History, and Sociology*, Durham, NC.: Duke University Press, 2003.

郭台辉：您认为世俗化并没有理性选择理论与现代化、工业化、城市化等诸多理论所描述的那么强有力。但为何所有这些理论都有意夸大世俗化的力量呢？世俗主义是一种国家所控制的意识形态，为其物质力量与其知识分子的话语力量推波助澜吗？如果是这样，作为高校教师，我们应该如何告诉我们的学生启蒙运动思想家的作用、现代科学和理性的作用、宗教改革的意义、宗教与政治之间以及教会与国家之间的普遍联系呢？

戈尔斯基：我想从经验上谈谈为何世俗化叙事是一种夸大其词。首先，美国存在很多问题，而绝大多数世俗化理论都是考察西欧、美国和加拿大。美国与其50年前一样，有着非常活跃、气势磅礴的宗教，很少存在世俗化的迹象。我并不能意料到美国将可能像我们在欧洲看到的那样进入世俗化进程，虽然预测在社会科学中总是一种危险的做法。所以，在美国这里很明显的是，现代化并不立即招致世俗化，在世界其他地方看起来似乎也不会这样。在印度、中国、巴西和非洲都有大量证据表明宗教的复兴，实际上这似乎并不与现代化对立，而是与之并肩而行。所以，人们进入大城市的运动并不是把他们从宗教中排除出去，而是把他们引入到五旬节派（Pentecostalism）或新五旬节派（Neo-Pentecostalism），或者譬如在以色列发生的新宗教形式中来。有些运动已经提出如何在现代条件下建立宗教共同体。所以，这里的底线是欧洲完全可能是那条规则的例外，与美国作为那个规则之例外是相反的。

其次，当你打开全球视野并且超越"西方"时，就可以发现只有欧洲才是看起来有点奇怪，需要一种新的解释。虽然做出预测是相当危险的，但我们可以非常有信心地说，经验现实肯定与世俗化的正统理论所解释的情况差异越来越大。即使有些人非常熟练地捍卫"正统的"世俗化理论，也要尽力建立各种模型来解释各种反其道而行之的趋势。近来这方面最有名的案例是诺里斯（Pippa Norris）和英格尔哈特（Ronald Inglehart）的著作《神圣与世俗》。[①] 他们主张，宗教复兴是由于人口增长，因为信仰宗教的人们比不信仰宗教的人供养更多小孩。他们预测，

---

① Pippa Norris, Ronald Inglehart, *Sacred and Secular: Religion and Politics Worldwide*, New York: Cambridge University Press, 2004.

一旦达到某种富足水平，就可能出现一种人口转型，并将不再存在这种差异。他们认为，在欧洲已经可以得出这种解释模式，未来将在世界其他地方得以重复。但我并没有被他们完全说服。

四、规训革命

郭台辉：在《规训革命》一书中，您认为，"规训革命"在低地国家主要来自底层，而在普鲁士却来自上层。您如何界定英国和法国宗教改革的特点？我们常常看到的文献似乎更多地是谈论英法的宗教改革。它们之间有何差异与共性？

戈尔斯基：我最有信心归纳法国的宗教改革特点。很长一段时间以来新教运动在法国非常成功，但主要集中在南部地区，虽然各地有一定差异。这是因为，南部是贵族统治，有许多贵族追随新教。而新教运动在军事与政治上被镇压，仅仅是在从"圣巴托罗缪惨案"（1572 年）到《南特敕令》的撤销（1685 年）这一段漫长时期。所以我认为，在某方面来说这是一种相当意外和偶然的结果。无论你想把那场宗教改革运动称为"自上而下"还是"自下而上"，在我看来，还可能有点是"双向运动"。正如我在书中表明的，有大量的民众追随者，一些地区甚至包括农民，这有点不太寻常。加尔文宗是一场最为典型的城市运动，但也有很多贵族追随者。假如加尔文宗成功了，就可能完全创造出另一种相当不同的国家政权模式，我们看到的法国政权就可能像后来的英国一样，是一种君主立宪政体。

英国的情况是另一种模式，但我更没有信心提供一种与众不同的明显特征，因为如今在历史编纂学领域对于"如何阐释"有很大的争论。我认为，英国的宗教改革运动有一段时期可以主要理解为一种"自下而上"的模式，是由大众运动所推动的。当然，这是埃尔顿（Geoffrey Elton）和另外一个人的观点，他们在 20 世纪 70 年代写了一本关于英国宗教改革的著作。① 还有一种趋势是把英国的宗教改革运动主要视为"自

---

① Geoffrey Elton, *Reform and Reformation: England, 1509-1558*, Cambridge, MA.: Harvard University Press, 1973.

上而下"的模式，这部分归因于英国天主教史学家的研究。他们认为不存在大众支持的宗教改革，虽然在一定程度上大众支持也能成功，但那只是因为体制性的力量把改革后的新教体制施加给不情愿的民众。我认为，这两种情况并不必然是彼此对立的，而都是正确的，但问题在于其开放性。换言之，我们是应该把它视为一种"自上而下"的修道院宗教改革，还是把它看作一种更多"自下而上"的大众运动。

郭台辉：正如您所言，"教条化范式"（confessionalization paradigm）是对现代早期的一种新阐释方式，试图把宗教改革的动力与社会政治发展的动力联系在一起。您能否谈谈这种范式？这种范式在现代早期是如何把教会构建与国家构建关联起来的，其在当今发生了什么新的变化？

戈尔斯基："教条化范式"是德国几位研究宗教改革的历史学家提出的概念和范式，始于 20 世纪 80 年代。其中有两个最重要的人物，一位名叫莱因哈德（Wolfgang Reinhard）的天主教史学家，另一位是名叫施林（Heinz Schilling）的新教史学家。"教条化"这个术语的含义在英语中并不是直接对应德语的 Konfession 概念，因为后者在德语中同时意味着一种宗教信仰和一种宗教共同体。我们用英语来表述就是《威斯敏斯特信条》（*Westminster Confession*）或者《多特信经》（*Confession of Dordt*）。可以说，这是指信条的表述，也是指我所归属的教会组织，列举出人们信仰和信奉的不同律令。在这种意义上，如果你是那个教会的成员，就可以公开承认那是正确的。英语中所没有的是德语中那种信条或信经作为一种共同体的含义。所以，在德语中有人仍然讨论存在不同的信经，但这取决于你生活在德国的哪一个地方，比如莱茵兰（Rhineland）就有天主教与新教同时聚集的地方。这里我们探讨不同的信经，就存在真正的共同体：一个村庄有可能全是天主教徒，另一个村庄可能全是新教徒，还有一个村庄可能是两种教派杂居在一起。在德国的另一个地方可能整个地区或者整个时代都是被教条化（confessionalized）了。比如，巴伐利亚州是天主教地区最好的例子，而萨克森州则是新教最典型的地方，聚集了路德教派的成员。

所以，"教条化范式"的目的是试图理解两个问题：这种分化是如何出现的？这些由不同宗教信条定义的不同教会、教派与教区是如何构建起来的？通常的解释方式体现在不同宗教运动与不同政治王朝之间的互动与竞争中，所以，在德国的宗教改革期间，不仅存在新教与天主教之间的争论，而且还有新教之间不同的版本、新教与世俗主义不同版本之间的争论，正如我们现在所说的各种宗教名称一样。比如说，"再洗礼派"（Anabaptism）就是这方面争论最典型的例子，他们的主张本质上是，"教条化"兴起于不同派系的行动者及其利益之间的竞争与互动。

如果你是一名新教改革运动的支持者，比如路德宗成员，天主教就希望抛弃你，这时你就需要找到一位政治上的庇护人。如果你是一名帝国的王室成员，就可能不愿意成为帝国的一部分，而是愿意有更多权力，而达到目的的方式就是宣称自己是一名新教徒，因为帝国只愿意保留天主教。你可以明白这些群体如何坚持从彼此的联盟中获益。所以，一旦开始出现这些不同的信条，他们彼此之间就可能存在不休的竞争。所以，比如说，加尔文宗教徒与路德宗教徒最初并没有在很多问题上达成共识，而是在很多方面有分歧。随着时间的流逝，他们开始彼此竞争，目的是尽力在彼此神学教义之间划出越来越明显的界限，也尽力在教区之间划清明显界限，禁止彼此通婚，不承认对方为共同信仰的教徒。所以"教条化"是一种范式，用于理解统一的天主教教会组织是如何开始分离的，三种相互竞争的宗教教区是如何彼此竞争和相互残杀的。

我想说明的最后一点是，这些不同的信经所共同针对的是对世俗化和世俗主义的焦虑。所以，浸礼会教徒（Baptists）、再洗礼派教徒、贵格会教徒（Quakers）、索齐尼教徒（Socinians）是损失最大的，而其他不同意见的教派形式由于各种原因，并没有寻求庇护，也没有找到他们需要用以延续的政治庇护，因此遭到主流教派和政治暴力的联手压制。

郭台辉：正如您所言，现代早期的教会构建有利于国家形成过程中的社会规训。总体而言，在欧洲国家形成过程中，天主教与新教的教会构建起到了何种不同的作用？

戈尔斯基：教会构建与国家构建之间的关系研究是一个很重要的

点。现代早期的国家并没有真正的制度和能力来规制、治理和规训其领土上的人口。这一方面是因为，国家的资源非常匮乏，人手也非常有限，即使是在18世纪初自我吹嘘得很厉害的普鲁士州，也只有三四百人的公务员队伍——普鲁士的公务员队伍从最严格意义上来说就只有这么多。所以，如此少的公务人员不足以对庞大的人口实现有效治理。另一方面，教会在那个时候已经有牧师和县郡以下的常设机构，真正全面覆盖了所有领土。所以，国家政权可以更有效地管理人口的一种方式是通过与教会联手，或者甚至把教会吸收到政权的官僚体系中。确切来说，这种教会—国家关系是如何构建起来的呢，这在不同的信经之间可能有着很大的差异。

极端的例子比较好理解。一个极端的例子是天主教。即使现代国家的政权建立起来了，但天主教会仍然继续维持一种很高程度的制度自主性，与国家政权保持相对独立，因为它有自己的官僚管理体系和领导人——教皇。他们本身不是政府官员，但有自己的经济资源和国际关系，并且仍然存在国际网络以及跨国组织。另一个极端是德国和斯堪的纳维亚半岛的路德宗，它们才是真正意义上在领土范围内的教会。国王是教会的官方首脑；牧师群体是公务员，接受官方正常的俸禄；行政长官的任命与培训在很大程度上都受到政府的控制。加尔文宗的政体在有些地方处于这两个极端之间。所以，非常典型的是，他们的集会有着相当程度的自主性，不受中央政府的管制。然而，地方精英在监管这些集会方面发挥着重要作用。所以，这些教会中有许多监管机构是宗教法庭或者教会联席会议，它们有很多不同的名字，包括来自教会本身的许多外行的民众，但并不是由牧师进行统一的管理，更不是由中央政府完全控制。所以，这是一个去中心化的联邦体制。

五、国家形成

郭台辉：随着国家形成理论的浪潮兴起，许多相关的著作被翻译成中文，但是对于中国学生来说有几个难以辨析的概念或术语，比如 national state、nation state、nation-state、nation-building、nation-state

building、state building/formation/making 等等。似乎不同的作者有一些个人随意的偏好，但不同概念又似乎有着特定含义。您能否告诉我们如何更合理地理解以及应用这些概念？这些概念在多大程度上是不一样的？

戈尔斯基：这一部分是翻译的问题，德语翻译成英语本身就很容易出问题，因为国家塑造（state-making）、国家构建（state-building）或国家形成（state-formation）在理论上真正起源于 19 世纪后期德国历史学派的著作，显然，马克斯·韦伯是这方面的最后一个代表。德语术语中有国家构建（Staatenbildung 或 Staatsbildung），而"构建"（Bildung）听起来很像英语中的那个 building。这显然是翻译过来的，但并不必然是很好的翻译。这个词表明更有目的性或者更有意图，人们在字面上可以"构建"一个国家，就像你要造一栋房子一样，得先要有图纸，然后简单决定建造一个国家，这显然不是德语术语所真正表达的意思。对于德语术语的更好对译词应该是"形成"（formation），或者在个人意义上来说是"养成"。我们在谈论一个人 Bildung，就等于说这个人受教育、经历某种文化形成过程，所以，这也有一种好像是文明或集体培育的形式的感觉，但在翻译为"国家构建"或者"国家塑造"的过程中，就完全失去了这些含义，反而有了很强的主观意图与目的性。所以，我认为这里所讨论的是，不同的翻译背后隐藏着一个理论争论问题。

有些人，诸如查尔斯·蒂利有时候所做的那样，认为国家是保护性的讹诈，是组织性犯罪的形式。而国家构建者仅仅只是追逐权力和利益最大化的个体组合，他们开始创造这些制度，目的是允许他们控制人们并且抽取资源。这是一种非常愤世嫉俗的观点。在某些方面来说，蒂利试图拒绝德国传统的观点：不是把"国家构建"或者"国家形成"视为一种规范的积极过程，最起码是一种进步的发展。所以，在更老一代的德国历史学派中，国家的发展被视为一种非常积极的东西，并不是一种组织犯罪或者保护性掠夺的形式，而是人们意志最高程度的表达。当人们构建国家时，就是通过国家政权来充分实现其作为人的本性。所以在这个方面来说可以表明，"历史学派"应该感谢黑格尔，尤其是黑格尔的历史理论，因为黑格尔在《法哲学原理》中把国家视为人们意志以及人之特性的最高表现，在某种意义上是作为文明的最高成就。

所以，这种翻译背后的文化与政治关系问题非常难以解决。在这些不同的术语与翻译背后存在的不但是理论争论，而且是关于国家问题的哲学与伦理学争论。

郭台辉：那么，我们如何可能在不同文化与传统之间交流思想？

戈尔斯基：这当然是社会科学的一个基本难题，我不知道是否能有办法解决。当然，在某种意义上来说，中国的国家构建者不得不最令人叹服的——第一次构建起超大规模的现代领土国家，就像很久以前在世界上其他地方存在的其他穿欧汀模式一样。但是，在"国家是什么"这个假设上，如果是用"国家"（state）与"国家构建"（state-building）这样的表达方式，似乎有些无意识地夹带了以欧洲经验为基础的模板。这对于中国国家形成过程和经历来说是否不够准确呢？

我认为，除了敏锐地关注这个问题外，似乎没有什么方法可以用。我们或许能做的一点是考察概念史本身以及人们使用的术语本身，比如国家、政体或政治共同体，尽力去理解那些术语或概念与其所针对的真实制度实践在事实上是什么关系。我认为，随着讨论中国国家构建的文献越来越多、越来越复杂，随着美国和西欧国家的人们越来越意识到文化之间翻译与交流的差异性，而且，对此有着越来越广博的知识，就可以基本上改变理解西方国家构建或者西方国家形成的方式。这也让我们更为关注知识上的某些盲点，让我们以前没有理解的东西更为独特、不寻常和更为重要。

郭台辉：如果现代早期的教会构建与国家构建有着紧密联系，那么教会构建与民族构建的关系在同一时期表现如何？教会构建是否有助于第一波民族主义浪潮的形成，以至于这股浪潮在19世纪挑战了世界主义？而且，能否谈谈当前这股自20世纪90年代以来的民族主义浪潮，其背后是否隐藏着宗教复兴的因素，但似乎又不同于19世纪的民族主义浪潮？

戈尔斯基：在西方基督教文明史上，宗教与民族主义一直有着非常紧密的联系。我认为民族主义观念背后实际上有着宗教根源。所以，如果你想研究现代的民族主义意识形态，那么它的主要假设是什么呢？这个主要假设是，有不同的民族，那些民族有着自己的家园，应该有能力管理自己的家园。但这种观念从何而来呢？我认为实际上就是来自《圣经·旧约》，来自古代以色列的传说故事。确切来说，这是他们渴望和追求的东西，是上帝早已给他们承诺的。上帝许诺他们有一个家园，他们有自己的民族，有能力自我管理。这就是他们被埃及人送过去的原因。通过这个故事，我认为西方民族主义得到第一次想象。

从表面上来说，欧洲没有哪一个民族是被想象成为一个被上帝选择的民族，但都是作为新的以色列，他们都自认为是新的以色列人，并且都在创造新的耶路撒冷。但这对于美国很多人来说依然是真的，在某种意义上他们把美国想象成一个被选择的国家，是上帝恩赐或者偏爱的国家，这就是美国"例外主义"的教条。这是一个非常古老的观念。

至于宗教改革在这个过程中起到什么作用，这时候发生了几件事情。其一，印刷技术的更新和报纸媒体的发展，提高了人们的识字率，从而更加强调《圣经》的阅读。这意味着人们对这些宗教本身的历史比以前更为了解——不仅仅是知识阶层，而且普通民众也增长了很多见识。其二，这相应意味着，这些《圣经》里的故事可以用来有效动员民众。所以，这是我们在宗教改革期间可以看到的情况：这种被上帝选择的语言和被上帝选择的民族的意识就增强了，而且是全面的大规模复兴。其三，我要说的最后一个方面是，"教条化"过程意味着民族在某些方面的确成为与以前相比大为不同的存在。也就是说，特定的民族国家的确真正成为与此前的国家形态截然不同的国家，因为真正出现了一种文明的进程，教会与国家之间的结盟真正使得法国人成为真正的法国人，德国人成为真正的德国人。这个文明的进程在 17 世纪并没有终结。所以，我的意思是，"民族差异"的概念在这段时期变得更为行之有效，也更为真实，虽然这有点不同于 19 世纪的民族主义动员。

所以，出现的一部分情况是，这个时期兴起了一股新的民族主义观念，但这更多归结为法国革命和浪漫主义，那时候的人们并不是同样有那种"被上帝选择"的意识，而是共享着一种文化、一种语言和使他们成为一个民族的血统。所以，民族认同的来源虽然不再在人民"被选择"这种富有丰富含义的意义上来界定，但人们依然需要享有同一个家园，仍然需要自我管理，这种意识与此前具有连贯性。

换言之，在理解"是什么使一个民族成为民族"的问题上存在一个变化，但没有变化的问题是"正式的民族特性意味着什么"。正式的民族特性仍然意味着共享一个家园，拥有一个国家政权。这与当代的民族主义运动有何关系呢？有趣的是，我认为在当代的民族主义运动中，宗教因素起到的作用比以前更大，仅仅是因为世俗的意识形态需要与宗教的意识形态进行更为强烈的竞争，我认为这一点在民族主义和民族主义动员领域是确凿无疑的。当然，有人从这种角度来考察美国。许多人认为，美国是由一个基督教民族构成的；如果你看南亚，很多民族主义的争论与国内冲突都是围绕不同的宗教群体而展开，诸如佛教与印度教之间、印度教与伊斯兰教之间，所有都是从他们自己的宗教和信仰方面来竞相界定民族。所以，近年来宗教重新以一种陌生的方式注入民族主义的观念中。

郭台辉：当宗教在全球化的蔓延与民族主义在地方化的发展变得越来越强势的时候，您如何看待国家构建在当今全球化时代的未来？

戈尔斯基：这是一个大问题。一方面，经济变得越来越具有流动性和全球性，以至于有些人认为国家再也没有什么作用了，或者国家政权再也无法真正规范经济，不能真正保护人们不受市场力量的影响。另一方面，如果你要抛弃国家，那么其替代性方案是什么呢？什么有可能作为一种平衡全球经济行动者的力量而发挥作用呢？但是，创造出更大规模、更强有力的国家，当然的确侵犯了地方的自主性，破坏了地方的自我治理。这导致人们对选举政治愤愤不平。所以，我不知道该怎么办，我无法确定未来的解决办法是什么。我认为只有把这个问题留给政治哲学家来解决。

郭台辉：我把《利维坦的诞生》一书翻译为中文①之后，作者托马斯·埃特曼（Thomas Ertman）邀请我到纽约大学社会学系做访问学者。我发现您对该书给予很高的评价，但批评他缺乏关注宗教对欧洲国家构建的影响。埃特曼告诉我，他完全接受您的批评。他的解释模式是绝对主义的政权体制与官僚的国家机器二分并且再结合，变成四种国家形成的历史形态，这很有吸引力，而您的批评又很正确。所以，仅从德国的案例而言，您的"规训革命"模式是否可以与他的国家形成模式整合起来？我们如何才能够得到一个完整的、不偏狭的"利维坦"，其宗教与世俗属性以及两种力量能够平衡？

戈尔斯基：这显然是一个相当大的课题，我认为这需要一本完整的书才能把这些东西完全整合起来。埃特曼提出的许多观点都是正确的，而且非常正确地强调了国家形成早期阶段的制度遗产；而且，强调代议制度的独特重要性显然是完全有必要的，国家之间的相互竞争当然也是其中的关键因素之一。在这段时期，欧洲的一个独特之处在于，存在这种旷日持久的地缘政治竞争。回顾一下，我认为，如果我要重写自己的著作，或者重新思考埃特曼的著作，或者尽力把二者整合起来，我们可能真正需要做的事情就是更加关注王朝统治。我没有充分注意到这个问题，的确是我书中出现的最大失误。在我这边来说，一个主要的趋势是建立一个官僚制的领土国家模式，但必须回溯到一个前现代的背景中去，因为那时候的国家基本上是以王朝为单位。确切来说，这个解释模式看起来像什么呢？我不知道，但的确会不同于我之前的解释。

这也要说到我对查尔斯·蒂利的批评。从历史上来说，是什么导致领土的巩固呢？查尔斯·蒂利在他的几篇文章中开始讨论这个问题，他说，公元 1400 年存在几百个国家政权，三四百年之后只剩下了 18 个或 20 个左右，推动着国家政权消逝的是军事竞争与战争。但他那句经典的

---

① Thomas Ertman, *Birth of the Leviathan: Building States and Regimes in Medieval and Early Modern Europe*, New York: Cambridge University Press, 1997; 中文版参见托马斯·埃特曼：《利维坦的诞生：中世纪及现代早期欧洲的国家与政权建设》，郭台辉译，上海人民出版社 2010 年版。

名言"战争形成国家，国家形成战争"（war made the state，and the state made war）① 却是不正确的。如果真正考察主要国家政权的历史，你就会发现，国家政权的成长主要是通过王朝继承的方式，并不是直接通过战争征服和军事竞争，消亡的许多国家实际上都是微小型的。当然，在启蒙运动以及之后的时期存在地缘政治的竞争，但此前著名的是，腓特烈大帝对西里西亚的征服，波兰从奥地利、普鲁士和俄国中分离出来，这些都是国家消亡的案例，但并不仅仅是领土巩固实际上如何发挥作用的问题。

欧洲为何出现这种情况，为何在许多其他地方并没有出现呢？我的观点是，这涉及很多在 10—11 世纪就开始良好运行的一系列制度，而最为重要的是一夫一妻的婚姻制度、长子继承制和妇女财产权制度。这些制度为何发挥作用？首要的考虑是，如果没有一夫一妻的婚姻制度，就会出现相互竞争的母亲，她们有许多相互竞争的儿子。接着，如果没有出现长子继承制，即使一个母亲有三个儿子，也依然存在竞争。解决这些问题最为典型的办法是，要不在诸多儿子中分割继承权，要不就是在父亲去世之后通过儿子之间的冲突而出现意外后果。所有这些情况产生的最终结果都是一样的，导致领土的碎片化，被分割为越来越小的地理单位。

确切来说，这是公元 1000 年左右的时候欧洲整体的状况，而蒂利就是依照惯例，从这里开始他的分析。但那个时代的国王都费尽心机，要建立几个大规模的帝国，最著名的就是加洛林王朝。这个帝国是怎么分崩离析的呢？之所以瓦解，是因为加洛林皇帝把帝国分割给几个儿子，儿子又把领土进一步分割给他们自己的儿子。这样，随着领土面积越来越小，资源越来越少，就开始出现频繁战争和军事竞争。这并不是什么不正常的现象，世界上很多地方都是只有部分继承权，但那是源于一夫多妻制。临时的帝国构建者有着相似的循环，然后帝国瓦解了，并且继承人之间互相残杀，或者是来自竞争者的攻击，或者是虎视眈眈的外敌

---

① Charles Tilly, "Reflections on the History of European State-Making", in Charles Tilly (ed.), *The Formation of National States in Western Europe*, Princeton, NJ.: Princeton University Press, 1975, p.42.

趁机侵犯和占领，等等。所以，一夫一妻制、长子继承制和妇女财产权制度，使得所有这些案例都不可能按照男性标准来发现直接的继承人，从而可能使那些王朝不至于走上颠覆和灭亡的不归路。

在这种背景下还要提到的一件事情也非常正确，那就是天主教教会的罗马教皇改革，这也出现在这个时期。所以，直到这个时期之前，对于修道士来说非常正常的事情都是结婚和拥有家庭。那个规则说，修道士必须独身，不能有小孩，但是实践中却出现相反的情况。罗马教皇改革导致的形势是，强力推行修道士的独身制，至少在法律上是这样。但强有力的牧师继续娶妻纳妾，倾向于娶几个妻子并且养私生子。但牧师的那些孩子和妻子都没有合法权利，他们没有权利担任公职，没有财产权利。结果就是，第二、三、四个儿子可以找到令人荣耀的职业，甚至再生育下一代，但这些孩子没有办法对王朝提出正当的诉求。所以，一旦你正确处理好这一系列规则，对于很聪明的以及很幸运的许多国王来说，他完全可能获得一段漫长的男性继承权，可以把很大很多的领土连接在一起。再一次出现的原因仅仅是人类再生产的法则。这一次对于一个特定的王朝来说非常罕见，找到一个非常负责的男性继承人，能够持续一两代人。

这方面做得很成功的那些人常常可以建立非常强大的王朝宫廷。出现这种情况的另一种方式当然是通过婚姻联盟，这样可以出现女性继承王位，她们需要生出一个男性继承人来延续其王位。所以，这实际上就是在构建最大的王国或最大的公国。这种构建部分是通过诞生出优秀的男性继承人，部分是通过聪明的婚姻联盟，把王朝的王室整合在一起。这并不是说军事力量没有发挥作用，也不是说没有人们被胁迫或者排除。但是，之所以把国家的数量从几百个减少到20个，其基本动力是充满活力的抱团和融合，而不是军事征服。我非常有兴趣了解中国古代是否存在类似的情况，关于合法后裔、继承以及婚姻的统治，是如何真正影响到传统甚至现代中国的国家政权形成进程的。我认为这种影响肯定很大，希望以后能看到这方面的研究成果。

六、结论

郭台辉：您能否谈谈您目前的研究，在关注什么议题？

戈尔斯基：我正在做几个方面的事情，但目前最感兴趣的历史社会学项目是解释西欧与美国的宗教差异。西欧早已出现过世俗化现象，而且人们不需要到教堂接受宗教仪式，为什么呢？为何美国不会出现这种情况？这是一个很大但也很有意思的课题。

第十六章　人文色彩的历史社会学与帝国研究

——密歇根大学乔治·斯坦梅兹

乔治·斯坦梅兹

　　乔治·斯坦梅兹（George Steinmetz）的中文名为"石桥"，是美国历史社会学界近 30 年来最活跃的人物之一。斯坦梅兹于 1987 年获威斯康星大学社会学博士学位，师从埃里克·奥林·赖特（Erik Olin Wright）。先后任教于芝加哥大学、密歇根大学和社会研究新学院（New School for Social Research），现为密歇根大学查尔斯·蒂利社会学讲席教授、德国研究教授，法国欧洲社会学与政治学研究中心外籍研究员。曾获美国社会学会比较历史社会学专业委员会小巴林顿·摩尔杰出著作奖、玛丽·道格拉斯文化社会学杰出著作奖、刘易斯·科塞社会学理论议程设定奖以及社会科学历史学会杰出著作奖。

　　斯坦梅兹在社会理论、方法论、国家建设、帝国、殖民主义以及社会学史方面均有令人瞩目的成就。在社会理论方面，斯坦梅兹学术生涯初期受赖特启发，在分析马克思主义方面做出过重要研究，之后曾积极参与社会学文化转向方面的讨论，近些年则致力于推动批判实在主义与社会理论的融合。在方法论方面，他主编的论文集《人文科学的方法政治：实证主义及其认识论他者》（*The Politics of Method in the Human Sciences: Positivism and Its Epistemological Others*）对实证主义在社会科学与人文领域各个学科的发展和面临的挑战进行了比较分析。在国家建设方面，斯坦梅兹在博士论文基础上出版的第一部个人专著《管制社会：德意志帝国的福利国家与地方政治》（*Regulating the Social: The Welfare State and Local Politics in Imperial Germany*）研究 19 世纪德国国家和地方层面社会政策的起源与演变，以此探究不同国家和地区的福利政策何以呈现出如此显著的差别。他主编的论文集《国家/文化：文化转向之后的国家形构》（*State/Culture: State Formation after the Cultural Turn*）探讨文化转向对国家建设这一历史社会学传统议题的深远影响。在帝国与殖民主义方面，他的第二部个人专著《魔鬼的手迹：青岛、萨摩亚与南非的前殖民期与德国殖民政权》（*The Devil's Hand-writing: Precoloniality and the German Colonial State in Qingdao, Samoa, and Southwest Africa*）比较德国在 19 世纪末 20 世纪初的三个海外殖民地为何具有截然不同的殖民政策。主编的论文集《社会学与帝国：一个学科与帝国的纠葛》（*Sociology and Empire: The Imperial*

Entanglements of a Discipline）系统审视了社会学与帝国主义和殖民地的种种关联。在社会学史方面，他在一系列论文中比较了美国和欧洲的社会学演变历程以及社会学和殖民地知识的关系。斯坦梅兹的最新研究是对 20 世纪欧洲殖民地国家社会学家的比较分析。

　　斯坦梅兹的历史社会学研究具有鲜明的特色。作为一位具有国际视野的历史社会学家，他长期关注非洲、亚洲和大洋洲的殖民历史与遗产。在方法论上，他对实证主义持强烈批判态度，主张一种人文取向的、凸显历史厚度的社会学研究，并坚持使用第一手档案。在理论上，他受布迪厄、后殖民理论和精神分析理论影响较深，并试图将后两者带入主流社会学理论。斯坦梅兹还积极倡导社会学对公共议题的介入，曾合作导演纪录片《底特律：一座城市的废墟》（*Detroit: Ruin of A City*）。

一、 思想来源

李钧鹏：您是"查尔斯·蒂利社会学讲席教授"。我曾跟随查尔斯·蒂利（Charles Tilly）学习过一段时间，对您的这个头衔很感兴趣，可否解释一下？

斯坦梅兹：我在密歇根大学工作，查尔斯·蒂利职业生涯的中期阶段也在这里。20世纪60年代晚期，他同时受聘于历史学系和社会学系，在那里待了很多年。我其实在那个时候就认识他，尽管我当时不是密歇根大学的研究生。80年代我去安娜堡（Ann Arbor）①拜访蒂利和他的夫人路易丝·蒂利（Louise Tilly），安娜堡在当时是历史社会学的圣地。他的一个学生罗纳德·阿明扎德（Ronald Aminzade）在我学习的威斯康星大学教书，他用法国图卢兹（Toulouse）地区阶级形塑的历史材料和档案数据写了他的第一本书。蒂利当时有许多研究生，历史学和社会学专业的都有。我们跟蒂利夫妻以及其他历史学家和社会学家一起做研究，其中大多数人从事的都是理论取向的、基于档案的历史社会学研究，他们一直都是我的学习榜样。密歇根大学之所以吸引我去工作，一部分原因是蒂利和他的遗产，另一部分原因是社会学系在当时已经被他打上了历史社会学和国际研究的深深烙印。当我被授予讲席教授席位的时候，我可以自行选择以在密歇根大学教过书的人为讲席名称，于是我选择了蒂利，是我自己选择了这个头衔。密歇根大学还有另一位"查尔斯·蒂利讲席教授"，那就是罗纳德·苏尼（Ronald Suny）。他在历史学系工作，但这完全没有问题，因为蒂利在两个系都是全职教授。所以，苏俄历史学家苏尼是"查尔斯·蒂利历史学讲席教授"，这是我俩的情况。

李钧鹏：您本科就读于里德学院（Reed College），之后去了巴黎，最后从威斯康星大学博士毕业。能谈谈这段经历吗？

---

① 密歇根大学所在地。

斯坦梅兹：我一开始在里德学院学艺术史，所以我那时已经对历史有了兴趣，只不过侧重于美学问题。我在那里学习了两年，主要导师是彼得·帕歇尔（Peter Parshall），他那时候是一名艺术史家，现在是华盛顿特区史密森尼学会（Smithsonian Institution）的一名负责人。我之后去巴黎学了一年半的艺术和艺术史，但对社会科学越来越感兴趣。

李钧鹏：是作为交换生去的巴黎吗？

斯坦梅兹：对，作为交换生。我那时对社会理论产生了兴趣，那是从马克思主义转向后马克思主义的高潮，新马克思主义者和后马克思主义者都加入了辩论，精神分析理论领域也在进行很有意思的理论争论，这些在当时都非常活跃，而我被成为一名社会科学家的念头迷住了。

李钧鹏：所以您当时深受法国理论的吸引？

斯坦梅兹：对，法国理论，我转向社会科学是因为法国理论的吸引，而不是我在美国上过的任何社会科学课程。事实上，我在去法国之前没上过任何社会科学课程，只上过美学、文学和文化研究这类课程。在巴黎我学了一年半的时间，一开始是通过萨拉·劳伦斯学院（Sarah Lawrence College）的三年级海外学习项目过去的。萨拉·劳伦斯学院的优点是有法国教授对美国学生进行指导，所以我在法国选了一位历史学家的辅导课和一位艺术史学家的辅导课，也开始在樊尚大学（Université Vincennes）上课——那所大学如今在圣但尼（Saint-Denis）。那是樊尚大学荣光的最后一年，但也是社会理论在樊尚大学荣光最盛的一年。我回到美国，基本上下定了决心要研究批判社会理论，所以我去了威斯康星大学，一年后拿到学士学位，在一个人文领域——德国文学和文化——完成学业，同时拿到了心理学的第二学位，然后进了我真正想进去的社会学系。

李钧鹏：但您并没有拿社会学的学士学位？

斯坦梅兹：没有。我没有上任何社会学的课，我感兴趣的是理论，而不是这门学科。不过在 20 世纪 80 年代——而我认为这在 80 年代发生了变化——最先进的批判社会理论仍然在社会学之内。埃里克·奥林·赖特（Erik Olin Wright）是我的导师，他当时在威斯康星大学教书，刚刚出版了《阶级、危机与国家》[①]，这是美国当时在理论上最先进的新马克思主义研究。情况到了 80 年代末就不一样了……文学领域的新马克思主义理论在当时也很先进。我当时已经决定从文学转到社会科学——我如果留在文学领域的话，很可能会跟弗雷德里克·詹姆逊（Fredric Jameson，又译"詹明信"）这样的人学习——埃里克·赖特在威斯康星大学有一个项目，邀请詹姆逊这样的人来演讲，所以作为顶级社会学系的研究生，我有不同寻常的机会向许多访问教授和学者学习——弗雷德里克·詹姆逊就在埃里克的研究中心待过一段时间，还有埃内斯托·拉克劳（Ernesto Laclau）和尚塔尔·墨菲（Chantal Mouffe）等人。那是一个高度跨学科的项目，位于 20 世纪 80 年代的威斯康星大学社会学系，基本上由埃里克·赖特主持——他当时可以说是请来了《新左翼评论》（New Left Review）和沃索出版社（Verso）旗下的一系列作者。这是对我的一个影响——另一个影响是查尔斯·蒂利的历史社会学，也就是让所有这些理论议题得到经验应用。不过可以说，我开始跳出政治经济学的主要原因在于自己早期对文化和美学的研究。

李钧鹏：您刚进入研究生院的时候就已经对历史社会学感兴趣了吗？

斯坦梅兹：我在大四那一年已经在心理学项目里做了一项那方面的研究，基于保罗·拉扎斯菲尔德（Paul Lazarsfeld）和玛丽·雅霍达（Marie Jahoda）对马林塔尔（Marienthal）地区失业者所做的研究——在流亡以前，他们在奥地利做过一项关于失业者的著名研究。我当时对失业工人以及他们如何应对失业的历史研究很感兴趣，我的硕士论文研究的就是法国 19 世纪六七十年代的失业工人试图组织起来的这段历史，这场运动在 60 年代晚期到 70 年代早期的危机中达到顶峰。罗纳德·阿明扎德是我硕士论文的导师，他是蒂利的学生，也是一位从事档案研究

---

① Erik Olin Wright, *Class, Crisis and the State*, London: New Left Books, 1978.

的历史学家。所以我对历史主题研究的兴趣直接源自本科时对失业者的研究，但之后基于巴黎的档案，从历史角度重返那项研究。在我为硕士论文而在巴黎做研究的这一年，虽然阿明扎德是我的导师，但我也受到蒂利夫妇的指导——他们那一年夏天都在巴黎国家档案馆。我还受到蒂利夫妇以前的学生塞缪尔·科恩（Samuel Cohn）以及其他许多与蒂利熟识的历史学家的指导，比如法国历史学家米歇尔·佩罗（Michelle Perrot）——查尔斯和路易丝把我介绍给她们。我还从另一位法国史学家那里获益良多，他叫哈维·戈德伯格（Harvey Goldberg），我在威斯康星大学读书时上过他的课——他做过一项有关法国社会主义领袖让·饶勒斯（Jean Jaurès）的著名研究。[1] 他把我介绍给社会博物馆（Musée social）的馆长——这是一座法国历史博物馆。所以，作为研究生，我从业内人士那里获得了难得的历史档案研究方面的指导——是路易丝·蒂利教会我如何使用法国国家图书馆的馆藏目录。后来我去安娜堡看望蒂利夫妇，获准使用他们收集的档案资料的微缩胶卷复制品，所以我和他们有很深的渊源，尽管我并不是他们系里的学生。

所以我比较快地转向了历史研究，这是自然而然的。我不得不说，对于社会学研究生来说，在那时不可能写一篇纯理论的博士论文——没人鼓励那样做，没有基本条件，没有那个领域的教职，也没有榜样。人文学科的情况不一样，但在社会科学，我觉得在当时不可能写一篇纯理论的博士论文。

李钧鹏：威斯康星、芝加哥和密歇根这三所大学对您的研究各自有什么主要影响？

斯坦梅兹：威斯康星大学对我影响很深，因为我在那里学习，他们有非常严格的研究生训练……

李钧鹏：但它在历史社会学方面的声名似乎并不显赫，是吧？

斯坦梅兹：嗯，埃里克·赖特在英国读书时受教于英国历史学家克

---

[1] Harvey Goldberg, *The Life of Jean Jaurès*, Madison: University of Wisconsin Press, 1968.

里斯托弗·希尔（Christopher Hill）。他本人并不做历史研究，但他坚信在自己所做的理论研究和历史研究之间存在自然的联系。他有许多学生从事历史研究，我不是唯一一个——朱莉娅·亚当斯（Julia Adams）就写过一部具有浓厚历史色彩的著作[①]，其他人同样如此。

罗恩·阿明扎德在威斯康星大学时和埃里克有非常密切的合作——他们两家人甚至住在同一栋房子里。罗恩具有强烈的历史导向，他和埃里克一起开过课——他们在我博士二年级时合教了一次研讨课。所以在我读研究生时，社会学的历史取向和埃里克所代表的理论取向之间在系里有直接的对话。

第三位关键人物是伊万·泽林尼（Iván Szelényi），他在 20 世纪 80 年代的前一半到三分之二的时间在那里任教。泽林尼本人并不做历史研究，但他的学生从事城市生活和城市问题的历史研究。

后来安·奥洛夫（Ann Orloff）受聘——我印象中她是在我博士三年级时到系里来的。她是西达·斯考切波（Theda Skocpol）的学生，在那时基本遵循了斯考切波的传统。所以系里当时的历史研究很强。

另一位我应该提到的人是查尔斯·卡米克（Charles Camic），他是系里的重要人物，后来出版了一本关于苏格兰启蒙运动的书，那是一本具有鲜明历史色彩的著作。[②] 卡米克也是阶级分析项目的活跃成员。我还应该提一下埃里克创办的一个名为"阶级分析和历史变迁"（CAHC）的项目——顾名思义，"历史变迁"和"阶级分析"同样重要。

李钧鹏：这个项目现在还在吗？

斯坦梅兹：我想还在，不过我没有特别留意过。不过，系里的师资这些年已经有了变化——我上面提到的所有人中，唯一还在系里的是埃里克·赖特，其他历史取向更鲜明的人都已经离开了。但其他人也可能替代了他们，我不太清楚。在这期间，菲利普·戈尔斯基（Philip

---

① Julia Adams, *The Familial State: Ruling Families and Merchant Capitalism in Early Modern Europe*, Ithaca, NY.: Cornell University Press, 2005.

② Charles Camic, *Experience and Enlightenment: Socialization for Cultural Change in Eighteenth-Century Scotland*, Chicago: University of Chicago Press, 1983.

Gorski）在那里；他后来离开了，但穆斯塔法·埃米尔巴耶尔（Mustafa Emirbayer）和其他人在那儿。

所以在那时写一篇历史色彩的博士论文完全不稀奇，其实非常正常。我还想说的是，这个项目的访问学者通常一待就是好几周甚至更长的时间，他们往往会读学生的论文。其中一位在那儿待了一整年的学者是迈克·布洛维（Michael Burawoy），那是 20 世纪 80 年代早期。我当时正在写硕士论文，他读了我对失业工人运动的研究。他那时候刚刚发表了关于血汗工厂（satanic mills）的历史研究①，正在从事历史研究，那是历史研究鼎盛的一刻。约兰·泰尔伯恩（Göran Therborn）在那儿待了一个月，并且读了我的硕士论文。他当时刚刚出版了《权力的意识形态与意识形态的权力》②一书，那是一本理论著作，但他的第一本书是对社会学和马克思主义以及这两门学科发展历程中的关系的历史研究③。还有其他一些英国历史社会学家在那里访学。所以这个项目是 20 世纪 80 年代历史社会学讨论不可或缺的一部分。

坦率地说，对于一些人来说，历史社会学在那时是马克思主义的同义词。这在 80 年代后期发生了变化，但在 80 年代前半段，佩里·安德森（Perry Anderson）的著作是大家效仿的榜样。巴林顿·摩尔（Barrington Moore）也很有影响，但对我和其他社会学研究生来说，佩里·安德森的《绝对主义国家的系谱》④在当时可能是影响最大的一本书，因为它不仅高度历史化，而且融合了一种认真看待国家领导者的自主行动和历史的盖然性（contingency）的灵活的马克思主义。安德森强调罗马法的角色，这是一种塑造了绝对主义的法律传统——既不是政治，也不是经济。我们一帮研究生在 80 年代初结伴去伊利诺伊大学听他的报告。那是一场关于马克思主义和文化解读的会议，佩里·安德森在会上

---

① Michael Burawoy, "Karl Marx and the Satanic Mills: Factory Politics Under Early Capitalism in England, The United States, and Russia", *American Journal of Sociology*, Vol. 90, No. 2 (1984), pp. 247-282.

② Göran Therborn, *The Ideology of Power and the Power of Ideology*, London: New Left Books, 1980.

③ Göran Therborn, *Science, Class and Society: On the Formation of Sociology and Historical Materialism*, London: New Left Books, 1976.

④ Perry Anderson, *Lineages of the Absolutist State*, London: New Left Books, 1974.

做了一场精彩的报告，那是很多人心目中的历史社会学楷模。

所以在那个时候，马克思主义、后马克思主义和新马克思主义的批判理论发展和历史研究之间完全没有冲突——那些冲突和困难到了 80 年代后期才出现，而不是那个时候。这个过程着实有趣。

李钧鹏：芝加哥大学和密歇根大学对您分别有什么影响？

斯坦梅兹：我在博士毕业时获得了不少教职邀请，但最吸引我的是芝加哥大学。这里面有许多原因，不过对我来说最重要的原因是系主任威廉·朱利叶斯·威尔逊（William Julius Wilson）。他们当时已经向罗伯特·布伦纳（Robert Brenner）发出邀请，他是一位研究从封建主义向资本主义过渡的历史学家。我想，一个有兴趣聘请那种顶尖历史学家的社会学系是一个很棒的社会学系，它们有很好的声誉，而且我对芝大的历史学系感兴趣——它们的历史学系现在还是很棒。

我当时没意识到的是那里的政治学也很棒。我在那里教书的十几年里可能跟政治学系的人来往最多。政治学系的戴维·莱廷（David Laitin）可能是我交往最多的人，他是研究殖民时期尼日利亚和非洲其他一些地区的专家。我第一次遇到他时，他刚刚出版了《霸权与文化》，这是一本研究英国殖民主义对尼日利亚的影响的书，尤其是对约鲁巴兰（Yorubaland）的影响以及对从种族隔离到其他类型隔离的转变的影响。[1] 人类学家约翰·科马拉夫（John Comaroff）也是我交流很多的人，我在那儿时，他一直是社会学系合聘教授。他激发了我对南非和其他非洲南部地区殖民主义的浓厚兴趣。另一位对我至关重要的同事是杜赞奇（Prasenjit Duara），他后来去了新加坡国立大学。他的一个研究领域是满洲里的日本殖民主义，写过一本这方面的好书[2]，还写过关于中国历史其他方面的著作。我跟他还有联系，事实上现在正在跟他谈一个合作研究项目。

---

[1] David Laitin, *Hegemony and Culture: Politics and Religious Change among the Yoruba*, Chicago: University of Chicago Press, 1986.

[2] Prasenjit Duara, *Sovereignty and Authenticity Manchukuo and the East Asian Modern*, Lanham: Rowman & Littlefield, 2004.

在我和人类学系与政治学系同事的交流过程中，殖民主义以一种重要的方式和历史联系起来。社会学系没有其他人对这些话题感兴趣，但芝大有顶尖的人类学系和政治学系，我和他们一起开课，一起指导博士论文。我还在历史学系有客座教职，所以我那时也参与指导了一些历史学博士论文。戴维·莱廷比我年长，是怀尔德之家（Wilder House）政治、历史与文化研究中心的资深主任，怀尔德之家在康奈尔大学出版社出过一套丛书①，一开始他是主编，我是助理主编，后来由我俩共同主编。这是一套跨学科的丛书，共同点是对国家、帝国和殖民主义的历史社会学研究。所以芝大对我有非常大的影响。

在我转到密歇根大学的时候，它对我的吸引力在于社会学系的历史社会学和国际社会学传统，这是蒂利开创的。对我来说，进入一个和同事有共同兴趣的社会学系是非常吸引人的事情。密歇根的另一个好处是有一个我已经非常熟悉的历史学系，因为我曾多次在那里的社会转型比较研究工作坊做过学术报告。我在写第一本书时与杰夫·埃利（Geoff Eley）交流很多，他是一位研究德国的历史学家，我在德国史方面从他的研究中受益很多。

我还对密歇根大学人类学系的许多殖民主义研究者的作品有所了解。我和韦伯·基恩（Webb Keane）一起上过课，他对荷兰在印度尼西亚殖民地的接触地带（contact zone）做过重要研究。② 还有弗雷德里克·库珀（Frederick Cooper），他研究过法国和英国在西非的殖民地③，如今在纽约大学教书。这两位对我影响最大。还有费尔南多·科罗内尔（Fernando Coronil），遗憾的是他在人类学系教书时去世了。安·斯托莱（Ann Stoler）当时也在人类学系，但现在在新学院（New School）。这些人的研究都侧重于帝国和殖民议题，这也是我从 20 世纪 90 年代初开始的新研究课题的核心——我在 1992—1993 年首次做了有关殖民主义的

---

① 即"怀尔德之家政治、历史与文化丛书"（Wilder House Series in Politics, History, and Culture）。

② Webb Keane, *Signs of Recognition: Powers and Hazards of Representation in An Indonesian Society*, Berkeley: University of California Press, 1997.

③ Frederick Cooper, *Citizenship Between Empire and Nation: Remaking France and French Africa, 1945-1960*, Princeton: Princeton University Press, 2014.

讲座。

所以密歇根大学社会学系对殖民主义的关注具有跨学科性、国际性和历史性，这在那时似乎是一个理想的组合。密歇根大学还有一点后来被证明对我影响很大，那就是它在跨学科兼任教职上的尝试，有一些兼任教职甚至超越了社会科学与人文学科的界限。我跟你说过，我是从人文学科起步的，本科学的就是人文学科，甚至在读高中时就偏向人文领域。我在密歇根大学有德国研究系的兼任教职，那是一个人文领域的系。自从我去了密歇根大学，这一点一直影响着我的研究。我的《魔鬼的手迹》甚至试图同时以人文与社科界的读者为对象。[1]

李钧鹏：我记得您曾在一篇文章中担心蒂利和威廉·休厄尔 (William Sewell) 在密歇根大学开创并延续的兼任教职不能延续下去。[2]

斯坦梅兹：是这样的。桑尼娅·罗斯（Sonya Rose）继承了小威廉·休厄尔的教席——她由两个系联合任命，甚至还当过历史学系的主任，但是她已经退休了。她在退休后与英国历史学家凯瑟琳·霍尔（Catherine Hall）合编了一本关于英国大都市里的帝国文化的好书。[3] 但是桑尼娅·罗斯的教席至今无人继承，我当时对此很担心，现在还在担心。学科之间存在内在的关联，这并不必然要求兼任教职，但我觉得兼任教职具有重要的象征意义。

李钧鹏：蒂利曾经在密歇根大学执掌过一个研究中心是吧？

斯坦梅兹：CRSO（Center for Research on Social Organization，社会组织研究中心）。

---

[1] George Steinmetz, *The Devil's Handwriting: Precoloniality and the German Colonial State in Qingdao, Samoa, and Southwest Africa*, Chicago: University of Chicago Press, 2007.

[2] George Steinmetz, "The Relations Between Sociology and History in the United States: The Current State of Affairs", *Journal of Historical Sociology* Vol. 20, No. 1-2 (2007), pp. 1-12.

[3] Catherine Hall, Sonya Rose (eds.), *At Home with the Empire: Metropolitan Culture and the Imperial World*, Cambridge: Cambridge University Press, 2006.

李钧鹏：现在还在吗？

斯坦梅兹：不在了。那代表了历史社会学史上的一个特定时期：那个研究中心多多少少以其他大型研究中心为样板，例如密歇根大学的社会研究院（Institute for Social Research）。那是一种大规模历史社会学研究的风格，有很多研究团队和研究者同时工作，注重扫描研究数据。蒂利那时候做的是很大型的研究项目，我认为那种模式已经让位于更具手工艺色彩的历史社会学研究。CRSO在蒂利离开后仍然继续运行，我到密歇根大学的时候还在，但基本已是一个拨付研究经费的空壳，没有什么活跃的学术活动。不过要真正弄清楚这个问题就只能去问杰弗里·佩奇（Jeffery Paige）这样的人，他一直在密歇根，现在还在，而且曾是CRSO的活跃成员。

二、 实证主义

李钧鹏：您写过不少文章来描述和解释实证主义在20世纪中期美国社会学的支配地位，并预测实证主义的影响可能会减弱。美国的历史社会学现在是什么状况呢？

斯坦梅兹：我在那几篇文章里说的一点是我不会真的去做预测，因为我的认识论立场对历史预测是持怀疑态度的。举例说来，在《重塑现代性》里的那篇文章中①，我勾画了两种可能的未来——这从历史角度看可能是最保险的做法，因为两种未来都有人支持——其中一种是历史生活和社会生活越来越大的盖然性将导致实证主义立场的弱化。这种盖然性、混乱性和不可预测性在过去十年有所加剧，我认为这没有问题，但问题在于这是否会影响到社会学以及科学存在的相对自主性，因为独立于日常生活的认识论存续或认识论再生产屡见不鲜。社会学不是社会的镜像。如果社会学是社会的镜像，那就不会产生与日常生活的不同步性。

---

① George Steinmetz, "Scientific Authority and the Transition to Post-Fordism: The Plausibility of Positivism in U. S. Sociology since 1945", in George Steinmetz (ed.), *The Politics of Method in the Human Sciences: Positivism and Its Epistemological Others*, Durham, NC.: Duke University Press, 2005, pp.275-323.

我在那篇文章里还说到一点，并且现在仍相信这一点，即便是我们眼下看到的社会变迁，也并不必然导向一种不那么一般化、不那么实证主义的社会生活观，它可能会导向一种不一样的一般化结论——不是五六十年代甚至七八十年代美国社会学家所感兴趣的导向一般法则与对规律的表述的行为规律，而是有可能采取其他形式的规律表述，或者导向对这门学科的重组。我对历史社会学的经验观察是它正在发生变化。在20世纪80年代，占统治地位的看法是我们需要在社会学既有的主流模型基础上对历史社会学加以模型化，要么是统计模型，要么是比较方法。比较方法有其独特的定义：将个案进行排列，并依据变量进行比较。我认为这种情况已经发生了改变：现在的研究生在写博士论文时不会觉得有必要把自己定位到这两种模型中的任何一种，而是回到历史学家或其他社会科学研究者做研究的方式——更宽泛地说，社会科学哲学变得更加复杂精巧了。举个例子，我和戈尔斯基、克里斯蒂安·史密斯（Christian Smith）以及道格拉斯·波尔波拉（Douglas Porpora）刚刚组织了一个为期两周的研究生训练营，由哲学家和社会科学家讲课。我们计划在明年夏天的美国社会学年会前再办一次，下一次可能会在密歇根大学举办。

李钧鹏：这个我知道，而且我知道两天后在纽约大学有一场会议，您是报告人之一。我已经报名参加了。

斯坦梅兹：那太棒了。我们试图积极改变或教育下一代社会学家，也包括历史社会学家，使他们避开某些过时的科学哲学错误。但我不确定事态会如何发展，我能说的只能是某些博士论文所展现的趋势——它们看起来并不一定是在复制我前面描述过的那种20世纪80年代的模型。

李钧鹏：您反对解释（explanation）和解读（interpretation）的区分，能就此说明一下吗？

斯坦梅兹：我试图说明的是，在社会科学中，解释永远同时是在进行解读，因为社会生活不同于自然生活，社会科学不同于自然科学，社会客体在本质上有其意义——它们内嵌在意义和解读的体系中。要理解一种社会实践（social practice）意味着什么，你必须对它的意义进行解读。这方面有许多著名的例子，比如我在你读的那篇文章中引用的克利福德·格尔茨（Clifford Geertz）的岛上眨眼的例子，眼睛的上下开合是挤眉弄眼还是单纯的眼皮抽动，取决于特定社会场景中对它的解读。[①]某些涌生特质（emergent property）除外，所有社会实践——只要它不是生理或物理实践——都具有意义（meaningfulness）这一要素。作为一种分析性的、启发性的（heuristic）工具，解释和解读的区分是行得通的。自然科学只涉及解释，可能无关解读。我们也许可以对它做道德判断，但科学分析过程本身并不需要解读小行星或者物理现象的意义——这方面没有诠释的（hermeneutic）维度。社会科学却不可避免地存在辨识或理解意义的诠释维度，因此解释和解读总是互相内嵌在一起。类似的，解读也应该尽力做出解释。纯粹解读性的社会科学——至少就社会科学这一点而言——即便它否认自己在进行解释，其实通常也做出了某种解释性陈述。例外当然存在，比如文学批评和诠释领域就只是在转译和识别意义——包括解经的人、翻译学家、文学作品的解读者。如果存在界限，这可能就是自然科学和社会科学的一个界限，但这条界限肯定不能划在解读和解释之间。马克斯·韦伯（Max Weber）在这一点上是正确的：社会科学必须两者皆是。

李钧鹏：您做过大量的比较研究，但通常避免做出更为一般性的陈述。这是否使得比较历史社会学家难以互相交流，因为他们研究不同的个案、不同的时间段和不同的区域？

斯坦梅兹：我在几篇有关比较的文章中讲过——我还为这周晚些时候的批判实在主义（critical realism）会议写了一篇关于比较的文章，我还为新加坡国立大学的杜赞奇主编的一本关于比较历史的书写了另一篇——对于比较，我们可以有不同的思考方式。我主张以另一种方式来

---

① George Steinmetz, "The Epistemological Unconscious of U. S. Sociology and the Transition to Post-Fordism: The Case of Historical Sociology", in Julia Adams et al. (eds.), *Remaking Modernity: Politics, History, and Sociology*, Durham, NC.: Duke University Press, 2003, pp.147-148.

看待比较，也就是因果机制（causal mechanisms）之间的比较或因果机制的相关联因素（concatenations）之间的比较。如果这样看待比较，我们就能在迥然有别的个案之间进行大量讨论并有所收获。其他社会科学和人文领域有很多这样的例子，我最喜欢的例子是精神分析，因为它体现得最为明显：每一位被分析者都是独一无二的个人，但精神分析师是全副武装的，有一个装满了不同概念的工具箱，相互之间能够完美地解释这些概念，也能随时谈论自己的案例。社会科学家应该能够做同样的工作。

李钧鹏：如果我们偏重于多因素解释（over-determining accounts），而不是一般性理论（general theory），那社会学又如何实现知识积累呢？

斯坦梅兹：对"知识积累"的界定应该与这个问题的暗示略有不同。第一，对特定社会过程和事件的解读性解释存在知识积累，比如我们积累了关于埃及革命的知识，有了对埃及革命的多重思考，对埃及革命的不同表述之间会存在争论，这是关于一个经验事件的知识积累。

还有一种情况是因果机制和过程的知识积累。一个例子是场域理论，在社会学中由皮埃尔·布迪厄（Pierre Bourdieu）最有力地加以论证，但布迪厄的理论不应该被视为场域理论的定论——它应该面对持续的经验研究与理论提炼、阐述甚至改造之间的辩证运动。这在科学哲学中并不鲜见，许多例子都是以这样的方式积累知识的。所以你必须拓宽"知识积累"的定义。以罗马帝国的衰落这个经典例子来说，个中原因已经争论了2000年，我认为其中就有关于衰落的原因和过程的知识积累，所以说我们已经积累了知识。因为存在着对用来分析帝国衰落的概念和机制的重新定义，所以我们已经积累了知识。我们之所以积累了知识，原因还在于有了用来分析帝国衰落的概念与因果机制的提炼。

第三种知识积累就是你的问题所暗示的那种知识积累，那就是通过检验"如果A，那么B"这种假设或更加复杂的版本来积累知识，比如"如果爆发人口危机，那么就会爆发革命"……

李钧鹏：听起来像是金世杰（Jack Goldstone）的说法，哈哈。

斯坦梅兹：我昨晚刚跟他一起吃饭（笑）。这么说吧，如果存在持续的阶级冲突，就像马克思说的那样，那么就会有革命时期的到来——如果 A，那么 B。这是一种历史学立场不同意的普遍规律，但仍有可能积累大量关于事件和因果机制的知识。

李钧鹏：我读过您的《魔鬼的手迹》。这本书有意选择并比较了三个相互关联的殖民地，您如何回应以下批评：这违反了个案独立的原则，并因此削弱了研究结论的可靠性？

斯坦梅兹：这是一种今天很少听到的批判了。这种批判发端于 20 世纪 80 年代的实证主义，当时的历史社会学家试图仿照自然科学实验来从事自己的研究。举例说来，就像罗伊·巴斯卡尔（Roy Bhaskar）在其批判实在主义科学哲学——尤其是他的第一本书《科学实在论》① 中——所说的，在一个开放的系统中，得到这类规律的唯一方式是切断所有因果机制的效应，只保留你所感兴趣的那一个。科学实验要求悬置你所感兴趣的机制以外的所有效应，这在社会科学中是不可能的，所以在社会科学中，社会系统总是开放的，相应的解释也总是多因素和并置性的（conjunctural）。这是第一点。

第二点，个案独立性这种看法违背了人类生活与人类历史性的本质，休厄尔等历史学家对斯考切波《国家与社会革命》的批判最决然地展现了这一点。他们正确地指出，书中的个案可以被视为相互独立这一点从根本上是讲不通的，因为革命者对之前的革命的社会学习，由于实践形式的延续性，由法国大革命引发或感染的整个世界体系的转型最终影响了俄国和中国革命。所以，独立个案这种想法在这种大规模事件上是不合情理的。马克·布洛赫（Mark Bloch）提倡两种比较史，一种要求寻找尽可能无关的事物进行比较。② 我认为这是一种切实可行的比较，尤其是对机制比较感兴趣的研究者。但我感兴趣的是对殖民地的比较，而 19—20 世纪并没有相互独立的殖民地——殖民地总是国际殖民体系的一部分；每一个帝国都有它的殖民体系，每一个帝国都和所有其他帝国

---

① Roy Bhaskar, *A Realist Theory of Science*, Leeds: Leeds Books, 1975.
② 马克·布洛赫：《历史学家的技艺》，黄艳红译，中国人民大学出版社 2011 年版。

进行互动式的比较，它们都彼此影响。科学家和殖民地社会科学家会在学术会议上讨论殖民方法，殖民地的总督会实地考察其他殖民地，欧洲的殖民学校开设了明确讲授其他帝国实践的课程，当时还存在阅读对其他帝国的描述的文学文化（literary culture）。所以，寻找两个互相独立或者互不影响的殖民地，这一点违背了历史和社会生活的本质，是行不通的。当然，有一些殖民地相互之间距离遥远，因此对德国在非洲的某个殖民地、英国在东亚的某个殖民地和西班牙在拉丁美洲的某个殖民地进行比较就具有高度的合理性，但它们仍然有联系，因此搞清楚这些联系是什么、如何联系就非常重要。

　　历史学家对这个问题的讨论方式正好相反。我认为整个历史学已经远离了比较，转而研究联系、转移、相互关联、流动等课题。在网络分析等社会科学领域，人们已经开始关注同样的事情，总体态势是抛弃寻找独立个案的幻想，转而研究转移、流动和相互关联。我其实认为，与其追寻个案的独立性，对转移、流动和跨国与国际联系的研究应该更进一步：这些应该作为理论对象本身来分析，或许甚至应该作为因果机制来分析。我在自己的书里提到，在19世纪，当大多数被殖民者遇到欧洲人时，已经知道欧洲殖民主义的存在。近代早期当然不是这样，比如当西班牙人抵达墨西哥时，但这些人深深卷入与其他本土帝国以及本土政策的比较和互动中。在很大程度上，一个与世隔绝的政体只是社会科学的幻想罢了，除非是在另一个太阳系里。但如果我们在另一个太阳系里发现了生命，在发现的同时我们就影响了它们，或是被它们影响了。

三、精神分析

　　李钧鹏：也是在这本书里，您试图把精神分析重新引入社会学。精神分析这几十年在社会学里一直处于边缘地位，您觉得它有可能重新进入社会学的核心吗？

　　斯坦梅兹：我还是要说自己不做预测，也不会期待任何东西，但越来越多的社会科学家对缺乏人的主体性（human subjectivity）的理论感到不满，这一点确实很有趣。他们意识到，没有一种人格化（human personhood）或人的主体性理论，或者用我自己的术语来说，一种精神生活（psychic life）理论，社会科学家永远只能对其做出含糊其辞的假设。克里斯蒂安·史密斯就试图构建一种人的主体理论。[1] 精神分析取向的社会学家可能不仅仅论证一种主体性理论的可能性，还要探讨支配精神生活或形塑社会精神生活的因果机制，以此展现出社会实践的影响。我觉得这是社会科学中的一块贫瘠之地。

在这方面，社会科学史上有过一些短暂的时刻，但终究只是昙花一现。学术建制的社会科学其实只有 100 来年或 150 来年，这方面的对话屈指可数，其中之一是魏玛德国，它在我看来类似于社会科学讨论的乌托邦时代。那时有一些探讨精神分析的社会学著作，也有法兰克福社会研究所的艾瑞克·弗洛姆（Erich Fromm）这样的思想家对精神分析感兴趣——法兰克福的西奥多·阿多诺（Theodor Adorno）和马克斯·霍克海默（Max Horkheimer）也有一定的兴趣——可惜都夭折了。我们还可以找到其他时期，比如在第二次世界大战之后，塔尔科特·帕森斯（Talcott Parsons）和他的一些学生开始对精神分析感兴趣，问题在于他们并没有将它充分地整合到社会学里。

另外，被引入社会学的理论也有缺陷。这些都是实打实的障碍。我刚才说到实证主义的退潮，相比之下，包括精神生活理论在内，主体性理论和人格化理论要真正实现整合，难度要大得多。不过，现在有一些学者对这一话题越来越感兴趣。今年的美国社会学年会之前有一场关于精神分析与社会学的小型会议，虽然我没能参加。越来越多的学者觉得有必要填补社会学所缺失的这一部分，而过去做这件事的社会心理学并不是很有说服力。克里斯蒂安·史密斯即将出版的著作就是专门谈人格化理论，谈人的实践的动机，什么首先驱动了人的行动，任何社会行动的动机是什么，等等。[2] 他用了"动机"（motivation）这个词。回顾一

---

[1]　Christian Smith, *Moral, Believing Animals: Human Personhood and Culture*, Oxford: Oxford University Press, 2003; Christian Smith, *What Is A Person? Rethinking Humanity, Social Life, and the Moral Good from the Person*, Chicago: University of Chicago Press, 2010.

[2]　Christian Smith, *To Flourish or Destruct: A Personalist Theory of Human Goods, Motivations, Failure, and Evil*, Chicago: University of Chicago Press, 2015.

下社会心理学的历史就会发现，动机研究是它的重要组成部分。然而，史密斯几乎没有讨论这方面的任何研究，我觉得原因就在于这些研究的缺陷，而他力图寻找某些根基，从玛格丽特·阿切尔（Margaret Archer）和安德鲁·塞耶（Andrew Sayer）等人那里发展出一套动机理论。我们不应该局限于精神分析，但精神分析对这些问题有 100 多年的深入思考，因此肯定应该是我们讨论的议题，而且它的社会科学模型与完备的科学哲学非常吻合……

李钧鹏：但对于历史社会学家来说，数据（data）不是一大难题吗？毕竟你在研究历史的时候，很难知道当事人心里究竟在想什么。

斯坦梅兹：这是肯定的，这确实会增大研究的难度，但我们必须始终对"数据"和"证据"（evidence）的含义慎之又慎。即使在看起来最容易获得证据的事物上，我们的陈述和证据之间也存在误差，精神生活这个例子尤其如此，因为研究者只能根据外在的证据、症状或实践来做研究，但社会科学往往如此，总是在证据和理论之间往复，永远没有停歇，永远没有终极答案。这一问题在这里只是稍稍严重一点，但并没有本质区别。

四、社会机制

李钧鹏：批判实在主义对历史社会学意味着什么？

斯坦梅兹：简而言之，批判实在主义是能够帮助我们思考如何从事一种使用理论并对理论做出贡献的历史研究的哲学立场；它同时避免落入纯理论和纯粹经验主义的陷阱；它提供了一种连接经验和理论的方式，并且对本体（ontological）意义上的存在之分层（ontological stratification of existence）给予足够的重视——社会（the social）从较低的本体层次中涌生，即使它依赖于后者。它使我们可以讨论模式和行为在长时段中再生产的不可能性，原因在于时间、空间乃至因果关系的变化。所以它不会让研究者不假思索地拒绝批评社会科学中的一大争议性观点：也许世界上的不同地方或历史上的不同时刻应该有不同的理论。因果机制有可能会消失或重生，批判实在主义在基本的本体论和形而上学层面上对这种可能性持开放态度。我认为所有这些见解对历史社会学都非常有用。

李钧鹏：您刚刚使用了"机制"这个词。在过去几十年，"机制"似乎已成为社会学的流行词。您曾提到过围绕这个概念的所有权争夺，虽然只有一句话。① **您是如何理解机制的？**

斯坦梅兹：我认为这种争夺如今已变得更加激烈。正如你所说的，它已经成了一个流行词，而且现在已经变得更加流行。我认为这个词蕴含在一些完全不同的科学哲学中，关键在于它的定义和它与一系列其他概念之间的关系。在批判实在主义中，"机制"这个词的重要性低于"本体"，它是由批判实在主义在区分涌生层次和社会层面上的机制的结构或客体的特定性时所发展出来的——机制依赖于概念、时间、空间和实践。我所捍卫的机制概念内嵌于以上所有方面。这个词本身意味着完全不同的东西，具体要看相关的科学哲学。

我最近和密歇根大学一位用过这个词的同事聊天。在她看来，机制根本不是内嵌在科学哲学之中，只是一种允许人们提出可能有后果但无法立刻感知的东西的理论的方式，这跳出了激进的经验主义。但通常说来，批判实在主义所谈论的是实际（actual）层面，而不是背后实在（underlying real）层面。一种因果机制可以不借助于实际层面的表述而存在，或被另一种因果机制所抵消，或与另一种因果机制相融合或结合。许多不同的科学向我们展现了这些情况。

就我所知道的非批判实在主义取向的社会学来说，多数机制观不同意我的观点。多数人只是把机制看成是某种引发经验性事件的经验性的东西，或者是某种实际存在的东西，但我觉得他们用这个词想表达的意思也不太清楚，所以我们要说明讨论的是谁的理论。我说的是罗伊·巴

---

① George Steinmetz, "Scientific Authority and the Transition to Post-Fordism: The Plausibility of Positivism in U. S. Sociology since 1945", in George Steinmetz (ed.), *The Politics of Method in the Human Sciences: Positivism and Its Epistemological Others*, Durham, NC.: Duke University Press, 2005, pp.275-323.

斯卡尔提出来的批判实在主义,他是我所说的那种批判实在主义的创始人。我不是泛泛地使用这个词,我说的是那种特定的理论,他写了大量的书来解释他眼中的批判实在主义是什么。我不是哲学家,我是从他那里学的这个理论,没有做任何改变。我可以进一步谈自己是如何实际运用这一概念的,但在我们深入讨论具体用法之前,我们得知道自己谈论的是哪一种机制。

李钧鹏:彼得·赫德斯乔姆(Peter Hedström)和理查德·斯威德伯格(Richard Swedberg)主编过一本很有影响的书。[①] **您和他们的理解似乎非常不同。**

斯坦梅兹:我并不觉得他们真正讨论了批判实在主义。

李钧鹏:我是说他们也用了"社会机制"这个词。

斯坦梅兹:哦,没人能垄断"机制"这个词。甚至我自己也说不清……我和批判实在主义取向的朋友们多次讨论过,这周还在讨论是不是该放弃"机制"这个词,不是因为有其他人在争夺所有权,而是因为它有许多与我们所倡导的科学哲学不兼容的言下之意。在很多人眼里,机制有机械论(mechanistic)的含义,而机制根本就不应该是机械主义的。我提议改用"结构"或"社会结构",因为机制有结构特性,但问题是许多结构主义理论指的是经验结构,而不是机制结构或潜在结构,所以现在还没有很好的替代。我有时候会说"实体"(entity)或"因果实体"(causal entities),目前最喜欢"因果实体"这个词,因为它暗示了某种能引发后果的潜在的、至少在分析层面上不同的东西。但不幸的是,对哲学家来说,这个词令人想起柏拉图的哲学。我们可以另找时间来讨论这个问题。

---

① Peter Hedström, Richard Swedberg (eds.), *Social Mechanisms: An Analytical Approach to Social Theory*, New York: Cambridge University Press, 1998.

五、 帝国研究

李钧鹏：您是如何对帝国问题产生兴趣的？

斯坦梅兹：我是先对殖民主义产生了兴趣，虽然作为一个美国人，我可能从小就对美国的帝国主义很感兴趣。我成长于越南战争期间，越战被认为是美国霸权的第一次挫败——很多历史学家认为是大败。美国在 20 世纪五六十年代是如此强大，无论是它的霸权还是军事实力，而且它深刻地重塑了世界，尤其是欧洲——尽管另一个大国苏联正在和它竞争——却遭遇这场大败，这令我十分困惑。另外，美国是从殖民地发展而来，但相对于原住民来说它本身就是一个殖民国。我出生于西雅图（Seattle）郊外的塔科马（Tacoma），周围有许多原住民。我后来搬到威斯康星州，附近也有原住民。我现在住在密歇根州，附近仍然有原住民——我还有原住民学生。原住民问题一直在我的脑子里。所以我对帝国的兴趣有两个原因：一是我的个人经历，二是我所成长的社会背景。

帝国成为我的重要研究对象是我在芝大的时候，前面提到的那些历史学家和社会科学家对我产生了影响，使我开始关注殖民主义。我一开始研究的是国家，当时正在把自己关于福利国家的博士论文改编为一本专著。[1] 但即将写完时，我开始对德意志帝国向它在非洲的殖民地输入自己的某些社会政策感兴趣，于是在那本书里加了对殖民主义的简短讨论，然后它变成了我的下一个研究项目。所以我对帝国的兴趣来自我身边的同事，也就是 20 世纪 90 年代在芝大任教的约翰·科马拉夫、戴维·莱廷、杜赞奇等人，还有我前面提到的密歇根大学的同事。我转去密歇根大学的部分原因就在于我已经对殖民主义和帝国感兴趣了，而那里感觉是从事这类研究的理想去处。

美国在 2001 年世贸大厦遭受袭击后入侵阿富汗和伊拉克，帝国再度成为研究热点。像我一样研究其他地区殖民主义的人对于将其他帝国史

---

[1]　George Steinmetz, *Regulating the Social: The Welfare State and Local Politics in Imperial Germany*, Princeton: Princeton University Press, 1993.

与美国当下的帝国史放在一起评论很有兴趣。我当时写了许多有关美帝国的文章，并且参与了克雷格·卡尔霍恩（Craig Calhoun）和弗雷德·库珀主持的社会科学研究委员会（Social Science Research Council）的"帝国之鉴"研究项目[1]，对美帝国和德意志帝国进行了比较。现在研究法国和英国的殖民社会学家，已经不再侧重于原来的帝国个案，但我的研究对象仍然是宽泛意义上的帝国。

李钧鹏：在过去十年，美国历史社会学对帝国的兴趣持续上升。您不久前主编了一本这一领域的新书。[2]您如何看待这一波热潮？

斯坦梅兹：我在1992年或1993年做了第一次关于殖民主义的公开演讲，也就是在那时候开始这方面的研究。我在芝大指导的第一篇博士论文是关于日本在满洲里的殖民主义，作者韩锡政（Han Suk-Jung）现在是韩国一所大学的校长[3]，内容是关于日本在满洲里的殖民主义。杜赞奇也是他的博士论文指导委员会委员，但他拿的是芝大的社会学博士学位，他其实是我指导的第一个博士生，所以我指导的第一篇博士论文就是关于殖民主义的。他的论文深入探讨了殖民理论。之后还有一些学生，包括朱利安·吴（Julian Go），他是我在芝大指导的博士生，博士资格考试考的就是殖民主义，阅读书单是我和他一起制定的。后来我从芝大转到密歇根大学，有一大批学生研究殖民主义，不少人的文章收在《社会学与帝国》中。[4]

我做了一番考察，发现他们读的东西并没有很多的社会学研究。我和戴维·莱廷在康奈尔大学出版社主编的丛书里有许多关于殖民主义的研究，但没有一本是社会学家写的。我感到好奇，为什么全然不见社会学？所以我开始重构社会学家从事殖民研究的历史。我在昨天演讲的论文中指出，英国社会学在二战后非常关注殖民研究，法国社会学同样如

---

① Craig Calhoun et al. (eds.), *Lessons of Empire: Imperial Histories and American Power*, New York: New Press, 2006.

② George Steinmetz (ed.), *Sociology and Empire: The Imperial Entanglements of A Discipline*, Durham, NC.: Duke University Press, 2013.

③ 即东亚大学。

④ George Steinmetz (ed.), *Sociology and Empire: The Imperial Entanglements of A Discipline*, Durham, NC.: Duke University Press, 2013.

此。所以它曾经占据某些社会学传统的核心地位，但如今已经被相对遗忘了。① 我试图把这一点指出来。在 20 世纪 50 年代，在英国以及英国在殖民地开办的大学中，40%—45%的社会学田野研究都和殖民研究有关。美国社会学界在第一次世界大战之前对殖民主义有浓厚的兴趣，20世纪 60 年代初也有许多非洲学家。据我所知，伊曼纽尔·沃勒斯坦（Immanuel Wallerstein）是第一位从事殖民主义比较研究的社会学博士。波士顿大学的威廉·布朗（William Brown）比沃勒斯坦年长，在沃勒斯坦之前写过一篇有关非洲的博士论文，而且 20 世纪五六十年代的波士顿大学拥有一批极为活跃的殖民主义与非洲研究者。还有富兰克林·弗雷泽（Franklin Frazier）这样一些在非洲或欧洲研究非洲的殖民主义的学者。所以其实有不少人。我越考察，社会学家的名单就越长，但他们从来没有形成一个群体，他们也从来不把彼此视为同一个群体的一员，无论原因是什么。所以在某种意义上是我把他们看成一个对殖民主义和帝国议题感兴趣的群体。即便如此，就算我把所有这些人加起来，对这个议题感兴趣的人数也不足过去一个世纪所有美国社会学家的百分之一；而在英国和法国，尤其是 20 世纪五六十年代，这个比例要高得多。这包括战后英法社会学的一些最重要、最著名的奠基者，例如皮埃尔·布迪厄，他一开始研究的是阿尔及利亚的殖民主义；还有彼得·沃斯利（Peter Worsley），他曾是英国社会学会会长。我在书里提到了这些名字，他们都从事过这方面研究，而美国学者的关注就少很多。

但在最近十年左右，这项事业有了真正的进展。我指导过许多这方面的博士论文，比如波士顿大学的朱利安·吴，还有加州大学伯克利分校的尼古拉斯·威尔逊（Nicholas Wilson），他的博士论文写的是英国在印度的殖民主义。尽管兴趣在上升，但是相比于美国成千上万的社会学研究者，这仍然是一个极小的群体。它是历史社会学的子领域，历史社会学又是社会学的子领域，所以它是子领域中的子领域。不过它与其他

---

① George Steinmetz, "The Colonial Origins of British and French Sociology, 1940s-1960s", Paper presented at panel "Rethinking the Global & Transnational in Power and Politics", Section on Global and Transnational Sociology Invited Session, Annual Meeting of the American Sociological Association, New York, August 12, 2013.

子领域有重叠，比如文化社会学。我昨天主持了一个文化社会学的分论坛，钱德拉·慕克吉（Chandra Mukherjee）报告了她对英国在印度的殖民官员的新研究。她自认为是文化社会学家，但她也从事历史研究，所以你可以说她是一位未必参加历史社会学分论坛的历史社会学家。

六、 历史社会学

李钧鹏：在您的第一本书《管理社会》中，您为自己设定了将历史学与社会学（当然还有社会理论）融为一体的目标。[①] **您从社会学家和历史学家那里得到了怎样的回应？更笼统地说，历史学和历史社会学之间应该有一个边界吗？**

斯坦梅兹：确实有一个边界，不管我们喜不喜欢，而且学科边界在美国已经变得更加坚固了，我觉得全世界都有这一趋势。我不是很确定为什么会这样，这里面有很多原因。但如果我能重新规划学术世界的话，历史学和社会学将会在各个层面上都更加紧密地联系在一起：社会学将会彻底历史化，历史学将会彻底理论化——社会理论化，也就是社会学化的意思，不过我也不想撇开人类学、政治学、地理学和经济学。

就我所知，"历史社会学"这个词是马克斯·韦伯的弟弟阿尔弗雷德·韦伯（Alfred Weber）在 20 世纪 20 年代提出来的……我的第一本书《管理社会》是 1993 年出版的，当时在历史学界的反响比社会学界好得多。所以我在两个阵营中都有经验：我和历史学系有很多来往；我经常获邀参加欧洲和其他地方的历史学会议，经常是与会人员中唯一的非历史学家；我参加过其他大洲的历史学会议，比如非洲的纳米比亚和其他国家。我经常是历史学会议中唯一的社会学家，查尔斯·蒂利肯定也是如此。历史学刊物上对我那本书的评论往往更加详尽、更加精准。历史社会学家越来越愿意读细致的历史学著作。在过去，大部分历史社会学家对法国史和美国史比较熟，对其他国家的历史却没什么兴趣。如果

---

① George Steinmetz, *Regulating the Social: The Welfare State and Local Politics in Imperial Germany*, Princeton: Princeton University Press, 1993.

你研究德国、中国或某些非洲国家，你的读者对此并无兴趣。现在的历史社会学家阅读研究世界其他地区论著的意愿稍微强了一点，这门学科的国际化程度正在加深，既包括进入这门学科的人——正如你来自中国，我在密歇根大学的多数研究生都不是美国人——也包括研究对象——不再集中于法国、英国或美国，而是遍地开花，我想这是世界所有角落的全球化和国际化的一部分。但悖论是，作为一个整体，美国社会学就分析对象而言并没有变得更加全球化和国际化——美国社会学会的跨国研究委员会是这个学会少数致力于不以美国为研究中心的组成机构，但它远非美国社会学会最大的组成机构。

李钧鹏：我有一个感觉，就是历史社会学研究并没有获得历史学界的广泛接受。情况是否如此？

斯坦梅兹：我认为这完全要看是哪个历史社会学家。例如，我的《魔鬼的手迹》在德国和美国的德国史专家中就获得了很好的评价，被德国的殖民史专家和其他历史学家引用。我有关福利国家的书①也被研究德国国家和福利国家的历史研究者接受。蒂利的研究被法国史专家高度推崇。他是一位从事档案研究的学者——你如果读过蒂利的自述，就知道他为了写博士论文去法国查档案，并没有做很多事先准备，但他在法国做了档案研究。

历史学家想确认你做过功课，你对你所研究的个案有足够的了解，这不仅包括已经发表的文件，还包括没有发表的文件。最好你还发现了之前没有人知道的东西——要做到这一点，你必须寻找没有发表的文件，否则就只是重复之前的历史学家已经说过的东西。

其次，你必须熟悉别人已经就此做过什么研究，而不能在读完所有相关研究之前就对德国殖民史高谈阔论。借用马克·布洛赫的话说，这就是"历史学家的技艺"②。历史社会学家有双重任务：他们既要接受社会理论和社会学理论的训练，又要打磨历史学家的技艺。他们过去总是

---

① George Steinmetz, *Regulating the Social: The Welfare State and Local Politics in Imperial Germany*, Princeton: Princeton University Press, 1993.

② 马克·布洛赫：《历史学家的技艺》，黄艳红译，中国人民大学出版社2011年版。

瞻前顾后，但现在已经在这样做了。你如果翻阅美国和欧洲过去的博士论文，会发现它们往往篇幅短小，现在的篇幅变得更长。相比之前，现在要做更多的研究，这是好事。

李钧鹏：您曾主编过一本关于文化如何影响国家形塑的书。[①] **自从那本书问世之后，文化转向对历史社会学产生了什么影响？**

斯坦梅兹：这股潮流非常强劲。20 世纪 80 年代的历史社会学以国家形塑和政治经济学为主流。如今，它的分析对象更具有文化色彩，它的分析方法也更偏向于解读和文化。总的说来，文化已经成为历史社会学的主流趋势。玛贝尔·贝雷辛（Mabel Berezin）昨天组织了一场关于文化和政治的分论坛，虽然是文化社会学专业委员会的分论坛，但会上提交的论文都是历史研究，所以文化社会学和历史社会学产生了真正的融合。

你提到的三股潮流，实证主义的衰落、精神分析的发展和文化转向，我认为文化转向已经成为现实，现在在这一转向之下有了新的研究兴趣和进展，也可能会有一场新的"物质性"转向来补充文化转向。"历史社会学应该回避解读，回避文化意涵"，我不经常听到这种观点。但可能还有一些拒不让步者——实际上确实有一些。詹姆斯·马洪尼（James Mahoney）和迪特里希·鲁施迈耶（Dietrich Rueschemeyer）在他们主编的书的导言里说要保护学生，让他们免受文化转向和语言学转向的侵蚀，认为这对研究生来说危险重重。[②] 这可真是大谬不然，他们从中得到的只有好处——他们可以学到解读的方法，他们可以学到有关意涵的理论，他们可以学到社会学为何从一开始就是一门解读性社会科学。从学术上讲，自创立以来，社会学最有活力、影响最持久的作品来自马克斯·韦伯、格奥尔格·齐美尔（Georg Simmel）和斐迪南·滕尼斯（Ferdinand Tonnies），在 20 世纪 20 年代又得到了诺贝特·埃利亚斯

---

① George Steinmetz (ed.), *State/Culture: State Formation after the Cultural Turn*, Ithaca: Cornell University Press, 1999.

② James Mahoney, Dietrich Rueschemeyer, "Introduction: Comparative Historical A-nalysis", in James Mahoney, Dietrich Rueschemeyer (eds.), *Comparative Historical Analysis in the Social Sciences*, Cambridge: Cambridge University Press, 2003, pp.3-38.

(Norbert Elias) 和卡尔·曼海姆 (Karl Mannheim) 等人的补充——那种社会学以解读和历史主义 (historicism) 为旨趣。曼海姆在 20 世纪 20 年代向德国社会学教师做演讲时说，历史主义原则像一只看不见的手一样组织着我们所有人。① 他所说的历史主义就是一种文化转向，一种解读主义。美国社会学和美国社会生活往往抗拒这种立场，这是一种美国特有的倾向。

李钧鹏：美国和欧洲的历史社会学有什么不同？

斯坦梅兹：我写过一篇有关法国历史社会学家的文章，那篇文章关注了布迪厄的学生。② 布迪厄有许多学生研究历史社会学，他们做档案研究，进行解读，也有理论视角。范妮·科隆纳 (Fanny Colonna) 是布迪厄早期的学生，也是他最好的学生之一，她写了一部有关法国殖民地阿尔及利亚的法语教师的历史研究，1975 年出版，这是一项有关与法国殖民者合作的阿尔及利亚中间阶级的产生的历史社会学研究，写得非常精彩。③ 所以法国有历史社会学，虽然"历史社会学"(sociologie historique) 这个词在法国不太常见，但他们确实在做具有历史色彩的社会学。

在德国，历史社会学在 20 世纪 20 年代是社会学的主流。二战后出现了反对意见，但部分原因是大多数历史社会学的倡导者都流亡到了美国和英国。德国社会学在此之后出现了"美国化"，这导致了历史社会学的衰落，但它现在又再度兴起。

在英国，历史社会学在 20 世纪 80 年代左右非常兴盛，现在仍然存在，尽管许多最重要的历史社会学家迁居到了美国，比如迈克尔·曼 (Michael Mann)。

所以不同国家有不同形式的历史社会学。社会科学有意思的一点是

---

① Karl Mannheim, "Historicism", in *Essays on the Sociology of Knowledge*, Oxford: Oxford University Press, 1952, pp. 84-113.

② George Steinmetz, "Bourdieu, Historicity, and Historical Sociology", *Cultural Sociology*, Vol. 5, No. 1 (2011), pp. 45-66.

③ Fanny Colonna, *Instituteurs algériens, 1883-1939*, Paris: Fondation nationale des sciences politiques, 1975.

它仍然带有国族的色彩，仍然体现出国族的差异，尤其体现在对历史主义或新历史主义的态度上：是否对历史性持开放态度，是否对文化转向持开放态度，是否对比较历史分析等非量化方法持开放态度。

李钧鹏：熟练的外语对于历史社会学来说是必要的吗？

斯坦梅兹：我觉得不是。你不需要掌握英语之外的语言，就能出色地完成一项不同英国殖民地的比较研究。借助于翻译，你可以做许多研究。掌握外语肯定大有帮助，但这绝不是历史社会学的硬性要求。

当然，你必须设法接触到一手材料；如果这些材料不是用英文写的，你至少要请人把它们翻译过来。我在写《魔鬼的手迹》时，三个个案之一是德国在中国的殖民统治。我确实下功夫学习了中文，花了好些年，但到头来也没能熟练阅读中文材料，所以不得不请人把中文资料翻译过来，但我确实去过一些相关的档案馆，比如青岛市档案馆。我在中国海洋大学中文系做过讲座，也去过北京的国家图书馆和其他一些地方。一个人可以学的语言太多了，这对非母语者来说不是容易的事。

李钧鹏：您对有志于从事历史社会学研究的年轻学子有什么建议？

斯坦梅兹：除了前面说过的，我认为年轻人不应该掉入一个思维陷阱：因为某项研究会花费你更多的精力和时间，你就应该避开它。年轻人应该从事终身不渝的研究，从事一项始终对他有吸引力的研究，不要在过短的时间内完成博士论文，尽管博士论文的压力现在越来越大。我认为年轻人应该意识到，一切社会学都是历史社会学，所以这甚至不是一个选项，只是你是否将它凸显出来而已。如果你研究当下，当下就是一部小场合的历史，你也已经是一名历史社会学家了。

我研究过当代事件，也就是正在发生的事情。我意识到，一旦我写完文章或发表文章，事情就大有变化。这是研究当下最令人沮丧的地方。在这种意义上，历史研究的挫折感要小得多，因为你所研究的某些过程或多或少已经终结，你有可能正确地理解它、解释它。如果研究对象是当下，它的过程总在展开中。举个例子，我曾经研究过底特律。就在我们此刻说话时，底特律这座城市还在变化中，可能一系列破产程序正在进行中，可能会出售底特律艺术博物馆（Detroit Institute of Arts）。如果州政府也卷入其中——他们已经参与管理这座城市——我的表述就会发生变化，但我的论文已经发表了。在这方面，历史社会学更令人满意一些。

而且历史社会学可以研究令人着迷的关键历史节点，比如革命、群体灭绝以及帝国兴衰，这些事件令人着迷了几千年，并且仍将令人着迷。特殊事件、不可重复的事件、独一无二的事件、危机，这些都是令人着迷的事情，所以你研究的是与你的日常生活产生共鸣的事情，这是我认为历史社会学不必纠结于研究对象重复性的另一个原因——你研究一个只发生过一次的事件，你应该为此感到高兴。例如，我们都应当庆幸没有另一场规模等同于纳粹大屠杀的群体灭绝。然而，社会学家始终非常抗拒对大屠杀做出分析，我认为原因就在于它是一个如此空前绝后的、独一无二的事件，他们觉得这并不适用于社会学。恰恰相反，我前面描述过的批判实在主义取向的社会学认为，这类事件应当是社会学的优先研究对象。我说的"这类事件"指的是独一无二的事件、特殊的事件、只发生一次的事件。由于社会学家回避了这些事件，他们将自己置于相关对话之外。他们应该重新与其他学科展开对话，比如政治学，后者并不回避这类事件。

李钧鹏：您如何评价自己对历史社会学的贡献？

斯坦梅兹：我认为自己扮演了一些角色，至少在推动历史社会学近年来对帝国的关注方面有所贡献；我在方法论研究中试图对历史社会学做出反思；我还尽力拓宽美国历史社会学的关注对象，使它不再只局限于美国和西北欧，而是扩展到世界各地。我绝不是唯一一个做过这些工作的人，但这些是我做过的一些工作。我尤其希望社会学对那些独一无二的事件有更多的兴趣，也就是我刚才描述过的那些只发生一次的、往往性质恶劣但有时也令人愉悦的事件。我认为社会学家应该对世界其他地区有更多的兴趣，比如一直被忽视的非洲，比如兴趣还不够多的中国。这是我尽力去推动的工作。

李钧鹏：您目前在研究什么课题？

斯坦梅兹：我目前正在研究的是相对威权主义政治条件下的科学自主

性问题，这些政治条件是殖民政体和帝国政体。我从一个当下的矛盾或问题开始，那就是只能通过中央情报局或军方找到工作的美国社会科学家或试图从这些机构获得资助的美国学者发现自己的自主性受到损害。我追溯帝国中的社会学家如何与帝国进行合作，他们如何在某些情况下因为帝国的存在而做出了更具开创性的研究，在某些情况下为其科学研究开辟出一定的自主性并进而在帝国背景下开创出相对自主的科学领域。在这本正在写作的书中，我尤其关注法国和英国 20 世纪中叶的社会学家，基本是40—60 年代，以及这两个国家的社会学如何在某种程度上都源于和殖民研究的关联以及与人类学对此研究对象的争夺。我研究所有这些人的集体传记，研究他们在殖民地的研究项目，研究这两个社会学场域的重构。

这一研究完成之后，我计划写一本有关纳粹德国的书，考察卷入对东方的殖民占领计划的纳粹社会学家以及这一战后计划的制定，还考察美国的殖民地和帝国状况以及社会学家在其中的角色。

所以这是一个两卷本的研究项目，研究法国和英国这种老牌殖民地，并把它们与与众不同的殖民地做比较，比如纳粹在欧洲大陆的帝国和美国的非正式帝国。严格说来，现代帝国有三种主流形式，一是正式的殖民主义，二是美国霸权这样的非正式帝国，三是作为一种极端定居殖民主义（settler colonialism）形式的纳粹欧洲大陆帝国。而英国、法国和德国的社会学家在其中扮演了相当核心的角色。不仅是这一个有意思的地方，同样有意思的是这些社会学家如何在帝国条件下从事自己的研究，一些人如何乐在其中，一些人如何严词拒绝，还有一些人如何寻找中间道路。这项研究对于那些探讨威权主义或不充分民主条件下的学术生活的人来说可能会挺有意思。

这就是我目前在做的研究。我已经发表了一些论文，其中一篇发表在一份比较帝国研究的刊物上[①]，另一篇即将发表在《行为科学史学报》

---

① George Steinmetz, "The Imperial Entanglements of Sociology in the United States, Britain, and France since the 19th Century", *Ab Imperio: teorii ai istorii anat sional'nosteii nat sionalizma vostsovetskom prostranstve*, Vol. 4 (2009), pp. 23-78.

上①。我甚至在美国社会学会社会学史专业委员会的简报上发表了一篇文章②，还有就是我为《社会学与帝国》写的导言。对了，我在 2010 年发表了一篇分析社会学家理查德·图恩瓦尔德（Richard Thurnwald）的文章。他是一位德国的殖民社会学家，投机地在不同立场之间转换，最终完全倒向纳粹政府——至少在纳粹掌权时是这样——利用他的殖民知识为纳粹在德国的强迫劳动计划效劳。③ 所以目前我一共发表了五篇文章，下一步是出一本专著。

① George Steinmetz, "A Child of the Empire: British Sociology and Colonialism, 1940s-1960s." *Journal of the History of the Behavioral Sciences,* Vol. 49, No. 4 (2013), pp. 353-378.

② George Steinmetz, "British and French Sociology after 1945: The Colonial Connection", *Timelines,* Vol. 20 (2012), pp. 2-6.

③ George Steinmetz, "La sociologie et l'empire: Richard Thurnwald et la question de l'autonomie scientifique", *Actes de la recherche en sciences sociales,* Vol. 185 (2010), pp. 12-29.

第十七章　比较历史分析、理性选择与一般性理论

——华盛顿大学艾德加·奇瑟

艾德加·奇瑟

艾德加·奇瑟（Edgar Kiser）可能是这个系列访谈中最具争议性的人物。1991 年，年轻气盛的奇瑟和他的老师迈克尔·赫克特（Michael Hechter）在《美国社会学报》（*American Journal of Sociology*）上发表篇首论文《一般性理论在比较历史社会学中的角色》（The Role of General Theory in Comparative-Historical Sociology），明确主张基于演绎法和解释取向的研究相对于其他方法和取向的优越性，引起社会学界的激烈讨论，其影响持续至今。奇瑟在学术生涯初期以马克思主义者自居，并在《美国社会学评论》（*American Sociological Review*）等重要刊物上崭露头角。但从 20 世纪 90 年代初开始，受经济学的影响，他的学术取向发生了重大转折。时至今日，奇瑟以一系列富有理论解释力的历史研究奠定了自己在社会学界的地位，并成为理性选择理论在历史社会学界的"代言人"。曾获美国政治学会富兰克林·伯德特最佳论文奖。

除了理论和方法论，奇瑟的历史研究涵盖战争、国家建设、科层制等多个方面，在时间和空间上自由穿梭，体现出极其宽广的视野。尽管题材千变万化，但他的研究始终坚持以理性的个人决策者为理论出发点，崇尚理论模型的简洁和概念界定的清晰，积极和经济学、政治学、心理学等学科对话，具有鲜明的个人特色。

除了自身的科研，奇瑟在培养学生方面也享有盛誉。他善于和学生合作，让学生参与到自己的学术研究中并切实学有所成。他指导的博士生往往在学生阶段就有优秀的学术发表，并能在毕业时找到一流大学的教职。

奇瑟于 1987 年获亚利桑那大学社会学博士学位，读博期间先后师从阿瑟·斯廷奇科姆（Arthur Stinchcombe）、阿尔伯特·柏格森（Albert Bergesen）和迈克尔·赫克特。他在艾奥瓦大学任教一年后即转至位于西雅图的华盛顿大学并在那里任教 30 余年，亲自促成了该校社会学系成为美国理性选择社会学研究的重镇，并任该校政治学系兼任教授 20 多年。奇瑟 2019 年从华盛顿大学荣休，现任纽约大学阿布扎比分校社会学访问教授。

奇瑟是一位极具个人魅力的学者。表面上看，他不似本系列访谈中的许多学者那么温文儒雅，而更像美国人在酒吧喝酒时碰到的普通邻居。他没有一丝大牌学者的架子，访谈时自始至终以平等的语气说话。他不说套话，而是以真诚的态度打动对方。时隔多年，我仍对曼哈顿沃里克酒店一楼咖啡厅的那次友好的访谈记忆犹新。

许松影协助我整理了访谈录音的文字稿，特此致谢。

一、　思想来源

李钧鹏：事实上，我最先接触您的研究是在博士第一学期的研究方法课上。我们在课上讨论了您与蔡泳合作的关于秦朝的战争与科层制的论文，那是一篇非常有意思的文章。[①]

奇瑟：是啊，他是一位很好的合作者，不过现在完全不做这方面的研究了，转向了人口学。

李钧鹏：那倒是有些遗憾。

奇瑟：是的，他现在对那方面感兴趣。如果不跟研究生合作，我不可能完成我做过的任何研究。你能从论文中看出来，对吧？所有合作者都是来自讲那些语言的地方的研究生。

李钧鹏：在这方面，您似乎和彼得·比尔曼（Peter Bearman）很类似，他同研究生合写过大量论文。

奇瑟：是啊。我认识彼得很长时间了。我们在同一年毕业求职，还为同一份教职竞争，最后他拿到了那份教职，我没有（笑）。从那时开始我们就是好朋友。

李钧鹏：我的第一个问题是：您是怎么对历史社会学产生兴趣的？

奇瑟：有几个原因。一个原因是我出生于一个海军家庭，小时候每隔一年半载就要搬到一个不同的地方，那时我最初开始认识到社会与文化差异并对此感兴趣。我们从美国南方搬到北方，习俗发生了变化，人们的口音也大相径庭，我总觉得自己是个局外人，我觉得那是我坐下来研究社会的部分原因。

我对历史的兴趣来自两个方面。一方面，我本科学的是哲学，一直

---

① Edgar Kiser, Yong Cai, "War and Bureaucratization in Qin China: Exploring An Anomalous Case", *American Sociological Review*, Vol. 68, No. 4 (2003), pp. 511-539.

对宏大的、抽象的问题感兴趣。实际上，如果哲学的就业形势稍微好那么一点儿，我当初就很有可能会去读哲学博士。你能想象出来，哲学比社会学的就业形势糟多了，再也没有人想学哲学。对我来说，历史社会学永远是一个你能研究真正宏大问题的领域。在当下的环境中，由于诸多根本性的制度特征或结构，这么做变得很难。我当时想知道的是，这些制度特征的起源是什么，它们如何发挥不同的作用。另外，我在学术生涯初期是个马克思主义者，所以我对历史社会学的兴趣还出于批判的维度。这些是很大一部分原因。

再有一个原因是我成长过程中受到了非常糟糕的教育。我在南方的很多公立学校读过书，那里的教育真的很糟糕。举个例子，我高中毕业那年，学校曾因不同种族之间的持刀斗殴而停课一周。我就是在这种地方读书的，没有一点学习氛围……

李钧鹏：您是在哪里读的高中？

奇瑟：在北卡罗来纳州（North Carolina）的格林斯伯勒市（Greensboro）。所以我在上大学以后努力自学，弥补我作为本科生本该知道的东西。学习历史社会学就是这样一种方式，尤其是关于不同时期和地方的历史社会学。我知道自己不想专精于任何一个时段或地区。比方说，我很欣赏丽贝卡·埃米尔（Rebecca Emigh）对托斯卡纳区（Tuscany）的研究①，但我做不了这个，我不想把自己的整个学术生涯耗费在对一个时期或一个地点的研究上。这些是主要原因。

还有就是几位导师在我学术生涯早期对我的影响。阿瑟·斯廷奇科姆（Arthur Stinchcombe）是我的第一位主要导师，他明显对历史社会学感兴趣。我在亚利桑那大学时，威廉·休厄尔（William Sewell）是那里的历史学家。还有后来去那里教书的迈克尔·赫克特（Michael Hechter）。他们进一步吸引我走上那个方向。

李钧鹏：您在大学阶段选过社会学课程吗？

---

① Rebecca Emigh, *The Undevelopment of Capitalism: Sectors and Markets in Fifteenth-Century Tuscany*, Philadelphia: Temple University Press, 2009.

奇瑟：选过，我读了社会学的双学位。在意识到自己不打算走哲学这条路之后，我拿了社会学的学位。我在那时对社会学有非常复杂的感受。北卡罗来纳大学教堂山分校（University of North Carolina at Chapel Hill）是一所大型的州立大学，但我前两年是在北卡罗来纳大学格林斯伯勒分校——因为我的高中成绩太差，进不了主校区。在教堂山，大部分课程都是大课堂、大讲座，所以我并不了解很多教授。但是北卡的荣誉课程项目非常棒，我觉得那个项目促使我后来读了社会学研究生。一位叫理查德·克莱默（Richard Kramer）的老师负责那个项目。他基本不写东西，所以同事们觉得他基本上废了，但他喜欢本科生教学，而且做得很好。

李钧鹏：我记得他，我其实在北卡罗来纳大学待过几年。

奇瑟：哇，真的啊？

李钧鹏：北卡如今在历史社会学方面一点都不强，所以后来出了什么问题呢？

奇瑟：是啊，一点儿都不强，现在在理论方面也不强。

李钧鹏：我觉得北卡社会学系在学术上相当保守。

奇瑟：是的，很像我现在所在的华盛顿大学社会学系，被人口学和非常主流的量化社会学家统治。我开始读研究生的时候，第一个导师是达德利·邓肯（Dudley Duncan）。我一开始也做了很多统计学，但写完硕士论文以后就退学了，因为我意识到那不是自己想要做的。所以我是在重回学校之后才真正开始做比较历史社会学的。

李钧鹏：亚利桑那大学和华盛顿大学是如何影响到您的研究的？

奇瑟：亚利桑那大学对我有深刻的影响，部分原因在于那里有很多人对我有影响。比如说我刚才提到的迈克尔·赫克特，他是我最后写博士论文时的导师。不过威廉·休厄尔是我研究生涯早期真正重要的影响者，他开阔了我的视野，启发我分析宏大的历史问题。但除此之外，亚利桑那大学在那时还有一群非常棒的助理教授，他们比我大不了几岁，因为我那时是高年级研究生，而他们才刚开始教书。包括尼尔·弗雷格斯坦（Neil Fligstein）、道格·麦克亚当（Doug McAdam）、罗伯托·费尔南德斯（Roberto Fernandez）、迈克尔·索贝尔（Michael Sobel）、迈克尔·豪特（Michael Hout）等人，在当时真的是很了不起的一群助理教授。我和他们不但在学术上经常交流，而且在生活中的关系也很好。这对我来说是很重要的非正式的职业社会化。

李钧鹏：您刚才说阿瑟·斯廷奇科姆是您的导师？

奇瑟：我有三位导师：第一位是阿瑟·斯廷奇科姆，他在一年后离开了；第二位是阿尔伯特·伯格森（Albert Bergesen），他做世界体系研究，是约翰·迈耶（John Meyer）的学生；第三位就是迈克尔·赫克特。亚利桑那大学在那时就像个中转站，人们来了又走——校方聘来资深教授，他们来了以后互相争论，然后一个或两个人离开。这种情况很多，我并不是系里历史上唯一一个换过多位导师的人。很多人因为这个原因离开了，因为这种动荡。那既是一个充满活力、生机勃勃、充满能量的学术环境，又是一个每个人来了又走的非常脆弱的环境。

关于华盛顿大学，我不得不说，对我更大的影响来自学生，而不是同事。我经常交流的同事包括政治学系的玛格丽特·利瓦伊（Margaret Levi），她对我的影响尤其大；经济学系的约拉姆·巴泽尔（Yoram Barzel），他是道格拉斯·诺思（Douglas North）的亲密合作者……

李钧鹏：我记得您跟他合写过文章。

奇瑟：是的，我们合写过三篇文章。我从约拉姆那里学到了很多经济学，从玛格丽特那里学到了许多政治学。在社会学方面，我从来没有关系特别密切的同事。不知你是否认识史蒂夫·普法夫（Steve Pfaff）和凯瑟琳·斯托韦尔（Katherine Stovel），他们在一定程度上算，但我在那儿主要是和研究生们合作。和研究生们一起写关于不同时间和地点的论文实在是很棒！

李钧鹏：您一直都是一位理性选择取向的社会学家吗？

奇瑟：不，我在学术生涯初期是一个马克思主义者。但我一直对一般性理论（general theory）感兴趣，我想这和我的哲学背景有关。我当时在研究马克思主义那一套，阿尔都塞（Althusser）和普兰查斯（Poulantzas）这些结构主义马克思主义者的作品在那时占主流地位。现在回头看，我显然是在走马克思主义的死路（笑）。我的第一篇论文是用马克思主义理论和世界体系理论来分析文化，基本上是一种反映论（reflection theory），分析文化如何以不同方式反映经济和政治体系。

李钧鹏：是在您读研的时候吗？

奇瑟：对，在我读研的时候。我当时写了几篇关于乌托邦文学的论文，研究它与世界体系、经济周期和政治周期的关系。基本论点是：当一个国家的经济形势不妙或者霸权衰落时，人们就会开始质疑基本的社会结构，并倡导新的结构——乌托邦文学做的就是这个——人们会被迫思考如何重建；当一个国家的经济形势见好或者霸权兴起时，反乌托邦文学往往占据主流，它反对任何替代方案。我当时写了一篇论文，探讨爱德华·贝拉米（Edward Bellamy）写于19世纪晚期的乌托邦小说《回顾》（*Looking Backward*），认为这部小说基本上反映了美国大型企业的兴起。这些研究跟世界体系研究非常不一样，跟我后来的理性选择研究更不一样。

我对理性选择的兴趣缘起于诺思在亚利桑那大学的一次演讲。他谈的是代理理论（agency theory），我之前从来没有听说过。我当时在研究国家，心想："哇！这真是个超级棒的模型，能回答我从马克思主义那里引出的一些关于阶级与国家关系、国家统治者与政府官员关系的问题。"

李钧鹏：这是哪一年？

奇瑟：应该是1984年或1985年。迈克尔刚到那里，所以在那次讲座之后我开始和他有更多的交流，并且开始合作。这就开启了我在理性选择方面的研究。

二、学术指导

李钧鹏：像您刚才说的那样，您的很多学生都是您的合作者。你们一般是怎么合作的？

奇瑟：不同的人有很不一样的合作方式，对吧？我的合作方式基本上是这样：我先对某些东西有一个基本的想法，比如一个理论模型，学生则对某个特定时段或地点有所了解。举一个最近的例子，奥德丽·萨克斯（Audrey Sacks）现在供职于世界银行，她对非洲很了解。我大多数论文有关诸多历史上的国家，它们在征税方面遇到的问题部分原因在于糟糕的通讯、交通和基础设施。她读过这些论文后说："你知道吗，许多当代非洲国家有完全一样的问题。"她带着这些想法来跟我讨论，我们一起午餐，最后合作了几篇用代理理论研究当代非洲国家的论文。一般情况下是我来执笔，学生做大量的经验工作。我会告诉他们我想要什么类型的数据，他们找到这些东西，我们一起吃午餐并讨论他们找到的内容。在这个过程中，学生经常会有新的想法，所以它显然是一个多回合的过程。但到了一定阶段，我会写出一份草稿，我们一起修改，我会在一些场合报告相关内容，获得一些评论，拿给历史学家看——几乎总是这样，因为我不是自己研究的任何区域的专家，所以这里有很明确的劳动分工。目前还没有过学生主导研究项目的情况，我觉得这是我跟彼得·比尔曼不一样的地方——他有时候是学生为主做一个项目，而他跟学生合作。

李钧鹏：所以一般是您先有一些大体的想法，然后指导学生做经验研究？

奇瑟：是的。以一篇有关普鲁士的文章为例，我有一个一直感到困惑的问题：普鲁士如何在17—18世纪成为强国？它是一个全面落后的国家，人口比许多竞争者少得多，经济比许多竞争者弱得多，但面对似乎能轻易在军事上打败它的国家，它究竟是如何开始打赢所有这些战争的？读过一些文献并问过一些历史学家后，我的直觉是它的税收管理制度更好，在征税方面更有效率。那么接下来的问题就是为什么会这样。所以我跟一个德国学生说："我们去找找原因吧！我不懂德语，你去读一些这方面的专业文献，我们努力把这件事搞明白。"就是类似这样的过程。一旦这个过程开始，它就成了一个双向的过程：我提出最初的想法，但学生在此过程中也会发展出自己的想法。能和一些非常优秀的学生合作，我感到很幸运。

三、 理性选择

李钧鹏：华盛顿大学似乎已经是理性选择理论的重镇了，对吧？

奇瑟：是的，曾经是，但我认为现在并非如此了。

李钧鹏：还有康奈尔大学。

奇瑟：是啊，詹姆斯·科尔曼（James Coleman）在的时候芝加哥大学也是，但这项事业从未起飞。不得不说，这是一件我完全预测错了的事情。拿政治学来说，理性选择理论起初在政治学中什么都不是，但现在这门学科三分之一到一半的人都在做理性选择研究。当我跟迈克尔合作的时候，美国社会学会还没有理性选择专业委员会，《理性与社会》（*Rationality and Society*）杂志还没有创建。不夸张地说，当时只有一小撮社会学家在进行这种尝试，但政治学是我们的榜样。我们想："哇，既然他们行，我们也行！"当詹姆斯写了他的大部头理论书《社会理论的基础》时，当《理性与社会》创刊时，当美国社会学会理性选择专业委员会成立时，我们所有从事理性选择研究的人都以为这是一场变革的开始，我们就要见证政治学的历史在社会学重演。之后的进展显然不是这样。

李钧鹏：这与詹姆斯·科尔曼的去世关系大吗？

奇瑟：我不觉得，因为《社会理论的基础》在他去世之前就没有得到非常正面的评价。他真的以为那本书会改变这门学科，但并没有。我觉得这里面有很多原因，不是所有原因都是有道理的学术原因。过了一段时间以后，形势已经很明朗：理性选择研究仍将是社会学内部的一个小部落，它不会扩张，也不会成为主流理论。尽管如此，就像你刚才聊天时说的，查尔斯·蒂利（Charles Tilly）和许多其他唯物主义式的结构主义者都在隐含地运用理性选择理论。他们必须这样，因为这是他们在微观层面上的预设。

但无论如何，理性选择研究没有起飞。我真正意识到理性选择研究没有转危为安，而是被打入冷宫，是在我的一个从事理性选择研究的学生临毕业时。我当时跟她说了这件事，我们都决定，为了她能找到教职，她应该淡化她的理论部分，淡化她的理性选择内容。当一个人不得不那样做，当一个人甚至不得不从根本上否认她是在做这项研究时，在那一刻，我真正明白大局已定。

李钧鹏：我记得您在一篇论文①中把朱莉娅·亚当斯（Julia Adams）的一篇文章②归入理性选择理论……

奇瑟：是啊，那篇代理理论的文章。

李钧鹏：但我记得她曾不加掩饰地批评过理性选择理论。③

奇瑟：是的。朱莉娅是我的老朋友了，我们关于这些议题有过长期的对话。她肯定不会称自己为理性选择理论家，她的大多数作品也不是理性选择理论。她的那本书完全没有用理性选择理论——那本书从许多方面看都很精彩——而是具有浓厚的"文化"色彩。④ 但我还是认为那篇代理理论的论文完全就是一篇理性选择理论的文章。

---

① Edgar Kiser, "Comparing Varieties of Agency Theory in Economics, Political Science, and Sociology: An Illustration from State Policy Implementation", *Sociological Theory*, Vol. 17, No. 2 (1999), pp. 146-170.

② Julia Adams, "Principals and Agents, Colonialists and Company Men: The Decay of Colonial Control in the Dutch East Indies", *American Sociological Review*, Vol. 61, No. 1 (1996), pp. 12-28.

③ Julia Adams, "Culture in Rational-Choice Theories of State Formation", in George Steinmetz (ed.), *State/Culture: State Formation after the Cultural Turn*, Ithaca, NY.: Cornell University Press, 1999, pp. 98-122.

④ Julia Adams, *The Familial State: Ruling Families and Merchant Capitalism in Early Modern Europe*, Ithaca, NY.: Cornell University Press, 2005.

不过话又说回来，理性选择理论的污名在于，人们不想承认它，即使他们的研究包含了理性选择理论的成分。作为一门学科，我们受到的教育是反驳它。作为一个群体，社会学家反对两件事：一个是生物学解释，先天还是后天之类的；另一个就是理性选择，反对个人主义的解释，特别是基于工具性假设的个人主义解释。理性选择理论在社会学界是一场注定失败的游戏。

李钧鹏：我肯定不是唯一一个这样问您的人——您基本上是一位论文作者，和擅长写专著的大多数历史社会学家很不一样，这是有意为之还是无意之举？

奇瑟：有两个原因：一是个人原因，我是一个很没有耐心的人，注意力集中的时间很短，我试过几次去写书，但我在这方面就是有一点个人的、心理上的问题（笑）；第二个原因在于，许多比较历史研究的著作只是把一篇论文稍加扩充的理论章节再加上一大堆经验材料，对吧？在许多情况下，他们会去查找档案或其他文献。我不做档案研究，那是我不太喜欢做的。所以我的研究总是理论的比重大过经验，相应的代价就是我的研究在篇幅上更适合论文，而不是专著。我不想做那种专著的篇幅所要求的细致的历史学研究。许多人建议我把关于不同时间和地点的税收方面的论文集结成册，我可以轻而易举地修订相关内容，再加上绪论和结语，一本书就出来了。从学术生涯的角度看，从实用的角度看，这么做都很聪明，这尤其能向其他学科没有读过这些论文或者不读社会学期刊的人介绍这些东西。但我就是觉得这件事极其无聊，而且我没有必要这样做——我有终身教职，收入不错，没有什么必要的原因去做这件事——所以我宁愿去做一些新的事情。但是谁知道呢，也许跟玛格丽特·利瓦伊合作，我会写出自己的第一本书。

李钧鹏：您是已经开始写一本书了吗？

奇瑟：和玛格丽特一起。基本上是有关公共物品的供给，在什么条件下公共物品会得到充分的供给。我们俩在过去这些年都写了不少关于征税和国家支出方面的论文。几年前，我们在斯坦福大学召集了一次学术会议，邀请了一批研究不同地方的税收问题的历史学家和古典学家。我俩的任务是写一个结论性章节，做一番总结。做完这件事之后，我们觉得自己也许有一些心得，也许应该写一本书，把那个结论性章节中的一些观点扩展成一本书。这是我们的计划，现在还在最初期的阶段。

李钧鹏：您曾把自己的研究描述为分析韦伯主义（analytical Weberianism)。①这是您作为社会学家的身份认同还是对自己部分研究的描述？

奇瑟：好问题。对我来说，把自己归类一直很难。我从来没有完全契合于理性选择这个群体，因为我的研究不用数学公式。坚定的理性选择理论者懂得很多数学知识，用数学公式讨论一切。我的研究从来不是那样，所以我从来就没有真正属于那里。许多历史社会学家不喜欢我的研究，因为我用了理性选择理论——当然也有一些其他有道理的原因，因为我的研究显然有其局限。所以某种版本的韦伯主义似乎和我的研究很贴近。但是大多数自称为"韦伯主义者"的人是出于和我完全不一样的原因，许多人受《新教伦理与资本主义精神》的影响，并且具有更强烈的文化取向。在这次会议上②，我受邀参加迈克尔·曼（Michael Mann）的新书③座谈，他又是和我非常不同的另一种韦伯主义，我跟他就此问题谈论了许多年。我从来没有对这样的标签满意过，只是部分地认同，但我也没有更好的标签。

李钧鹏：您经常使用"社会学的理性选择理论"(sociological rational choice theory）这种表述。它的意思是什么呢？当您用这种表述来描述相关文献时，大多数研究的作者是政治学家，而非社会学家，那为什么要

---

① Edgar Kiser, Justin Baer, "The Bureaucratization of States: Toward An Analytical Weberianism", in Julia Adams et al. (eds.), *Remaking Modernity: Politics, History, and Sociology*, Durham, NC.: Duke University Press, 2003, pp. 225-248.

② 指 2013 年美国社会学年会。

③ Michael Mann, *The Sources of Social Power: Volume 3, Global Empires and Revolution, 1890-1945*, New York: Cambridge University Press, 2012; Michael Mann, *The Sources of Social Power: Volume 4, Globalizations, 1945-2011*, New York: Cambridge University Press, 2013.

说他们的研究是"社会学的"呢?

奇瑟:是的,的确是这样。许多我喜欢的政治学研究,我也把它们归类为社会学的理性选择理论,也许这不是最恰当的术语。大体上说,我想表达两层含义。一是相对宽泛意义上的微观基础,例如在某些时候将身份视为偏好的意愿,或甚至当情感和价值涌现出来时将其视为偏好,这是社会学的理性选择理论。在最近的行为经济学出现之前,经济学家一直不愿意这样做。

第二点更为重要,就是要有真实的制度与社会结构的模型,也就是行动的情境的模型,我觉得这是经济学模型里最薄弱的一环。以加里·贝克尔(Gary Becker)的研究为例,这是一个社会学的理性选择理论的反例,他在宏观层面上想把一切都转化为某种市场,例如犯罪市场和婚姻市场。在我看来,这是一个非常贫瘠的宏观层面的概念。社会学的理性选择理论应该想办法纳入我们所知的制度和宏观层面的过程,这样才能有关于成本和收益的度量如何受这些因素影响的更加丰富的概念。如果用一句话说,那就是社会学的理性选择理论在微观和宏观层面上均比大多数经济学的理性选择理论更为宽泛。不过话又说回来,随着行为经济学和制度经济学的发展,经济学正在发生改变,是吧?

李钧鹏:您如何回应下面这种批评:理性选择理论忽视了人的情感,而情感并不来自有意为之的意图?

奇瑟:嗯,我认为这种说法大体正确。关于什么是好的理论,我们可以看到两种观点。一种观点认为好的理论应该具有完备性:人们持续往理论里添加内容,来填补缺失的东西。理性选择理论的一个方向是以某种方式把情感加进去。罗伯特·弗兰克(Robert Frank)在《理性的激情》[①] 中就试着这么做,其他人也尝试过。另一种观点则认为,好的理论应该清晰简单,你将其推广到最大可能,同时明白它不可能囊括一切,明白有一些东西被搁下了,而你需要补充其他理论模型才能对某一个历史特例做出完整的解释。

---

① Robert Frank, *Passions Within Reason: The Strategic Role of the Emotions*, [S.l.]: W. W. Norton, 1988.

　　我的态度一直是让理性选择模型尽可能简洁。我把它扩充了一点，让它成为社会学的理性选择理论，但仍然保持它的简洁性和可检验性。纳入情感因素带来的一个问题是模型的检验变得非常困难。现在情况有了改观，因为有了磁共振功能成像等手段，我们能真切地看到人脑里面发生了什么，所以这一点有可能发生变化。总之，这是一个有道理的批评。对理性选择理论有许多类似的批评，我认为对这一理论狭隘性的批评是有道理的。

　　事实上，在过去五六年，我一直在教一门关于行动的非理性微观基础的课程。和理性选择理论打了这么久的交道，我注意到的一个问题就是它的所有缺陷，它所忽略的所有东西，所以这门课是关于情感、价值、习惯、进化心理学，关于所有被理性选择理论忽略的东西；它所考察的是什么能加以整合、如何整合，所有这些东西之间的关系是什么。我每两年讲一次，给研究生讲，也给本科生讲过几次。教这门课很有意思，学生们也爱听。

**　　李钧鹏：针对理性选择理论的另一个批评是它有循环论证的风险。您如何看待这种批评？**

　　奇瑟：只有当你没有先行指明偏好的时候，这种批评才是正确的。以雷蒙·布东（Raymond Boudon）的研究为例——我不喜欢他的研究——他大体上说，人们必须有理由才会做出行动，于是他在事实发生之后分析其原因。这完全是循环论证，你可以用这种方式解释任何事情。所以我总是尽量给出有关偏好的清晰预设，一旦你这么做了，比如说预设统治者为了尽可能扩充其财富将征收最大限度的税，那么这个模型就不会是循环论证的，即使它有可能是错误的。所以我认为循环论证只是理性选择理论的一个失误，而不像忽略了情感那样是它固有的问题，它对理性选择理论造成了很大的伤害。好的倡导者并不那么做。

**　　李钧鹏：我想提一个非常宽泛的问题：理性选择、一般性理论、涵盖律以及因果机制之间的关系是什么？这些概念非常容易混淆。**

　　奇瑟：确实非常容易混淆。关于这个问题，《美国政治学评论》（*A-*

merican Political Science Review）三四年前有一篇精彩的论文，我不知道你有没有看过，我不记得作者的名字了。这篇论文基本上说的是存在两种完全不同的理性选择理论，一种基于涵盖律，另一种则基于因果机制，二者以迥然相异的方式论证自己的模型。以米尔顿·弗里德曼（Milton Friedman）过去的"就像"（as if）论证为例，这完全是一种涵盖律模型。他说："我不在乎微观基础是错是对，我只关心预测的结果是对是错。"主张因果机制的人则完全相反，他们想知道机制是否正确。在许多情况下，如果存在多重机制，你就无法对法则做出明确的预测。我一直是倾向于机制立场。我和迈克尔·赫克特在 20 世纪 90 年代初合写的那篇文章就倡导从因果机制的角度来构建理性选择理论。我认为这方面已经取得了非常丰硕的成果。

李钧鹏：查尔斯·蒂利也使用"机制"这个词，作为与涵盖律相对立的概念。但是在您 1991 年的论文中，您似乎并没有把机制和涵盖律区分开来，而是把它们混为一谈。[①]

奇瑟：并没有完全混为一谈，虽然那篇文章确实有些含糊的地方。说到因果机制和涵盖律之间的关联，我认为关键在于为因果机制设定范围条件——乔恩·埃尔斯特（Jon Elster）在理查德·斯威德伯格（Richard Swedberg）主编的那本有关机制的书里的文章非常精彩。[②] 如果我们能指明不同因果机制的范围，我认为就有可能区分开因果机制和法则——这并不容易。在我和同事的分析韦伯主义的项目中，我们以韦伯对四种社会行动的划分为起点，指明各自的范围条件，试图说明在什么时候目的理性占支配地位，什么时候是价值，什么时候是情感，什么时候又是习惯。[③] 我在这项研究上花了相当长时间，最终觉得这要么是

---

① Edgar Kiser, Michael Hechter, "The Role of General Theory in Comparative-Historical Sociology", *American Journal of Sociology*, Vol. 97, No. 1 (1991), pp. 1-30.

② Jon Elster, "A Plea for Mechanisms", in Peter Hedström, Richard Swedberg (eds.), *Social Mechanisms: An Analytical Approach to Social Theory*, Cambridge: Cambridge University Press, 1998, pp. 45-73.

③ Edgar Kiser, Justin Baer, "The Bureaucratization of States: Toward An Analytical Weberianism", in Julia Adams et al. (eds.), *Remaking Modernity: Politics, History, and Sociology*, Durham, NC.: Duke University Press, 2003, pp. 225-248.

不可行，要么是我做不了，所以它一直在我电脑里的文件夹中。

李钧鹏：您说过理性选择理论为历史社会学提供了很好的微观基础，那么您是否认为微观基础必须是理性选择的假设？

奇瑟：不，我不这样看。在我的大部分学术生涯中，我用的都是相当标准的理性选择模型，但在与这种模型打了一段时间交道以后，你会意识到它所有的错误、缺点和不能解释的东西，接下来你就会思考为什么会这样。我的看法是，比较历史社会学的微观基础应该是某种包含了理性选择的更加宽泛的微观基础；理性选择可能是它的核心，也可能只是不同类型微观机制的更大集合中的一个子集。

李钧鹏：所以到底是基础的一部分还是核心呢？

奇瑟：嗯，我现在已经不太确定核心应该是怎样的。一种可能是丹尼尔·卡尼曼（Daniel Kahneman）所说的系统 1（System 1）的自动运转，也就是我们自动的、正常运转的或者说大多数情况下意识不到的思维系统。它不是某种有意识的成本-收益计算，或是内心对价值或任何其他事项的计算。只有当我们自动运转的系统被某种事物惊讶或这个系统不再有效时，某种更加审慎的、理性的计算才会发生。[①] 所以理性选择在这类模型中有可能居于次要地位。我不太确定，我觉得这些东西现在真的说不准，这也是现在这个阶段令我兴奋的原因。因为人们正在对历史研究的各种不同微观基础进行辩论，我觉得这令人着迷，但我不确定结果会如何。

李钧鹏：历史社会学家经常不明确说出对动机的预设，您却主张这么做。为什么？

奇瑟：我这么主张是因为，如果你不这么做，你就能够在事实发生以后去解释已经发生的任何事情。如果你有一个未指明偏好的理性选择模型，却不指明偏好，那么任何行动都能在事后被解释为某种偏好下的

---

① 参见丹尼尔·卡尼曼：《思考，快与慢》，胡晓姣等译，中信出版社 2012 年版。

理性行动。我认为这正是大多数历史社会学家对待微观基础的方式：他们没有对微观基础给出任何事先预设，所以当他们解释历史的时候，他们就能引入价值，就能以不同方式引入惯常行动、传统和习俗，就能引入情感，就能引入行动者在不同类型的偏好下的行动依据。基本上说，这使他们对微观层面上所发生之事的解释完全是临时安排的。所以我认为这是历史社会学的严重问题——虽然绝非所有历史社会学都存在这个问题，但相当一部分有这个问题。

四、比较历史分析

李钧鹏：相比经济史，理性选择进路的历史社会学有什么独特的贡献？

奇瑟：这是一个好问题，因为我不确定好的经济史学家——比如道格拉斯·诺思研究经济史的方式——和理性选择学者研究比较历史社会学的方式有任何不同。他们现在都相互学到了很多——诺思从社会学中借鉴了很多，理性选择进路的社会学家也从经济史学家那里吸取了很多。我不认为理性选择进路的社会学和经济史之间存在或者应该存在显著差异。

李钧鹏：您认为这是个单向还是双向的学习过程？

奇瑟：我认为一开始是单向的学习过程，因为经济史要比理性选择进路的社会学成熟得多。一开始的时候，所有像我一样的理性选择取向的社会学者都会去读诺思的著作，读政治学家利瓦伊的著作，基本上是我们在学习他们。到了现在，社会学界有迈克尔·赫克特、威廉·布鲁斯坦（William Brustein）和其他人从事理性选择研究，他们现在也阅读和引用我们的作品并从中有所收获。近年来的许多学术会议有这些人共同参加，我很幸运地参加了其中一些，与这些经济史学家交谈，这对我的学术生涯极有帮助。对我来说最重要的人是约拉姆·巴泽尔，我与他合写了三篇文章，从他那里学到了许多。我们会在下午一起去喝咖啡，一坐就是两个钟头，基本上是我听他讲。我从他那里学到了经济学家视角下的理性选择理论。就我的学术生涯来说，可能我向他们学习的情况远多于他们向我学习。

李钧鹏：您在 20 多年以前曾批判比较历史社会学中的归纳方法。[①]**您的立场现在有所变化吗？**

奇瑟：确实有所变化。如果要让我从那篇文章里撤回一样东西的话，那就是对演绎方法的过分推崇。我是在职业生涯非常早的时候写的那篇文章，坦率地说在那时还没做过多少研究。我把博士论文放在一边，在那时还没做过很多经验研究。在做过大量经验研究以后，我现在清楚地认识到归纳和演绎永远是双向的关系。我仍然相信应该从演绎开始，但是研究的过程是循环往复的，你从经验研究中学到东西，然后去建构和修正理论，反过来也是一样。那篇文章过分强调了演绎法，我现在不会那样写。

李钧鹏：我记得您说过这和您在求职时的挫折有关，是这样吗？

奇瑟：哈哈，是啊，那篇文章直接来源于我在找教职时的挫折。我的博士论文有许多毛病，人们提出了许多合理的批评。但除此之外，许多人的批评针对的是这篇论文的类型本身，说我不应该用一个一般性理论模型去分析各自超过 300 年历史的不同国家，说用这种方法研究这类问题站不住脚。我回来后向所有的朋友和导师抱怨这件事，包括我的博士论文指导委员会主席迈克尔·赫克特。我俩一起吃午餐，一起喝酒，一起讨论这件事。我们决定要写点儿什么为我们这种研究进行辩护。如果这种研究从根本上受到批评，如果人们甚至不愿意接受这类研究，无论研究做得多好——当然，我的研究并不完美——如果他们批评的是这个，那么我们就要写些东西来为它辩护。所以那篇文章其实是在回击求职时对我博士论文的某些批评。不幸的是，文章的措辞可能过分好斗，过于为自己辩护。这也是我会修正的一点，如果现在重写的话。尽管如此，我还是要说，迈克尔和我如今仍然坚持这篇论文的大部分观点。

---

① Edgar Kiser, Michael Hechter, "The Role of General Theory in Comparative-Historical Sociology", *American Journal of Sociology*, Vol. 97, No. 1 (1991), pp. 1-30.

李钧鹏：演绎法和归纳法是互补还是对立的研究手段？

奇瑟：我认为完全是互补的，不过当其中之一在任何时候占据支配地位时……这就是迈克尔·赫克特和我在当时所看到的比较历史社会学的部分问题所在，我们觉得归纳这一方占据了过分强大的支配地位。在那时，人们已经拒绝了马克思主义和功能论，那是我研究生毕业时的基本理论争论态势——两种理论都已经遭到了驳斥。在那时，两大理论阵营同时遭到驳斥，导致了对一般性理论的拒斥，倒洗澡水连孩子也一起倒掉了，这是迈克尔和我所针对的对象。我们说：行啊，我们也不喜欢马克思主义和功能论，但是其他形式的一般性理论——我们以理性选择理论为例证——并没有功能论和马克思主义的缺点，所以不要彻底抛弃一般性理论，还有其他可能。我们是想让已经倒向了归纳一方的东西重回平衡，这可能让我们过分强调了演绎的重要性。尽管如此，我认为将这门学科的那一部分向理论拉回一点是正确的，我们也起了一些作用。

李钧鹏：您曾说过，所有的研究都应该从理论起步，但是许多历史社会学家似乎不赞同您的看法。比如金世杰就说，历史社会学最大的进展来自它偏向历史而非理论之时。[①] **为什么达成共识如此之难？**

奇瑟：我认为难以达成共识的原因在于很难比较这两种进路。在理想状态下，如果想搞清谁是对的，可以你走你的归纳阳关道，我走我的演绎独木桥，我们 5 年、10 年或者 20 年后再来看究竟谁积累了更多的知识。但这种计算很难进行，一个原因是我们有可能从很多不同的视角做出非常优秀的研究——有许多杰作用的是归纳法。迈克尔和我所想论证的只是从整体上说，如果更多人从事演绎研究，这门学科会发展得更好，而不是说聪明的人不应该做归纳研究——你当然可以做，而且许多演绎研究其实也挺乏味的。但总的说来，如果这门学科向演绎方向有所倾斜，它就能更快速地积累知识。首先，这是一个长期性的主张，这是它难以评判的原因之一。其次，这门学科缺乏评判研究质量真正一致的标准；关于"什么是好的研究"，我们无法达成一致。只要情况还是这

---

① Jack Goldstone, "Response: Reasoning about History, Sociologically", *Sociological Methodology*, Vol. 34, No. 1 (2004), pp. 35-61.

样，那就很难说哪种方法论、哪种进路做出了更好的研究。

李钧鹏： 但很多社会学家认为缺乏共识其实是一件好事，对吧？

奇瑟：确实如此，这我知道，哈哈。有人认为我们为"社会学家应该做什么"这个问题开出了过于狭隘的处方。我记得我把我和迈克尔合写的那篇关于一般性理论的文章的初稿在唐纳德·麦克洛斯基（Donald McCloskey）——现在是戴尔德丽·麦克洛斯基（Deirdre McCloskey）了——主持的研讨会上做报告时，他（她）说我们是把所有方法论都放在一个 3×5 的卡片里，把所有东西凝缩成几条狭隘的原理，我们并不都赞同这几条原理。我觉得这种怀疑有其道理。迈克尔和我都喜欢提出非常直率的、激进的论点。可以这么说，我们先把靶子立起来，不是说我们认为自己完全正确，而是我们想先提出我们的看法，再让别人来回应。

李钧鹏： 您倡导一般性且可检验的理论，但很多历史社会学家似乎并不赞同，他们认为只有特定时间和地点中的理论才是有价值的。您的倡议为什么会有如此多的不同意见？

奇瑟：我不知道，因为在我看来，那是我们最核心、最显而易见的主张之一，是任何以科学为追求的学科都必须提出的主张。如果一种陈述是不可检验的，那么你如何进行到下一步呢？你如何评判有关这一陈述的可靠性的争议呢？如果知识无法在不同地点之间转换，如果一切知识必须只是一时一地的，那么首先，为什么会有人感兴趣？除此之外，打个比方，没有多少人对 15 世纪托斯卡纳区早期农业的发展感兴趣——丽贝卡·埃米尔对此有精彩的研究，但除非人们对 15 世纪的托斯卡纳区感兴趣，否则他们不会对这种研究感兴趣，很少有社会学家对此感兴趣。除非有某种可以转换到其他时间和地点的一般性的因果机制，某种一般性的理论原理或概念，才会有别人感兴趣。我认为这是比较历史社会学之所以衰落的问题所在。如果他们执着于一时一地的不可转换的概念，不诉诸一般性的理论论证，就基本上限制了自己的受众，人们就不会关心——人们确实也没有关心。重要的比较历史研究是提出了一般性议题的研究。

李钧鹏：您 1991 年的那篇论文是一篇议程设定性质的文章。[①] **您有计划写一篇文章修正其中的观点吗？**

奇瑟：嗯，也许吧。我花了很长时间写一篇有关进化生物学和历史社会学的论文，这是另一篇我一直在写的东西，我在一些午餐研讨会、学术演讲和会议上做过报告——我一直没法把这篇文章写成功，所以它成了另一篇一直闲置在我办公室文件夹里的东西，而且有可能继续闲置下去。所以我其实可能不会再写文章修正那篇论文了。我想把自己的大部分精力放在与利瓦伊合写的那本书上面。我有一个糟糕的习惯，就是在一件事情快完工时失去兴趣并停止工作，那篇进化生物学的文章就是这样。

李钧鹏：下一个问题来自另一个方向：美国和欧洲的历史社会学有什么不同？

奇瑟：我认为它们确实不同，而且这些不同反映了更宽泛意义上的欧洲和美国社会学的不同。欧洲的历史社会学在两个基本方面有所不同：首先，它契合于我所喜欢的那种模型，也就是我在 1991 年那篇文章所倡导的模型。欧洲历史社会学与我所喜欢的模型相契合的部分是，欧洲的社会学总体说来更加理论化——欧洲的历史社会学同样如此——我认为这总的说来是件好事。其次，在欧洲占支配地位的理论，或者说欧洲人喜欢用的理论，往往是一种不容易检验的文化理论。所以，有理论是我喜欢的，但缺乏可检验的、科学的理论是我不太喜欢的。在我看来，这是二者的主要差异。

李钧鹏：历史社会学和历史学之间应该有边界吗？

奇瑟：我认为应该有。理由是历史社会学的主要关注点应该是正确认识大的图景，也就是把一般性的理论搞对；而历史学的主要关注点应

---

① Edgar Kiser, Michael Hechter, "The Role of General Theory in Comparative-Historical Sociology", *American Journal of Sociology*, Vol. 97, No. 1 (1991), pp. 1-30.

该是弄清楚事实，也就是确保重要的经验细节的正确性。我认为同时做这两件事情是非常困难的，如果一个人对具体细节太上心，就很难进行一般化处理。历史学的规矩相当不同于社会学的规矩，而我认为历史社会学太关心历史学的规矩——弄清楚事实的特定细节，而非社会学的规矩——增进适用于不同时间和空间的一般性理论知识，已经伤害到了自己。

李钧鹏：这是历史社会学当前的趋势吗？

奇瑟：我不确定。非常不幸的是，历史社会学现在在这门学科中非常明显地衰落了。看一下它在主要出版物上的发表数量，从名校中毕业的研究生数量，等等，你就会发现这一点。我认为一部分原因是它越来越历史学化，太过于遵循历史学的规矩。而它的复兴——如果它有复兴的一天——将会基于向一般性理论的回归。

李钧鹏：您的意思是，希望变得更像历史学家事实上导致了历史社会学在美国的衰落，是这样吗？

奇瑟：是的，正是如此。

李钧鹏：在八年前发表的一个章节里，您辨别了社会学的理性选择理论的两个方向：一种坚持传统的、简单的微观基础，并致力于发展宏观层面的模型；另一种则试图发展出更为复杂的微观基础。[1] **近来这种状况有所改变吗？**

奇瑟：我不觉得，除了这两个维度都变得更加复杂了。这正是为什么如今的理性选择研究如此有趣：在宏观层面上是以不同方式建构制度模型，在微观层面则是行为经济学、认知心理学以及其他方面，两个层面都进展得非常迅速。每个人都在努力弄清楚我们最后想要什么，其中有多少内容应该被整合进一种最终的、更加复杂的模型，应该采用什

---

① Edgar Kiser, "Mann's Microfoundations: Addressing Neo-Weberian Dilemmas", in John Hall, Ralph Schroeder (eds.), *An Anatomy of Power: The Social Theory of Michael Mann*, Cambridge: Cambridge University Press, 2005, pp.56-70.

么，不该采用什么。这些都是悬而未决的问题，所以对于理性选择理论来说，这既是一个激动人心的时代，又是一个令人困惑的时代。

李钧鹏：下一个问题前面已经有所涉及：您如何看待历史社会学的当前状态，又如何预测它的未来？

奇瑟：首先，我希望看到的未来是历史社会学能够复兴，再度成为社会学的主流领域。在社会学这门学科发展势头最好的时候，历史社会学正是其核心所在，我也不认为这门学科的持续繁荣可以少了它。话虽如此，我并不觉得事态在如此发展。对研究资助的强调不利于历史社会学——美国国家科学基金对历史社会学研究的资助远远少于其他类型的研究，资助历史社会学研究的机构也是少之又少——而是有利于政策导向的研究。总的说来，同样问题发生在这门学科的意识形态维度。人们投身于社会学，不是因为他们想解答一般性的学术困惑——比如说什么导致了西方的兴起，这是历史社会学家在 20 世纪 70 年代所感兴趣的——他们投身社会学是想解决当代的社会问题，这自然而然地使他们偏离了一般性的历史问题。我的担心是当前的趋势会持续下去，而历史社会学会被继续看成是这一学科的奢侈品。一些顶尖院系会聘用一些人，但这些人会被认为是从事晦涩难懂的研究，从事这一学科的边缘研究。目前似乎是这种情况；不幸的是，我真的看不出任何扭转的趋势。

李钧鹏：哈哈，您并不太乐观啊。

奇瑟：是啊，我很悲观。我不会想在这个时候进入这门学科，从事我现在做的研究——我很开心自己在那个时候入了行。对想做我现在做的这种研究的年轻人来说，现在的气氛并不好。在我的学生面前，我不得不直面现状，帮学生找教职变得非常困难——我知道大家现在都不容易，但学生真的很难。

李钧鹏：一些人把理性选择理论和意识形态上的保守主义联系起来。您对此做何回应？

奇瑟：噢，我认为这荒唐透顶！这样吧，我说两件事。没错，在经验层面，很多新古典经济学家——理性选择理论受他们影响很深——在经济议题上比较保守，原因在于他们对市场魔力的新古典主义信念。如今的经济学家不再如此了——随着制度经济学、行为经济学的发展，经济学和这种对纯粹的、神奇的市场信念之间的联系已经破裂。即便在经济学家中，他们也不经常信奉保守主义。经济学之外更是如此。最明显的例子就是分析马克思主义运动，包括乔恩·埃尔斯特、约翰·罗默（John Roemer）和 G. 柯亨（G. Cohen），埃里克·奥林·赖特也曾是那场运动的一分子。所有这些人都既是理性选择的倡导者，又是马克思主义者，他们试图为马克思主义理论提供基于理性选择的微观基础。理性选择理论并不必然是保守主义或者自由主义的，它可以是任何立场。没错，从历史角度看，在战后的美国，在 20 世纪 70 年代以前，大多数倡导者是保守的，但现在的情况不同了。所以理性选择理论被贴上政治保守主义这种非常负面的标签，这实在令人恼火。跟我有交情的人当然知道我的政治观，所以这不会影响到他们。但我认为这门学科中不认识你、只读过你的文章的人如何看待你，这是个更具有普遍性的议题。

李钧鹏：如果想做出优秀的历史社会学研究，我们必须要熟练地掌握相关的外语吗？

奇瑟：对于我的研究来说，因为我对不同时间和空间之上的一般性议题感兴趣，而且我得承认自己不擅长学习外语——我从来没有熟练地掌握自己所从事研究的语言，也没有时间学习六到八门语言。我与通晓相关语言的学生合作——他们有时候查阅一手材料，但大多数情况下这些语言的二手材料就足以弄清楚我们想知道的东西。所以对我来说，与他人合作基本上解决了我自己在语言技能方面的不足所带来的问题。意大利语是我唯一会说的外语，但我从来没有用它做过研究。

李钧鹏：这与您所做的那种历史社会学有关系吗？

奇瑟：没错。如果我想成为某个特定时间和空间的专家，那当然要学习那门语言。如果你的整个职业生涯都在研究某个特定时间和空间，这么做当然有意义。但对我来说，恒定的并不是经验上的时间和地点，而是理论——所以时间和地点会发生变化——我面对的是各种不同的语言，世界上各种不同的区域，所以我的解决办法是让已经有这些技能的人参与进来，也就是懂这门语言的研究生。如果没有一个叫约阿希姆·施耐德（Joachim Schneider）的人，我不可能完成那篇有关普鲁士的论文。[①] 我很幸运能跟懂相关语言的人合作，否则这些文章就会浅薄得多。

李钧鹏：对于有志于历史社会学研究的年轻学子，您有什么建议？

奇瑟：首先，艰难时世，祝你好运。其次，多花一些时间选择你的课题，因为某个题目被人接受与否取决于它是否聪明、有趣或反直觉。如果你想进入一个被人视为晦涩难懂的领域，那它最好在某些方面让别人觉得好玩或有趣，而这不是一件容易的事情。换句话说，从事平淡无奇的关于一时一地的那种人们不太关心的研究，在教职市场上等于被判了死刑。你要避免这种情况，想办法做人们感兴趣的研究，即使总的说来他们对历史社会学并不那么感兴趣。

李钧鹏：您如何看待自己对历史社会学的贡献？

奇瑟：这个问题不好回答。我的经验研究很偏门，关注点非常窄，主要是关于税收，也做过一些关于制度与战争的研究。我认为，总体而言，人们对我的研究感兴趣的唯一原因就在于他们认为那里有一些有趣的想法，这些想法对于他们思考其他时间和空间的题目可能有用。在这方面我想自己有一些贡献。另一个贡献可能在于对理论和方法的论证。我希望自己至少清晰地表述了一种立场，我知道大多数人并不赞同这一立场，但至少现在可能有更多的人严肃地看待它，至少已经成为争论的内容。

李钧鹏：可以说说您最近的研究吗？

奇瑟：我最近在和自己的老同事玛格丽特·利瓦伊合写一本书。我

---

① Edgar Kiser, Joachim Schneider, "Bureaucracy and Efficiency: An Analysis of Taxation in Early Modern Prussia", *American Sociological Review*, Vol. 59, No. 2 (1994), pp. 187-204.

们已经合作发表了一些篇幅较为短小的研究，但我们很久以前就是熟识的朋友和同事。这本书的基本问题是：决定国家供应公共物品的因素有哪些？我们的主要论点是：由于各种原因——这些原因在不同的历史时期和地区有所不同——公共物品的供应几乎总是有所不足。我们可以想一下亚当·斯密对繁荣的源泉的论述，他讲了两点：一是国家必须提供基本的公共物品；二是国家不能介入经济——他的自由放任观点。第二点是他在《国富论》的剩余部分所关注的。我们认为他本该对第一点有多得多的关注，所以我们侧重于公共物品的供应方面。

第十八章　路径依赖、制度理论与比较历史分析

——西北大学詹姆斯·马洪尼

詹姆斯·马洪尼

　　詹姆斯·马洪尼（James Mahoney）是一位在历史学与政治学之间游走的跨界学者。他于 1997 年获加州大学伯克利分校政治学博士学位，师从戴维·科利尔（David Collier）和露丝·科利尔（Ruth Collier）夫妇。然而，他的第一份教职却是在布朗大学社会学系，并在那里教授社会学概论和社会学理论。在该校获得终身教职并升任副教授后，马洪尼转至位于芝加哥北郊的西北大学，并同时在该校社会学系和政治学系任教至今，其间曾担任政治学系副主任和社会学系主任，还曾任该校经济史讲席教授，现任西北大学戈登·富尔彻决策研究讲席教授。

　　作为一位从事质性比较研究的学者，马洪尼对社会科学方法论有独到的见解，并已成为比较方法的权威。他在剑桥大学出版社共同主编的"社会研究的策略"丛书具有广泛的学术影响，同时任多个著名方法论刊物的编委。他与迪特里希·鲁施迈耶（Dietrich Rueschemeyer）共同主编的《社会科学中的比较历史分析》（*Comparative Historical Analysis in the Social Sciences*）已成为国外历史社会学和比较政治专业学生的案头必读书，俗称"黄皮书"。他与加里·格尔茨（Gary Goertz）合著的《两种传承：社会科学中的定性与定量研究》（*A Tale of Two Cultures: Qualitative and Quantitative Research in the Social Sciences*）主张量化研究和质性研究基于不同的逻辑思维和评判标准，二者存在深层次差异，从而对加里·金（Gary King）、罗伯特·基欧汉（Robert Keohane）和悉尼·维巴（Sidney Verba）的名著《社会科学中的研究设计》（*Designing Social Inquiry: Scientific Inference in Qualitative Research*）提出了直接挑战。另外两部合作主编的著作《比较历史分析的进展》（*Advances in Comparative-Historical Analysis*）和《知识生产：提升社会科学的进步》（*The Production of Knowledge: Enhancing Progress in Social Science*）分别聚焦于比较历史分析的方法论前沿和社会科学中的知识累积问题。最新个人专著《社会科学的逻辑》（*The Logic of Social Science*）试图将社会科学中的实证主义与建构主义融为一体，从而为质性研究找到新的根基。

　　除此之外，马洪尼还在一系列实质性议题上做出了突破性贡献。他在博士论文基础上的专著《自由主义的遗产：中美洲的路径依赖与政体》（*The Legacies of Liberalism: Path Dependence and Political Regimes in Central America*）是长时段比较历史分析的典范，基于路径依赖（path dependence）与关键时点（critical junctures）概念，从拉丁美洲 19 世纪的历史发展轨迹中寻找其 20 世纪中叶不同政体的根源。在《殖民主义与后殖民发展：比较视野中的西属美洲》（*Colonialism and Postcolonial Development: Spanish America in Comparative Perspective*）以及与凯瑟琳·西伦（Kathleen Thelen）合作主编的《解释制度变迁》（*Explaining Institutional Change: Ambiguity, Agency, and Power*）中，马洪尼试图构建起系统的制度理论，并用这一理论解释不同国家与地区经济发展水平的差异。

　　马洪尼如今已是历史社会学界的新一代领军人物，其研究多次获重要奖项，包括美国政治学会杰出比较政治博士论文奖、美国政治学会公共政策专业委员会阿龙·维尔达夫斯基持久贡献奖、美国政治学会质性与多元方法研究专业委员会职业中期成就奖、美国政治学会质性方法专业委员会乔万尼·萨托利杰出著作奖与亚历山大·乔治杰出论文奖、美国政治学会国际历史与政治专业委员会罗伯特·杰维斯与保罗·施罗德杰出著作奖、美国政治学会政治与历史专业委员会戴维·格林斯通杰出著作奖、美国政治学会比较政治专业委员会格雷戈里·吕贝特杰出著作奖、美国社会学会方法论专业委员会列奥·古德曼奖、美国社会学会比较历史社会学专业委员会巴林顿·摩尔杰出著作奖、美国社会学会政治社会学专业委员会杰出著作奖以及美国社会学会发展社会学专业委员会杰出著作奖，并曾任美国政治学会质性方法专业委员会与政治与历史专业委员会主任以及美国社会学会比较历史社会学专业委员会与发展社会学专业委员会主任。

一、 思想来源

李钧鹏：您在研究生阶段的导师是谁？

马洪尼：在伯克利读博时，我师从戴维·科利尔（David Collier）和露丝·科利尔（Ruth Collier）夫妇。我也上了一些社会学的课。我的博士论文指导委员会里有两位社会学家，分别是彼得·埃文斯（Peter Evans）与劳拉·恩里克斯（Laura Enríquez）。我在伯克利还受到其他一些学者的影响，肯·乔伊特（Ken Jowitt）就是对我影响很大的一位。

李钧鹏：您在本科和博士期间修过社会学的课吗？

马洪尼：我在研究生阶段上过。我选了几门彼得·埃文斯的课，还选修过历史社会学，应该是金·沃斯（Kim Voss）开的课。我还选过一门后现代理论，但不记得是谁教的了。那位老师是助理教授，现在已经不在伯克利了。

我在本科阶段应该没有上过社会学的课。我不记得自己上过。我是在明尼苏达大学读的本科，当时那里有一个很怪的政治学系。在那个时候，建构主义作为国际关系研究的一种理论取向正在迅速发展，明尼苏达的一位政治学家雷蒙德·杜瓦尔（Raymond Duvall）正在向学生讲授结构化（structuration）理论。所以我在大学里读了很多社会理论方面的书，尤其是吉登斯（Anthony Giddens）和布迪厄（Pierre Bourdieu）的。我的本科荣誉论文就是用能动性（agency）和结构视角来分析中美洲革命，我尤其对吉登斯融会能动性与结构的想法感兴趣。明尼苏达大学还有不少其他政治学家与政治理论家对后实证主义和批判理论感兴趣，这些哲学探讨对我影响很深。所以明尼苏达大学给了我一些社会科学哲学和认识论（epistemology）方面的训练，我对这两个领域的兴趣也延续至今。我不确定自己本科期间有没有上过社会学的课，但我的政治学训练其实很社会学化。

李钧鹏：科利尔夫妇是您的博士论文导师吗？

马洪尼：对，他们是我的博士论文指导老师，但彼得·埃文斯同样对我有许多指导。

李钧鹏：他们对您有过什么重大影响吗？

马洪尼：他们三位对我都有影响。我的博士论文是关于五个中美洲国家的路径依赖式发展以及在 19 世纪的关键时点（critical junctures）的研究，而用关键时点作为博士论文理论框架的想法直接来自科利尔夫妇。我在伯克利读书时，他们刚出版了以关键时点为理论框架的《塑造政治舞台》。[①] 我的博士论文在很多方面试图将他们的关键时点理论扩展和完善为一个全面的路径依赖式发展理论。另外，我在伯克利时，彼得·埃文斯刚完成他的杰作《内嵌的自主性》。[②] 他的国家政权自主性理论以及国家政权与社会群体关系视角对我影响深远。在分析 19 世纪拉丁美洲的关键时点时，我探讨了国家政权的建设过程以及国家—社会关系的建构过程。在某种程度上，可以说我的博士论文采纳了科利尔夫妇的关键时点理论框架，并试图将其整合为一种新的路径依赖式发展理论；我还借鉴了彼得·埃文斯关于国家政权在经济发展中所扮角色的研究，并将这些思想运用于 19 世纪的中美洲。

李钧鹏：您刚开始读博士时就对比较历史分析感兴趣了吗？您又是如何对拉丁美洲产生兴趣的？

马洪尼：我读研初期就已经对比较历史分析感兴趣了，其实在读大学时就有兴趣了。这一兴趣来自我本科时上的奥古斯特·尼姆茨（August Nimtz）的课，他在课上教我们从比较历史分析的视角看待发展和政治。我在大三时意识到自己中意于比较历史分析，并决定用比较历史分析方法撰写本科荣誉论文。

我之所以对拉丁美洲感兴趣，一个原因是听到别人说，如果你想读

---

① Ruth Collier, David Collier, *Shaping the Political Arena: Critical Junctures, the Labor Movement, and Regime Dynamics in Latin America*, Princeton, NJ.: Princeton University Press, 1991.

② Peter Evans, *Embedded Autonomy: States and Industrial Transformation*, Princeton, NJ.: Princeton University Press, 1995.

博士，想当教授，就必须选一个专精的地理区域。我在非洲和拉丁美洲之间纠结了一阵子，最后还是选了拉丁美洲，因为那里当时正发生着一些对我来说极为有趣且重要的事。美国正在与尼加拉瓜作战，并以各种方式干涉萨尔瓦多与危地马拉的内政。我强烈反对美国卷入中美洲事务，并在明尼阿波利斯积极参加抗议美国干涉中美洲内政的社会运动。这些政治兴趣诱使我研究拉丁美洲，并以拉美革命作为本科荣誉论文的题目。另外，我从大一就开始上西班牙语课，所以掌握了相关的语言技能。

李钧鹏：您是政治学出身，博士毕业后去社会学系教书，现在是政治学系和社会学系的双聘教职。您当初去社会学系任教是有意而为之吗？您怎么看待这段经历？

马洪尼：我博士毕业时申请并得到了布朗大学的教职。我记得我只申请了几个社会学教职，布朗大学是其中之一。这对于我来说是一份很理想的工作，所以我之所以去社会学系工作，只是因为布朗大学为我提供了教职。但在政治学系找到教职对我来说也不是难事，所以最主要的是布朗大学比较吸引我。我当时觉得在社会学系教书差别不大，事实也确实如此。没过多久我就在布朗教社会学概论和社会学理论了，而且感觉非常顺畅和自然。就像我刚才说的，早在明尼苏达读本科时，我就对社会理论有浓厚的兴趣。所以我在布朗的第一年或第二年就开始教社会学概论和社会理论，教马克思、韦伯（Max Weber）和涂尔干（Emile Durkheim）。这些都是社会学的核心课程，我也很喜欢教这些课。这种层面上的转变非常容易。还要说的是，我的研究领域是比较历史分析，而许多这一领域的学者都是横跨社会学和政治学的。公认的比较历史研究的奠基者，包括西达·斯考切波（Theda Skocpol）、巴林顿·摩尔（Barrington Moore）和莱因哈特·本迪克斯（Reinhardt Bendix），那一代人都处在社会学和政治学的交汇点上。我把自己看成是这一传统的延续。

李钧鹏：您的自我认同更多是社会学家还是政治学家？

马洪尼：我不太赞同把社会科学僵硬地分成不同的领地。既有分类下的几个社会科学学科其实错综复杂地交织在一起。

李钧鹏：那您现在是和社会学家互动多，还是和政治学家互动多？

马洪尼：这很难说，估计两边差不多。我目前在西北大学的教职是两边五五开，但接下来和社会学家的互动会更多，因为我从明年秋天开始将出任社会学系主任。这样一来，我在政治学系所承担的工作肯定会减少。但从内心来说，我是两边五五开。

李钧鹏：感觉西北大学的政治学系具有浓厚的社会学色彩。

马洪尼：确实如此，真的很社会学化。这有点像伯克利，尤其在比较政治领域。伯克利的政治学系一向很社会学化，明尼苏达也是如此。我一直学的是很社会学化的政治学。同样的道理，布朗大学的社会学系也很政治学化。系里有许多人，包括帕特里克·海勒（Patrick Heller）、何塞·伊茨格松（José Itzigsohn）、迪特里希·鲁施迈耶（Dietrich Rue-schemeyer），都是和政治学有很深渊源的社会学家。

二、方法论

李钧鹏：您跟鲁施迈耶合编的《社会科学中的比较历史分析》[①] 影响深远，但你们在绪论中对解释（explanation）和解读（interpretation）的区分招致了一些批评。您对于这些批评的总体回应是什么？你的立场在这之后有没有重大改变？

马洪尼：我们在那本书中将比较历史分析界定为一种因果分析，并将只对解读感兴趣（而对解释没有兴趣）的学者排除在我们所讨论的比较历史分析范畴之外，这遭到了一些批评。主要批评意见是我们应该放宽比较历史分析的覆盖面，将不以因果分析为核心任务的研究包括

---

① James Mahoney, Dietrich Rueschemeyer (eds.), *Comparative Historical Analysis in the Social Sciences*, New York: Cambridge University Press, 2003.

进来。

对这一点，我不是太确定。两方面都有道理，如果你对比较历史分析的定义太过宽泛，它有可能变得无所不包。我们决定采取另一种方案，对它加以非常精确、非常严格的界定，确保它不会涵盖一切，这样难免将一些研究排除在外。但这种批评在本质上只是纠结于比较历史分析的定义。在我跟鲁施迈耶合写的绪论里，我们并没有批评解读性研究本身，而只是说它不是我们所讨论的比较历史研究。我们只是对比较历史研究给出了一个非常严格的定义。

李钧鹏：如果可以重来，您会换种方式写绪论吗？

马洪尼：我觉得不会。这篇绪论现在读起来其实有点过时了，因为比较历史研究的争论已经进入了新的方向。我们还被理性选择和量化学者批评过。在那个时候，我们必须对比较历史分析做出界定，划分边界；我们必须决定以定量方法为主的研究算不算比较历史分析，采用博弈论的研究算不算比较历史分析，以解读而非因果分析为主的研究算不算比较历史分析。这些是我们当年编那本书时所面临的问题。我觉得我们做出了正确的选择。我们当时觉得这些选择是对的，我到今天还觉得这些选择是对的。从策略上说，这样做使我们失去了一些朋友，但学术研究并不以交朋友为首要目标。

李钧鹏：您跟加里·格尔茨（Gary Goertz）合著了《两种传承》。[①]这本书是不是以对金（King）、基欧汉（Keohane）和维巴（Verba）的《社会科学中的研究设计》[②]为对话的对象？您和他们的共识和分歧在哪里？

①　Gary Goerz, James Mahoney, *A Tale of Two Cultures: Qualitative and Quantitative Research in the Social Sciences*, Princeton, NJ.：Princeton University Press, 2012；中文版参见加里·格尔茨、詹姆斯·马洪尼：《两种传承：社会科学中的定性与定量研究》，刘军译，格致出版社 2016 年版。

②　Gary King, Robert Keohane, Sidney Verba, *Designing Social Inquiry: Scientific Inference in Qualitative Research*. Princeton, NJ.：Princeton University Press, 1994；中文版参见加里·金、罗伯特·基欧汉、悉尼·维巴：《社会科学中的研究设计》，陈硕译，格致出版社 2014 年版；Gary King、Robert Keohane、Sidney Verba：《好研究如何设计？用量化逻辑做质化研究》，盛智明、韩佳译，群学出版有限公司 2012 年版。

马洪尼：金、基欧汉和维巴认为存在一套适用于所有研究的规范（norms）与工具，而且这些规范与工具以（他们成书时的）20世纪90年代初的主流回归分析为准则。他们认为，质性研究者如果想做好研究，基本上就要遵循回归分析的准则，使用回归分析的工具。我们不同意这种观点。我们觉得他们的建议对量化研究者有一定价值，但将这种规范和方法延伸到质性研究领域就不对了。我们那本书强调，定性研究有其独特的规范和方法。我和加里聊天时说，量化研究和质性研究有不同的工具箱，有不同的规范。这使我们意识到，工具箱和规范是人们谈论文化的一套词汇。我们进一步想到，其实可以把量化研究者和质性研究者看成不同文化的代表；这是两个大不相同的文化群体，双方都有自己的工具箱，这些工具箱做的是不同的研究。所以我们不同意金、基欧汉和维巴的基本观点。我们那本书通过直接比较来描述两种文化各自的规范、工具箱、信条与方法。

李钧鹏：您怎么看量化研究在主流政治学期刊上的统治地位以及在主流社会学期刊上近乎统治的地位？

马洪尼：政治学和社会学的情况有所不同。对于政治学来说，主流定量方法将愈发处于守势，实验方法将方兴未艾。这种情况其实已经发生了，而且至少在接下来的几年还将如此。所以主流的统计研究已经不再是量化研究的前沿，实验方法将部分取代主流定量方法的统治地位。所以，如果量化研究指的是基于观察数据的回归分析，我不觉得它占统治地位，我也不认为它在今后几年会占据统治地位。现在是实验的天下。

社会学则一直是一个百花齐放的学科，这正是大家都爱社会学的一个原因。很难说社会学有一个占统治地位的手段或方法，因为它一直是一个接纳不同方法的学科。话虽如此，如果你去翻《美国社会学评论》，绝大多数文章使用的是主流量化方法。《美国社会学报》（*American Journal of Sociology*）稍好一些，但仍有差不多一半的文章用的是主流量化方法。当然，我没有具体数过。所以，如果你要说社会学存在主流研究方法，那大概就是基于观察数据的回归分析。比较历史分析肯定不是主流。

李钧鹏：您会在演绎（deduction）和归纳（induction）之间做出区分吗？

马洪尼：我有时候会。我在两种情况下区分它们：一种是哲学意义上的区分，我很少在这种意义上区分归纳和演绎，但有时也会提到它们的区别。这和论证时的前提与结论的关系有关。在演绎推理中，如果前提为真，则结论必然为真。我偶尔会在这种意义上做出区分。但在更多情况下，我和大多数其他人的用法一样。也就是说，归纳指的是通过仔细考察个案来提炼推论或结论，演绎指的则是通过某种逻辑推理得出推论或结论。

李钧鹏：在您看来，归纳和演绎是互补还是对立的关系？

马洪尼：在我的研究领域，也就是比较历史分析中，它们互为补充，很难截然分开。理论与证据之间存在千丝万缕的关系。比较历史研究需要经常在理论和证据之间往返，正如侦探需要在理论和证据之间往返。就像侦探同时使用归纳法和演绎法一样，我这样的比较历史研究者既使用归纳法，也使用演绎法。

李钧鹏：您曾在论文中探讨过"机制"概念。[①] 您对机制的定义是什么？机制必须具有因果性吗？它们是否必须以方法论个人主义为基础？

马洪尼：我对后两个问题的答案都是否定的。我现在这么看"机制"概念：不同的人往往用这个词来表示不同的东西，这问题不大，但我们应该搞清楚他们说的"机制"是什么意思。在我看来，当很多人谈论机制时，他们大体而言指的其实就是中介变量（intervening variable），这没有问题。总的说来，把机制视为中介变量就暗示了因果性。

还有人把机制理解为一种解释相关或关联关系为何存在的理论，这种机制的定义并不要求把机制视为中介变量。

---

① James Mahoney, "Beyond Correlational Analysis: Recent Innovations in Theory and Method", *Sociological Forum*, Vol.16, No.3 (2001), pp.575-593.

第三种常见定义把机制看成非常宽泛的因果命题。例如，查尔斯·蒂利（Charles Tilly）生前就是这样使用这个词的。

几乎所有的机制定义都试图从不同方向超越两个变量之间的简单关联。几乎所有的机制用法和定义都是出于对类似"X 对 Y 的影响平均为 Z"这类表述的不满，觉得这有所欠缺，我们要有更深入的研究。

李钧鹏：理性选择理论遭到了不少社会学家的严厉批评。您有政治学背景，是否对理性选择理论有更多同情？您怎么看待理性选择理论在社会学界和政治学界的不同遭遇？

马洪尼：并非所有社会学家都抱批判态度，比如我的好友艾德加·奇瑟（Edgar Kiser）。社会学内部有一个喜欢理性选择理论的小圈子。我不喜欢把个人看成是理性行动者，也不赞同它。有实验研究指出，理性行动者模型对于理解人类决策过程没有太大帮助，我是赞同这一点的。理性行动者模型并没有令人信服地解释人在决策过程中的认知过程。在这一点上，我和大多数社会学家的立场是一致的。

尽管如此，我确实觉得博弈论以及博弈论中的数学很有用，所以我并不抵触博弈论的思维方式。演化心理学就用博弈论做了不少有趣的研究。我对理性选择研究中的数学方法并不排斥，只是觉得理性行动者模型在解释现实生活中的人类决策过程方面有很大局限。

三、 路径依赖

李钧鹏：您提出过一个制度变迁的路径依赖理论，并用它解释了几个中美洲国家政治发展的不同历程。[①] **有没有可能用其他理论来解释同一现象？路径依赖理论的优点在哪里？**

马洪尼：路径依赖理论的优点在于它可以系统、连贯地将历史根源与未来事件（且往往是间隔期很长的未来事件）联系起来；它给了我们

---

① James Mahoney, *The Legacies of Liberalism: Path Dependence and Political Regimes in Central America*, Baltimore, MD.: Johns Hopkins University Press, 2001.

一个理解遥远的过去如何余波未平并影响当代生活的系统而连贯的理论工具；它在方法和理论上帮助我们思考很久以前的决策制定和政治冲突如何促成一系列影响深远的制度。这是路径依赖理论的长处。总的说来，路径依赖框架不认为现实结果可以完全由短期的、眼前的因素解释，而站在这种思维方式的对立面。

李钧鹏：您的路径依赖理论的核心概念是"关键时点"。[①] **我们怎么确认某一个关键时点不是研究者的武断选择？**

马洪尼：我们永远无法完全确定，这中间总会有不确定性。研究者在提出论点的时候，需要拿出相关证据，说明如果关键时点的事件或选择有所不同，最终的结果就会有所不同。我在那本书里使用了两种证据。一是国家之间的比较。在我考察的几个国家里，自由政府面临相似的困境和选择，但做出了不同选择。这种个案之间的比较（cross-case comparison）使我可以得出推论，认为这些选择和决策至关重要。

我也对个案进行单独分析（within-case analysis）。我所考察的是，一旦做出选择，制度如何开始固化，并产生持久的影响。我对每一个国家都进行了单独分析。

研究者必须使用证据。我想论证某个时期、某些事件、某些选择构成了关键时点。这种推论有可能为错。

李钧鹏：《殖民主义与后殖民发展》并没有明确使用您在第一本书中提出的路径依赖理论。[②] **那么，有没有可能以路径依赖理论重构《殖民主义与后殖民发展》？**

马洪尼：这肯定是有可能的。显而易见，那本书的论点是殖民地时期的制度对这些国家将来的发展轨迹产生了极为深远的影响。事实上，我 2003 年发表在《美国社会学报》上的文章是这一论点的早期版本，而

---

① James Mahoney, *The Legacies of Liberalism: Path Dependence and Political Regimes in Central America*, Baltimore, MD.: Johns Hopkins University Press, 2001, pp.6-8.

② James Mahoney, *Colonialism and Postcolonial Development: Spanish America in Comparative Perspective*, New York: Cambridge University Press, 2010.

那篇文章正是以路径依赖为理论框架。[①] 一本书的作者永远面临一个问题：只能在绪论里谈论有限的内容，必须在构建理论框架时有所取舍，而不能面面俱到。我下定决心，不让这本研究多国家、长时段的书篇幅过长，所以在理论和理论论争层面，我主要针对的是经济发展的制度解释，尤其是阿西莫格鲁（Daron Acemoglu）、约翰逊（Simon Johnson）和罗宾逊（James Robinson）。[②] 另外，如果把路径依赖和关键时点理论吸纳进来并展开论述，就需要半章篇幅，整个章节就会过于臃肿。所以，我没有明确采用关键时点与路径依赖框架，也没有卷入相关争论，最主要的原因是制度方面的争论更为重要，尤其是和经济学家的争论。

四、 制度分析

李钧鹏：在《殖民主义与后殖民发展》中，您把自己的制度分析称为"分配论"（distributional approach）。[③] 这个词是不是意在与其他理论取向区分开来？

马洪尼：是的，我想把它和制度协调论（coordinating view）区分开来。制度协调论其实是一种理性选择的制度观。主流理论认为，制度之所以存在，是因为它们有其职能，尤其是协调人的行动，使它变得可以预期。也就是说，行为规范等非正式制度在内的制度之所以存在，是因为它们协调了我们的行为，这被称为协调机制。我对这一观点提出挑战，认为制度的首要职能在于分配资源，而资源的分配尽管常常能起到协调行为的作用，却并不必然如此；当制度起到协调作用时，原因是它们的分配作用。所以我想强调制度的分配职能。制度分配论的一个好处是它可以考察冲突，而制度协调论就很难做到这一点。制度分配论假定了冲突的存在。

---

① James Mahoney, "Long-Run Development and the Legacy of Colonialism in Spanish America", *American Journal of Sociology*, Vol. 109, No. 1 (2003), pp. 50-106.

② Daron Acemoglu, Simon Johnson, James Robinson, "The Colonial Origins of Comparative Development: An Empirical Investigation", *American Economic Review*, Vol. 91, No. 5 (2001), pp. 1369-1401.

③ James Mahoney, *Colonialism and Postcolonial Development: Spanish America in Comparative Perspective*, New York: Cambridge University Press, pp. 14-17.

李钧鹏：您与凯瑟琳·西伦（Kathleen Thelen）合编了《解释制度变迁》①，该书作者皆为政治学家。这是因为政治学对制度分析的贡献大于社会学吗？

马洪尼：不，不是因为这个。一部分原因在于凯瑟琳是政治学家。我们希望推动制度研究，尤其是历史制度主义在政治学界的发展，所以挑选了一些这一领域的政治学新秀，希望借此展示最新、最出色的历史制度主义政治学研究。

李钧鹏：社会学对制度分析的独特贡献是什么？制度分析又给历史社会学带来了什么？

马洪尼：我主要从比较历史研究的角度看待制度分析。这个领域既包括政治学家，也包括社会学家，所以我很难把社会学家和政治学家严格划分开来。许多制度分配论者同时是政治学家和社会学家。例如，在制度分配论方面，西达·斯考切波和约翰·斯蒂芬斯（John Stephens）对我影响巨大，而他们和我都跨界政治学与社会学。在社会学内部还有一些更具文化色彩的制度主义者，有点像约翰·迈耶（John Meyer）的制度主义，但文化元素更多。他们的视角同样很有帮助。我在书里没有详细讨论这一学派，原因不过是我把主要精力放在和持制度协调论的经济学家的论战上。关于制度分配论，我要强调一点，制度归根结底是规则，而规则归根结底是人们头脑中的观念。所以，我所倡导的制度分配论与将制度视为文化脚本（cultural scripts）的社会学理论有相通之处。对我来说，制度是内嵌在人的思维中的规则系统。

五、学科发展

李钧鹏：另一个关于边界的问题：您觉得历史学家和历史社会科学家之间的边界在哪里？还是说根本不存在或不应存在边界？

---

① James Mahoney, Kathleen Thelen (eds.), *Explaining Institutional Change: Ambiguity, Agency, and Power*, New York: Cambridge University Press, 2010.

马洪尼：我不知道是否应该有边界，但边界肯定存在，而且边界很清晰，因为历史学家并不太关注比较历史研究者，不管是社会学家还是政治学家，甚至连经济学家都不关注。其中一个原因是比较历史研究者对理论很感兴趣，经常卷入理论争论，而历史学家并不这样运用历史材料与个案。历史学家觉得比较历史研究的分析性过强，认为他们缺乏历史材料的客观叙述。他们并不太喜欢只用二手材料而非原始档案的研究，比如斯考切波对社会革命的研究①或者我对殖民主义的研究。我和斯考切波的书几乎都是完全以二手材料为依据。他们不喜欢自己的研究被我们这些比较历史研究者拿来作为原始材料或数据。对于他们来说，新的思想和洞见来自发现新的材料或者对旧材料的重新挖掘。而对于我们来说，新的洞见与思想往往来自比较的逻辑以及理论的分析。

李钧鹏：比较历史分析和历史社会学的关系是什么？

马洪尼：在我眼里没有区别，我觉得完全一样。有人可能会觉得历史社会学的涵盖面更广，但我觉得这一点现在未必成立。随着学科的发展，二者已经没什么区别了。在我看来，大多数自称为历史社会学家的人，我们都可以说他们是比较历史研究者，反过来也一样。

李钧鹏：历史社会学一定要采取比较方法吗？

马洪尼：我觉得必须是，至少内核必须是，对吧？许多比较历史研究只关注一个主要个案，西达·斯考切波的《保卫士兵与母亲》就是一个例子。② 可能所有人都同意它是历史社会学著作。可能所有人也同意它做了许多比较分析，所以它也是一部比较历史分析的著作。

李钧鹏：　《社会科学中的比较历史分析》出版后不久，亚当斯

---

① Theda Skocpol, *States and Social Revolutions: A Comparative Analysis of France, Russia, and China*, New York: Cambridge University Press, 1979; 中文版参见斯考切波：《国家与社会革命：对法国、俄国和中国的比较分析》，何俊志、王学东译，上海人民出版社2007版；斯科克波：《国家与社会革命》，刘北成译，桂冠图书股份有限公司1998年版。

② Theda Skocpol, *Protecting Soldiers and Mothers: The Political Origins of Social Policy in the United States*, Cambridge, MA.: Harvard University Press, 1992.

(Julia Adams)、克莱门斯（Elisabeth Clemens）与奥洛夫（Ann Orloff）主编了另一本很有影响的《重塑现代性》。该书被许多人视为《社会科学中的比较历史分析》的后现代主义与文化主义替代品。① 您曾批评过该书主编对三波历史社会学的划分和描述。② 您的立场现在有所改变吗？

马洪尼：没有改变。我认为只有两波历史社会学。马克思、涂尔干和韦伯是历史社会学的奠基者。之后，从 20 世纪初一直到 20 世纪中叶，帕森斯（Talcott Parsons）的结构功能主义在社会学界一统天下，历史社会学则退居后台。到了巴林顿·摩尔、佩里·安德森（Perry Anderson）、查尔斯·蒂利和莱因哈特·本迪克斯那里，比较历史研究呈现出复兴态势。我认为，当这一波回潮出现时，它从来不是铁板一块，而一直是包罗万象，所以把它视为从 20 世纪 60 年代左右延续至今的第二波历史社会学更为合适。我觉得，她们之所以将历史社会学分为三波，真正的目的其实是想凸显历史社会学内部的解读或文化派系。当然，全书整体是另外一回事了。但如果你比较一下两本书的绪论，就会发现她们的绪论侧重于理论，而我们的绪论更关注方法。这可以说是比较两本书的一个视角。

李钧鹏：您是否将《重塑现代性》与《社会科学中的比较历史分析》视为历史社会学的两种对立取向？

马洪尼：我不知道二者是否对立，但它们的侧重点确实不同，至少绪论部分是这样。她们的绪论主推文化社会学以及历史社会学内部的解读性研究；我们的序言更关注明确的因果分析，尤其关注如何基于史料进行因果分析。

李钧鹏：《社会科学中的比较历史分析》出版于十年之前，你们当时似乎对历史社会学的前景颇为乐观。今天您如何评价这一领域？

马洪尼：我觉得历史社会学依然势头强劲。社会学的一个趋势是文

---

① Julia Adams et al. (eds.), *Remaking Modernity: Politics, History, and Sociology*, Durham, NC.: Duke University Press, 2003.

② James Mahoney, "On the Second Wave of Historical Sociology, 1970s-Present", *International Journal of Comparative Sociology*, Vol. 47, No. 5 (2006), pp. 371-377.

化社会学突飞猛进，这相应地促进了历史社会学的发展。许多最具影响力的当代历史社会学家同时是文化社会学家。所以历史社会学方兴未艾，并内嵌在文化社会学的主流之中。斯坦梅兹（George Steinmetz）、米歇尔·拉蒙特（Michèle Lamont）、朱利安·吴（Julian Go），这几位都是历史社会学家，但同时也是主流社会学家。所以我对历史社会学的前景感到乐观，认为具有历史色彩的研究在社会学界的影响将逐步扩大。我更担心它在政治学界的发展。

李钧鹏：怎么说？

马洪尼：我担心实验法的兴起以及对前沿方法的追逐会使历史研究边缘化。比较历史分析跟势头正盛的文化社会学很好地融汇在了一起，但它很难跟政治学中的实验法和计量方法完美地融合。所以，按照现在的发展态势，政治学的主流力量有可能把比较历史研究推向边缘。如果我要推动比较历史研究，我现在会更担心政治学，而不是社会学。

李钧鹏：我几个月前曾和艾德加·奇瑟教授聊过。他对历史社会学的前景感到悲观，认为这一领域面临困境。例如，研究经费大量流向应用政策研究而非历史研究，这一领域的研究者也不如三四十年前更富有激情。您怎么看？

马洪尼：你别忘了，当比较历史研究兴起于 20 世纪六七十年代时，它是带着使命的。它从边缘地带兴起，有其明确的论敌，特别是剥离了历史维度的结构功能主义，一定程度上还包括韦伯主义与马克思主义。它与帕森斯主义者展开了规范性的论战。到了今天，历史社会学已成为建制的一部分。它还算不上建制里的领袖，更不是最常见的研究方法，但它已步入成熟。当一个研究取向步入成熟时，它多少会变得瞻前顾后，也会丢掉一些激情。

李钧鹏：您曾探讨过知识积累问题。[①] 您如何评价历史社会学或比

---

① James Mahoney, "Knowledge Accumulation and Comparative Historical Research", in James Mahoney, Dietrich Rueschemeyer (eds.), *Comparative Historical Analysis in the Social Sciences*, New York: Cambridge University Press, 2003, pp.131-174.

较历史分析的知识积累？

马洪尼：我在 2003 年的书里有一章谈论民主和威权主义，那篇文章界定了"知识积累"的概念，并阐明民主与威权主义研究如何做到了知识积累。我认为比较历史分析在过去十年一直持续着知识积累过程。你如果看一下那本书所涉及的主题，例如民主、社会福利、革命运动，你会发现许多研究都是在前人的基础上提供新的洞见和信息，所以知识积累程度很高。

其他领域同样如此。如果你看一下革命和内战的文献，你会发现比较历史研究举足轻重、贡献卓著。国家政权的起源和建设同样是比较历史研究深耕细作的领域。在我关于殖民主义一书的绪论部分，我简单谈了一下比较历史研究在发展领域所做出的贡献。我认为比较历史研究在很多领域都体现了知识积累的特性。这不是说唯有比较历史研究才这样，或者比较历史研究在所有领域都这样，但比较历史研究确实对许多极为重要的领域做出了重大贡献。

李钧鹏：所以您并不十分担心历史社会学的知识积累问题？

马洪尼：并不。我觉得知识积累正在进行中。

李钧鹏：熟练的语言是不是好的历史社会学的必要条件？

马洪尼：这要看研究问题是什么。《国家与社会革命》是比较历史分析的经典之作，也是我最喜欢的书之一，但西达·斯考切波并不掌握这本书所研究的所有国家的语言。我觉得这没有问题，这仍然是一部伟大的作品，而且她问的问题极为重要。如果研究的问题更细，需要研究者深入田野或者阅读相应语言的文献，那么掌握语言就是必需的。

六、结语

李钧鹏：您对有意从事历史社会学研究的年轻学子有什么建议？

马洪尼：我的建议是找几本你真正热爱的书，密集且深入地阅读，尝试理解这些书在研究什么，熟练掌握相关内容。然后考虑你自己的研究兴趣和感兴趣的问题，看看这几本书的研究方法与手段能否运用到你的问题和主题。如果答案是肯定的，再考虑需要做哪些调整以及如何调整。

李钧鹏：您如何评价自己对历史社会学的贡献？

马洪尼：在经验层面，我试图提升我们对民主、威权主义以及经济与社会发展的认识，尤其是拉丁美洲的情况。在理论层面，我试图加深我们对制度变迁、制度效应、路径依赖以及关键时点的理解；我在能动性与结构方面也有所研究。在方法层面，我试图将历史个案数量有限时进行有效因果推论的研究工具加以改进。

李钧鹏：您目前从事什么研究？

马洪尼：我现在同时进行几项研究。在方法层面，我在研究如何将集合图（set diagrams）用于质性的比较历史研究；在理论层面，我在研究什么因素导致快速的制度变动，什么因素促成缓慢的制度变迁；在经验层面，我正继续自己在殖民主义方面的研究，其中一个研究问题是殖民主义如何影响了不同欧洲殖民国家的相对发展水平。

附录： 与本著作相关的发表情况

在《中国社会科学报》"社会科学转向历史"专栏的发表情况：

《政治过程追踪应得到重视——对话裴宜理教授》，《中国社会科学报》2013 年 9 月 13 日，第 B4 版。

《不看历史就不可能理解这些问题——对话西德尼·塔罗教授》，《中国社会科学报》2013 年 10 月 11 日，第 B2 版。

《在宏观社会学理论与历史变迁之间——对话迈克尔·曼教授》，《中国社会科学报》2013 年 10 月 25 日，第 B2 版。

《单一理论模型难以解释所有革命——对话杰克·戈德斯通教授》，《中国社会科学报》2013 年 11 月 15 日，第 B4 版。

《历史社会学的欧美比较——访伦敦政治经济学院院长克雷格·卡尔霍恩》，《中国社会科学报》2013 年 12 月 6 日，第 B4 版。

《不要把历史绑上普洛克洛斯忒斯之床——访杰克·戈德斯通教授》，《中国社会科学报》2014 年 1 月 10 日，第 B1 版。

《美国的碎片化社会研究缺乏意义——访理查德·拉克曼教授》，《中国社会科学报》2014 年 2 月 14 日，第 B2 版。

《把社会研究置于更为宏阔的时空场域——访理查德·拉克曼教授》，《中国社会科学报》2014 年 4 月 4 日，第 B3 版。

《我现在关注霸权如何衰落——访理查德·拉克曼教授》，《中国社会科学报》2014 年 4 月 18 日，第 B2 版。

《历史社会学是打开学科视野的最好工具——访彼得·比尔曼教授》，《中国社会科学报》2014 年 5 月 9 日，第 B1 版。

《社会网络分析介于宏观与微观之间——访彼得·比尔曼教授》，《中国社会科学报》2014 年 5 月 23 日，第 B4 版。

《我们都关注内战时期的英国——访彼得·比尔曼教授》，《中国社会科学报》2014年6月13日，第B2版。

《历史社会学经历三次浪潮——访耶鲁大学教授朱丽叶·亚当斯》，《中国社会科学报》2014年6月27日，第B2版。

《加强与自然科学家的对话——访耶鲁大学教授朱丽叶·亚当斯》，《中国社会科学报》2014年7月11日，第B3版。

《理性选择理论越来越缺乏解释力——访耶鲁大学教授朱丽叶·亚当斯》，《中国社会科学报》2014年7月25日，第B4版。

《从革命到社会运动再到恐怖主义——访纽约大学社会学系教授杰夫·古德温》，《中国社会科学报》2014年9月19日，第B1版。

《关注"公共关注"——访纽约大学社会学系教授杰夫·古德温》，《中国社会科学报》2014年10月10日，第B2版。

《帝国研究：从个案到比较——访哥伦比亚大学教授凯伦·巴基》，《中国社会科学报》2014年10月24日，第B1版。

《关注大历史的政治学与社会学——访哥伦比亚大学教授凯伦·巴基》，《中国社会科学报》2014年11月7日，第B2版。

《历史转向中的政治学与社会学——访纽约大学教授托马斯·埃特曼（上）》，《中国社会科学报》2014年11月21日，第B2版。

《历史转向中的政治学与社会学——访纽约大学教授托马斯·埃特曼（下）》，《中国社会科学报》2015年1月9日，第B2版。

《避免理性选择理论的歧路——访耶鲁大学教授菲利普·考斯基》，《中国社会科学报》2015年1月23日，第B2版。

《正确理解理论——访耶鲁大学教授菲利普·考斯基》，《中国社会科学报》2015年2月13日，第B2版。

以特约记者身份在《社会科学报》的发表情况：

《崛起的意义：把人的尊严带给底层社会——访哈佛-燕京学社社长裴宜理教授》，《社会科学报》2013年4月25日，第3版；《新华月报》2013年第11期转载。

《世界体系结构性危机下何去何从——访美国20世纪著名社会学家

伊曼纽尔·华勒斯坦教授》，《社会科学报》2013 年 9 月 19 日，第 1 版；《新华文摘》2013 年第 24 期转载。

《多边权力结构将取代全球帝国——访美国加州大学洛杉矶分校社会学教授迈克尔·曼》，《社会科学报》2013 年 10 月 17 日，第 3 版。

《社会科学研究最大的危险是过于专业化——访康奈尔大学政治学与社会学教授西德尼·塔罗》，《社会科学报》2013 年 11 月 21 日。

《民族主义是思考日常生活的基本方式——访伦敦政治经济学院院长克雷格·卡尔霍恩教授》，《社会科学报》2013 年 12 月 5 日，第 3 版。

《在实践中缓解经验与理论之间的张力——访美国乔治梅森大学公共政策研究中心主任杰克·戈尔斯通》，《社会科学报》2013 年 12 月 26 日，第 3 版。

《精英冲突：观察社会变迁的一个视角——访美国纽约州立大学社会学系理查德·拉克曼教授》，《社会科学报》2014 年 2 月 27 日，第 3 版。

《推崇历史过程的微观分析——访历史社会学家彼得·皮尔曼》，《社会科学报》2014 年 5 月 29 日，第 5 版。

《"我们在接受代理服务时也不自觉地被驯化"——访耶鲁大学社会学系主任朱丽叶·亚当斯教授》，《社会科学报》2014 年 7 月 24 日，第 3 版。

《民主参与要从地方做起——访纽约大学社会学系教授托马斯·埃特曼》，《社会科学报》2015 年 1 月 1 日，第 3 版。

其他发表情况：

《全球化时代的激进主义——来自历史社会学的关注》，《南国学术》2014 年第 6 期。

《身份构建与社会抗争的历史透视——关于社会科学转向历史的对话》，《复旦政治学评论》2013 年第 13 辑。

《詹姆斯·马奥尼——路径依赖、制度理论与比较历史分析》，《清华社会学评论》2018 年第 2 期。

说明与致谢

    笔者的学术训练起底于西方政治思想史和国家理论，而研究领域从十年前的人物思想（齐格蒙特·鲍曼的社会理论）转入如今的专门主题（公民身份、概念史、历史社会学）。如果说公民身份问题是笔者以后毕生的研究主题，那么，概念史与历史社会科学就作为该领域研究在方法论层面的两根"拐杖"。过去十余年的学术生涯中，无论是人物思想还是专门主题，笔者都试图从"三部曲"展开。其一，阅读一流文献，并翻译一流的经典及前沿著作；其二，直接联系一批在国际学术界一流的知名学者，交流相关领域的核心问题及前沿争论；其三，在此基础上，寻找已有前沿研究中可以对话的学术问题，着手自己的研究。实际上，这是一个学术苦行僧的炼狱过程，每个步骤都很漫长，充满艰辛与苦楚，"涅槃"中难以飞出"凤凰"。其中，之所以重视与一流学者的交流，就在于这不同于阅读专题的著作与论文，可以让我们快速了解某个学术领域的学术史、学术前沿与讨论空间，提供想象力和发散性思维。本书交付给出版社，意味着我完成了历史社会学这个领域的第二个步骤，接下来才开始真正属于自己的研究。

    当然，在完成本书初稿之后，笔者开始了自己的研究，包括在《中国社会科学》2019年第8期发表《西方社会科学方法论的历史之维》，被《社会科学文摘》2019年第10期转载；在《天津社会科学》2019年第3期发表《历史社会学的三种研究导向》，被《中国社会科学文摘》2019年第12期和人大复印资料《社会学》2019年第5期转载；在《马克思主义与现实》2019年第5期发表《历史社会科学的分化——马克思主义的视角》；在《学术月刊》2019年第12期发表《历史社会学方法论的分化来源》；在《社会学研究》2020年第3期发表《历史社会学能化

解学科之争吗？——对西方学术史的实证分析》；在《广东社会科学》
2020 年第 3 期发表《历史社会学的构成性难题》；在《南国学术》2020
年第 4 期发表《西方历史哲学的形而上学问题及其转化》。这一系列论文
看似新近一两年发表的，却是我近十年在历史社会学领域不间断探索的
结果。在这些成果的基础上，笔者将其整理成著作，并冠名为《历史社
会学的力量》出版。这才是真正历史社会学领域的学术史研究"三
部曲"。

　　回顾起来，2009 年笔者接手翻译托马斯·埃特曼的《利维坦的诞
生：中世纪及现代早期欧洲的国家与政权建设》。这部著作在历史社会
学领域之所以有名，就在于它提炼国家（组织）与政权（结构）两维度
的四分法，将之置于欧洲漫长历史的形成过程。在一年的翻译过程中，
笔者通过邮件联系到作者埃特曼，沟通书中的疑点、难点，甚至瑕疵，
增进了私人友谊。2010 年笔者第一次出访到美国，在五个州交流和访问
了半个月，从而有机会把刚出版的中译本赠给原作者埃特曼，并与他讨
论历史社会学研究的前沿问题。他认为，要了解这个领域，必须找当前
知名的历史社会学家们交流。接着，埃特曼发出邀请，让笔者以访问学
者的身份来到纽约大学社会学系。在这一年（2011 年 8 月—2012 年 8
月）的时间里，笔者访谈了十几位历史社会学名家。

　　这意味着，笔者是从"一棵树"切入，来到历史社会学这"一片森
林"，精心挑选十几棵枝繁叶茂、盘根错节的典型"大树"。接着，笔者
收集到各种数据，反观"大树"的共同土壤，审视各自不同的营养成
分、根系发展脉络、树枝分叉状况。在完成对"大树"的文本研究之
后，批判性地指出大树成长过程中的点滴痕迹，编辑成"半结构化的问
卷"，找"大树"逐个对话，倾听他们亲身的"辩解"，探讨这片"森林"
的过去、现在与未来及其问题，并自我评估在其中的位置。

　　本书从访谈项目的发起到最终完成，前后断断续续花费了八年多时
间，所做的主要工作依次是：1. 收集并完整阅读这十几位访谈对象的学
术成果，并从中寻找和提炼具有个性化、批判性、针对性的问题。2. 逐
个发邮件，明确访谈项目的目的和拜访的意图，逐个落实访谈的时间与
地点，提前一周把编辑好的大致 20 个问题发给他们。3. 备好录音设备，

在约定时间奔赴约定地点，交流大致两个小时。4. 回来后整理录音稿，再把初稿发回给访谈对象，让他们修改和校正一些没听清楚、口语化严重或者表述不妥当之处。5. 查找访谈过程中所有提到过的著作与文章，作为注释补充。6. 最后翻译并整理成中文。

在访谈的这一年里，虽然忙碌，但收获很大。其中，大量阅读一流学者的作品，可以领略他们个性化的成长历程及其对学术充满纯粹的、始终如一的兴致与志向。与一流学者交流，可以感受到他们鲜明的个性、独立的学术立场、坦诚的自白、对年轻学者的提携和无微不至的关照。进入历史社会学这一片枝繁叶茂的大森林，可以大开眼界，认识到社会科学内部及其与历史学之间的纠葛与恩怨。

当然，还需要说明的是，本书部分内容曾刊发过，受到中国学术界的很多关注，也产生了一定的影响。1. 2013—2014 年期间，在《中国社会科学报》以"社会科学转向历史"的专栏，发表过对话录。2. 在上海的《社会科学报》以"特约记者"身份发表过完整的访谈稿，其中，与沃勒斯坦的访谈以《世界体系结构性危机下何去何从》为题，被《新华文摘》转载，与裴宜理教授的访谈《崛起的意义》也引起诸多关注。3. 还有几篇访谈稿的完整版曾刊登在《复旦政治学评论》、澳门大学《南国学术》等刊物上。具体发表情况参见附录。在此感谢《中国社会科学》杂志社刘倩老师、上海《社会科学报》陈海娟老师、《南国学术》主编田卫平老师、复旦大学陈明明老师等人的支持。本书是系统整理所有访谈稿的集结，并且第一次完整呈现给读者。最后，不得不说明的是，由于本书提到的人物和著述非常多，而且许多研究领域超过笔者的能力范围，对很多研究主题的讨论只是停留在表面，没办法继续深入追问。如果有任何瑕疵或纰漏，请读者海涵，更欢迎来邮交流（zhxhgth@126. com），共同进步。

本书最终能与读者见面，必须感谢很多人的各种支持。其一，感谢华南师范大学的留学基金资助，让笔者有机会出国一年，同时也把繁重的教学任务"合理地"转交给其他同事。同时也感谢纽约大学社会学系接受笔者作为访问学者，并提供各种优越条件，使笔者得以与该系的诸位教授和诸多研究生相处一年。尤其是合作导师埃特曼教授，总是非常有耐心地探讨历史社会学的问题，始终重视这个访谈项目的学术质量，并在具体进展时提供各种详细建议。古德温教授推荐了几位重要的受访者，并介绍相关的参考资料。二人一直鼓励笔者发起该访谈项目，并对美国历史社会学的整体构成状况做过详细介绍。

其二，诚挚感谢本项目18位历史社会科学家慷慨接受访谈。在联系过程中，所有访谈对象都给予鼓励、大力支持和积极配合，不仅不厌其烦地回复邮件，而且当得知本项目没有任何经费支持，完全出于个人的兴趣时，他们以各种方式减少访谈过程的费用开支。他们对整理出来的英文录音稿都进行详细修改，甚至戈德斯通和比尔曼不满意对有些问题的回答，还重新写了回应。这大大提升了本书的质量。

其三，整理录音稿是一件非常费时又棘手的工作，在这里，必须对骆之凡博士致以深深的谢意与敬意。全书十几个访谈，除了彼得·伯克是通过邮件、裴宜理是中文访谈之外，其他都是长达两个小时的录音。骆之凡博士帮忙整理出十个录音的初稿，每一个录音都需要花费她将近一个星期的时间。当然，她对历史社会学有浓厚兴趣，对美国历史社会学整体状况有较好的把握，并了解每一个受访者的研究领域，对录音整理起到了关键作用。没有她的大力支持，本书可能还需要耽误更多时间才能面世。

其四，感谢李钧鹏与徐晓宏两位博士的支持。笔者在访学期间认识二位青年才俊。其中，钧鹏兄是查尔斯·蒂利在哥伦比亚大学招纳的博士生，知识广博，对美国社会学传统以及历史社会学的学术史有着深刻认识和整体把握，是笔者在纽约期间能用中文交流历史社会学问题的唯一朋友。他还乐于助人，不仅帮忙完整设计对西德尼·塔罗的访谈提纲，还对每一份访谈提纲都给予修改润色。他熟悉每一位受访者的背景，能够在宏观上把握问题设计的针对性与学术含金量，对问题的必要增减起到决定性的作用，大大提升了问题设计的质量。在笔者结束纽约大学的访学计划之后，他还继续访谈三位知名的历史社会学家，并进一步整理录音稿，置之于本书的增订本。晓宏兄是耶鲁大学戈尔斯基教授指导的博士，对历史社会学的理论与方法有深入的研究，并且在顶级期刊发表历史社会学的研究成果。他对本项目的推进提供了很好的建议。

在此一并表示感谢。

对于本项目的进展，尤为需要单列出来感谢的，是纽约州立大学奥尔巴尼分校的拉克曼教授、耶鲁大学社会学系亚当斯教授以及乔治·梅森大学的戈德斯通教授，他们是直接推动本项目顺利进行的重要力量。其中，戈德斯通教授主动提出，可以在他去纽约开会时与笔者交流，而不用笔者专程赴华盛顿。当学术活动计划取消时，他又主动提出可以电话访谈，节省访谈费用。当电话交流结束之后发现录音失败时，他愿意重新访谈一次，这让笔者无比感动。亚当斯教授让笔者在她社会学系的历史社会学工作坊做一个学术评论，便于报销往返路费，周密安排好与另外两位访谈对象（沃勒斯坦与戈尔斯基）的时间地点，并且还让她指导的中国籍博士生罗薇同学提供接待服务。在书稿整理与修改过程中，亚当斯教授还不厌其烦地提供中肯的建议，尤其是学者代表的先后顺序问题、代际划分问题和新生代学者的梯队状况问题。

拉克曼教授为了减少笔者往返曼哈顿至奥尔巴尼的费用，建议在他的社会学系做一个讲座，这样他可以提供补贴，并安排在他家吃住。不仅如此，他还认真阅读并大幅度修改所设计的每一个问题，使问题的表述及措辞更为通俗、规范，表达更为准确和地道，还根据他对访谈对象的了解，提出一些更深刻的问题，提升访谈的质量。这对于英语作为第二语言的项目发起人来说，无疑是莫大的帮助。在此之后的几年里，拉克曼对笔者的邮件都是"秒回复"，在修改书稿和英语论文中也给予各种无微不至的帮助。在 2017 年，笔者再次提出赴美访学一年的计划，也是因他慷慨而迅速的支持才得以成行，并且是他进一步指导我思考和研究西方历史社会学的学术史问题。

同时，从项目发起到成书的六年多时间，见证了笔者个体生命历程的一个转折点，笔者收到来自亲人、朋友、同事、学生们的诸多关爱与温暖。没有亲情与友情给予生命的动力，个体必然枯萎凋谢，一切化为乌有。感谢父母与兄弟们组成的大家庭对我研究工作的理解；感谢岳母等亲人对我小家庭多年来的关照；感谢华南师范大学与云南大学诸多同事以及中山大学肖滨教授等学术前辈的宽容、厚爱与关怀。

当然，最需要感谢此生注定在一起的五个人。其一是中山大学政务学院的郭忠华教授，他是我的堂兄、师兄兼学术同道好友，因血缘、学缘、业缘、地缘等多重关系的交织而永不可分。作为笔者的学术引路人，他多年来一直关注学术进步，在各方面给予支持。无论学术还是非学术、公域还是私域的问题，二人都能够推心置腹，坦诚相待，展开深入的交流、讨论与合作。其二是妻子郑小红女士，近20年来相濡以沫，患难与共，无怨无悔。她在繁忙的教学任务之余承担了大部分家务劳动，照料小孩生活和学习，让笔者有时间阅读、思考和写作。其三是三个女儿。大女儿那闲不住的活泼个性给家庭带来轻松，而松散的生活与学习节奏似乎还跟不上工业社会的要求，时而给家庭制造紧张气氛，限制了本书的推进速度。在计划修订本书时，纯属天赐的一对双胞胎已经出生十个多月了，虽然早产一个半月，出生时分别仅有1490克与1720克，但如今发育正常。笔者每天的主业是陪伴她们成长，研究工作只是忙里偷闲的奢华时光。她们仨天天制造轻松与紧张的氛围，犹如海水的潮起潮落，让我的研究这艘小船时快时慢地摸索前行。

最后，本书初版得到天津人民出版社的资助，在此感谢副总编辑王康女士和编辑郑玥女士。她们长期关注、跟踪和激励本项目的进展，对我个人充满信任并给予支持，为本书的顺利出版提供了强大的物质与技术保障。此次增订本再次得到商务印书馆的资助，在此感谢南京分馆总编辑的力荐和责任编辑的认真校对，没有他们的支持，本书增订本的质量也难以提升。

郭台辉

2020 年 3 月 2 日

图书在版编目 (CIP) 数据

历史社会学的技艺 / 郭台辉, 李钧鹏编著 . —增订本 . — 北京 : 商务印书馆 ,2022
ISBN 978–7–100–20000–4

Ⅰ . ①历… Ⅱ . ①郭… ②李… Ⅲ . ①历史社会学—研究 Ⅳ . ① K03

中国版本图书馆 CIP 数据核字（2021）第 104903 号

历史社会学的技艺（增订本）
郭台辉　李钧鹏　编著

────────────────

商 务 印 书 馆 出 版
（北京王府井大街 36 号　邮政编码 100710）
商 务 印 书 馆 发 行
南京新世纪联盟印务有限公司印刷
ISBN　978–7–100–20000–4

────────────────

2022 年 2 月第 1 版　　　开本 700×1000　1/16
2022 年 2 月第 1 次印刷　　印张 30

定价：138.00 元